教育部　财政部中等职业学校教师素质提高计划成果
财政事务专业师资培训包开发项目(LBZD056)

中小企业涉税实务

Zhongxiao Qiye Sheshui Shiwu

教育部　财政部　组编
金双华　主编
王满亭　执行主编

中国财政经济出版社

图书在版编目（CIP）数据

中小企业涉税实务/王满亭执行主编. —北京：中国财政经济出版社，2011. 10
教育部　财政部中等职业学校教师素质提高计划成果　财政事务专业师资培训包开发项目（LBZD056）
ISBN 978－7－5095－3120－4

Ⅰ. ①中…　Ⅱ. ①王…　Ⅲ. ①中小企业－企业管理：税收管理－中国－中等专业学校－师资培训－教材　Ⅳ. ①F812. 423－62

中国版本图书馆 CIP 数据核字（2011）第 188158 号

责任编辑：张　军　　　　责任校对：张　凡
封面设计：陈　瑶　　　　版式设计：董生平

内容提要

本书是教育部和财政部“中等职业学校教师素质提高计划”中“财政事务专业师资培训包开发项目（LBZD056）”的成果之一，系以财政事务专业教师专业能力标准中的第二项能力要求模块（税务代理与管理）为具体依据而编写的。本书以解决中职教师有关企业涉税实践操作能力不足为目的，通过对教材的学习，能够掌握税务代理与管理相应的基本理论及具体实践要求，并能够从事企业会计员、办税员和税务筹划三项涉税岗位的实务操作，从而达到中职教师应具备的专业实践能力的要求。

本书可作为中等职业学校财政事务专业教师上岗层级、提高层级和骨干层级的培训指导用书。

中国财政经济出版社出版
URL：http：//www. cfeph. cn
E－mail：cfeph @ cfeph. cn

社址：北京市海淀区阜成路甲 28 号　邮政编码：100142
营销中心电话：88190406　北京财经书店电话：64033436　84041336
北京富生印刷厂印刷　各地新华书店经销
787×1092 毫米　16 开　18. 75 印张　452 000 字
2011 年 12 月第 1 版　2011 年 12 月北京第 1 次印刷
定价：45. 00 元
ISBN 978－7－5095－3120－4/F · 2643
（图书出现印装问题，本社负责调换）
质量投诉电话：88190744

教育部　财政部中等职业学校教师素质提高计划成果
系列丛书

教育部　财政部中等职业学校教师素质提高计划成果
系列丛书

财政事务专业师资培训包开发项目
(LBZD056)

项目牵头单位　东北财经大学
项 目 负 责 人　金双华

出版说明

根据2005年全国职业教育工作会议精神和《国务院关于大力发展职业教育的决定》（国发［2005］35号），教育部、财政部2006年12月印发了《关于实施中等职业学校教师素质提高计划的意见》（教职成［2006］13号），决定“十一五”期间中央财政投入5亿元用于实施中等职业学校师资队伍建设相关项目。其中，安排4 000万元，支持39个培训工作基础好、相关学科优势明显的全国重点建设职教师资培养培训基地牵头，联合有关高等学校、职业学校、行业企业，共同开发中等职业学校重点专业师资培训方案、课程和教材（以下简称“培训包项目”）。

经过四年多的努力，培训包项目取得了丰富成果。一是开发了中等职业学校70个专业的教师培训包，内容包括专业教师的教学能力标准、培训方案、专业核心课程教材、专业教学法教材和培训质量评价指标体系5方面成果。二是开发了中等职业学校校长资格培训、提高培训和高级研修3个校长培训包，内容包括校长岗位职责和能力标准、培训方案、培训教材、培训质量评价指标体系4方面成果。三是取得了7项职教师资公共基础研究成果，内容包括中等职业学校德育课教师、职业指导和心理健康教育教师培训方案、培训教材，教师培训项目体系、教师资格制度、教师培训教育类公共课程、职业教育教学法和现代教育技术、教师培训网站建设等课程教材、政策研究、制度设计和信息平台等。上述成果，共整理汇编出300多本正式出版物。

培训包项目的实施具有如下特点：一是系统设计框架。项目成果涵盖了从标准、方案到教材、评价的一整套内容，成果之间紧密衔接。同时，针对职教师资队伍建设的基础性问题，设计了专门的公共基础研究课题。二是坚持调研先行。项目承担单位进行了3 000多次调研，深度访谈2 000多次，发放问卷200多万份，调研范围覆盖了70多个行业和全国所有省（区、市），收集了大量翔实的一手数据和材料，为提高成果的科学性奠定了坚实基础。三是多方广泛参与。在39个项目牵头单位组织下，另有110多所国内外高等学校和科研机构、260多个行业企业、36个政府管理部门、277所职业院校参加了开发工作，参与研发人员2 100多人，形成了政府、学校、行业、企业和科研机构共同参与的研发模式。四是突出职教特色。项目成果打破学科体系，根据职业学校教学特点，结合产业发展实际，将行动导向、工作过程系统化、任务驱动等理念应用到项目开发中，体现了职教师资培训内容和方式方法的特殊性。五是研究实践并进。几年来，项目承担单位在职业学校进行了1 000多次成果试验。阶段性成果形成后，在中等职业学校专业骨干教师国家级培训、省级培训、企业实践等活动中先行试用，不断总结经验、修改完善，提高了项目成果的针对性、应用性。六是严格过程管理。两部成立了专家指导委员会和项目管理办公室，在项目实施过程中先后组织研讨、培训和推进会近30次，来自职业教育办学、研究和管理一线的数十位领导、专家和实践工作者对成果进行了严格把关，确保了项目开发的正确方向。

作为"十一五"期间教育部、财政部实施的中等职业学校教师素质提高计划的重要内容，培训包项目的实施及所取得的成果，对于进一步完善职业教育师资培养培训体系，推动职教师资培训工作的科学化、规范化具有基础性和开创性意义。这一系列成果，既是职教师资培养培训机构开展教师培训活动的专门教材，也是职业学校教师在职自学的重要读物，同时也将为各级职业教育管理部门加强和改进职教教师管理和培训工作提供有益借鉴。希望各级教育行政部门、职教师资培训机构和职业学校要充分利用好这些成果。

为了高质量完成项目开发任务，全体项目承担单位和项目开发人员付出了巨大努力，中等职业学校教师素质提高计划专家指导委员会、项目管理办公室及相关方面的专家和同志投入了大量心血，承担出版任务的11家出版社开展了富有成效的工作。在此，我们一并表示衷心的感谢！

编写委员会

2011年10月

前　言

本教材是以教育部“关于制定中等职业学校教学计划的原则意见”［2009－2 号］、教育部“关于进一步深化中等职业教育教学改革的若干意见”［2008－8 号］为基本依据，以财政事务专业教师专业能力标准中的第二项能力要求模块（税务代理与管理）为具体依据而编写的。本教材以解决中职教师有关企业涉税实践操作能力不足为目的，通过对教材的学习，能够掌握税务代理与管理相应的基本理论及具体实践要求，并能够从事企业会计员、办税员和税务筹划三项涉税岗位的实务操作，从而达到中职教师应具备的专业实践能力的要求。

本教材的编写，是在前期有关社会岗位及相应岗位技能需求和中职师资实践能力、培训需求等状况的基础上，综合社会岗位能力要求、任职能力标准、师资知识与技能缺陷等问题，确立了教材的内容架构，实现做中学与学中做的职业技术教育模式，与已确定的财政事务师资培训方案、教师能力标准紧密结合，定位于重点弥补受训中职教师知识技能缺陷，引领职业教育改革和发展的方向。教材在内容阐述上，主要采用任务引领体系模式，包含理论模块、技能操作模块、案例模块、能力训练等多种形式模块，模块间既划分清晰又能通过合理组合，相互联系地构成不同层次的培训内容体系。教材分为三大模块，以分别适应上岗教师、提高教师与骨干教师培训的不同层次需求。

教材在编写过程中，为了实现编写体例上的创新，在编写人员组成上，实行了至少有 12 所大学、高职、中职教师和中职职教专家相结合的多层次组合方式；为了能体现本专业领域内普遍应用的、成熟核心技术和关键技能，强化教材内容与实践的紧密结合，反复进行了社会实践调查，从社会实践第一线去获取编写教材的素材，突出“新理论、新知识、新技术、新方法”的四新特征；为了能够使教材具有“实践性、适用性、前瞻性”三方面的特色，积极吸收了经验丰富的行业专家与实际工作者加入教材的编写过程。

教材编写人员与分工为：王满亭，东北财经大学职业技术学院副教授，编写单元一与单元三；李智敏，东北财经大学职业技术学院讲师，编写单元二；尹聪春，东北财经大学职业技术学院讲师，编写单元四；刘雪清，东北财经大学职业技术学院教授，编写单元五中的任务 1、2、3；李凯贤，临沂职业学院高级讲师，编写单元五中的任务 4、7；关红，大连市商业职业学校高级讲师，编写单元五中的任务5；林进足，福建龙岩财经学校高级讲师，编写单元五中的任务6；曾佑方，福建省南平市武夷旅游商贸学校高级讲师，编写单元六中的任务1、2、3、5、6；沈玲，大连市金融职业学校高级讲师，编写单元六任务4；穆小英，河北省张家口市职教中心高级教师，编写单元六中的任务7、8，全书由王满亭总纂。

由于本次教材编写所具有的创新性，所以，虽经几次易稿，但仍有许多亟待改进与完善之处，敬请各位专家、学者斧正。

在本教材的编写过程中，大连国税局法规处唐玉坤处长、大连新华税务师事务所张绍红所长、哈尔滨商业大学王曙光教授、东北财经大学吴斌副教授、大连市金融职业学校讲师陈琳等有关专家学者，给予了积极的支持与关注，在此一并致以诚挚的谢意。

本书编写组

2011 年 4 月 11 日

目　录

模块一

办理企业税务登记与核算企业涉税业务

单元一　办理税务登记与领购发票

学习目标： 能够进行企业开业税务登记、办理增值税一般纳税人认定登记和办理企业发票领购中的基本涉税事项，熟悉企业与税务机关的基本业务关系和办事的基本手续要求，了解企业与税务机构建立纳税关系时发生的有关涉税文书种类与形式。

任务1　办理开业税务登记

1.1　任务描述与任务学习目标

(1) 任务描述：进行企业开业税务登记，填制“申请税务登记报告书”（见表1-1）；填写“税务登记表”（见表1-2）。

(2) 任务学习目标：知道企业开业税务登记程序与所需资料，学会填制相应的登记表，能够按一定程序正确履行企业开业税务登记手续。

表 1－1　　申请税务登记报告书

________税务局（所）： 我（单位）于____年__月__日起，（事由）________________________________ ________________________________按照《中华人民共和国税收征收管理法》第____条规定，特申报办理________税收登记。 申请人（签章）________ 年　月　日

说明：（1）此书由纳税人、扣缴义务人申请税务登记时填写；

（2）此书适用于办理各种类型的税务登记，变更或者注销税务登记以及代扣（收）税务登记。

表 1－2　　税务登记表

（适用单位纳税人）

填表日期：

纳税人名称				纳税人识别号			
登记注册类型				批准设立机关			
组织机构代码				批准设立证明或文件号			
开业（设立）日期		生产经营期限		证照名称		证照号码	
注册地址				邮政编码		联系电话	
生产经营地址				邮政编码		联系电话	
核算方式	请选择对应项目打“√”　□ 独立核算　□ 非独立核算度			从业人数	____其中外籍人数____		
单位性质	请选择对应项目打“√”　□ 企业　□ 事业单位　□ 社会团体　□ 民办非企业单位　□ 其他						
网站网址				国标行业	□□□□□□□□		
适用会计制度	请选择对应项目打“√”　□ 企业会计制度　□ 小企业会计制度　□ 金融企业会计制度　□ 行政事业单位会计制度						
经营范围：		请将法定代表人（负责人）身份证件复印件粘贴在此处。					
项目／内容／联系人	姓　名	身份证件 种　类	身份证件 号　码	固定电话	移动电话	电子邮箱	
法定代表人（负责人）							
财务负责人							
办 税 人							
税务代理人名称		纳税人识别号		联系电话		电子邮箱	
注册资本或投资总额		币 种	金 额	币 种	金 额	币 种	金 额

续表

投资方名称	投资方经济性质	投资比例	证件种类	证件号码	国籍或地址

自然人投资比例		外资投资比例		国有投资比例	

分支机构名称	注册地址	纳税人识别号

总机构名称			纳税人识别号		
注册地址			经营范围		
法定代表人姓名		联系电话		注册地址 邮政编码	
代扣代缴代收代缴税款业务情况	代扣代缴、代收代缴税款业务内容			代扣代缴、代收代缴税种	

附报资料：		
经办人签章： ______年__月__日	法定代表人（负责人）签章： ______年__月__日	纳税人公章： ______年__月__日

以下由税务机关填写：

纳税人所处街乡				隶属关系	
国税主管税务局		国税主管税务所（科）		是否属于国税、地税共管户	
地税主管税务局		地税主管税务所（科）			
经办人（签章）： 国税经办人：________ 地税经办人：________ 受理日期： ______年__月__日		国家税务登记机关 （税务登记专用章）： 核准日期： ______年__月__日 国税主管税务机关：		地方税务登记机关 （税务登记专用章）： 核准日期： ______年__月__日 地税主管税务机关：	
国税核发《税务登记证副本》数量：		本 发证日期：		年 月 日	
地税核发《税务登记证副本》数量：		本 发证日期：		年 月 日	

国家税务总局监制

1.2 任务分析

（1）到税务机关咨询税务登记事项并领取“申请税务登记报告书”；

（2）准备进行税务登记所需要的资料；

（3）同税务机关联系，办理税务登记手续与获得税务登记后的证件。

1.3 相关知识

（1）纳税人应在领取工商营业执照之日起 30 日内，填制“申请税务登记报告书”，向税务机关提出办理税务登记申请，同时提交完整的相关资料。

（2）进行税务登记所需要的资料包括：

1）工商营业执照（或其他执业证件、有关部门批准设立文件）、“组织机构代码证”副本原件及复印件一份；

2）验资报告及评估报告和有关章程、合同、协议书原件及复印件一份，合伙企业必须提供合伙协议文件原件及复印件；

3）法定代表人的居民身份证、护照（或户口簿，临时身份证，港、澳、台人士往来大陆通行证）等有效身份证明文件原件及复印件一份；

4）经营、业务场所证明（房产证、租赁合同或预售房发票、宅基地使用证、产权人证明等）原件及复印件一份。

（3）领取税务机关根据纳税人的经济类型发放的“税务登记表”，纳税人填写完毕后报送主管税务机关。在进行税务登记的同时，也进行纳税人税种认定的登记。

（4）税务机关须在收到纳税人编制的“税务登记表”及提供的资料之日起 30 日内审核完毕，符合规定的予以登记，并发给税务登记证件。开业税务登记流程如图 1－1 所示。

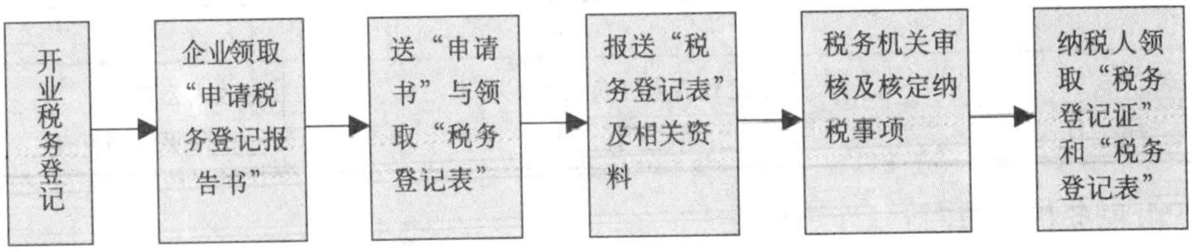

图 1－1　开业税务登记表流程图

（5）“税务登记表填表须知”（见表 1－7）、“税务登记表填制说明书”（见表 1－8）。相关链接：国家税务总局网站及其他地方国税局、地税局网站。

1.4 技能训练

（1）实训资料：上海立宏（集团）股份有限责任公司经工商局注册成立后，12 月 24 日为其办理税务登记的相关资料如下：

1）上海立宏（集团）股份有限责任公司“企业法人营业执照”（见表 1－3）；

2）上海立宏（集团）股份有限责任公司“组织机构代码证”（见表 1－4）；

3）“上海立宏（集团）股份有限公司章程”如表 1－5 所示；

4）法定代表人的居民身份证、护照（或户口簿，临时身份证，港、澳、台人士往来大陆通行证）等有效身份证明文件原件及复印件一份（略）；

5）经营、业务场所证明（房产证、租赁合同或预售房发票、宅基地使用证、产权人证明等）原件及复印件一份（注：经营、业务场所证明文件上所列地址应与工商营业执照或其他执业证件上的地址完全一致，略）。

（2）实训要求：根据资料填写完成“申请税务登记报告书”、“税务登记表”及相关过程。

表 1－3

企业法人营业执照

（副　本）

注册号　3700004500828

名　称　上海立宏(集团)股份有限公司

住　所　上海市金桥区广来路西郊302号

法定代表人姓名　林竹列

注册资本　壹万零柒佰伍拾万元整

实收资本　壹万零柒佰伍拾万元整

公司类型　股份有限责任公司

经营范围　研发、生产制冷设备及零部件、汽车零部件、家用电器、通讯设备、医疗器械。

成立日期　二〇〇八年十二月一日

营业期限　永久存续

副本编号：1-1

须　知

1.《企业法人营业执照》是企业法人资格和合法经营的凭证。

2.《企业法人营业执照》分为正本和副本，正本和副本具有同等法律效力。

3.《企业法人营业执照》正本应当置于住所的醒目位置。

4.《企业法人营业执照》不得伪造、涂改、出租、出借、转让。

5.登记事项发生变化，应当向登记机关申请变更登记，换领《企业法人营业执照》。

6.每年三月一日至六月三十日，应当参加年度检验。

7.《企业法人营业执照》被吊销后，不得开展与清算无关的经营活动。

8.办理注销登记，应当交回《企业法人营业执照》正本和副本。

9.《企业法人营业执照》遗失或者毁坏的，应当在公司登记机关指定的报刊上声明作废，申请补领。

年度检验情况

上海市工商行政管理局

2008年12月1日

表 1－4

中华人民共和国

组织机构代码证

代　　码：67401811－9

机构名称：上海立宏(集团)股份有限公司

机构类别：企业法人　林竹列

地　　址：上海金桥区广来路西郊302号

有 效 期：自2008年12月24日至2012年12月24日

颁发单位：上海市质量技术监督局

登记号：组代管350681-012660

说　明

1.中华人民共和国组织机构代码是组织机构在中华人民共和国境内唯一的，始终不变的法定代码标识，《中华人民共和国组织机构代码证》是组织机构法定代码标识的凭证，分正本和副本。

2.《中华人民共和国组织机构代码证》不得出租、出借、冒用、转让、伪造、变造、非法买卖。

3.《中华人民共和国组织机构代码证》登记项目发生变化时，应向发证机关申请变更登记。

4.各组织机构应当按有关规定，接受发证机关的年度检验。

5.组织机构依法注销、撤消时应向原发证机关办理注销登记，并交回全部代码证。

中华人民共和国　国家质量监督检验检疫总局签章

年检记录

年 月 日	年 月 日	年 月 日	年 月 日

NO. 2007 3614422

表1-5　　　　上海立宏（集团）股份有限公司章程（简章）

第一条　为维护公司、股东和债权人的合法权益，规范公司的组织和行为，根据《中华人民共和国公司法》（以下简称《公司法》）、《中华人民共和国证券法》（以下简称《证券法》）和其他有关规定，制订本章程。

第二条　公司系依照《公司法》和其他有关规定成立的股份有限公司（以下简称“公司”）。

公司经上海市人民政府以沪政股字［2008］45号文批准设立，于2008年12月1日在上海市工商行政管理局注册登记，取得注册号为3700004500828的企业法人营业执照。

第三条　经中国证券监督管理委员会证监许可（2008）10547号文核准，公司首次向社会公众发行人民币普通股2700万股，于2009年5月16日在深圳证券交易所上市。

第四条　公司注册名称：

中文全称：上海立宏（集团）股份有限公司

英文全称：SHANGLI HONG HUSBANDRY CO.，LTD.

第五条　公司住所：上海市广来路西郊302号。

第六条　公司注册资本为人民币10750万元；实收资本为人民币10750万元。

第七条　公司为永久存续的股份有限公司。

第八条　董事长为公司的法定代表人。

第九条　本章程所称其他高级管理人员是指公司的副经理、董事会秘书、财务负责人。

第十条　经依法登记，公司的经营范围：研发、生产制冷设备及零部件、汽车零部件、家用电器、通讯设备、医疗器械。

第十一条　公司的股份采取股票的形式，公司发行的股票，以人民币标明面值。

第十二条　公司在首次向社会公众公开发行股票前的普通股总数为8050万股，其中发起人股东林竹列持有公司5715.5万股，占公司股份总数的71%；发起人股东上海祥润经贸有限公司持有1368.5万股，占公司股份总数的17%；发起人股东北京电气（集团）总公司持有563.5万股，占公司股份总数的7%；发起人股东蓬莱丰农有限公司持有402.5万股，占公司股份总数的5%。

2007年9月9日，中华诚会计师事务所有限责任公司出具中华诚验字（2007）第3527号《验资报告》确认上述股东认缴的公司股本已经到位。

第十三条　公司在首次向社会公众公开发行股票后的股份总数为10750万股，均为人民币普通股（A股）。其中：发起人股份8050万股；社会公众投资者持有2700万股。公司募集资金控股及参股的中外合资大型工业企业主要有：上海天环电器有限公司、上海世锋电气机械有限公司、上海立中制造有限公司、威海生物农业有限公司等。

公司董事长为林竹列先生，身份证编号：210202196510281215，总经理为郭一萍女士，身份证编号：110202198501215281，财务负责人为钱劲，身份证编号：210202197502283715。

注册地址：上海市金桥区广来路西郊302号

办公地址：上海市金桥区广来路西郊302号

电　话：021-58526060

传　真：021-58527070

邮　编：301062

网　址：http：//www.lihongghly.cc

Email：heartfelt@ lihongghly.cc

（3）实训操作。

1）持营业执照，有关章程、合同、协议书，银行存款证明，法定代表人或业主居民身份证、护照或者回乡证和国家税务机关要求提供的其他有关证件的原件和复印件（A4纸）等资料，到市行政管理中心税务局企业税务登记窗口领取“申请税务登记报告书”。填写“申请税务登记报告书”，填写完毕，报送财务主管审阅并加盖法人印章与企业单位印章。填写完成的“申请税务登记报告书”如表1-6所示。

表 1－6　　　　　　　　　　申请税务登记报告书

上海市金桥区税务局（所）：

我（单位）于 2008 年 12 月 1 日起，（事由） 经由上海市工商行政管理局批准成立并注册，研发、生产制冷设备及零部件、汽车零部件、家用电器、通讯设备、医疗器械生产与销售。

按照《中华人民共和国税收征收管理法》第十五条规定，特申报办理有关税收登记。

申请人（签章）

2008 年 12 月 24 日

说明：（1）此书由纳税人、扣缴义务人申请税务登记时填写；

（2）此书适用于办理各种类型的税务登记，变更或者注销税务登记以及代扣（收）税务登记。

2）将填写完成的“申请税务登记报告书”送返税务局企业税务登记窗口并领取“税务登记表”。

3）认真学习“税务登记表”中的“填表须知”并将“税务登记表”呈送企业财务主管和法人代表审阅并加盖法人印章与企业单位印章，如表 1－7 所示。

4）认真阅读“税务登记表”中的“税务登记表填制说明”，如表 1－8 所示。根据有关资料，真实填写“税务登记表”。填制完成的“税务登记表”如表 1－9 所示。

表 1－7

税务登记表填表须知

一、期限：

从事生产、经营的纳税人应当自领取营业执照，或者自有关部门批准设立之日起30 日内，或者自纳税义务发生之日起30 日内，到税务机关领取税务登记表，填写完整后提交税务机关，办理税务登记。

二、应提供的证件及资料：

1. 工商行政管理机关核发的营业执照原件及复印件（一式二份，下同）；

2. 组织机构代码证书原件及复印件；

3. 法定代表人（负责人）身份证、护照或者其他合法有效证件原件及复印件；

4. 注册地址及生产、经营地址证明（产权证、租赁协议）原件及其复印件；如为自有房产，请提供产权证或买卖契约等合法的产权证明原件及其复印件；如为租赁的场所，请提供租赁协议原件及其复印件，出租人为自然人的还须提供产权证明的复印件；如生产、经营地址与注册地址不一致，请分别提供相应证明；

5. 有关合同、章程、协议书原件及复印件。

三、法律责任：《中华人民共和国税收征收管理法》第六十条规定：对未按照规定的期限办理税务登记、变更或者注销登记的，由税务机关责令限期改正，可以处以二千元以下的罚款；情节严重的，处以二千元以上一万元以下的罚款。

纳税人不办理税务登记的，由税务机关责令限期改正，逾期不改正的，经税务机关提请，由工商行政管理机关吊销营业执照。

纳税人未按规定使用税务登记证件，或者转借、涂改、损毁、买卖、伪造税务登记证件的，处以二千元以上一万元以下的罚款；情节严重的，处以一万元以上五万元以下的罚款。

四、说明：

1. 税务登记表须加盖申请单位的公章和法定代表人（负责人）印章；

2. 税务登记表应用蓝黑色钢笔或碳素笔填写，并使用标准用语（不允许复写）；

3. 本表一式三份，国、地税主管税务机关和纳税人各存一份。

纳税人声明

我声明：此税务登记表是根据《中华人民共和国税收征收管理法》和有关法律、法规的规定填制的，我确保它是真实、可靠、完整的。如有不实，愿承担由此产生的一切法律责任。

法定代表人或负责人或受授权人（签章）：林竹列

林竹列印

2008 年 12 月 24 日

表 1－8

税务登记表填表说明
一、本表适用于各类单位纳税人填用。
二、表中有关栏目的填写说明：
1. “纳税人名称”栏：指《企业法人营业执照》或《营业执照》或有关核准执业证书上的“名称”；
2. “身份证件名称”栏：一般填写“居民身份证”，如无身份证，则填写“军官证”、“士兵证”、“护照”等有效身份证件；
3. “生产经营期限”栏：按照工商营业执照或有关执业证书上的生产经营期限填写。如：年 月 日至 年 月 日或长期等。
4. “开业（设立）日期”栏：指企业实际投产经营（含试生产、试营业）日期填写，尚未投资经营的可按计划日期填写，并予注明。
5. “注册地址”栏：指工商营业执照或其他有关核准开业证照上的地址。
6. “生产经营地址”栏：指纳税人从事生产经营的实际场所地址。
7. “国籍或地址”栏：外国投资者填国籍，中国投资者填地址。
8. “登记注册类型”栏：即经济类型，按营业执照的内容填写；不需要领取营业执照的，选择“非企业单位”或者“港、澳、台商企业常驻代表机构及其他”、“外国企业”；如为分支机构，按总机构的经济类型填写。
分类标准：
110 国有企业　120 集体企业　130 股份合作企业　141 国有联营企业　142 集体联营企业　143 国有与集体联营企业　149 其他联营企业　151 国有独资公司　159 其他有限责任公司　160 股份有限公司　171 私营独资企业　172 私营合伙企业　173 私营有限责任公司　174 私营股份有限公司　175 个人独资企业　190 其他内资企业　210（港澳台商）合资经营企业　220（港澳台商）合作经营企业　230（港澳台商）独资经营企业　240 港澳台商投资股份有限公司　251（港澳台商）企业常驻代表机构　252（港澳台商）提供劳务承包工程作业企业　253 支付单位扣缴预提所得税企业（港或澳台资）　254（港澳台商）国际运输企业　259 其他港澳台商外国企业　310 中外合资经营企业　320 中外合作经营企业　330 外资企业　340 外商投资股份有限公司　351 外国企业常驻代表机构　352 提供劳务、承包工程作业企业　353 支付单位扣缴预提所得税企业　354 国际运输企业　359 其他外国企业　500 非企业单位
9. “投资方经济性质”栏：单位投资的，按其登记注册类型填写；个人投资的，填写自然人。
10. “证件种类”栏：单位投资的，填写其组织机构代码证；个人投资的，填写其身份证件名称。
11. “国标行业”栏：按纳税人从事生产经营主行业的主次顺序填写，其中：第一个行业填写纳税人的主行业。
国民经济行业分类标准（GB/T 4754－2002）。
A. 农、林、牧、渔业
01 农业　02 林业　03 畜牧业　04 渔业　05 农、林、牧、渔服务业
B. 采矿业
06 煤炭开采和洗选业　07 石油和天然气开采业　08 黑色金属矿采选业　09 有色金属矿采选业　10 非金属矿采选业　11 其他采矿业（以下略）

表 1－9

税务登记表 （适用单位纳税人）							
填表日期：2008 年 12 月 24 日							
纳税人名称	上海立宏（集团）股份有限公司			纳税人识别号			
登记注册类型	股份有限公司			批准设立机关		上海市工商行政管理局	
组织机构代码	67401811－9			批准设立证明或文件号		上海市沪政股字［2008］45 号	
开业（设立）日期	2008 年 12 月 1 日	生产经营期限	永久存续	证照名称	企业法人营业执照	证照号码	3700004500828

续表

注册地址	沪金桥区广来路西郊302号	邮政编码	301062	联系电话	021－58526060 021－58527070
生产经营地址	沪金桥区广来路西郊302号	邮政编码	301062	联系电话	021－58526060 021－58527070
核算方式	请选择对应项目打“√” ☑独立核算 ☐非独立核算			从业人数	980其中外籍人数无
单位性质	请选择对应项目打“√” ☑企业 ☐事业单位 ☐社会团体 ☐民办非企业单位 ☐其他				
网站网址	http://www.lihonggly.cc	国标行业	☐☐☐☐☐☐☐☐☐		
适用会计制度	请选择对应项目打“√” ☑企业会计制度 ☐小企业会计制度 ☐金融企业会计制度 ☐行政事业单位会计制度				
经营范围：研发、生产制冷设备及零部件、汽车零部件、家用电器、通讯设备、医疗器械生产与销售。		将法定代表人（负责人）身份证件复印件粘贴在此处。			

项目/内容/联系人	姓名	身份证件 种类	身份证件 号码	固定电话	移动电话	电子邮箱
法定代表人（负责人）	林竹列	身份证	210202196510281215			
财务负责人	钱劲	身份证	210202197502283715			
办税人						

税务代理人名称	纳税人识别号	联系电话	电子邮箱
无			

注册资本或投资总额	币种	金额	币种	金额	币种	金额
壹万零柒百伍拾万元	人民币	10750（万元）				

投资方名称	投资方经济性质	投资比例	证件种类	证件号码	国籍或地址
林竹列	自然人	71%	身份证	210202196510281215	中国
上海祥润经贸	有限公司	17%	营业执照		
北京电气（集团）总公司	股份有限公司	7%	营业执照		
蓬莱丰农	有限公司	5%	营业执照		
自然人投资比例	71%	外资投资比例	无	国有投资比例	7%

分支机构名称	注册地址	纳税人识别号
无		

总机构名称	无		纳税人识别号		
注册地址			经营范围		
法定代表人姓名		联系电话		注册地址邮政编码	

续表

<table>
<tr><td rowspan="2">代扣代缴代收代缴税款业务情况</td><td colspan="2">代扣代缴、代收代缴税款业务内容</td><td>代扣代缴、代收代缴税种</td></tr>
<tr><td colspan="2">无</td><td></td></tr>
<tr><td colspan="4">附报资料：无</td></tr>
<tr><td colspan="2">经办人签章：
____年__月__日</td><td>法定代表人（负责人）签章：
林竹列
2008 年12 月24 日</td><td>纳税人公章：
2008 年12 月24 日</td></tr>
</table>

以下由税务机关填写：

<table>
<tr><td>纳税人所处街乡</td><td colspan="3"></td><td>隶属关系</td><td></td></tr>
<tr><td>国税主管税务局</td><td></td><td>国税主管税务所（科）</td><td></td><td rowspan="2">是否属于国税、地税共管户</td><td></td></tr>
<tr><td>地税主管税务局</td><td></td><td>地税主管税务所（科）</td><td></td><td></td></tr>
<tr><td colspan="2">经办人（签章）：
国税经办人：________
地税经办人：________
受理日期：
____年__月__日</td><td colspan="2">国家税务登记机关
（税务登记专用章）：
核准日期：
____年__月__日
国税主管税务机关：</td><td colspan="2">地方税务登记机关
（税务登记专用章）：
核准日期：
____年__月__日
地税主管税务机关：</td></tr>
<tr><td colspan="6">国税核发《税务登记证副本》数量：　本　发证日期：____年__月__日</td></tr>
<tr><td colspan="6">地税核发《税务登记证副本》数量：　本　发证日期：____年__月__日</td></tr>
<tr><td colspan="6">国家税务总局监制</td></tr>
</table>

1.5 完成任务

（1）将填完的“税务登记表”送返税务局企业税务登记窗口，等候批准登记注册的通知。

（2）领取税务登记证件。接到批准通知后，应当按照规定的期限到税务局企业税务登记窗口领取“税务登记证”或者“注册税务登记证”及其“税务登记证副本”，并按规定缴付工本管理费。领取的“税务登记证”格式如表1－10所示。

领取的“税务登记证副本”共七页，分别为纳税人须知，税务登记证（副本），总机构情况、分支机构设置，验证记录、资格认定，纳税人账户账号情况，备注。第一页和第三页格式分别如表1－11、表1－12所示，其他略。

（3）将领到的“税务登记证”装入镜框，公开展示。将领取的“税务登记证副本”交由财务主管保存待用。

表 1－10

税 务 登 记 证

上海国、地 税字 23009867401811－9 号

纳税人名称：上海立宏（集团）股份有限公司

法定代表人（负责人）：林竹列

地　　址：上海金桥区广来路西郊 302 号

登记注册类型：股份有限公司

经营范围：研发、生产制冷设备及零部件、汽车零部件、家用电器、通讯设备、医疗器械生产与销售。

批准设立机关：上海市沪政股字［2008］45 号

扣缴义务：依法确定

发证税务机关

2008 年 12 月 28 日

国家税务总局监制

表 1－11

纳 税 人 须 知

一、纳税人税务登记内容发生变化的，应当自工商行政管理机关或者其他机关办理变更或者税务登记内容发生变化之日起三十日内，向原税务登记机关申报办理变更税务登记。

二、纳税人发生解散、破产、撤销以及其他情形，依法终止纳税义务的，应当在向工商行政管理机关或者其他机关办理注销登记前，按照规定不需要在工商行政管理机关或者其他机关办理注册登记的，应当自有关机关批准或宣告终止之日起十五日内向原税务登记机关申报办理注销税务登记。

三、纳税人因住所、经营地点变动，涉及改变税务登记机关的，应当在向工商行政管理机关或者其他机关申请办理变更或者注销登记前，或者住所、经营地点变动前，向原税务登记机关申报办理注销税务登记，并在三十日内向迁达地税务机关申报办理税务登记。

四、纳税人被吊销营业执照或者被其他机关予以撤销登记的，应当自被吊销或者被撤销登记之日起十五日内向原税务登记机关申报办理注销税务登记。

五、纳税人应当按照法律、行政法规、行政规章的规定使用税务登记证件，税务登记证件不得转借、涂改、损毁、买卖或者伪造。

六、税务机关对税务登记证件实行定期验证和换证制度。纳税人应当在规定的期限内，持有关证件到主管税务机关办理验证或换证手续。

七、本证如有遗失，纳税人应当书面报告主管税务机关，并公开声明作废，同时申请补发。

八、临时税务登记有效期届满三十日前，向税务机关重新办理税务登记。

九、根据《税收征管法》第六十条的规定，纳税人未按照规定的期限申报办理税务登记、变更或者注销税务登记的，未按照规定将其全部银行账号向税务机关报告的，由税务机关责令限期改正，可以处二千元以下罚款；情节严重的处二千元以上一万元以下罚款。

纳税人不办理税务登记的，由税务机关责令限期改正；逾期不改正的，经税务机关提请工商行政管理机关吊销其营业执照。

纳税人未按照规定使用税务登记证件，或者转借、涂改、损毁、买卖、伪造税务登记证件的，处二千元以上一万元以下罚款；情节严重的，处一万元以上五万元以下罚款。

十、根据《税收征管法实施细则》第十七条规定，从事生产、经营的纳税人应当自开立基本存款账户或者其他存款账户之日起十五日内，向主管税务机关书面报告其全部账号；发生变化的，应当自变化之日起十五日内，向主管税务机关书面报告。

第 1 页

表 1－12

税务登记证（副本）

上海国、地 税字 23009867401811－9 号

纳税人名称：上海立宏（集团）股份有限公司

法定代表人（负责人）：林竹列

地　　址：上海金桥区广来路西郊 302 号

登记注册类型：股份有限公司

经 营 范 围：研发、生产制冷设备及零部件、汽车零部件、家用电器、通讯设备、医疗设备生产与销售。

批准设立机关：上海市沪政股字［2008］45 号

扣 缴 义 务：依法确定

发证税务机关

2009 年 1 月 12 日

第 3 页　　国家税务总局监制

1.6 教研交流与探讨

（1）税务登记的基本程序有哪些步骤？

（2）税务登记需要哪些资料，从哪里取得？

（3）税务登记的教学过程如何设计？

任务 2　办理增值税一般纳税人认定登记

2.1 任务描述与任务学习目标

（1）任务描述：向税务机关申请办理一般纳税人资格认定登记。符合增值税一般纳税人认定条件的企业，在向税务机关办理开业税务登记时，应同时申请办理一般纳税人认定登记，编制“增值税一般纳税人申请认定表”（见表 1－13）。

（2）任务学习目标：知道企业增值税一般纳税人登记程序与所需资料，学会填制相应的登记表，能够按一定程序正确履行企业增值税一般纳税人登记手续。

2.2 任务分析

（1）学习一般纳税人资格认定登记的有关规定。包括一般纳税人资格的认定条件、认定登记程序以及应办未办资格认定的后果等。

（2）准备进行增值税一般纳税人资格认定申报的资料。

（3）到税务机关咨询相关事项并领取“增值税一般纳税人申请认定表”一式两份。

（4）填写“增值税一般纳税人申请认定表”并报送主管国税机关。

（5）领回认定登记证件，存档保管。

2.3 相关知识

（1）在向税务机关办理开业税务登记时，符合增值税一般纳税人条件的企业，还应同

表 1－13　　　　　　　　　**增值税一般纳税人申请认定表**

纳税人识别号：23009867401811－9

纳税人名称：上海立宏（集团）股份有限公司

申请时间：2008 年 12 月 24 日

<table>
<tr><td colspan="2">联系电话</td><td colspan="2">021－58526060</td><td colspan="2">企业类别</td><td>综合</td></tr>
<tr><td colspan="2">经营地址</td><td colspan="2">上海金桥区广来路西郊 302 号</td><td colspan="2">财务负责人</td><td>钱　劲</td></tr>
<tr><td rowspan="2">经营范围</td><td>主营</td><td colspan="5">研发、生产制冷设备及零部件</td></tr>
<tr><td>兼营</td><td colspan="5">汽车零部件、家用电器、通讯设备、医疗器械生产与销售</td></tr>
<tr><td colspan="2" rowspan="6">年度实际销售额或年度预计销售额</td><td colspan="2">应税销售项目</td><td colspan="3">2009 年 1 月 1 日至 2009 年 12 月 31 日</td></tr>
<tr><td colspan="2">生产货物的销售额</td><td colspan="3">900（万元）</td></tr>
<tr><td colspan="2">加工、修理修配的销售额</td><td colspan="3">600（万元）</td></tr>
<tr><td colspan="2">批发、零售的销售额</td><td colspan="3">1 200（万元）</td></tr>
<tr><td colspan="2">应税销售合计</td><td colspan="3">2 700（万元）</td></tr>
<tr><td colspan="2">注册资金</td><td colspan="3">10 750（万元）</td></tr>
<tr><td colspan="2" rowspan="3">会计财务核算情况</td><td colspan="2">专业财务人员人数</td><td colspan="3">8</td></tr>
<tr><td colspan="2">设置账簿种类</td><td colspan="3">总账、明细账、备查账</td></tr>
<tr><td colspan="2">能否准确核定进项税额、销项税额</td><td colspan="3">能够准确核定进项税额、销项税额</td></tr>
<tr><td colspan="2">申报方式申请</td><td colspan="5">1. 自行申报（√）　2. 委托代理申报（　）</td></tr>
<tr><td colspan="2">认证方式</td><td colspan="5">1. 自行认证（√）　2. 委托代理认证（　）</td></tr>
<tr><td colspan="3">申请核发税务登记证副本数量</td><td>5</td><td colspan="2">经批准核发数量</td><td>5</td></tr>
<tr><td colspan="7">综合服务窗口意见：
（签章）
年　月　日</td></tr>
<tr><td colspan="7">管理部门意见：
（公章）
年　月　日</td></tr>
<tr><td colspan="7">认定期限：　　年　　月　　日至　　年　　月　　日</td></tr>
</table>

注：①纳税人办理开业登记时，可以按预计销售额填写，经主管税务机关审核后，暂定为增值税一般纳税人，享有增值税一般纳税人的所有权利与义务。

②企业类别：填工业、商业、加工业、修理修配业。

③本表一式三份，纳税人编制后，经税务机关审核后，一份交纳税人，一份主管税务机关自存，一份上级税务机关存查。

时申请办理一般纳税人资格认定登记手续。

（2）企业总、分支机构不在同一县市的，应分别在当地主管税务机关申请办理一般纳税人资格认定登记手续。企业总机构已被认定为增值税一般纳税人的，分支机构可持总机构为增值税一般纳税人的证明，向主管税务机关申请认定为一般纳税人。

（3）企业申请一般纳税人资格认定登记，应向当地主管国税局提出书面申请，经税务机关审核后领取并填写“增值税一般纳税人申请认定表”（见表 1－13）。

（4）负责审批的税务机关，应在收到“增值税一般纳税人申请认定表”之日起 30 日内审核完毕，经审批确认具备增值税一般纳税人资格的，打印通知书交纳税人，同时制作“增值税一般纳税人资格证书”，并在纳税人“税务登记证”（副本）首页上方加盖“增值税一般纳税人”专用章，企业应及时将有关认定登记证件取回。

（5）从事商业经营的新办企业和小规模企业，申请办理一般纳税人资格认定登记手续，税务机关通常是先认定为“增值税临时一般纳税人”。

（6）进行增值税一般纳税人资格认定登记申报依据的资料有：企业设立的合同、章程；企业的营业执照、完成的税务登记证件；企业预计或实现的销售情况、财务会计核算资料等。

（7）企业获得增值税一般纳税人资格后，每年都要注意按税务机关税务公告要求的时间，及时到税务机关办理增值税一般纳税人年检手续。

（8）注意事项。一是已开业的小规模企业，其年应税销售额达到一般纳税人标准的，应在达到的次月底以前申请办理增值税一般纳税人认定手续。对符合一般纳税人条件但不申请办理一般纳税人认定手续的，税收管理员应填写“责令认定增值税一般纳税人审批表”，报经批准后通知纳税人限期办理。二是辅导期一般纳税人和暂认定一般纳税人，在到期前需要提前申请转正，否则将重新认定。

2.4 技能训练

（1）实训资料：上海立宏（集团）股份有限责任公司完成开业税务登记时，同时向税务机关申请办理一般纳税人资格认定登记，有关资料如下：

1）上海立宏（集团）股份有限责任公司“企业法人营业执照”（见表1-3）；

2）上海立宏（集团）股份有限责任公司“组织机构代码证”（见表1-4）；

3）“上海立宏（集团）股份有限公司章程”（见表1-5）；

4）上海立宏（集团）股份有限责任公司“税务登记证”（见表1-10）；

5）上海立宏（集团）股份有限责任公司预计2009年1月1日至2009年12月31日生产货物的销售额900万元；加工、修理修配的销售额600万元；批发、零售的销售额1 200万元；应税销售合计2 700万元；专业财务人员人数8人，设置账簿种类有总账、明细账、备查账；能够准确核算进项税额、销项税额；税务登记证副本数量5本。

（2）要求根据资料编制“增值税一般纳税人申请认定表”。

（3）实训操作。

1）依据实训资料编制“增值税一般纳税人申请认定表”（见表1-13）。

2）将填写完成的“增值税一般纳税人申请认定表”及相关资料报送税务局企业税务登记窗口，等待批复。

2.5 完成任务

（1）接到批准通知后，按照规定的期限到税务局企业税务登记窗口领取“增值税一般纳税人资格证书”、加盖“增值税一般纳税人”戳记的税务登记证副本和应由企业保留的一份“增值税一般纳税人申请认定表”。

（2）将领取的“增值税一般纳税人资格证书”、加盖“增值税一般纳税人”戳记的税务登记证副本和“增值税一般纳税人申请认定表”存档保管、备用。

2.6 教研交流与探讨

(1) 进行增值税一般纳税人资格认定登记基本环节有哪些?

(2) 增值税一般纳税人资格认定登记需要哪些基本资料?

(3) 增值税一般纳税人资格认定登记教学应把握哪些要点?

任务3 领购发票

3.1 任务描述与任务学习目标

(1) 任务描述:为上海远晨(集团)股份有限责任公司向税务机构申请领购发票。

(2) 任务学习目标:知道企业领购发票的基本程序与所需资料,能够正确向税务机关办理有关发票的手续。掌握有关发票的填制、保管等使用要求。

3.2 任务分析

按国家税务机关规定的发票领购程序和要求,申请并取得发票领购簿及领购发票。

3.3 相关知识

为了加强对发票的管理,财政部和国家税务总局制定了一系列规章制度,如《中华人民共和国发票管理办法》及《〈中华人民共和国发票管理办法〉实施细则》。

(1) 发票的定义与作用。《中华人民共和国发票管理办法》中规定:发票是指在购销商品、提供或者接受服务以及从事其他经营活动中,开具、收取的收付款凭证。

发票是在购销商品、提供或者接受服务以及从事其他经营活动中,由收款方填开提供给付款方凭以付款和提货或接受服务的书面证明。它是对纳税人经济活动记录的凭证及纳税人进行财务收支、会计核算的合法的原始依据,也是国家和纳税人计算、缴纳税额与税务稽查中重要的原始依据和必要资料,发票管理是税收的基础工作。

(2) 发票的主管机关。税务机关是发票的主管机关,负责发票印制、领购、开具、取得、保管、缴销的管理和监督。发票由省、自治区、直辖市税务机关指定的企业印制;增值税专用发票由国家税务总局统一印制。禁止私自印制、伪造、变造发票。

(3) 发票的联次构成。发票的基本联次为三联,第一联为存根联,开票方留存备查;第二联为发票联,收执方作为付款或收款原始凭证;第三联为记账联,开票方作为记账原始凭证。增值税专用发票的基本联次还应包括抵扣联,收执方作为抵扣税款的凭证。除增值税专用发票外,县(市)以上税务机关根据需要可适当增减联次并确定其用途。

(4) 发票的基本内容。包括:发票的名称、字轨号码、联次及用途,客户名称,开户银行及账号,商品名称或经营项目,计量单位、数量、单价、大小写金额,开票人,开票日期,开票单位(个人)名称(章)等。有代扣、代收、委托代征税款的,其发票内容应当包括代扣、代收、委托代征税种的税率和代扣、代收、委托代征税额。增值税专用发票还应当包括：购货人地址、购货人税务登记号、增值税税率、税额、供货方名称、地址及其税务登记号。

（5）发票的申请领购。依法办理税务登记的单位和个人，在领取税务登记证件后，向主管税务机关申请领购发票。申请领购发票的单位和个人应当提出购票申请，提供经办人身份证明、税务登记证件或者其他有关证明，以及财务印章或者发票专用章的印模，经主管税务机关审核后，发给发票领购簿。领购发票的单位和个人凭发票领购簿核准的种类、数量以及购票方式，向主管税务机关领购发票。申请领购增值税专用发票的单位和个人，还应当提供加盖有“增值税一般纳税人”确认章的税务登记证（副本）。非增值税纳税人和根据增值税有关规定确认的增值税小规模纳税人不得领购增值税专用发票。

（6）发票使用要求。销售商品、提供服务以及从事其他经营活动的单位和个人，对外发生经营业务收取款项，收款方应当向付款方开具发票；特殊情况下，由付款方向收款方开具发票。所有单位和从事生产、经营活动的个人在购买商品、接受服务以及从事其他经营活动支付款项，应当向收款方取得发票。取得发票时，不得变更品名和金额。不符合规定的发票，不得作为财务报销凭证，任何单位和个人有权拒收。开具发票应当按照规定的时限、顺序，逐栏、全部联次一次性如实开具，并加盖单位财务印章或者发票专用章。

（7）发票保管要求。开具发票的单位和个人应当按照税务机关的规定存放和保管发票，不得擅自损毁。已经开具的发票存根联和发票登记簿，应当保存五年。保存期满，报经税务机关查验后销毁。使用发票的单位和个人应当妥善保管发票，不得丢失。发票丢失，应于丢失当日书面报告主管税务机关，并在报刊和电视等传播媒介上公告声明作废。

（8）违规处罚。违反发票管理法规的行为包括：未按照规定印制发票或者生产发票防伪专用品的；未按照规定领购发票的；未按照规定开具发票的；未按照规定取得发票的；未按照规定保管发票的；未按照规定接受税务机关检查的。对有前款所列行为之一的单位和个人，由税务机关责令限期改正，没收非法所得，并处一万元以下的罚款。有前款所列两种或者两种以上行为的，可以分别处罚。

3.4 技能训练

（1）购领发票。

1）前期准备：一是要在营业执照、代码证、税务证都齐全后开立银行基本户，如基本户不能纳税，那还要开立能纳税的一般户，网上申报的企业要和银行签订网上扣款协议。二是要办理办税员证。

如员工被所在企业确定为办税人选后，可按以下过程来办理“办税员证”：

①持所在企业办理“办税员证”书面申请，单位介绍信（介绍你为所在企业确定的办税人员），工商行政部门核发的“企业法人营业执照”、“税务登记证”副本，国家技术监督部门核发的“组织机构代码证”以及一寸照三张（财务人员办理需要带会计证），到当地税务局（所）向资料发售窗口提出办理临时办税员证申请，领取“办税人员（持证人变更）登记表”一式两份（见表1-14）。

②按规定填写好“办税人员（持证人变更）登记表”，并由所在企业签署同意的意见和加盖公章，然后将登记表与相关资料送交当地税务局（所）文书受理窗口。

③文书受理窗口受理后，当即填开“税务文书受理回复单”，明确答复日期。

表 1－14　　办税员（持证人、变更）登记表

企业名称（盖章）			照片
税务登记号			
办税人员姓名			
身份证号			
企业开业时间		企业类型	
登记（变更）原因			
企业法人意见		签字（盖章）	
原证件编码		变更后编码	
主管税务机关意见	（公章）　年　月　日		

备注：此表一式两份，办理完成后，一份留税务所备查；一份交企业保管。

④凭“税务文书受理回复单”，在规定的期限内到文书受理窗口领取“办税员证（临时）”。

临时办税员证有效期一般为 3～6 个月，在取得临时办税员证后，应及时参加税务机关要求的办税员培训学习，经学习考核合格后，可换领办税员证，转为正式办税员。

2）申请发票购领证（簿）。

①办税员持“办税员证”、“企业法人营业执照”、“税务登记证”副本到主管税务机关咨询领取“税务行政许可申请表”（见表 1－15）与“申请统一发票领购簿及票种核定审批表”（见表 1－16）。

表 1－15　　税务行政许可申请表

编号：　　　　　　　　申请日期　年　月　日

申请人	姓名		身份证件	
	电话		邮政编码	
	住址			
	单位		法定代表人	
	邮政编码		电话	
	税务登记号		微机编码	
	地址			
	委托代理人		身份证件	
	地址		电话	
申请事项	□1.（在申请事项前划“√”） 对发票使用和管理的审批： （1）印制有本单位名称的发票； （2）申请使用经营地发票； （3）拆本使用发票； （4）使用计算机发票； （5）批准携带、运输空白发票。 □2. 对发票领购资格的审批（需指定专人为购票经办员）。 □3. 对增值税防伪税控系统最高开票限额的审批。 □4. 建立收支批准粘贴簿、进货销货登记簿或者使用税控装置的审批。			
声明	我（单位）所提交的有关资料和反映的情况属实，愿意对申请材料实质内容的真实性负责。 声明人签字或公章：			

受理人（审核人）：　　　　　收到日期：　年　月　日

表 1－16　　　申请统一发票领购簿及票种核定审批表

国家税务局：　　　　　　　　　　　　　　　　　　　　　　　　　　领购簿号码：

纳税人名称		联系电话	
纳税人识别号		税务管理号	

我单位已于　　年　　月　　日办理税务登记，现申请办理统一发票领购簿，为做好发票的领购工作，我单位特指定__________（身份证号：__________）和______（身份证号：__________）位同志为购票员。我单位将按规定健全发票管理制度，严格遵守有关发票领购、使用、保管的法律和法规。

财务印章或发票专用章（盖章）　　　　经办人签字：　　　　　年　　月　　日

以下信息由申请领购普通发票的纳税人填写

发票种类名称	联次	金额版	每次领购数量	每月用量

以下信息由申请领购增值税电脑版专用、增值税电脑版普通发票的纳税人填写

我单位已于______年__月__日被认定为增值税一般纳税人，申请领购增值税电脑版专用、增值税电脑版普通发票。

发票种类名称	联次	开具最大金额	每次领购数量	每月用量

以下由税务机关填写

发票种类名称	联次	金额版	每次购票数量	每月购票数量	持票最高数量	电脑版开具最大金额

购票方式	验旧购新□　交旧购新□ 批量供应□	需提供发票担保的，是否已经提供担保人或交纳保证金	是□　否□

税源管理科人员意见	发票窗口人员意见	办税服务厅负责人意见	主管局长意见
经办人签字： 负责人签字： 年　　月　　日	签字： 年　　月　　日	签字： 年　　月　　日	签字： 年　　月　　日

②办税员将填好的“税务行政许可申请表”与“申请统一发票领购簿及票种核定审批表”，以及发票专用章或财务专用章印模和办税员的身份证、“办税员证”等资料提交给主管税务机关。税务机关文书受理窗口受理后，当即填开“税务文书受理回复单”，明确答复日期。税务机关审核通过后，会在答复日期内向发票购领证（簿）申请人发出“税务文书领取通知单”。

③办税员凭“税务文书领取通知单”到主管税务机关受理窗口领取“发票购领证（簿）”。“发票购领证（簿）”样式（简略）如表 1－17 所示。

表 1－17

发票领购簿
（税徽）
＊＊省地方税务局监制
（封面）

扉页：

使用说明
1. 纳税人凭本领购簿领购发票，并妥善保管，不得转借、涂改；如有遗失，应于当日书面报告主管税务机关。
2. 纳税人发生停业、复业时，应到税务机关办理发票领购簿的封存、启用手续。
3. 纳税人变更税务登记机关、注销税务登记的，应按规定到主管税务机关办理发票领购簿的换发、注销手续，并将已使用完的发票存根和未使用的空白发票登记造册，交由主管税务机关处理。
4. 发票领购簿设置的内容除签字外，均由主管税务机关进行登记。
5. 纳税人应按发票领购簿核定的发票种类、数量及购票方式领购发票。
6. 纳税人应按主管税务机关的要求，按月缴销已开具的发票。

内页（1—8 页）：

纳税人基本信息

纳税人名称				征收方式			
纳税人识别号				经济性质			
纳税人微机编码				购票方式			
经营范围							
地址							
法定代表人		联系电话		发票经办人		联系电话	
税控机品牌及型号			税控机序列号			安装时间	
主管税务机关名称						主管税务机关（章）	
税收管理员名称						年 月 日	

第 1 页

核准使用发票情况

发票名称	发票代码	联次	单位（卷/本/份）	初次核准数量（每月/每次）	调整核准数量（每月/每次）	核准/调整日期

第 2 页

代开发票记录

代开发票号码	项目	代开金额	征收税种	税额合计	完税证号码	时间

第 3 页

发票购、销、存明细账单记录

明细账单的年号及顺序号	本次购票数量			制单时间	税务经办人签名	纳税人经办人签名
	卷	本	份			

第 4 页

发票收缴、挂失记录

日期	发票名称	发票代码	收缴/挂失	单位（卷/本/份）	数量	发票号码		税务经办人签字	纳税人经办人签字
						起始号码	终止号码		

第 5 页

发票违章记录

违章事项：

第 6 页

发票购、销、存明细账单

税务机关（章）　　　　税务经办人：　　　　日期：

发票名称	购、销、存状态	发票代码	单位（卷/本/份）	数量	发票号码		本次缴销发票的开票金额
					起始号码	终止号码	

以上记录与我（单位）《发票领购簿》及实际使用发票情况相符，特此声明。

声明人（签名）

第 7 页

发票购、销、存明细账单的管理

1. 纳税人应妥善保管发票购、销、存明细账单，每次从主管税务机关取得该单后，按编码顺序存入发票领购簿后的插袋中，年度终了后按顺序装订成册，保存期限 5 年；

2. 发票购、销、存明细账单不得丢失、涂改、伪造、毁损，否则根据《中华人民共和国发票管理办法》第三十六的规定，由税务机关责令限期改正，没收非法所得，可以并处一万元以下的罚款；

3. 发票购、销、存明细账单“账单号码”、“日期”等项目应与“发票领购簿”中“发票购、销、存记录单备查记录”中的相关项目一致。

4. 发票购、销、存明细账单必须经主管税务机关及纳税人经办人双方签字确认，并由纳税人经办人声明确认。

第 8 页

3）购领发票。

①资料准备。初次购领发票：企业初次购买发票时，需提交验看的资料有："税务登记证"副本及复印件、企业发票专用章或财务专用章印模、"发票购领证（簿）"、办税员（经办人）身份证及复印件、"办税员证"。再次购领发票：从第二次购领发票开始，需提交验看的资料有税务登记证副本、"发票购领证（簿）"、办税员（经办人）身份证与"办税员证"、上次购发票的"票证工本费收据"第三联、企业发票专用章或财务专用章、上一次购买发票的存根联（如果有作废的或者开具的负数发票，要带上作废的（全联次）发票，负数发票（全联次）与对应的作废发票（全联次）。

②到当地税务所发票窗口购票。使用现金购票（不收支票）；购票数量一般不超过企业一个月的使用量；领购国标税控发票的纳税人需要携带税控用户卡。

3.5 完成任务

（1）填制完成《办税员（持证人、变更）登记表》。

（2）填制完成《行政许可申请表》。

（3）填制完成《统一发票领购簿及票种核定审批表》。

3.6 教研交流与探讨

（1）领购发票要作哪些准备？

（2）领购发票要按什么程序进行？

（3）如何能在学习过程中真实地感受领购的过程？

单元二　企业涉税业务会计核算实务

学习目标： 掌握中小企业税务会计工作基本内容，企业流转税会计、其他税种会计、所得税会计处理基本流程，能够进行企业税务会计处理的手工操作。

任务1　核算流转税

在理论学习的基础上，熟悉流转税的计算方法，掌握流转税会计处理方法，提高流转税会计核算的实务操作能力。流转税的主要税种分为增值税、消费税和营业税，以下分别进行介绍。

1.1　核算增值税

1.1.1　任务描述与任务学习目标

（1）任务描述：核算阳光电器股份有限公司2009年3月份应纳增值税税额。

（2）任务学习目标：知道企业增值税会计核算的基本要求与核算方法，能够正确分析与处理企业增值税业务，并进行相关记账凭证填制与账簿登记的操作。

1.1.2　任务分析

（1）进行阳光电器股份有限公司2009年3月份增值税进项税业务的核算；

（2）进行阳光电器股份有限公司2009年3月份增值税销项税业务的核算；

（3）核算阳光电器股份有限公司2009年3月份应纳增值税税额；

（4）进行相关的记账凭证填制与账簿的登记。

1.1.3　相关知识

（1）增值税是对在我国境内销售货物、进口货物以及提供加工、修理修配劳务的单位和个人，就其取得货物的销售额、进口货物金额、应税劳务销售额计算税款，并实现税款抵扣制的一种流转税。

（2）增值税一般纳税人当期应纳增值税额的大小主要取决于当期销项税额和当期进项税额两个因素。应纳税额的计算公式为：

应纳增值税额＝当期销项税额－当期进项税额

1）一般纳税人销项税额的计算公式为：

销项税额＝销售额×税率

2）一般纳税人进项税额的计算公式为：

进项税额＝买价×扣除率

(3) 与销项税额核算相关业务的会计处理。

1）销售货物销项税额的会计核算。企业向国内销售货物或提供应税劳务，不管是否开出增值税专用发票，均应按照实现的销售收入和按规定收取的增值税额，借记“应收账款”、“应收票据”、“银行存款”等账户；按照规定收取的增值税额，贷记“应交税费——应交增值税（销项税额）”账户；按照实现的收入，贷记“主营业务收入”等账户。结转销货成本时，借记“主营业务成本”科目，贷记“库存商品”、“发出商品”等科目。

2）视同销售销项税额的会计处理。

①企业将自产或委托加工的货物用于非应税项目。按货物的实际成本及按计税价格计算的增值税销项税额，借记“在建工程”等科目；按货物的实际成本，贷记“库存商品”等科目；按应确认的销项税额，贷记“应交税费——应交增值税（销项税额）”科目。

②企业将自产、委托加工或购买的货物作为投资。按货物的实际成本及按计税价格计算的增值税销项税额，借记“长期股权投资”等科目；按货物的实际成本，贷记“库存商品”、“原材料”等科目；按应确认的销项税额，贷记“应交税费——应交增值税（销项税额）”科目。

③将自产、委托加工或购买的货物分配给股东或投资者。按货物的实际成本及按计税价格计算的增值税销项税额，借记“应付利润”等科目；按货物的实际成本，贷记“库存商品”、“原材料”等科目；按应确认的销项税额，贷记“应交税费——应交增值税（销项税额）”科目。

④将自产、委托加工的货物用于集体福利。发放时，按货物的实际成本及按计税价格计算的增值税销项税额，借记“应付职工薪酬”等科目；按货物的实际成本，贷记“库存商品”、“原材料”等科目；按应确认的销项税额，贷记“应交税费——应交增值税（销项税额）”科目。

⑤将自产、委托加工或购买的货物无偿赠送他人。按货物的实际成本及按计税价格计算的增值税销项税额，借记“营业外支出”等科目；按货物的实际成本，贷记“库存商品”、“原材料”等科目；按应确认的销项税额，贷记“应交税费——应交增值税（销项税额）”科目。

3）混合销售行为的会计处理。纳税人在从事货物生产、批发或零售同时，又涉及非应交增值税劳务的，为混合销售行为，应将非应税劳务收入视同销售货物收入，开具增值税专用发票，一并缴纳增值税。

4）销售退回及折让、折扣销项税额的会计处理。企业在产品销售过程中，如果发生退回或折让，不论是否为当月销售的退货与折让，若销售后已记账，在经过防伪税控系统确认后，均应冲减当月的主营业务收入和销项税额。

发生的销售折扣，如果销售额和折扣额在同一张增值税专用发票上分别注明，可按折扣后的余额作为计算销项税额的依据，其会计处理同前述产品正常销售相同。但若将折扣额另开增值税专用发票，不论财务会计如何处理，计算销项税额都要按未折扣的销售额乘以税率，以此贷记“应交税费——应交增值税（销项税额）”。

5）包装物销售、出租及没收押金销项税额的会计处理。

①随同产品销售包装物销项税额的会计处理。随同产品销售并单独计价的包装物，按规定应计算缴纳增值税，借记“银行存款”、“应收账款”等科目，贷记“其他业务收入”、“应交税费——应交增值税（销项税额）”。不单独计价时，作为产品销售（销售额中包含包装物价款），会计处理同前。

②销售产品包装物出租。随同产品销售包装物出租，租金属于价外费用，应并入销售额缴纳增值税，将租金中不含税收入贷记“其他业务收入”。

③包装物押金销项税额的会计处理。除啤酒、黄酒之外的酒类货物销售时收取的包装物押金，无论将来押金是否返还，均应并入当期销售额计税。销售酒类产品之外的货物而收取的押金，当包装物逾期未收回时，没收押金，将其换算为不含税价格，贷记“营业外收入”，适用税率计算销项税额，贷记“应交税费——应交增值税（销项税额）”。“逾期”以一年为限，收取押金超过一年时，无论是否退还，均应并入销售额计税。

6）委托代销方式销售货物销项税额的会计处理。委托代销货物分为视同买断和收取手续费两种方式。

①视同买断方式。委托方在发出货物时，按发出货物的实际成本，借记“发出商品”科目，贷记“库存商品”科目；收到受托方转来的代销清单时，开具增值税专用发票，按应收或实际收到的全部价款，借记“应收账款”、“银行存款”等科目，按实现的销售额，贷记“主营业务收入”科目，按应确认的增值税销售额，贷记“应交税费——应交增值税（销项税额）”科目，同时按发出货物的实际成本结转销售成本，借记“主营业务成本”科目，贷记“发出商品”科目。

②收取手续费方式。委托方在发出货物时，按发出货物的实际成本，借记“发出商品”科目，贷记“库存商品”科目。收到受托方转来的代销清单时，开具专用发票，按应收或实际收到的全部价款（扣除手续费），借记“应收账款”、“银行存款”等科目；按受托方扣除的手续费，借记“销售费用——手续费”；按实现的销售额，贷记“主营业务收入”科目；按应确认的增值税销项税额，贷记“应交税费——应交增值税（销项税额）”科目；同时按发出货物的实际成本结转销售成本，借记“主营业务成本”科目，贷记“发出商品”科目。

（4）进项税额核算的相关业务

1）国内采购货物进项税额的会计核算。纳税人从国内采购货物，应按增税专用发票上注明的增值税额加上运费发票上注明的运费额的7%计算得出的进项税额，借记“应交税金——应交增值税（进项税额）”账户中；按照增值税专用发票上注明的货物价款和运费上扣除7%进项税额后的运费，及其应计入采购成本的费用，借记“物资采购”、“原材料”、“低值易耗品”、“包装物”、“管理费用”等账户；按应付或实际已付的价、税、费总额，贷记“应付账款”、“应付票据”、“银行存款”等账户。

2）接受投资进项税额的会计核算。一般纳税人接受投资转入的货物，应按增值税专用发票上注明的增值税额借记“应交税金——应交增值税（进项税额）”，按照双方确认的不含税价值，借记“原材料”等账户，按双方确认的总价值（价税合计），贷记“实收资本”账户。

3）接受捐赠进项税额的会计核算。企业接受捐赠转入的货物，按照捐赠确认的价值，借记“原材料”等，按照专用发票上注明的或按确认价值换算的增值税额，借记“应交税金——应交增值税（进项税额）”，按照接受捐赠的非货币资产的公允价值贷记“营业外收入”科目。若接受捐赠的货物为固定资产，比照存货的处理方法。

4）接受应税劳务的会计处理。企业接受应税劳务，按照专用发票上注明的增值税额，借记“应交税金——应交增值税（进项税额）”账户；按照专用发票上记载的应计入加工、修理修配等货物成本的金额，借记“委托加工材料”等账户；按应付或实际支付的金额，贷记“应付账款”、“银行存款”等账户。如果为一般纳税人提供劳务的是小规模纳税人，因其不能开具增值税专用发票，只能开具普通发票，则一般纳税人不能享受进项税额抵扣。

5）购进固定资产的处理。企业新购进的设备，允许其抵扣进项税额，本期未抵扣完的进项税额可以结转下期继续抵扣。企业增加固定资产时，支付增值税进项税并取得增值税专用发票的，可采用与增加存货相一致的会计处理方法。

6）进口货物进项税额的处理。从国外购进原材料，也应依法缴纳增值税，应根据海关开具的“完税凭证”记账。借记“应交税金（应交增值税——进项税额）”账户；按照进口货物应计入货物采购成本的金额，借记“物资采购”、“原材料”等账户，按照应付或实际支付的价款，贷记“应付账款”、“银行存款”等账户。

7）购进的货物发生退回或折让。购进的货物发生退回或折让，分别以下情况处理：

①购进的货物退回并已作账务处理。如果购货已作账务处理，发票联和抵扣联无法退还的情况下，购货方必须取得当地主管税务机关开具的“进货退出及索取折让证明单”并送交销售方，作为销售方开具红字增值税专用发票的合法依据。销售方收到证明单以后，根据退回货物的数量、价款、税款或折让金额，向购买方开具红字增值税专用发票。销货方在未收到证明单以前，不得开具红字增值税专用发票。根据销货方转来的红字发票联和抵扣联，借记“应收账款”或“银行存款”，贷记“应交税费——应交增值税（进项税额）”。

②购进的材料，如果由于质量不符，经与销售方协商，给予一部分折让。在采用验货付款的情况下，由于既未付款也未作账务处理，购货方应退回发票，由销货方按折让后的价款和税额重新开具发票。在采用验单付款的情况下，款已付而发票无法退回，购货方应当向当地主管税务机关索取“证明单”，转交销货方，并根据销货方转来的红字发票联和抵扣联进行相应的账务处理。

8）进项税额转出的会计处理。企业外购货物发生非正常损失的或购进的货物改变用途（用于非应税项目或免税项目），其相应的进项税额不得作为当期进项税额抵减销项税额。其进项税额应相应转入有关账户，借记“待处理财产损溢——待处理流动资产损溢”、“在建工程”、“应付福利费”等账户，贷记“应交税费——应交增值税（进项税额转出）”账户。

（5）一般纳税人应交增值税的会计处理

企业发生的有关增值税的业务按照上述方法和步骤进行正确的会计核算后，各种有关增值税的数据都在“应交税费——应交增值税”的多栏式明细账上得到反映。这时企业便可按以下步骤作出有关处理：

1）若有应纳税额，应填制“税收缴款书”，缴纳增值税。企业缴纳增值税后，应根据征收处收款盖章后的完税凭证，借记“应交税费——应交增值税（已交税金）”账户，贷记“银行存款”账户。

2）企业缴纳增值税后，若仍有欠缴的增值税，应将欠缴的增值税转入“应交税金——未交增值税”账户，借记“应交税金——应交增值税（转出未交增值税）”账户，贷记“应交税金——未交增值税”账户。若企业当期实际缴纳的增值税大于本期应缴纳的增值税，应将多交的增值税转入“应交税金——未交增值税”账户，贷记“应交税费——应交增值税（转出多交增值税）”账户。

（6）增值税多栏式明细账的填列

1）“应交增值税”明细科目（一般纳税人）。

①“进项税额”专栏，记录企业购入货物或接受应税劳务而支付的，准予从销项税额中抵扣的增值税额。企业购入货物或接受劳务支付的进项税额，用蓝字登记；退回所购货物应冲销的进项税额，用红字登记。

②“已交税金”专栏，核算企业当月缴纳本月增值税额。

③“减免税款”专栏，反映企业按规定减免的增值税款。企业按规定直接减免的增值税额借记本科目，贷记“补贴收入”科目。

④“出口抵减内销产品应纳税额”专栏，反映出口企业销售货物后，向税务机关办理免抵税额，借记本科目，贷记“应交税费—— 应交增值税（出口退税）”科目。

⑤“转出未交增值税”专栏，核算企业月终转出应缴未缴的增值税。月末企业“应交税费——应交增值税”明细账出现贷方余额时，根据余额借记本科目，贷记“应交税费——未交增值税”科目。

⑥“销项税额”专栏，记录企业销售货物或提供应税劳务应收取的增值税额。企业销售货物或提供应税劳务应收取的销项税额，用蓝字登记；退回销售货物应冲销的销项税额，用红字登记。现行出口退税政策规定，实行先征后返的生产企业，除来料加工复出口货物外，出口货物离岸价视同内销先征税，出口单证收齐后再以离岸价为依据按规定退税率申报退税，在出口销售行为发生后，按规定征税率计算销项税额贷记本科目，同时按规定退税率计算的出口退税借记“应收补贴款”科目，按征退税率之差计算的不得抵扣税额借记“出口产品销售成本”科目；实行“免、抵、退”税的生产企业，出口货物销售收入不计征销项税额，对经审核确认不予退税的货物，应按规定征税率计征销项税额。

⑦“出口退税”专栏，记录企业出口适用零税率的货物，向海关办理报关出口手续后，凭出口报关单等有关凭证，向税务机关申报办理出口退税而收到退回的税款。出口货物退回的增值税额，用蓝字登记；出口货物办理退税后发生退货或者退关而补缴已退的税款，用红字登记。出口企业当期按规定应退税额，应免抵税额后，借记“应收账款——应收出口退税款——增值税”科目、“应交税费——应交增值税（出口抵减内销产品应纳税）”科目，贷记本科目。

⑧“进项税额转出”专栏，记录企业的购进货物，在产品、产成品等发生非正常损失以及其他原因而不应从销项税额中抵扣，按规定转出的进项税额。按税法规定，对出口货物不得抵扣税额的部分，应在借记“产品销售成本”科目的同时，贷记本科目。企业在核算出口货物免税收入的同时，对出口货物免税收入按征退税率之差计算出的“不得抵扣税

额”，借记“产品销售成本”科目，贷记本科目，当月“不得抵扣税额”累计发生额应与本月免税申报的“生产企业出口货物免税明细申报表”中“不得抵扣税额”合计数一致。出口企业收到主管税务机关出具的“生产企业进料加工贸易免税证明”和“生产企业进料加工贸易免税核销证明”后，按证明上注明的“不得抵扣税额抵减额”用红字贷记本科目，同时以红字借记“主营业务成本”科目。生产企业发生国外运费、保险、佣金费用支付时，按出口货物征退税率之差分摊计算，并冲减“不得抵扣税额”，用红字贷记本科目，同时以红字借记“主营业务成本”科目。

⑨“转出多交增值税”专栏，核算一般纳税人月终转出多缴的增值税。月末企业“应交税费——应交增值税”明细账出现借方余额时，根据余额借记“应交税费——未交增值税”科目，贷记本科目。对按批准数进行会计处理的，本科目月末转出数为当期期末留抵税额；对按退税申报数进行会计处理的，本科目月末转出数为计算“免、抵、退”税公式计算的“结转下期继续抵扣的进项税额”。

“销项税额”、“出口退税”、“进项税额转出”、“转出多交增值税”四个专栏在“应交增值税”明细账的贷方。

2）“未交增值税”明细科目。为了反映企业亏欠缴增值税税款和待抵扣增值税情况，企业应在“应交增值税费”科目下设置“未交增值税”明细科目，核算一般纳税人月终时转入的应缴未缴增值税额，转入多缴的增值税也在本明细科目核算。月份终了，企业应将当月发生的应缴增值税额自“应交税费——应交增值税”科目转入“未交增值税”明细科目。企业当月上缴上月应缴未缴的增值税时，借记“应交税费——未交增值税”科目，贷记“银行存款”科目。

月末，本科目的借方余额反映的是企业期末留抵税额和专用税票预缴等多缴的增值税款，贷方余额反映的是期末结转下期应缴的增值税。

月份终了，企业应将当月发生的应缴增值税额自“应交税费——应交增值税”科目转入“未交增值税”明细科目。账务处理借方为“应交税费——应交增值税（转出未交增值税）”，贷方为“应交税费——未交增值税”。

月份终了，企业将本月多缴的增值税自“应交税费——应交增值税”科目转入“未交增值税”明细科目。账务处理借方为“应交税费——未交增值税”，贷方为“应交税费——应交增值税（转出多交增值税）”。

（7）增值税小规模纳税人，其销售收入的核算与一般纳税人相同，也是不含增值税应税销售额，其应纳增值税额，也要通过“应交税费——应交增值税”明细科目核算，只是由于小规模纳税人不得抵扣进项税额，不需在“应交税费——应交增值税”科目的借、贷方设置若干专栏。小规模纳税人“应交税费——应交增值税”科目的借方发生额，反映已缴的增值税额，贷方发生额反映应缴增值税额；期末借方余额，反映多缴的增值税额；期末贷方余额反映尚未缴纳的增值税额。

1.1.4 技能训练

（1）技能训练资料

阳光电器股份有限公司为广东省阳江市一家企业，是以生产彩色电视机为主的家用电器股份有限公司，税务登记为增值税一般纳税人。

2009 年 3 月份，阳光电器股份有限公司发生与增值税有关的业务如下：

1）业务一，有关原始凭证 3 张，如表 2－1、表 2－2、表 2－3 所示。

表 2－1

广东省增值税专用发票

（印章：全国统一发票监制章 实习专用）发票联

428099xxx　　　　№0068xxxx

开票日期 2009 年 3 月 3 日

购货单位	名称	阳光电器股份有限公司		纳税人登记号	2 6 5 3 4 1 7 8 0 3 5 x x x x	
	地址、电话	云江市开发区锦绣路 12 号		开户银行及账号	工行开发区锦绣路分理处 101－1234xxxx	
货物或应税劳务名称	计量单位	数量	单价	金额（千 百 十 万 千 百 十 元 角 分）	税率（%）	税额（百 十 万 千 百 十 元 角 分）
2501c 显像管	只	2000	400	8 0 0 0 0 0 0 0	17	1 3 6 0 0 0 0 0
合　计				¥ 8 0 0 0 0 0 0 0		¥ 1 3 6 0 0 0 0 0
价税合计（大写）	[illegible]仟零佰零拾零元零角零分			（小写）¥936 000.00		
销货单位	名称	朝华电子器件公司		纳税人登记号	3 6 6 3 4 1 9 7 8 2 3 x x x x	
	地址、电话	南海市[illegible]号		开户银行及账号	工行南海市太原街分理处 15－4561xxx	
备注						

（印章：朝华电子器件公司 增值税发票专用章）

第二联 发票联 购货方记账凭证

销货单位（章）：　　收款人：孙犁　　复核人：李洲　　开票人：古平

表 2－2

广东省增值税专用发票

（印章：全国统一发票监制章 实习专用）抵扣联

428099xxx　　　　№0068xxxx

开票日期 2009 年 3 月 3 日

购货单位	名称	阳光电器股份有限公司		纳税人登记号	2 6 5 3 4 1 7 8 0 3 5 x x x x	
	地址、电话	云江市开发区锦绣路 12 号		开户银行及账号	工行开发区锦绣路分理处 101－1234xxxx	
货物或应税劳务名称	计量单位	数量	单价	金额（千 百 十 万 千 百 十 元 角 分）	税率（%）	税额（百 十 万 千 百 十 元 角 分）
2501c 显像管	只	2000	400	8 0 0 0 0 0 0 0	17	1 3 6 0 0 0 0 0
合　计				¥ 8 0 0 0 0 [illegible]		¥ 1 3 6 0 0 0 0 0
价税合计（大写）	[illegible]仟零佰零拾零元零角零分			（小写）¥936 000.00		
销货单位	名称	朝华电子器件公司		纳税人登记号	3 6 6 3 4 1 9 7 8 2 3 x x x x	
	地址、电话	南海市[illegible]号		开户银行及账号	工行南海市太原街分理处 15－4561xxx	
备注						

（印章：朝华电子器件公司 增值税发票专用章）

（印章：云江市国家税务局直属分局 准予（3）抵扣 2009年3月30日）

第一联 抵扣联 购货方扣税凭证

表 2－3

中国工商银行支票存根
支票号码　No：0140xx
科　　目：
对方科目：
签发日期：2009 年 3 月 3 日
收款人：朝华电子器件公司
金额：¥936 000.00
用途：购货
备注：
单位主管：　　　会计：

2）业务二，有关原始凭证5张，如表2－4至表2－8所示。

表2－4

广东省增值税专用发票

（全国统一发票监制章联 实习专用）

427899xxx　　　　№0123xxxx

开票日期 2009年3月4日

购货单位			
名称	阳光电器股份有限公司	纳税人登记号	2 6 5 3 4 1 9 7 0 3 5 x x x x
地址、电话	云江市开发区锦绣路12号	开户银行及账号	工行开发区锦绣路分理处01－123xxxx

货物或应税劳务名称	计量单位	数量	单价	金额 千	百	十	万	千	百	十	元	角	分	税率（%）	税额 百	十	万	千	百	十	元	角	分
EP－58120扬声器	个	1000	300			3	0	0	0	0	0	0	0	17			5	1	0	0	0	0	0
合计					¥	3	0	0	0	0	0	0	0			¥	5	1	0	0	0	0	0

价税合计（大写）	叁拾伍万壹仟零佰零拾零元零角零分	（小写）¥351 000.00	
销货单位 名称	恩杰电子器件有限公司	纳税人登记号	4 1 0 1 9 5 4 2 2 0 0 x x x x
销货单位 地址、电话	东海市开发区中山路12号	开户银行及账号	工行东海市开发区中山路分理处19－098xxx
备注			

（印章：恩杰电子器件有限公司 增值税发票专用章）

销货单位（章）：　　收款人：张力　　复核人：赵瑋　　开票人：刘平

第二联 发票联 购货方记账凭证

表2－5

广东省增值税专用发票

（全国统一发票监制章抵扣联 实习专用）

427899xxx　　　　№0123xxxx

开票日期 2009年3月4日

购货单位			
名称	阳光电器股份有限公司	纳税人登记号	2 6 5 3 4 1 9 7 0 3 5 x x x x
地址、电话	云江市开发区锦绣路12号	开户银行及账号	工行开发区锦绣路分理处01－123xxxx

货物或应税劳务名称	计量单位	数量	单价	金额 千	百	十	万	千	百	十	元	角	分	税率（%）	税额 百	十	万	千	百	十	元	角	分
EP－58120扬声器	个	1000	300			3	0	0	0	0	0	0	0	17			5	1	0	0	0	0	0
合计					¥	3	0	0	0	0	0	0	0			¥	5	1	0	0	0	0	0

价税合计（大写）	叁拾伍万壹仟零佰零拾零元零角零分	（小写）¥351 000.00	
销货单位 名称	恩杰电子器件有限公司	纳税人登记号	4 1 0 1 9 5 4 2 2 0 0 x x x x
销货单位 地址、电话	东海市开发区中山路12号	开户银行及账号	工行东海市开发区中山路分理处19－098xxx
备注			

（印章：云江市国家税务局直属分局 准予（3）抵扣 2009年3月30日）

（印章：恩杰电子器件有限公司 增值税发票专用章）

销货单位（章）：　　收款人：张力　　复核人：赵瑋　　开票人：刘平

第一联 抵扣联 购货方扣税凭证

表2－6

中国工商银行支票存根
支票号码　No：0140xx
科　　目：
对方科目：
签发日期：2009年3月4日
收款人：恩杰电子器件公司
金额：¥351 000.00
用途：购货
备注：
单位主管：　　　会计：

表 2－7 货 票 №081xxx

铁路承运日期：2009 年 3 月 4 日 承运凭证：发站发货人报销用

发站		东海站	到站（局）	云江站	车种车号	（平）9004xxx		货车标重	标准化
托运人	名称	东海市恩圭电子器件有限公司			施封号码	309333xxx			
	住址	东海市开发区	电话	800xxxx	铁路货车蓬车号码	489xxx			
收货人	名称	云江市阳光电子器件有限公司			集装箱				
	住址	云江市开发区	电话	3750xxxx	经由			运输里程	
货物名称	件数	包装	货物重量		计费重量	运价	运价率	支付	
			托运人确认	承运人确认				费别	金额（元）
EP58120 扬声器	200	大箱						运费	2 000.00
								装卸费	
								包装费	
								过称费	
								保险费	
合计		人民币（大写）⊗贰仟元整						小写	¥2 000.00
记事									

（印章：广州市铁路三分局货运段 货运收款专用章 南江站）

铁路承运单位盖章： 经办人：邱立

表 2－8

中国工商银行支票存根
支票号码 No：0140xx
科　　目：
对方科目：
签发日期：2009 年 3 月 4 日
收款人：广州铁路局货运段
金额：¥2 000.00
用途：支付运费
备注：
单位主管：　　　　会计：

3）业务三，有关原始凭证 2 张，如表 2－9、表 2－10 所示。

表 2－9 广东省增值税专用发票

（印章：全国统一发票监制章 实习专用）发票联

420099xxx №0083xxxx

开票日期 2009 年 3 月 8 日

购货单位	名称	广源商贸股份有限公司			纳税人登记号	2634119780 2xxxx		
	地址、电话	云江市滨海区淮海路 28 号			开户银行及账号	工行滨海区淮海路分理处 01－1266xxxx		
货物或应税劳务名称		计量单位	数量	单价	金额（千百十万千百十元角分）	税率（%）	税额（百十万千百十元角分）	
29 吋彩电		台	2 000	2 000	4 0 0 0 0 0 0 0 0	17	6 8 0 0 0 0 0 0	
合计					¥ 4 0 0 0 0 0 0 0 0		¥ 6 8 0 0 0 0 0 0	
价税合计（大写）		肆佰陆拾捌万零仟零佰零拾零元零角零分			（小写）¥4 680 000.00			
销货单位	名称	阳光电器股份有限公司			纳税人登记号	2653419703 5xxxx		
	地址、电话	云江市开发区锦绣路 12 号			开户银行及账号	工行开发区锦绣路分理处 01－123xxxx		
备注								

（印章：阳光电器股份有限公司 增值税发票专用章）

第三联 发票联 销货方记账凭证

销货单位（章）： 收款人：张平 复核人：赵舒琴 开票人：刘娜

表 2－10　　中国工商银行**进账单**（回　单）　1

2009 年 3 月 8 日

出票人	全　称	广源商贸股份有限公司	持票人	全　称	阳光电器股份有限公司
	账　号	01－456xxxx		账　号	01－123xxxx
	开户银行	工行滨海区淮海路分理处		开户银行	工行开发区锦绣路分理处
金额	人民币（大写）⊗肆佰陆拾捌万元整			亿千百十万千百十元角分	¥ 4 6 8 0 0 0 0 0 0
票据种类	转账支票		中国工商银行云江市开发区锦绣路分理处 收讫		
票据张数	1 张		开户银行签章		
单位主管 剑金　会计 钱劲　复核　记账					

此联银行盖章后退回持票人

4）业务四，有关原始凭证 3 张，如表 2－11、表 2－12、表 2－13 所示。

表 2－11　　广东省增值税专用发票

全国统一发票监制章 发票联 实习专用

436099xxx　　№0069xxxx

开票日期 2009 年 3 月 12 日

购货单位	名称	昌盛百货公司		纳税人登记号	2 6 5 3 4 6 1 7 6 1 8 x x x x	
	地址、电话	云江市中原区滨海路 28 号		开户银行及账号	工行中原区滨海路分理处 01－1266xxxx	
货物或应税劳务名称	计量单位	数量	单价	金额（千百十万千百十元角分）	税率（%）	税额（百十万千百十元角分）
29 吋彩电	台	1 000	2 000	2 0 0 0 0 0 0 0 0	17	3 4 0 0 0 0 0 0
合　计				¥ 2 0 0 0 0 0 0 0 0		¥ 3 4 0 0 0 0 0 0
价税合计（大写）	[illegible]万零仟零佰零拾零元零角零分			（小写）¥2 340 000.00		
销货单位	名称	阳光电器股份有限公司		纳税人登记号	2 6 5 3 4 1 9 7 0 3 5 x x x x	
	地址、电话	云江市开发区锦绣路 12 号		开户银行及账号	工行开发区锦绣路分理处 01－123xxx	
备注						

阳光电器股份有限公司 增值税发票专用章

第三联 发票联 销货方记账凭证

销货单位（章）：　收款人：张平　复核人：赵舒馨　开票人：刘娜

表 2－12　　中国工商银行**进账单**（回　单）　1

2009 年 3 月 12 日

出票人	全　称	云江市昌盛百货公司	持票人	全　称	阳光电器股份有限公司
	账　号	01－126xxxx		账　号	01－123xxxx
	开户银行	工行开发区淮海路分理处		开户银行	工行开发区锦绣路分理处
金额	人民币（大写）⊗贰佰叁拾肆万元整			亿千百十万千百十元角分	¥ 2 3 4 0 0 0 0 0 0
票据种类	转账支票		中国工商银行云江市开发区锦绣路分理处 收讫		
票据张数	1 张		开户银行签章		
单位主管 剑金　会计 钱劲　复核　记账					

此联银行盖章后退回持票人

表 2－13 **收款收据** NO：001xxxx

缴款单位：云江市昌盛百货公司 开票日期：2009 年 3 月 12 日

项目内容	单位	数量	单价	金额 百	十	万	千	百	拾	元	分	角	备注
代销手续费					1	6	0	0	0	0	0	0	
2 000 000×8% ＝160 000													
					1	6	0	0	0	0	0	0	
金额合计（大写）⊗壹拾陆万元整							（小写）¥160 000.00						

第一联收据联

单位盖章 收款人：钱立 开票人：魏明

5）业务五，有关原始凭证 3 张，如表 2－14、表 2－15、表 2－16 所示。

表 2－14 **海关代征增值税专用缴款书**

收入系统：海关系统 填发日期：2009 年 3 月 13 日 №：01112xxxx

收款单位	收入机关	中央金库			缴款单位（人）	名称	云江阳光电器股份有限公司
	科目	进口增值税	预算级次	中央		账号	01－123xxxx
	收款国库	云江中心支库				开户银行	工行云江市开发区锦绣路分理处
税号	货物名称	数量	单位	完税价格		税率	税款金额
	二极管	1 000	只	¥370 600.00		17%	¥63 002.00
金额人民币（大写）⊗陆万叁仟零贰元整						合计（¥）	¥63 002.00
申请单位编号		报关单编号	123xxxxxxxxxxx			填制单位制单	收款国库
合同（批文）号		运输工具				复核单位盖章	
缴款期限	2009 年 3 月 25 日前	提装货单号					
备注	一般纳税 USD7.0 国际代码：		单证专用章				云江市中心国库

表 2－15 **海关进口关税专用缴款书**

收入系统：海关系统 填发日期：2009 年 3 月 13 日 №：21112xxxx

收款单位	收入机关	中央金库			缴款单位（人）	名称	云江阳光电器股份有限公司
	科目	进口关税	预算级次	中央		账号	01－123xxxx
	收款国库	云江中心支库				开户银行	工行云江市开发区锦绣路分理处
税号	货物名称	数量	单位	完税价格		税率	税款金额
	二极管	1 000	只	¥340 000.00		9%	¥30 600.00
金额人民币（大写）⊗叁万零陆佰元整						合计（¥）	¥30 600.00
申请单位编号		报关单编号	123xxxxxxxxxxx			填制单位制单	收款国库
合同（批文）号		运输工具				复核单位盖章	
缴款期限	2009 年 3 月 25 日前	提装货单号					
备注	一般纳税 USD7.0 国际代码：		单证专用章				云江市中心国库

表 2－16 中华人民共和国海关进口货物报关单

纳税人编号：XXXXXXXXXXXX　　00000987xxxxxxx　　海关编号：000000987XXXXXXX

进口口岸：云江机场 xx22		备案号：00123xxxx	进口日期：2009－3－13	申报日期：2009－3－13
经营单位：广东省云江市阳光电子股份有限公司		运输方式：航空运输	运输工具名称：	提运单号：
发货单位：广东省云江市阳光电子股份有限公司		贸易方式	征免性质：一般纳税 101	征税比例：9%
许可证号	起运国（地区）：韩国		装货港：首尔	境内目的地：广东云江
批准文号	成交方式：云江 CIF	运费	保费	杂费
合同协议号	件数：10	包装种类：纸箱	毛重（公斤）：120	净重（公斤）：100
集装编号：0（2）		随附单据：A		用途：电视机制造
标记唛码及备注　随时单证号：xxxxxxxxxxxx				

项号	商品编号	商品名称、规格型号	数量及单位	原产地（地区）	单价	总价	币制	征免
	xxxx	二极管	120 公斤	首尔	340.00	340 000.00	USD	照章

（印章：云江阳光电器股份有限公司 中国.广东 进出口专用章）

税费征收情况　进口关税税率 9%

录入员　录取单位	兹声明以上申报无议并承担法律责任 （印章：云江丽水报关有限责任公司 报关专用章 云江机场（进口））	海关审单批注及放行记录（盖章） 粤关10x　粤关10x	
报关员　（00123456780000012 3 报关员　李敏方）		审单	审价
单位地址	申报单位盖章	征税	统计
邮编　　电话	填制日期	查验	放行

6）业务六，有关原始凭证 3 张，如表 2－17 至表 2－19 所示。

表 2－17 广东省增值税专用发票

（印章：全国统一发票监制章 发票联 实习专用）

436078xxx　　№0078xxxx

开票日期 2009 年 3 月 15 日

购货单位			
名称	阳光电器股份有限公司	纳税人登记号	2 6 5 3 4 1 9 7 0 3 5 x x x x
地址、电话	云江市开发区锦绣路 12 号	开户银行及账号	工行开发区锦绣路分理处 01－123xxxx

货物或应税劳务名称	计量单位	数量	单价	金额 千	百	十	万	千	百	十	元	角	分	税率（%）	税额 百	十	万	千	百	十	元	角	分
卡车	辆	1	200 000			2	0	0	0	0	0	0	0	17			3	4	0	0	0	0	0
合计					¥	2	0	0	0	0	0	0	0			¥	3	4	0	0	0	0	0

价税合计（大写）[illegible]仟零佰零拾零元零角零分　（小写）¥234 000.00

销货单位			
名称	东升汽车销售有限公司	纳税人登记号	2 5 3 4 1 8 8 8 0 3 5 x x x x
地址、电话	云江市开发区黄海路 12 号	开户银行及账号	工行开发区黄海路分理处 01－234xxxx
备注			

（印章：东升汽车销售有限公司 增值税发票专用章）

第二联 发票联 购货方记账凭证

销货单位（章）：　　收款人：孙树　　复核人：李平　　开票人：周礼

表 2－18

广东省增值税专用发票

436078xxx　　　　　　　　　　　　　　　　　　　　　№0078xxxx

开票日期 2009 年 3 月 15 日

购货单位	名称	阳光电器股份有限公司			纳税人登记号	265341970 35xxxx	
	地址、电话	云江市开发区锦绣路 12 号			开户银行及账号	工行开发区锦绣路分理处 01－123xxxx	
货物或应税劳务名称	计量单位	数量	单价	金额（千百十万千百十元角分）		税率（%）	税额（百十万千百十元角分）
卡车	辆	1	200 000	20000000		17	3400000
合计				¥20000000			¥3400000
价税合计（大写）	[illegible]仟零佰零拾零元零角零分				（小写）¥234 000.00		
销货单位	名称	东升汽车销售有限公司			纳税人登记号	253418880 35xxxx	
	地址、电话	云江市开发区黄海路 12 号			开户银行及账号	工行开发区黄海路分理处 01－234xxx	
备注							

销货单位（章）：　　收款人：孙树　　复核人：李平　　开票人：周礼

第一联 抵扣联 购货方扣税凭证

表 2－19

中国工商银行支票存根
支票号码　No：0140xx
科　　目：
对方科目：
签发日期：2009 年 3 月 15 日
收款人：东升汽车销售有限公司
金额：¥234 000.00
用途：支付购车款
备注：
单位主管：　　会计：

7）业务七，有关原始凭证 1 张，如表 2－20 所示。

8）业务八，有关原始凭证 2 张，如表 2－21（为红字发票）、表 2－22 所示。

9）业务九，有关原始凭证 1 张，如表 2－23 所示。

10）业务十，有关原始凭证 1 张，如表 2－24 所示。

11）增值税应纳税额汇总计算表，如表 2－25 所示。

（2）业务资料分析与账务处理

1）3 月 3 日，购入 2501c 显像管 2 000 只，每只 400 元，取得增值税专用发票，其中扣税凭证已通过税务机关认证。货款通过银行转账支付。

①税金计算。

增值税进项税额＝400×2 000×17%＝136 000（元）

②编制记账凭证，如表 2－26 所示。

表 2－20 　　　　**中华人民共和国海关出口货物报关单**

出口退税专用

纳税人编号：XXXXXXXXXXXX　　　　海关编号：000000879XXXXXXX

出口口岸：云江港口　xx22	备案号：00123xxxx	进口日期：2009－3－18	申报日期：2009－3－18
经营单位：广东省云江市阳光电子股份有限公司	运输方式：船运	运输工具名称：	提运单号：
发货单位：广东省云江市阳光电子股份有限公司	贸易方式	征免性质：一般纳税 101	结汇方式：信用证
许可证号　运抵国（地区）：美国		接货港：纽约港	境内货源地：广东云江
批准文号　成交方式：FOB	运费	保费	杂费
合同协议号　件数：1 000	包装种类：纸箱	毛重（公斤）：30 000	净重（公斤）：25 000
集装编号：0（2）	随附单据：A		生产厂家：阳光电器股份有限公司
标记唛码及备注　随时单证号：xxxxxxxxxxxx			

项号	商品编号	商品名称、规格型号	数量及单位	最终目的国（地区）	单价	总价	币制	征免
	xxxx	29 吋彩电	1 000 件	美国纽约	1 800	1 800 000.00	USD	照章

云江阳光电器股份有限公司 中国.广东 进出口专用章

税费征收情况　免征出口增值税

录入员　录取单位	兹声明以上申报无议并承担法律责任 云江丽水报关有限责任公司 报关专用章 云江港口（进口）	海关审单批注及放行记录（盖章） 粤关10x　粤关10x
报关员　0012345678000000123 报关员 李敏方		审单　审价
单位地址	申报单位盖章	征税　统计
邮编　电话	填制日期	查验　放行

表 2－21 　　　　**广东省增值税专用发票**

全国统一发票监制章 实习专用

420099xxx　　　　发票联　　　　№0088xxxx

开票日期 2009 年 3 月 19 日

购货单位	名称	白云商场股份有限公司			纳税人登记号	2 6 5 3 4 1 9 7 8 0 2 x x x x	
	地址、电话	云江市滨海区富民路 12 号			开户银行及账号	工行滨海区富民路分理处 01－5889xxxx	
货物或应税劳务名称		计量单位	数量	单价	金额（千 百 十 万 千 百 十 元 角 分）	税率（%）	税额（百 十 万 千 百 十 元 角 分）
25 吋彩电		台	20	1 800	3 6 0 0 0 0 0	17	6 1 2 0 0 0
合计					¥ 3 6 0 0 0 0 0		¥ 6 1 2 0 0 0
价税合计（大写）		零仟零佰零拾肆万贰仟壹佰贰拾零元零角零分			（小写）¥42 120.00		
销货单位	名称	阳光电器股份有限公司			纳税人登记号	2 6 5 3 4 1 9 7 0 3 5 x x x x	
	地址、电话	云江市开发区锦绣路 12 号			开户银行及账号	工行开发区锦绣路分理处 01－123xxx	
备注							

阳光电器股份有限公司 增值税发票专用章

第三联 发票联 销货方记账凭证

销货单位（章）：　　收款人：张平　　复核人：赵舒琴　　开票人：刘娜

表 2－22

中国工商银行支票存根
支票号码　No：0140xx
科　　目：
对方科目：
签发日期：2009 年 3 月 19 日
收款人：白云股份有限公司
金额：¥42 120.00
用途：支付退货款
备注：
单位主管：　　　　　会计：

表 2－23

云江市接受捐赠专用收款收据

№012xxxx

云财 A－0411

支票号：

捐赠单位	阳光电器股份有限公司	捐赠人									
捐赠实物名称	电视机	数量	20 台								
人民币（大写）	⊗肆万元整	千	百	十	万	千	百	十	元	角	分
				¥	4	0	0	0	0	0	0
接受单位（盖章）	云江市福利院（云江市老人福利院 财务专用章）	经手人（盖章）吴莉英 2009－3－25					结算方式				

第二联收据

表 2－24

财产清查报告单

2009 年 3 月 30 日

011 号

类别	财产名称	单价	单位	数量		盘盈		盘亏		原因
				账存	实存	数量	金额	数量	金额	
原材料	光…（阳光股份有限公司 财务专用章）	70.35	支	3000	2960			40	2814	待查
合计								40	2814	

财务主管：　　　　制单：　　　　会计　　　　仓库保管：

表 2－25

增值税应纳税额汇总计算表

2009 年 3 月 31 日

	货物名称	适用税率	计税金额	税　额
销　项	29 吋彩电	17%	4 000 000	680 000
	29 吋彩电	17%	2 000 000	340 000
	29 吋彩电	17%	（红字）40 000	（红字）6 800
	29 吋彩电	17%	40 000	6 800
小　计			6 000 000	1 020 000

续表

	货物名称	适用税率	计税金额	税　额
进　项	2501c 显像管	17%	800 000	136 000
	58120 扬声器	17%	300 000	51 000
	运费	7%	2 000	140
	光电二极管	17%	370 600	63 002
	卡车	17%	200 000	34 000
			1 672 600	284 142
进项税额转出	光电二极管	17%	2 814	478.38
	运费	7%	186	14
	出口不得抵扣税额	17% - 13% = 4%	1 800 000	72 000
小计			1 803 000	72 492.38
应纳增值税额				808 350.38
实际应纳增值税额				808 350.38

会计主管：　　　　　　　　　　　　　　　　　　　　填表人：

表 2-26　　　　　　　　　　**付款凭证**

贷方科目：银行存款　　　　　　2009 年 3 月 3 日　　　　　　银付字第 8 号

摘　要	借方科目		金额									记账
	总账科目	明细科目	百	十	万	千	百	十	元	角	分	
支付购货款	在途物资	2501c 显像管		8	0	0	0	0	0	0	0	√
	应交税费	应交增值税（进项税额）		1	3	6	0	0	0	0	0	√
附件 2 张	合　计		¥	9	3	6	0	0	0	0	0	

会计主管　王荣　　　记账　江孝明　　　出纳　郑丽　　　审核　何静　　　制证　江孝明

2）3 月 4 日，从广东恩杰电子有限公司购入 EP-58120 扬声器 1 000 个，300 元/个，支付运费发票金额 2 000 元，货款以转账支票支付，发票已通过税务机关认证。

①税金计算。

增值税进项税额 = 300 × 1 000 × 17% = 51 000（元）

应从运费中扣除的进项税额 = 2 000 × 7% = 140（元）

②编制记账凭证，如表 2-27、表 2-28 所示。

表 2-27　　　　　　　　　　**付款凭证**

贷方科目：银行存款　　　　　　2009 年 3 月 4 日　　　　　　银付字第 10 号

摘　要	借方科目		金额									记账
	总账科目	明细科目	百	十	万	千	百	十	元	角	分	
支付购货款	在途物资	58120 扬声器		3	0	0	0	0	0	0	0	√
	应交税费	应交增值税（进项税额）			5	1	0	0	0	0	0	√
附件 2 张	合　计		¥	3	5	1	0	0	0	0	0	

会计主管　王荣　　　记账　江孝明　　　出纳　郑丽　　　审核　何静　　　制证　江孝明

表 2－28

付款凭证

贷方科目：银行存款　　2009 年 3 月 4 日　　银付字第 11 号

摘要	借方科目		金额									记账
	总账科目	明细科目	百	十	万	千	百	十	元	角	分	
支付购货运费	在途物资	58120 扬声器				1	8	6	0	0	0	√
	应交税费	应交增值税（进项税额）					1	4	0	0	0	√
附件 2 张	合　计				¥	2	0	0	0	0	0	

会计主管 王荣　　记账 江孝明　　出纳 郑丽　　审核 何静　　制证 江孝明

3）3 月 8 日，销售 29 寸彩电 2 000 台，每台售价 2 000 元，开出增值税专用发票，款已存入银行。

①税金计算。

增值税销项税额 = 2 000 × 2 000 × 17% = 680 000（元）

②编制记账凭证，如表 2－29 所示。

表 2－29

收款凭证

借方科目：银行存款　　2009 年 3 月 8 日　　银付字第 10 号

摘要	借方科目		金额									记账
	总账科目	明细科目	百	十	万	千	百	十	元	角	分	
销售产品	主营业务收入	29 吋彩电	4	0	0	0	0	0	0	0	0	√
	应交税费	应交增值税（销项税额）		6	8	0	0	0	0	0	0	√
附件 2 张	合　计		4	6	8	0	0	0	0	0	0	

会计主管 王荣　　记账 江孝明　　出纳 郑丽　　审核 何静　　制证 江孝明

4）3 月 12 日，委托昌盛百货公司销售的 1 000 台彩电已售完，每台售价 2 000 元。收到委托代销清单及代销款项。对方按售价 8% 收取手续费，收到手续费收据一张，转账支票一张，货款已存入银行，企业开出增值税专用发票。

①税金计算。

增值税销项税额 = 2 000 × 1 000 × 17% = 340 000（元）

代销手续费 = 2 000 × 1 000 × 8% = 160 000（元）

②编制记账凭证，如表 2－30、表 2－31 所示。

表 2－30

转账凭证

2009 年 3 月 12 日　　转字第 5 号

摘要	总账科目	明细科目	金额									记账
			百	十	万	千	百	十	元	角	分	
结转代销费用	销售费用			1	6	0	0	0	0	0	0	√
	主营业务收入	昌盛百货公司		1	6	0	0	0	0	0	0	√
附件 1 张	合　计		¥	1	6	0	0	0	0	0	0	

会计主管 王荣　　记账 江孝明　　出纳 郑丽　　审核 何静　　制证 江孝明

表 2－31　　　　收款凭证

借方科目：银行存款　　　　2009 年 3 月 12 日　　　　银收字第 12 号

摘要	借方科目		金额									记账
	总账科目	明细科目	百	十	万	千	百	十	元	角	分	
收到代销款	主营业务收入	29 吋彩电	1	8	4	0	0	0	0	0	0	√
	应交税费	应交增值税（销项税额）		3	4	0	0	0	0	0	0	√
附件 2 张	合计		2	1	8	0	0	0	0	0	0	

会计主管　王荣　　记账　江孝明　　出纳　郑丽　　审核　何静　　制证　江孝明

5）3 月 13 日，从韩国进口一批光电二极管到港，到岸价格为 5 万美元，汇率 1∶6.8。公司已办理报关手续，关税税率为 9%，当天缴纳了进口关税税款。

①税金计算。

应缴关税税额 = 50 000 × 6.8 × 9% = 30 600（元）

增值税额 =（50 000 × 6.8 + 30 600）× 17% = 370 600 × 17% = 63 002（元）

②编制记账凭证，如表 2－32、表 2－33、表 2－34 所示。

表 2－32　　　　付款凭证

贷方科目：银行存款　　　　2009 年 3 月 15 日　　　　银付字第 12 号

摘要	借方科目		金额									记账
	总账科目	明细科目	百	十	万	千	百	十	元	角	分	
支付关税税款	在途物资	光电二极管			3	0	6	0	0	0	0	√
附件 1 张	合计			¥	3	0	6	0	0	0	0	

会计主管　王荣　　记账　江孝明　　出纳　郑丽　　审核　何静　　制证　江孝明

表 2－33　　　　付款凭证

贷方科目：银行存款　　　　2009 年 3 月 15 日　　　　银付字第 13 号

摘要	借方科目		金额									记账
	总账科目	明细科目	百	十	万	千	百	十	元	角	分	
支付增值税款	应交税费	应交增值税（进项税额）			6	3	0	0	2	0	0	√
附件 1 张	合计			¥	6	3	0	0	2	0	0	

会计主管　王荣　　记账　江孝明　　出纳　郑丽　　审核　何静　　制证　江孝明

表 2－34

转账凭证

2009 年 3 月 15 日　　　　转字第 6 号

摘要	总账科目	明细科目	金额									记账
			百	十	万	千	百	十	元	角	分	
采购材料	在途物资	光电二极管		3	4	0	0	0	0	0	0	√
	应付账款	xxxx		3	4	0	0	0	0	0	0	√
附件 1 张	合计		¥	3	4	0	0	0	0	0	0	

会计主管 王荣　　记账 江孝明　　出纳 郑丽　　审核 何静　　制证 江孝明

6）3 月 15 日，企业购入卡车一辆，取得增值税专用发票，价税合计 23.4 万元，用转账支票支付（暂不考虑车辆购置税）。

①税金计算。

增值税进项税额＝200 000×17%＝34 000（元）

②编制记账凭证，如表 2－35 所示。

表 2－35

付款凭证

贷方科目：银行存款　　2009 年 3 月 15 日　　银付字第 14 号

摘要	借方科目		金额									记账
	总账科目	明细科目	百	十	万	千	百	十	元	角	分	
支付卡车价款	固定资产	卡车		2	0	0	0	0	0	0	0	√
	应交税金	应交增值税（进项税额）			3	4	0	0	0	0	0	√
附件 2 张	合计		¥	2	3	4	0	0	0	0	0	

会计主管 王荣　　记账 江孝明　　出纳 郑丽　　审核 何静　　制证 江孝明

7）3 月 18 日，根据美国 APEX 公司的订单，填制出口报关单，向广东海关报关出口。该批货物免征出口关税，增值税实行免抵退政策。企业使用退税率为 13%。

①编制记账凭证，如表 2－36 所示。

表 2－36

转账凭证

2009 年 3 月 18 日　　　　转字第 7 号

摘要	总账科目	明细科目	金额									记账
			百	十	万	千	百	十	元	角	分	
销售商品	应收账款	APEX 公司	1	8	0	0	0	0	0	0	0	√
	主营业务收入	电视机	1	8	0	0	0	0	0	0	0	√
附件 1 张	合计		1	8	0	0	0	0	0	0	0	

会计主管 王荣　　记账 江孝明　　出纳 郑丽　　审核 何静　　制证 江孝明

8）3 月 19 日，上月销售的彩电发生销货退回，价款 4 万元，增值税 6 800 元，企业开出红字增值税专用发票，并以银行存款支付。

①税金计算。

应退增值税销项税额 = 40 000 × 17% = 6 800（元）

②编制记账凭证，如表 2 - 37 所示。

表 2 - 37

付款凭证

贷方科目：银行存款　　2009 年 3 月 19 日　　银付字第 13 号

摘要	借方科目		金额									记账
	总账科目	明细科目	百	十	万	千	百	十	元	角	分	
支付退货价款	主营业务收入	25 吋彩电			4	0	0	0	0	0	0	√
	应交税金	应交增值税——销项税额				6	8	0	0	0	0	√
附件 2 张	合　计			¥	4	6	8	0	0	0	0	

会计主管 王荣　　记账 江孝明　　出纳 郑丽　　审核 何静　　制证 江孝明

9）3 月 25 日，将彩电 20 台捐赠给阳江市福利院，收到受赠方开出的收款收据（每台单位成本 1 700 元），同类产品每台对外售价 2 000 元。

①税金计算。

增值税销项税额 = 2 000 × 20 × 17% = 6 800（元）

②编制记账凭证，如表 2 - 38 所示。

表 2 - 38

转账凭证

2009 年 3 月 25 日　　转字第 10 号

摘要	总账科目	明细科目	金额									记账
			百	十	万	千	百	十	元	角	分	
捐赠彩电	营业外支出	捐赠支出			4	0	8	0	0	0	0	√
	库存商品	29 寸彩电			3	4	0	0	0	0	0	√
	应交税金	应交增值税——销项税额				6	8	0	0	0	0	√
附件 1 张	合　计			¥	4	0	8	0	0	0	0	

会计主管 王荣　　记账 江孝明　　出纳 郑丽　　审核 何静　　制证 江孝明

10）月末盘存，发现上月购进的光电二极管 40 只短缺，成本 3 000 元（含其中的运输费 186 元）。

①税金计算。

扣除运输费后原材料价值 = 3 000 - 186 = 2 814（元）

原材料应转出增值税进项税额 = 2 814 × 17% = 478.38（元）

运输费应转出增值税进项税额 = 186/（1 - 7%）× 7% = 14（元）

②编制记账凭证，如表 2 - 39 所示。

11）计算结转本月应交税额。

①税金计算。

出口退税当期不得免征和抵扣税额抵减额 = 0

出口退税当期不得免征和抵扣税额 = 1 800 000 ×（17% - 13%）= 72 000（元）

表 2－39

转账凭证

2009 年 3 月 30 日　　　　转字第 18 号

摘要	总账科目	明细科目	金额									记账
			百	十	万	千	百	十	元	角	分	
材料盘亏	待处理财产损溢	待处理流动资产损溢				3	4	9	2	3	8	√
	原材料	光电二极管				3	0	0	0	0	0	√
	应交税费	应交增值税——进项税额转出					4	9	2	3	8	√
附件 1 张	合计				¥	3	4	7	8	3	8	

会计主管 王荣　　记账 江孝明　　出纳 郑丽　　审核 何静　　制证 江孝明

应纳增值税额 = 1 020 492. 38 － （284 142 － 72 000） － 0 = 808 350. 38（元）

②编制记账凭证，如表 2－40、表 2－41 所示。

表 2－40

转账凭证

2009 年 3 月 18 日　　　　转字第 8 号

摘要	总账科目	明细科目	金额									记账
			百	十	万	千	百	十	元	角	分	
结转不得抵扣税额	主营业务成本				7	2	0	0	0	0	0	√
	应交税费	应交增值税（进项税额转出）			7	2	0	0	0	0	0	√
附件 1 张	合计			¥	7	2	0	0	0	0	0	

会计主管 王荣　　记账 江孝明　　出纳 郑丽　　审核 何静　　制证 江孝明

表 2－41

转账凭证

2009 年 3 月 31 日　　　　转字第 20 号

摘要	总账科目	明细科目	金额									记账
			百	十	万	千	百	十	元	角	分	
结转本月应纳税额	应交税费	应交增值税——转出未交增值税		8	0	8	3	5	0	3	8	√
	应交税费	未交增值税		8	0	8	3	5	0	3	8	
附件 1 张	合计		¥	8	0	8	3	5	0	3	8	

会计主管 王荣　　记账 江孝明　　出纳 郑丽　　审核 何静　　制证 江孝明

（4）登记账簿增值税明细账，如表 2－42 所示。

1.1.5　完成任务

通过以上审核原始凭证、编制记账凭证及填制账簿程序，将阳光股份有限公司涉及增值税的业务处理完毕。

（1）在增值税会计处理过程中，准确计算进项税额、销项税额及企业应纳税额是正确处理会计核算的前提。

表 2－42

增值税明细账

2009年 月	日	凭证号 种类	摘要	借方 进项税额	借方 已交税金	借方 减免税	借方 出口抵减内销产品应纳税额	借方 转出未交增值税	借方 合计
3	3		购货	13600000					13600000
3	4		购货	5100000					5100000
3	4		购货运费	14000					140000
3	8		销售产品						
3	12		销售产品						
3	13		购货	6300200					6300200
3	15		购进资产	3400000					3400000
3	18		进项税转出						
3	19		销售退回						
3	25		捐赠						
3	30		盘亏转出						
3	31		本月合计						28414200
3	31		转出未交增值税					8083503 8	

贷方 销项税额	贷方 出口退税	贷方 进项税额转出	贷方 转出多交增值税	贷方 合计	借或贷	余额
68000000				68000000		
34000000				34000000		
		7200000		7200000		
红字 6800000				红字 6800000		
6800000				6800000		
		49238		49238		
				109249238		80835038
						0

（2）已购货物用于非应税项目，已购货物发生非正常损失，委托代销，将自产、委托加工或购买的货物投资、分配给投资者，赠送他人，销售退回及折让等业务的账务处理，多栏式增值税明细账填制是本环节学习的重点。

（3）购进货物发生非正常损失，所包含运费的进项税额转出计算、境外购进货物所缴纳关税账务处理、出口货物退免税的计算及账务处理，是本环节学习的难点。

1.1.6　教学交流与探讨

（1）2009年6月，阳光公司材料库发生一场火灾，烧毁零件一批，经确认价值10万元，包含运输费用2 000元。此次火灾保险公司应赔偿8万元，其余报损。该笔业务应如何处理？

（2）企业境外购进货物所缴纳的关税应如何进行账务处理？

（3）核算增值税的教学过程应如何设计？

1.2　核算消费税

1.2.1　任务描述与任务学习目标

（1）任务描述：核算广东省东港市裕昌实业股份有限公司2009年3月部分涉及消费税业务。

（2）任务学习目标：知道企业消费税会计核算的基本要求与核算方法，能够正确分析与处理企业消费税业务，并进行相关记账凭证填制与账簿登记的操作。

1.2.2　任务分析

（1）进行东港市裕昌实业股份有限公司消费税业务的分析、计算；

（2）核算东港市裕昌实业股份有限公司消费税业务；

（3）登记东港市裕昌实业股份有限公司消费税业务账簿。

1.2.3　相关知识

（1）消费税是对在我国境内从事生产、委托加工及进口应税消费品的单位和个人，就其销售额或销售数量，在特定环节征收的一种流转税。消费税是对特定消费品和消费行为征收的一种税。开征消费税的目的是调节产业结构，正确引导消费，稳定国家财政收入，调节支付能力。与其他税种相比，消费税的征税项目上具有选择性，征税环节具有单一性，征税方法具有多样性，税收调节具有特殊性，同时消费税具有转嫁性。

（2）消费税应纳税额的计算。消费税采用从价计征、从量计征和从价从量复合计征三种方法，分别对不同的应税消费品计算应纳消费税额。

1）从价定率计算方法。从价定率计征方式下，应交消费税的基本公式为：

应纳税额＝应税消费品的销售额×适用税率

在此方法下，正确确定计税金额是计算应缴消费税的关键。

2）从量定额计算方法。从量定额计征方式下，应交消费税的基本公式为：

应纳税额＝应税消费品的数量×定额税率（单位税额）

在此方法下，正确确定计税数量是计算应缴消费税的关键。

3）从价从量复合计税的计算方法。从价定从量计征方式下，应交消费税的一般公式为：

应纳税额＝应税消费品的销售金额×比例税率＋应税消费品的销售数量×定额税率（单位税额）

计税金额和计税数量的确定，是正确运用从价从量复合计税方法的关键。

确认计税金额和计税数量的方法在税法中已有详细介绍，在此不再赘述。

（3）消费税的会计处理。

1）应税消费品一般销售业务的处理。应税消费品销售时，企业将计提的应交消费税记入“营业税金及附加”账户借方，贷记“应交税费——应交消费税”。实际上缴消费税时，借记“应交税费——应交消费税”，贷记“银行存款”等科目。

2）应税消费品包装物应交消费税的会计处理。实行从价定率计征消费税的消费品连同包装物销售的，无论包装物是否单独计价，均应并入应税消费品的销售额中缴纳消费税。对出租出借包装物收取的押金、包装物已作价随同应税消费品销售又另外加收的押金、因逾期未收回包装物而没收的部分，也应缴纳消费税。

①随同产品销售而不单独计价的包装物，因为其收入已包括在产品销售收入中，其应纳消费税与产品销售一并进行会计处理，记入“营业税金及附加”科目。

②随同产品销售而单独计价，因为其收入记入“其他业务收入”账户，包装物应纳消费税则应记入“其他业务成本”账户。

③出租、出借包装物逾期未收回而没收的押金，因为没收的押金转为“其他业务收入”，这部分押金收入应缴纳的消费税也应相应记入“其他业务成本”。

3）应税消费品视同销售的会计处理。

①企业以生产的应税消费品作为投资的会计处理。企业以生产的应税消费品作为投资，应视同销售缴纳消费税。按会计制度规定，企业在投资时应按协议价格或评估价格，借记“长期股权投资”、“存货跌价准备”等，按该应税消费品的账面价值，贷记“库存商品”或“自制半成品”等，按支付的相关税费，贷记“应交税费”、“银行存款”等。企业以生产的应税消费品作为投资，有两种处理，现行税法规定和会计制度规定。现行税法要求作销售处理，主要是为了便于所得税的计算，本章所采用的是会计制度规定。

②企业以自产应税消费品用于在建工程、职工福利的会计处理。当企业将应税消费品移送自用时，按其成本转账，借记“在建工程”、“营业外支出”、“销售费用”、“应付职工薪酬”等，贷记“产成品”或“自制半成品”。

按自用产品的销售价格或组成计税价格计税应交消费税时，则借记“在建工程”、“营业外支出”、“销售费用”等（不通过“营业税金及附加”账户），贷记“应交税费——应交消费税”。

③企业以生产的应税消费品换取生产资料、消费资料或抵偿债务的会计分录。企业以生产的应税消费品换取生产资料、消费资料或抵偿债务等，除按规定进行财务会计处理外，应按税法规定，视同销售行为，以纳税人同类应税消费品的最高销售价格为计税依据计算应交消费税。

4）委托加工应税消费品的会计处理。

①将委托加工产品收回后可直接用于销售。委托加工的应税消费品收回后直接用于销售的，销售时不再缴纳消费税。因此，委托方应将受托方代收代缴的消费税随同应支付的加工费

一并计入委托加工的应税消费品成本。委托方根据受托方代收代缴的消费税和向受托方支付加工费的有关凭证，借记“委托加工物资”或“自制半成品”，贷记“应付账款”或“银行存款”。

②将委托加工产品收回后连续生产应税消费品。收回后连续生产应税消费品时，已纳消费税款准予抵扣。委托方应将受托方代收代缴的消费税借记“应交税费——应交消费税”账户，待最终应税消费品销售时，允许从缴纳的消费税中抵扣。

5）进口应税消费品的会计处理。进口应税消费品时，进口单位缴纳的消费税应计入应税消费品成本中。按进口成本连同应纳关税、消费税，借记“固定资产”、“材料采购”账户；由于进口货物在海关交税与提货联系在一起，即交税后方能提货，为简化核算，关税、消费税可以不通过“应交税费”账户，直接贷记“银行存款”账户。若有特殊情况，先提货后交税时，可以通过“应交税费”账户核算。

1.2.4 技能训练

1.2.4.1 技能训练资料

广东省东港市裕昌实业股份有限公司是以生产销售化妆品为主的企业，税务登记为增值税一般纳税人。

2009 年 3 月份，裕昌实业股份有限公司发生与消费税有关部分业务如下：

（1）业务一，有关原始凭证两张，如表 2－43、表 2－44 所示。

表 2－43　　**广东省增值税专用发票**

427512xxx　　发　票　联（全国统一发票监制章 实习专用）　　No：1235xxxx

开票日期 2009 年 3 月 3 日

购货单位				
名称	景联商场股份有限公司	纳税人登记号	22334455667xxxx	
地址、电话	东港市开发区光明路 12 号	开户银行及账号	工行开发区光明路分理处 12－1234xxxx	

货物或应税劳务名称	计量单位	数量	单价	金额										税率（%）	税额								
				千	百	十	万	千	百	十	元	角	分		百	十	万	千	百	十	元	角	分
化妆品	盒	50	100					5	0	0	0	0	0	17					8	5	0	0	0
合计							¥	5	0	0	0	0	0					¥	8	5	0	0	0

价税合计（大写）零仟零佰零拾[illegible]仟捌佰伍拾零元零角零分　（小写）¥5 850.00

销货单位				
名称	裕昌股份有限公司	纳税人登记号	22121297004xxxx	
地址、电话	东港市光明区长江路 18 号	开户银行及账号	工行光明区长江路分理处 12－5678xxxx	
备注				

（印章：裕昌股份有限公司 增值税发票专用章）

第三联　发票联　销货方记账凭证

销货单位（章）：　　收款人：孙小　　复核人：李欢　　开票人：高平

表 2－44　　**产品出库单**　　第 xx 号

科目：__________　　日期：2009 年 3 月 3 日　　对方科目：__________

名称	单位	数量	单位成本	金额									用途或原因
				百	十	万	千	百	十	元	角	分	
化妆品	盒	50	70				3	5	0	0	0	0	销售
合计						¥	3	5	0	0	0	0	

主管：　　会计：刘琨　　质检员：　　保管员：董东

（2）业务二，有关原始凭证1张，如表2－45所示。

表2－45　　　　产品出库单　　　　第xx号

科目：＿＿＿＿　　　　日期：2009年3月8日　　　　对方科目：＿＿＿＿

名称	单位	数量	单位成本	金额（百 十 万 千 百 十 元 角 分）	用途或原因
化妆品	瓶	500	30	1 5 0 0 0 0 0	职工福利
合计				¥ 1 5 0 0 0 0 0	

主管：　　　　会计：刘琨　　　　质检员：　　　　保管员：董东

（3）业务三，有关原始凭证4张，如表2－46、表2－47、表2－48、表2－49所示。

表2－46

广东省增值税专用发票

全国统一发票监制章联
实习专用

428156xxx　　　　No：1358xxxx

开票日期2009年3月15日

购货单位	名称	裕昌股份有限公司	纳税人登记号	2 2 1 2 1 2 9 7 0 0 4 x x x x
	地址、电话	东港市光明区长江路18号	开户银行及账号	工行光明区长江路分理处12－5678xxxx

货物或应税劳务名称	计量单位	数量	单价	金额（千 百 十 万 千 百 十 元 角 分）	税率（%）	税额（百 十 万 千 百 十 元 角 分）
加工费				3 0 0 0 0 0	17	5 1 0 0 0
合计				¥ 3 0 0 0 0 0		¥ 5 1 0 0 0

价税合计（大写）叁仟伍佰壹拾零元零角零分　　（小写）¥3 510.00

销货单位	名称	海华股份有限公司	纳税人登记号	2 2 3 2 3 2 9 7 0 0 4 x x x x
	地址、电话	东港市临河区临江路18号	开户银行及账号	工行临河区临江路分理处15－1236xxxx
备注				

海华股份有限公司
增值税发票专用章

销货单位（章）：　　收款人：章里　　复核人：宋清　　开票人：刘蓝

第二联　发票联　购货方记账凭证

表2－47

广东省增值税专用发票

全国统一发票监制章联
实习专用

428156xxx　　　　No：1358xxxx

开票日期2009年3月15日

购货单位	名称	裕昌股份有限公司	纳税人登记号	2 2 1 2 1 2 9 7 0 0 4 x x x x
	地址、电话	东港市光明区长江路18号	开户银行及账号	工行光明区长江路分理处12－5678xxxx

货物或应税劳务名称	计量单位	数量	单价	金额（千 百 十 万 千 百 十 元 角 分）	税率（%）	税额（百 十 万 千 百 十 元 角 分）
加工费				3 0 0 0 0 0	17	5 1 0 0 0
合计				¥ 3 0 0 0 0 0		¥ 5 1 0 0 0

东港市国家税务局直属分局
准予（3）抵扣
2009年3月30日

价税合计（大写）叁仟伍佰壹拾零元零角零分　　（小写）¥3 510.00

销货单位	名称	海华股份有限公司	纳税人登记号	2 2 3 2 3 2 9 7 0 0 4 x x x x
	地址、电话	东港市临河区临江路18号	开户银行及账号	工行临河区临江路分理处15－1236xxxx
备注				

海华股份有限公司
增值税发票专用章

销货单位（章）：　　收款人：章里　　复核人：宋清　　开票人：刘蓝

第一联　抵扣联　购货方扣税凭证

表 2－48

中国工商银行支票存根
支票号码　№1235xx
科　　目：
对方科目：
签发日期：2009 年 3 月 15 日
收款人：海华股份有限公司
金额：¥13 367.14
用途：付加工费及代扣消费税
备注：
单位主管：　　　　会计：

表 2－49

委托加工产品入库单

科目：　　　　日期：2009 年 3 月 15 日　　　　对方科目：

商品名称	计量单位	数　量	单位成本	金　额	用　途
化妆品	盒	500	40	20 000	加工回收
合计				¥20 000.00	

主管：　　　　记账：　　　　仓库负责人：张力　　　　部门负责人：李东

（4）业务四，有关原始凭证 3 张，如表 2－50、表 2－51、表 2－52 所示。

表 2－50

海关进口关税专用缴款书

收入系统：海关系统　　　　填发日期：2009 年 3 月 20 日　　　　№：01113xxxx

收款单位	收入机关	中央金库			缴款单位（人）	名　称	裕昌股份有限公司
	科　目	进口关税	预算级次	中央		账　号	12－5678xxx
	收款国库	东港中心支库				开户银行	工行东港市光明区长江路分理处
税号	货物名称	数量	单位		完税价格	税率	税款金额
	化妆品	500	只		340 000.00	50%	170 000.00
金额人民币（大写）⊗壹拾柒万元整						合计（¥）	170 000.00
申请单位编号		报关单编号			456xxxxxxxxxxxx	填制单位制单 复核单位盖章	收款国库
合同（批文）号		运输工具					
缴款期限	2009年[illegible] 5 日前	提装货单号			中华人民共和国东港海关 单证专用章		中华人民共和国国家金库 东港市中心国库
备注	一般纳税　USD7.0 国际代码：						

裕昌股份有限公司 财务专用章

表 2-51 **海关代征增值税专用缴款书**

收入系统：海关系统　　　　填发日期：2009 年 3 月 20 日　　　　№：12345xxxx

收款单位	收入机关	中央金库			缴款单位（人）	名称	裕昌股份有限公司
	科目	进口增值税	预算级次	中央		账号	12-5678xxx
	收款国库	东港中心支库				开户银行	工行东港市光明区长江路分理处
税号	货物名称	数量	单位		完税价格	税率	税款金额
	化妆品	500	只		728 571.43	17%	123 857.14
金额人民币（大写）⊗壹拾贰万叁仟捌佰伍拾柒元壹角肆分						合计（¥）	123 857.14
申请单位编号			报关单编号		456xxxxxxxxxxxx	填制单位制单 复核单位盖章	收款国库
合同（批文）号			运输工具				
缴款期限		2009年[illegible]月5日前	提装货单号				
备注	一般纳税 USD7.0 国际代码：						

表 2-52 **海关代征消费税专用缴款书**

收入系统：海关系统　　　　填发日期：2009 年 3 月 20 日　　　　№：45678xxxx

收款单位	收入机关	中央金库			缴款单位（人）	名称	裕昌股份有限公司
	科目	进口增值税	预算级次	中央		账号	12-5678xxx
	收款国库	东港中心支库				开户银行	工行东港市光明区长江路分理处
税号	货物名称	数量	单位		完税价格	税率	税款金额
	化妆品	500	只		728 571.43	30%	218 571.43
金额人民币（大写）⊗贰拾壹万捌仟伍佰柒拾壹元肆角叁分						合计（¥）	218 571.43
申请单位编号			报关单编号		456xxxxxxxxxxxx	填制单位制单 复核单位盖章	收款国库
合同（批文）号			运输工具				
缴款期限		2009年[illegible]月5日前	提装货单号				
备注	一般纳税 USD7.0 国际代码：						

1.2.4.2　业务资料分析与账务处理

（1）3 月 3 日，裕昌公司销售化妆品 50 盒给白云商场股份有限公司，每盒售价 100 元，增值税率 17%，已开出专用发票。实际生产成本为 70 元/套，款项已通过银行收讫。

1）税款计算。

增值税销项税额 = 50 × 100 × 17% = 850（元）

应纳消费税税额 = 50 × 100 × 30% = 1 500（元）

2）编制记账凭证，如表 2－53、表 2－54、表 2－55 所示。

表 2－53　　收款凭证

借方科目：银行存款　　2009 年 3 月 3 日　　银收字第 3 号

摘要	借方科目		金额									记账
	总账科目	明细科目	百	十	万	千	百	十	元	角	分	
销售产品	主营业务收入	化妆品				5	0	0	0	0	0	√
	应交税费	应交增值税（销项税额）					8	5	0	0	0	√
附件 2 张	合计				¥	5	8	5	0	0	0	

会计主管　刘新　　记账　王东　　出纳　麦冬　　审核　王玲玲　　制证　王东

表 2－54　　转账凭证

2009 年 3 月 3 日　　转字第 3 号

摘要	总账科目	明细科目	金额									记账
			百	十	万	千	百	十	元	角	分	
结转成本	主营业务成本	化妆品				3	5	0	0	0	0	√
	库存商品	化妆品				3	5	0	0	0	0	√
附件 1 张	合计				¥	3	5	0	0	0	0	

会计主管　刘新　　记账　王东　　出纳　麦冬　　审核　王玲玲　　制证　王东

表 2－55　　转账凭证

2009 年 3 月 3 日　　转字第 4 号

摘要	总账科目	明细科目	金额									记账
			百	十	万	千	百	十	元	角	分	
计提应缴消费税	营业税金及附加	消费税				1	5	0	0	0	0	√
	应交税费	消费税				1	5	0	0	0	0	√
附件　张	合计				¥	1	5	0	0	0	0	

会计主管　刘新　　记账　王东　　出纳　麦冬　　审核　王玲玲　　制证　王东

（2）3 月 8 日，裕昌公司将自己生产的 500 瓶化妆品发给职工作为福利。该化妆品生产成本 30 元/瓶，出厂价格（不含增值税）40 元/瓶，增值税税率 17%。

1）税款计算。

增值税销项税额 = 500 × 40 × 17% = 3 400（元）

应纳消费税税额 = 500 × 40 × 30% = 6 000（元）

2）编制记账凭证，如表 2－56、表 2－57 所示。

表 2－56

转账凭证

2009 年 3 月 8 日　　　　　　　　　　　　　　　　　　　转字第 8 号

摘　要	总账科目	明细科目	金额									记账
			百	十	万	千	百	十	元	角	分	
发放职工福利	应付职工薪酬	福利费			1	8	4	0	0	0	0	√
	库存商品	化妆品			1	5	0	0	0	0	0	√
	应缴税费	应交增值税——销项税				3	4	0	0	0	0	√
附件 1 张	合　计			¥	1	8	4	0	0	0	0	

会计主管　刘新　　　记账　王东　　　出纳　麦冬　　　审核　王玲玲　　　制证　王东

表 2－57

转账凭证

2009 年 3 月 8 日　　　　　　　　　　　　　　　　　　　转字第 9 号

摘　要	总账科目	明细科目	金额									记账
			百	十	万	千	百	十	元	角	分	
计提应缴消费税	应付职工薪酬	福利费				6	0	0	0	0	0	√
	应缴税费	应交消费税				6	0	0	0	0	0	√
附件　张	合　计				¥	6	0	0	0	0	0	

会计主管　刘新　　　记账　王东　　　出纳　麦冬　　　审核　王玲玲　　　制证　王东

(3) 3 月 15 日，裕昌公司委托海华股份有限公司加工化妆品 500 盒，每盒单位成本 40 元。海华公司收取加工费 3000 元。裕昌公司计划将此批产品直接销售，由海华公司代扣代缴消费税。二公司均为增值税一般纳税人。

1) 税款计算。

增值税销项税额 = 3 000 × 17% = 510（元）

代扣消费税税额 =（20 000 + 3 000）÷（1 − 30%）× 30% = 9 857.14（元）

2) 编制记账凭证，如表 2－58、表 2－59、表 2－60 所示。

表 2－58

付款凭证

贷方科目：银行存款　　　　　2009 年 3 月 15 日　　　　　　　　银付字第 17 号

摘　要	借方科目		金额									记账
	总账科目	明细科目	百	十	万	千	百	十	元	角	分	
支付加工费	委托加工物资	化妆品				3	0	0	0	0	0	√
	应交税费	应交增值税（进项税额）					5	1	0	0	0	√
附件 2 张	合　计				¥	3	5	1	0	0	0	

会计主管　刘新　　　记账　王东　　　出纳　麦冬　　　审核　王玲玲　　　制证　王东

表 2-59

付款凭证

贷方科目：银行存款　　2009 年 3 月 15 日　　银付字第 18 号

摘要	借方科目		金额									记账
	总账科目	明细科目	百	十	万	千	百	十	元	角	分	
支付代扣消费税	委托加工物资	化妆品				9	8	5	7	1	4	√
附件 1 张	合计				¥	9	8	5	7	1	4	

会计主管 刘新　　记账 王东　　出纳 麦冬　　审核 王玲玲　　制证 王东

表 2-60

转账凭证

2009 年 3 月 15 日　　转字第 15 号

摘要	总账科目	明细科目	金额									记账
			百	十	万	千	百	十	元	角	分	
委托加工产品入库	库存商品	化妆品			3	2	8	5	7	1	4	√
	委托加工物资	化妆品			3	2	8	5	7	1	4	√
附件 1 张	合计			¥	3	2	8	5	7	1	4	

会计主管 刘新　　记账 王东　　出纳 麦冬　　审核 王玲玲　　制证 王东

（4）3 月 20 日，裕昌公司从美国 ABC 公司进口化妆品 500 盒，海关完税价格为 50 000 美元，关税税率为 50%。当日美元兑人民币汇率为 1:6.8，货款及进口税款全部以银行存款（RMB）付清。

1）税款计算。

组成计税价格 =（50 000 + 50 000 × 50%）÷（1 − 30%）× 6.8 = 728 571.43（元）

应纳关税 = 50 000 × 50% × 6.8 = 170 000（元）

应纳消费税额 = 728 571.43 × 30% = 218 571.43（元）

应纳增值税额 = 728 571.43 × 17% = 123 857.14（元）

2）编制记账凭证，如表 2-61、表 2-62、表 2-63、表 2-64 所示。

表 2-61

付款凭证

贷方科目：银行存款　　2009 年 3 月 20 日　　银付字第 20 号

摘要	借方科目		金额									记账
	总账科目	明细科目	百	十	万	千	百	十	元	角	分	
缴纳关税	在途物资	化妆品		1	7	0	0	0	0	0	0	√
附件 1 张	合计		¥	1	7	0	0	0	0	0	0	

会计主管 刘新　　记账 王东　　出纳 麦冬　　审核 王玲玲　　制证 王东

表 2－62　　　　**付款凭证**

贷方科目：银行存款　　　　2009 年 3 月 20 日　　　　银付字第 21 号

摘要	借方科目		金额									记账
	总账科目	明细科目	百	十	万	千	百	十	元	角	分	
缴纳消费税	在途物资	化妆品		2	1	8	5	7	1	4	3	√
附件 1 张	合计		¥	2	1	8	5	7	1	4	3	

会计主管 刘新　　记账 王东　　出纳 麦冬　　审核 王玲玲　　制证 王东

表 2－63　　　　**付款凭证**

贷方科目：银行存款　　　　2009 年 3 月 20 日　　　　银付字第 22 号

摘要	借方科目		金额									记账
	总账科目	明细科目	百	十	万	千	百	十	元	角	分	
缴纳增值税	应交税费	应交增值税（进项税额）		1	2	3	8	5	7	1	4	√
附件 1 张	合计		¥	1	2	3	8	5	7	1	4	

会计主管 刘新　　记账 王东　　出纳 麦冬　　审核 王玲玲　　制证 王东

表 2－64　　　　**转账凭证**

2009 年 3 月 20 日　　　　转字第 20 号

摘要	总账科目	明细科目	金额									记账
			百	十	万	千	百	十	元	角	分	
购进材料	在途物资	化妆品		3	4	0	0	0	0	0	0	√
	应付账款	xxx		3	4	0	0	0	0	0	0	√
附件 1 张	合计		¥	3	4	0	0	0	0	0	0	

会计主管 刘新　　记账 王东　　出纳 麦冬　　审核 王玲玲　　制证 王东

1.2.4.3　登记“应交税费——应交消费税”明细账，如表 2－65 所示。

表 2－65　　　　**明细账**

会计科目：应交税金　　明细科目：应交消费税

2009 年		记账凭证		摘要	借方									贷方									核对号	借或贷	余额								
月	日	种类	编号		百	十	万	千	百	十	元	角	分	百	十	万	千	百	十	元	角	分			百	十	万	千	百	十	元	角	分
略																	0														略		
3	3	转	8													1	5	0	0	0	0	0	√								略		
3	15	转	15															5	0	0	0	0	√								略		
3	略																0														略		
3	20	转	25																												略		

1.2.5 完成任务

通过以上审核原始凭证、编制记账凭证及填制账簿程序，将裕昌公司涉及消费税的业务处理完毕。

（1）在消费税会计处理过程中，准确计算企业应纳税额是正确处理会计核算的前提。

（2）视同销售业务消费税的处理、委托加工方消费税的处理、进口应税消费品的账务处理是本环节学习的重点。

（3）对随同产品出售单独计价的包装物所计提消费税会计处理，进口应税消费品缴纳关税、消费税是本环节学习的难点。

1.2.6 教研交流与研讨

（1）对复合计税的业务如何进行账务处理？

（2）生产企业直接出口自产应税消费品如何进行退免税的处理？

（3）本环节教学采用何种教学法？

1.3 核算营业税

1.3.1 任务描述与任务学习目标

（1）任务描述：核算华茂集团股份有限公司2009年3月部分涉及营业税业务。

（2）任务学习目标：知道企业营业税会计核算的基本要求与核算方法，能够正确分析与处理企业营业税业务，并进行相关记账凭证填制与账簿登记的操作。

1.3.2 任务分析

（1）进行华茂集团股份有限公司营业税业务的分析、计算；

（2）核算华茂集团股份有限公司营业税业务；

（3）登记华茂集团股份有限公司营业税业务账簿。

1.3.3 相关知识

（1）营业税是对在我国境内提供应税劳务、转让无形资产或者销售不动产的单位和个人，就其营业收入额征收的一种流转税。与其他税种相比，营业税的特点为：一般以营业全额为计税依据；按行业涉及税目税率；计算简便，便于征管。

（2）营业税应纳税额的计算。营业税的应纳税额按纳税人提供的应税劳务、转让无形资产或销售不动产的营业额和适用税率，计算公式如下：

应纳税额＝营业额×营业税率

营业额是指纳税人提供应税劳务、转让无形资产或者销售不动产而向对方收取的全部价款及价外费用。价外费用包括向对方收取的手续费、基金、集资费、代收款项、代垫款项及价外费用。凡价外费用，无论会计制度如何核算，均应并入营业额计征营业税。

纳税人提供应税劳务、转让无形资产或销售不动产价格明显偏低而无正当理由的，以及单位或个人将自建建筑物销售、单位将建筑物无偿赠送给他人的，其营业额可由主管税额机关按照以下顺序确定：

1）按纳税人当月提供的同类应税劳务或者销售的同类不动产的平均价格确定；

2）按纳税人最近时期提供的同类应税劳务或者销售的同类不动产的平均价格确定；

3）按下列公式核定计税价格：

计税价格 = 营业成本或工程成本 ×（1 + 成本利润率）÷（1 - 营业税税率）

成本利润率由省、自治区、直辖市人民政府所属税务机关确定。

（3）营业税的会计处理。

1）提供应税劳务的会计处理。一般工商企业涉及营业税的应税劳务大部分为混合销售行为或兼营行为。若属于混合销售行为，只征收增值税，不征收营业税；若属于兼营行为并能够与销售货物分开核算的，只征收营业税，不征收增值税；如果不能分开核算，仍只征收增值税，不征收营业税。

若属于兼营行为并能够与销售货物分开核算的，在提供应税劳务时，按应收或已收的款项，借记“银行存款”、“应收账款”等科目，贷记“其他业务收入”科目；计提应交营业税时，借记“营业税金及附加”科目，贷记“应交税费——应交营业税”科目；缴纳营业税时，借记“应交税费——应交营业税”科目，贷记“银行存款”科目。

2）销售不动产的会计处理。非房地产开发企业销售不动产属于固定资产清理业务，按规定应缴纳的营业税，在“固定资产清理”科目核算，借记“固定资产清理”科目，贷记“应交税费——应交营业税”科目。

房地产开发企业销售不动产属于主营业务，按规定应缴纳的营业税在“营业税金及附加”科目核算。计提应交营业税时，借记“营业税金附加”科目，贷记“应交税费——应交营业税”科目。

3）出租或出售无形资产的会计处理。企业出租无形资产时，计提的应缴营业税计入“营业税金及附加”科目；出售无形资产时，计提的应缴营业税体现在营业外支出中。

1.3.4 技能训练

1.3.4.1 技能训练资料

华茂集团股份有限公司为广东省云江市一家以餐饮服务业为主企业。

2009 年 3 月份，华茂集团股份有限公司发生与营业税有关部分业务如下：

（1）业务一，有关原始凭证两张，如表 2 - 66、表 2 - 67 所示。

表 2 - 66

云江市服务业通用发票

（云江地税局）

发 票 联

税务登记号：265141xxxxxxxxx　　发票代码：xxxxxxxxx

收款单位：华茂集团股份有限公司　　发票号码：xxxxxxxxx

付款单位：云江市夕阳红老年艺术团

经营项目	金　额
团体旅游费	¥ 200 000.00
合计金额（大写）⊗贰拾万元整	（小写）¥200 000.00
机打号码：xxxxxxxxx	
税控装置伪码：xxxxxxxxx	开票日期：2009 年 3 月 8 日

第二联 记账联

（印章：华茂集团股份有限公司 财务专用章）

收款单位（盖章）　　税控装置打印发票　　手写无效

表 2－67

中国工商银行进账单（回　单）　1

2009 年 3 月 8 日

出票人	全　称	夕阳红老年艺术团	持票人	全　称	华茂集团股份有限公司
	账　号	3920xxxx		账　号	01－123xxxx
	开户银行	工行甘河区临河路分理处		开户银行	工行开发区黄河路分理处
金额	人民币（大写）⊗贰拾万元整			亿千百十万千百十元角分	¥2 0 0 0 0 0 0 0
票据种类	转账支票				
票据张数	1 张			中国工商银行 云江市开发区 黄河路分理处 收讫	开户银行签章
单位主管 剑江　会计 林明　复核　记账					

此联银行盖章后退回持票人

（2）业务二，有关原始凭证两张，如表 2－68、表 2－69 所示。

表 2－68

云江市服务业通用发票

发票联（发票监制章 云江市国税局）

税务登记号：265141xxxxxxxxx　　发票代码：xxxxxxxxx

收款单位：华茂集团股份有限公司　　发票号码：xxxxxxxxx

付款单位：云江市广通集团股份有限公司

经营项目	金　额
房费	¥ 20 000.00
餐饮费	¥ 10 000.00
卡拉 OK 厅费用	¥ 20 000.00
合计金额（大写）⊗伍万元整	（小写）¥50 000.00
机打号码：xxxxxxxxx	
税控装置伪码：xxxxxxxxx	开票日期：2009 年 3 月 15 日

（华茂集团股份有限公司 财务专用章）

第二联　记账联

收款单位（盖章）　　税控装置打印发票　　手写无效

表 2－69

中国工商银行进账单（回　单）　1

2009 年 3 月 15 日

出票人	全　称	云江市广通集团股份有限公司	持票人	全　称	华茂集团股份有限公司
	账　号	3718xxxx		账　号	01－123xxxx
	开户银行	工行沙河区临江路分理处		开户银行	工行开发区黄河路分理处
金额	人民币（大写）⊗伍万元整			亿千百十万千百十元角分	¥5 0 0 0 0 0 0
票据种类	转账支票				
票据张数	1 张			中国工商银行 云江市开发区 黄河路分理处 收讫	开户银行签章
单位主管 剑江　会计 林明　复核　记账					

此联银行盖章后退回持票人

（3）业务三，有关原始凭证两张，如表 2－70、表 2－71 所示。

（4）编制公司 3 月份应纳税额汇总计算表，如表 2－72 所示。

表 2－70　　　　云江市房地产行业预收款收据

发票监制章 云江地税局

发　票　联

付款单位：云江市东方公司　　　　2009 年 3 月 20 日　　　　发票号码：xxxxxxxxx

收款项目	合同总造价	预收款									
		千	百	十	万	千	百	十	元	角	分
团购商品房			3	0	0	0	0	0	0	0	0
合计金额（大写）⊗叁佰万元整		¥3 000 000.00									
说明	此次收款收据不作为结算发票凭证使用	备注	福满里 10 栋 8－20 号　合同号：xxxx								

第二联 记账联

华茂集团股份有限公司

收款单位（盖章）：　　　　收款：　　　　开票：

表 2－71　　　　中国工商银行**进账单**（回　单）　1

2009 年 3 月 20 日

出票人	全　称	云江市东方公司	持票人	全　称	华茂集团股份有限公司
	账　号	3528xxxx		账　号	01－123xxxx
	开户银行	工行中山区文汇路分理处		开户银行	工行开发区黄河路分理处

金额	人民币（大写）⊗叁佰万元整	亿	千	百	十	万	千	百	十	元	角	分
				3	0	0	0	0	0	0	0	0

票据种类	转账支票	中国工商银行 云江市开发区 黄河路分理处 收讫 开户银行签章
票据张数	1 张	
单位主管　刘江　会计　林明　复核　　记账		

此联银行盖章后退回持票人

表 2－72　　　　应交营业税额汇总计算表

年　月　日至　年　月　　　　单位：元（列至角分）

业务序号	经营项目	计税营业额	适用税率	应缴营业税
1	旅游	200 000	5%	10 000
2	餐饮服务	30 000	5%	1 500
3	娱乐	20 000	20%	4 000
4	房地产	3 000 000	5%	150 000
合　计		—		165 500

财务主管：　　　　制表人：

1.3.4.2　业务资料分析与账务处理。

（1）3 月 8 日，公司旅游部组团到丽江旅游，收取夕阳红老年艺术团旅游费 20 万元，款已收。

1）税款计算。

应纳营业税额 = 200 000 × 5% = 10 000（元）

2）编制记账凭证，如表 2－73、2－74 所示。

表 2－73　　　　　　　　**收 款 凭 证**

借方科目：银行存款　　　　2009 年 3 月 8 日　　　　银收字第 8 号

摘　要	借方科目		金　额									记账
	总账科目	明细科目	百	十	万	千	百	十	元	角	分	
收取旅游费	主营业务收入	旅游收入		2	0	0	0	0	0	0	0	√
附件 2 张	合　计		¥	2	0	0	0	0	0	0	0	

会计主管 王平　　记账 李立　　出纳 张景　　审核 林立　　制证 李立

表 2－74　　　　　　　　**转 账 凭 证**

2009 年 3 月 8 日　　　　转字第 8 号

摘　要	总账科目	明细科目	金　额									记账
			百	十	万	千	百	十	元	角	分	
计提应交税金	营业税金及附加				1	0	0	0	0	0	0	√
	应交税费	应交营业税			1	0	0	0	0	0	0	√
附件 1 张	合　计			¥	1	0	0	0	0	0	0	

会计主管 王平　　记账 李立　　出纳 张景　　审核 林立　　制证 李立

（2）3 月 15 日，公司宾馆承接广通集团股份有限公司大型会议，取得收入 50 000 元。其中，住宿费收入 20 000 元，餐饮费收入 10 000 元，卡拉 OK 厅收入 20 000 元。上述业务分别核算，款项已收到。

1）税款计算。

应纳营业税额 =（20 000 + 10 000）×5% + 20 000 ×20% = 5 500（元）

2）编制记账凭证，如表 2－75、2－76 所示。

表 2－75　　　　　　　　**收 款 凭 证**

借方科目：银行存款　　　　2009 年 3 月 15 日　　　　银收字第 15 号

摘　要	借方科目		金　额									记账
	总账科目	明细科目	百	十	万	千	百	十	元	角	分	
宾馆收入	主营业务收入	住宿费			2	0	0	0	0	0	0	√
		餐饮费			1	0	0	0	0	0	0	
		卡拉 OK 厅			2	0	0	0	0	0	0	
附件 2 张	合　计			¥	5	0	0	0	0	0	0	

会计主管 王平　　记账 李立　　出纳 张景　　审核 林立　　制证 李立

（3）3 月 20 日，公司售房部预售商品房 15 套，预售售房款 300 万元，款已存入银行。

1）税款计算。

应纳营业税额 = 3 000 000 ×5% = 150 000（元）

2）编制记账凭证，如表 2－77、2－78 所示。

表 2－76

转账凭证

2009 年 3 月 15 日　　　　转字第 15 号

摘要	总账科目	明细科目	百	十	万	千	百	十	元	角	分	记账
计提应交税金	营业税金及附加					5	5	0	0	0	0	√
	应交税费	应交营业税				5	5	0	0	0	0	√
附件 1 张	合计				¥	5	5	0	0	0	0	

会计主管　王平　　记账　李立　　出纳　张苏　　审核　林立　　制证　李立

表 2－77

收款凭证

借方科目：银行存款　　　　2009 年 3 月 20 日　　　　银收字第 20 号

摘要	贷方科目：总账科目	明细科目	百	十	万	千	百	十	元	角	分	记账
预收款收入	预收账款	商品房预售款	3	0	0	0	0	0	0	0	0	√
附件 2 张	合计		3	0	0	0	0	0	0	0	0	

会计主管　王平　　记账　李立　　出纳　张苏　　审核　林立　　制证　李立

表 2－78

转账凭证

2009 年 3 月 20 日　　　　转字第 20 号

摘要	总账科目	明细科目	百	十	万	千	百	十	元	角	分	记账
计提应交税金	营业税金及附加			1	5	0	0	0	0	0	0	√
	应交税费	应交营业税		1	5	0	0	0	0	0	0	√
附件 1 张	合计		¥	1	5	0	0	0	0	0	0	

会计主管　王平　　记账　李立　　出纳　张苏　　审核　林立　　制证　李立

1.3.4.3　登记“应交税费——应交营业税”明细账，如表 2－79 所示。

表 2－79

明细账

会计科目：应交税金　　明细科目：应交营业税

2009年 月	日	记账凭证 种类	编号	摘要	借方 百	十	万	千	百	十	元	角	分	贷方 百	十	万	千	百	十	元	角	分	核对号	借或贷	余额 百	十	万	千	百	十	元	角	分
略																															略		
3	8	转	8													1	0	0	0	0	0	0	√								略		
3	15	转	15														5	5	0	0	0	0	√								略		
3	略																														略		
3	20	转	20												1	5	0	0	0	0	0	0	√								略		

1.3.5 完成任务

通过以上审核原始凭证、编制记账凭证及填制账簿程序，将华茂集团有限公司涉及营业税的业务处理完毕。

（1）在营业税会计处理程中，准确确定企业应税项目适用的税率是正确处理会计核算的前提。

（2）对提供应税劳务、销售不动产、出租或出售无形资产的会计处理是本环节学习的重点。

（3）不同行业特殊应税项目或行为的账务处理是本环节学习的难点。

1.3.6 教研交流与研讨

（1）某汽车运输公司将一批货物销售给某企业，并负责将这批货物运送到企业，该汽车运输公司该如何计税？

（2）企业出租包装物该如何计税？如何进行账务处理？

（3）本环节教学使用什么教学方法？

任务2 核算其他税种

其他税种指财产税和行为税。本任务要求在理论学习的基础上，熟悉财产税和行为税的计算方法，掌握财产税和行为税会计处理方法，提高其他税种会计核算的实务操作能力。

2.1 任务描述与任务学习目标

（1）任务描述：核算海洋家电股份有限公司 2009 年 3 月应纳财产税和行为税。

（2）任务学习目标：知道企业财产税和行为税会计核算的基本要求与核算方法，能够正确分析与处理企业财产税和行为税业务，并进行相关记账凭证的填制与账簿登记的操作。

2.2 任务分析

（1）进行海洋公司 2009 年 3 月份车辆购置税、车船使用税、房产税等财产税业务的核算；

（2）进行海洋公司 2009 年 3 月份城市维护建设税、印花税等行为税业务的核算；

（3）进行相关的记账凭证与账簿的填制与登记。

2.3 相关知识

2.3.1 财产税

财产税是以法人和自然人拥有的和归其支配的财产为对象所征收的一类税收，主要有房产税、车船使用税、契税、车辆购置税等税种。

（1）房产税。房产税是以房屋为征税对象，以房屋的计税余值或租金收入为计税依据，向房屋产权所有人征收的一种财产税。与其他税种相比，房产税的特点是征税范围仅限于城镇的经营性房屋，区别房屋的经营使用方式规定征税办法。房产税税额的计算、缴纳及会计处理如下：

1）房产税应纳税额的计算公式：应纳税额 = 房产评估值 × 适用税率。实际操作时，可以按以下两种方法计算：

①按房产原值一次减除 10% ~ 30% 后的余值计算，其计算公式如下：

年应纳税额 = 房产账面原值 ×（1 - 10% ~ 30%）× 1.2%

②按租金计算，其计算公式如下：

年应纳税额 = 年租金收入 × 适用税率（12%）

2）房产税的缴纳时间。房产税按年计算，分期预缴。一般可采取按季或半年缴纳，按季缴纳的，可在 1、4、7、10 月份缴纳；按半年缴纳的，可在 4、10 月份缴纳；税额比较大的，可按月缴纳。

3）房产税的会计处理

企业按月预提房产税金时，借记“管理费用”，贷记“应交税费——应交房产税”；缴纳税金时，借记“应交税费——应交房产税”，贷记“银行存款”。

（2）车船使用税。车船使用税是以车船为征税对象，向拥有并使用车船的单位和个人征收的一种税。对拥有但并不使用的车船不征税。与其他税种相比，车船使用税的特点是兼有财产税和行为税的性质，实行分类、分级（项）定额税率。车船使用税的计算及会计处理如下：

1）车船使用税应纳税额的两种计算方法：

①机动车（载货汽车除外）和非机动车：应纳税额 = 应税车辆数 × 单位税额

②载重汽车、机动船和非机动船：应纳税额 = 自重吨数（或净吨位数）× 单位税额

2）车船使用税的会计处理。企业按规定缴纳的车船税，应在“管理费用”账户中列支。每月预提税金时，借记“管理费用”，贷记“应交税费——应交车船使用税”；缴纳税金时，借记“应交税费——应交车船使用税”，贷记“银行存款”。

（3）契税。契税以所有权发生转移的不动产为征税对象，向产权承受人征收的一种财产税。与其他税种相比，房产税的特点是属于财产转移税，由财产承受人缴纳。契税税额的计算及会计处理如下：

1）契税应纳税额的计算公式：

应纳税额 = 计税依据 × 税率

转移土地、房屋权属以外汇计算的，按照纳税人义务发生之日中国人民银行公布的人民币市场汇率中间价折成人民币结算。

2）契税的会计处理。企业计提契税税金时，借记“固定资产”、“无形资产”，贷记“应交税费——应交契税”；缴纳税金时，借记“应交税费——应交契税”，贷记“银行存款”。

（4）车辆购量税。车辆购置税是以在中国境内购置规定的车辆为课税对象、在特定的环节向车辆购置者征收的一种税。与其他税种相比，车辆购置税的特点是以购置的特定车辆为课税对象，是一种特种财产税，价外征收，不转嫁税赋。车辆购置税税额的计算及会计处理如下：

1）车辆购置税应纳税额的计算方法。车辆购置税实行从价定律的办法计算应纳税额，

应纳税额的计算公式为：

应纳税额 = 计税价格 × 税率（10%）

2）车辆购置税的会计处理。企业按规定缴纳的车辆购置税，根据有关凭证，借记“固定资产”等账户，贷记“银行存款”账户；企业购置的减税、免税车辆改制后用途发生变化的，按规定应补缴的车辆购置税，借记“固定资产”账户，贷记“银行存款”账户。

2.3.2 行为税

行为税是以纳税人的某些行为为课税对象的税种，主要有城市维护建设税、印花税等。

（1）城市维护建设税。城市维护建设税是对从事工商经营，缴纳增值税、消费税、营业税的单位和个人征收的一种税。与其他税种相比，城市维护建设税的特点是专款专用，用来保证城市的公共事业和公共设施的维护建设，是一种收益性质的税种；以增值税、消费税、营业税“三税”实际缴纳之和为计税依据，是一种附加税种。城市维护建设税的计算及会计处理如下：

1）城市维护建设税应纳税额的计算方法：

应纳税额 =（实际缴纳的增值税额 + 实际缴纳的消费税 + 实际缴纳的营业税）× 适用税率

2）城市维护建设税的会计处理。企业核算应缴纳城市维护建设税时，应设置“应交税费——应交城市维护建设税”账户，借记“营业税金及附加”，贷记“应交税费——应交城市维护建设税”；缴纳税金时，借记“应交税费——应交城市维护建设税”，贷记“银行存款”。

（2）印花税。印花税是对经济活动和经济交往中书立、领受、使用的应税经济凭证所征收的一种税。与其他税种相比，印花税的特点是征税范围广，其征税对象包括了经济活动和经济交往中的各种应税凭证；印花税税率同其他税种相比，税率低得多；印花税由纳税人自行完成纳税义务。印花税的计算及会计处理如下：

1）印花税应纳税额的计算公式：

按比例税率计算：应纳税额 = 凭证所载应税金额 × 适用税率

按定额税率计算：应纳税额 = 应税凭证件数 × 适用单位税额

2）印花税的会计处理。企业缴纳的印花税，一般是自行计算、购买、贴花、注销，不会形成税款债务，为了简化会计处理，可以不通过“应交税费”账户核算，在缴纳时直接贷记“银行存款”或“现金”等账户。印花税是管理费用的组成部分，应列入“管理费用”账户。企业在缴纳印花税时，借记“管理费用”，贷记“银行存款”或“现金”等账户。

2.4 技能训练

2.4.1 技能训练资料

海洋家电股份有限公司是广东省云江市一家以生产小家电为主的企业，税务登记为增值税一般纳税人。3 月份，海洋股份有限公司发生与其他税种有关的业务如下：

业务一，原始凭证 1 张，如表 2－80 所示。

表 2-80 **购 销 合 同**

供方：深圳广源实业有限责任公司　　　　合同编号：09-012

需方：云江海洋股份有限公司　　　　签订日期：2009 年 3 月 10 日

签订地点：深圳广源实业有限责任公司

一、产品名称、规格型号、单位、数量、金额

序号	产品名称	规格型号	单位	数量	单价（元）	总金额（含税）
1	马达		件	10 000	117	1 170 000
2						

合计人民币金额（大写）：⊗壹佰壹拾柒万元整

二、质量要求及技术标准：符合中国国家标准的原制造厂出厂标准。

三、交（提）货地点、方式、时间：云江市开发区锦绣路 28 号——海洋股份有限公司 1 号仓库，2009 年 4 月 10 日前交货。

四、运输方式及到达站港和费用负担：采用汽车运输方式，运输费用及运输途中出现的所有损失均由供货方承担。

五、包装标准：按原厂家包装。

六、验收标准及提出异议期限：以生产厂家技术指标为验收标准，需方提出异议为收到货物当天。

七、结算方式及付款期限：货物当日付清全部货款，如拖延付款，从超过之日起，需方每天应按未付款的 5‰ 支付滞纳金。

八、争议解决：凡因执行本合同或与本合同有关的任何争议，应由供需双方通过友好协商解决，如无法达成一致，应提交中国经济贸易仲裁委员会深圳分会按其现行有效的仲裁规则进行仲裁。

九、其他：本合同自双方签字盖章后生效，正本一式两份，甲乙双方各执一份，合同原件及签章传真件具有同等法律效力，有效期 1 个月。

供 方

单位名称（章）：深圳市广源实业有限公司

单位地址：深圳市福田区广袤大厦 1908-1

电话：0755-19780827

开户银行：工商银行深圳市支行福田分理处

账号：DX-0035xxxx

税号：668899000000024

授权代表：张勇

需 方

单位名称（章）：云江市海洋股份有限公司

单位地址：云江市开发区锦绣路 28 号

电话：0111-42215678

开户银行：工商银行云江市开发区锦绣路分理处

账号：01-4321567

税号：665500197803508

授权代表：许东方

深圳市公证处（盖章）　　　　电话：0755-33556688

业务二，原始凭证 2 张，如表 2-81、表 2-82 所示。

业务三，原始凭证 3 张，如表 2-83、表 2-84、表 2-85 所示。

业务四，原始凭证 2 张，如表 2-86、表 2-87 所示。

业务五，原始凭证 1 张，如表 2-88 所示。

2.4.2 业务资料分析与账务处理

（1）3 月 10 日公司与深圳广源实业有限责任公司签订的购销合同，符合印花税应税条例，应按合同金额 117 万元，适用印花税率 0.3‰计税并以现金缴纳。

1）计算税金。

印花税应纳税额 = 1 170 000 × 0.3‰ = 351（元）

表 2－81 **机动车销售统一发票**

发票代码：1360000621205

开票日期：2009 年 3 月 8 日 发票号码：

江西佳达印刷有限公司(0791-8321104)征便字(2006)印05号(60000*6份)

机打代码			税控码			
机打号码						
机器编码	KL－123456					
购货单位	云江市海洋股份有限公司		省份证号码/组织机构代码	360403111100005		
车辆类型	本田 2.0 小轿车		厂牌型号	SVW7203FPI	产地	上海
合格证号	WAE080703015506		进口证明书号		商检单号	
发动机号码	BNL218389		车辆识别代号/车架号码			
价税合计	⊗贰拾叁万肆仟元整		小写￥234 000.00			
销货单位名称	云江市东升汽车销售中心		电话	0792－8537055		
纳税人识别码			账号	1509220209022114292		
地址	广东省云江市幸福街复兴路 108 号		开户银行	工商银行庐州市支行	庐州市国家税务局直属分局 13604015	
增值税税率或征收率		增值税额	￥34 000.00	主管税务机关及代码		
不含税价		小写￥200 000.00	吨位	1.829	限乘人数	5

第一联：发票购货单位付款凭证

销货单位盖章 开票人：高敏 备注：一车一票

表 2－82

中国工商银行支票存根
支票号码：
科　　目：
对方科目：
签发日期：2009 年 3 月 15 日
收款人：东升汽车销售中心
金额：¥234 000.00
用途：支付购车款
备注：
单位主管：　　　　会计：

表 2－83 **固定资产登记卡**（正面）

总账科目：固定资产 本卡编号：101

明细科目：车辆 财产编号：车辆 01 设卡日期：2009 年 1 月 15 日

中文名称	东风货车	抵押权设定、解除及保险记录	抵押行库				
车辆自重	6 吨		设定日期				
规格型号	DL120		解除日期				
厂牌号码	粤 H－123456		险别				
购置日期	2007 年 7 月 10 日		承保公司				
购置金额（元）	80000		保单号码				
存放地点	本厂车库		投保日期				
耐用年限	5 年		费率				
附属设备			保险费				

日期	凭单号码	摘要	单位	数量	资产价值（万元）			每月折旧额（元）
					借方	贷方	余额	

表 2－84　　**固定资产登记卡**（正面）

总账科目：固定资产　　本卡编号：102

明细科目：车辆　　财产编号：车辆 02　　设卡日期：2009 年 1 月 15 日

中文名称	马自达 6	抵押权设定、解除及保险记录	抵押行库			
车辆自重	1.8 吨		设定日期			
规格型号	xxxx		解除日期			
厂牌号码	粤 H－AB123		险别			
购置日期	2007 年 7 月 10 日		承保公司			
购置金额	235000		保单号码			
存放地点	本厂车库		投保日期			
耐用年限	10 年		费率			
附属设备			保险费			

日期	凭单号码	摘要	单位	数量	资产价值（万元）			每月折旧额（元）
					借方	贷方	余额	

云江市海洋股份有限公司 财务专用章

表 2－85　　**固定资产登记卡**（正面）

总账科目：固定资产　　本卡编号：103

明细科目：车辆　　财产编号：车辆 03　　设卡日期：2009 年 3 月 15 日

中文名称	本田 CRV	抵押权设定、解除及保险记录	抵押行库			
车辆自重	2 吨		设定日期			
规格型号	xxxxx		解除日期			
厂牌号码	粤 H－DE456		险别			
购置日期	2009 年 3 月 15 日		承保公司			
购置金额	200 000		保单号码			
存放地点	本厂车库		投保日期			
耐用年限	10 年		费率			
附属设备			保险费			

日期	凭单号码	摘要	单位	数量	资产价值（万元）			每月折旧额（元）
					借方	贷方	余额	

云江市海洋股份有限公司 财务专用章

表 2-86　　**房屋登记卡**（正面）

房屋名称：办公大楼　　金额单位：万元

<table>
<tr><td rowspan="3">财产</td><td>统一</td><td colspan="2"></td><td colspan="4" rowspan="3">设卡日期：2007 年 7 月 1 日</td></tr>
<tr><td>分类</td><td colspan="2">房屋及建筑物</td></tr>
<tr><td>编号</td><td colspan="2">01</td></tr>
<tr><td rowspan="8">建设物标示</td><td>基地坐落</td><td colspan="2">云江市开发区锦绣路 28 号</td><td colspan="2">使用单位</td><td colspan="2">用途</td></tr>
<tr><td>楼号或门牌</td><td colspan="2">1 号楼</td><td colspan="2" rowspan="2">本厂行政科室</td><td colspan="2" rowspan="2">用于办公</td></tr>
<tr><td>保存登记</td><td colspan="2">建设附表：　年　月　日</td></tr>
<tr><td>来源</td><td colspan="2">自建</td><td>屋顶</td><td>屋架</td><td>墙壁</td><td>地面</td></tr>
<tr><td>建筑日期</td><td colspan="2">2006 年 12 月 8 日</td><td rowspan="4">水泥顶、琉璃瓦</td><td rowspan="4">框架结构</td><td rowspan="4">砖造</td><td rowspan="4">大理石</td></tr>
<tr><td>耐用年数</td><td colspan="2">30 年</td></tr>
<tr><td>原始总值</td><td colspan="2">1 800</td></tr>
<tr><td>式样</td><td colspan="2">欧式</td></tr>
<tr><td rowspan="6">建筑面积</td><td>层次</td><td>面积（平方米）</td><td>户型</td><td colspan="4">备注</td></tr>
<tr><td>基层</td><td>1 000</td><td></td><td colspan="4" rowspan="5">用于本厂行政科室办公。</td></tr>
<tr><td>二层</td><td>1 000</td><td></td></tr>
<tr><td>三层</td><td>1 000</td><td></td></tr>
<tr><td>四层</td><td>1 000</td><td></td></tr>
<tr><td>合 计</td><td></td><td></td></tr>
<tr><td rowspan="4">价值增减动态</td><td>年</td><td>摘要</td><td>增值</td><td>减损</td><td>已提折旧额</td><td>净值</td><td>备注</td></tr>
<tr><td>2007</td><td>计提折旧</td><td></td><td></td><td>30</td><td>1 770</td><td></td></tr>
<tr><td>2008</td><td>计提折旧</td><td></td><td></td><td>60</td><td>1 710</td><td></td></tr>
<tr><td></td><td></td><td></td><td></td><td></td><td></td><td></td></tr>
</table>

云江市海洋股份有限公司 财务专用章

表 2-87　　**房屋登记卡**（正面）

房屋名称：厂房　　金额单位：万元

<table>
<tr><td rowspan="3">财产</td><td>统一</td><td colspan="2"></td><td colspan="4" rowspan="3">设卡日期：2007 年 7 月 1 日</td></tr>
<tr><td>分类</td><td colspan="2">房屋及建筑物</td></tr>
<tr><td>编号</td><td colspan="2">02</td></tr>
<tr><td rowspan="8">建设物标示</td><td>基地座落</td><td colspan="2">云江市开发区锦绣路 28 号</td><td colspan="2">使用单位</td><td colspan="2">用途</td></tr>
<tr><td>楼号或门牌</td><td colspan="2">2 号楼</td><td colspan="2" rowspan="2">生产车间</td><td colspan="2" rowspan="2">车间</td></tr>
<tr><td>保存登记</td><td colspan="2">建设附表：　年　月　日</td></tr>
<tr><td>来源</td><td colspan="2">自建</td><td>屋顶</td><td>屋架</td><td>墙壁</td><td>地面</td></tr>
<tr><td>建筑日期</td><td colspan="2">2006 年 12 月 8 日</td><td rowspan="4">水泥顶</td><td rowspan="4">框架结构</td><td rowspan="4">砖造</td><td rowspan="4">水泥</td></tr>
<tr><td>耐用年数</td><td colspan="2">20 年</td></tr>
<tr><td>原始总值</td><td colspan="2">360</td></tr>
<tr><td>式样</td><td colspan="2"></td></tr>
<tr><td rowspan="4">建筑面积</td><td>层次</td><td>面积（平方米）</td><td>户型</td><td colspan="4">备注</td></tr>
<tr><td>基层</td><td>1 000</td><td></td><td colspan="4" rowspan="3"></td></tr>
<tr><td>二层</td><td>1 000</td><td></td></tr>
<tr><td>合 计</td><td></td><td></td></tr>
<tr><td rowspan="4">价值增减动态</td><td>年</td><td>摘要</td><td>增值</td><td>减损</td><td>已提折旧额</td><td>净值</td><td>备注</td></tr>
<tr><td>2007</td><td>计提折旧</td><td></td><td></td><td>9</td><td>351</td><td></td></tr>
<tr><td>2008</td><td>计提折旧</td><td></td><td></td><td>10</td><td>333</td><td></td></tr>
<tr><td></td><td></td><td></td><td></td><td></td><td></td><td></td></tr>
</table>

云江市海洋股份有限公司 财务专用章

表 2－88　应交城建税计算表

业务种类	计税基数（万元）			税率	应交城建税（万元）
	增值税	消费税	营业税		
	1	2	3	4	5 =（1 + 2 + 3）×4
	200	10	50	7%	18.2
合计	200	10	50		18.2

2）编制记账凭证，如表 2－89 所示。

表 2－89　付款凭证

贷方科目：现金　　2009 年 3 月 10 日　　现付字第 8 号

摘要	借方科目		金额									记账
	总账科目	明细科目	百	十	万	千	百	十	元	角	分	
缴纳印花税	管理费用	印花税					3	5	1	0	0	√
附件 1 张	合计					¥	3	5	1	0	0	

会计主管　王江　　记账　林明　　出纳　邓小芳　　审核　何伟　　制证　林明

（2）3 月 15 日购买本田小轿车，价款 20 万元，增值税率 17%，车辆购置税率 10%。

1）计算税金。

增值税进项税额 = 200 000 × 17% = 34 000（元）

车辆购置税应纳税额 = 200 000 × 10% = 20 000（元）

2）编制记账凭证，如表 2－90、表 2－91 所示。

表 2－90　付款凭证

贷方科目：银行存款　　2009 年 3 月 15 日　　银付字第 10 号

摘要	借方科目		金额									记账
	总账科目	明细科目	百	十	万	千	百	十	元	角	分	
支付购车款	固定资产	轿车		2	0	0	0	0	0	0	0	√
支付进项税	应交税费	应交增值税——进项税额			3	4	0	0	0	0	0	√
附件 1 张	合计		¥	2	3	4	0	0	0	0	0	

会计主管　王江　　记账　林明　　出纳　邓小芳　　审核　何伟　　制证　林明

（3）预提本月车船使用税。乘人汽车每辆年单位税额 60 元，载货汽车年度单位税额 50 元。

1）计算税金。

全年应纳车船使用税 = 60 × 2 + 6 × 50 = 420（元）

每月预提税金 = 420 ÷ 12 = 35（元）

2）编制记账凭证，如表 2－92 所示。

表 2－91　　　　　　　　　　　　**付款凭证**

贷方科目：银行存款　　　　　　2009 年 3 月 15 日　　　　　　银付字第 11 号

摘要	借方科目		金额									记账
	总账科目	明细科目	百	十	万	千	百	十	元	角	分	
缴纳车辆购置税	固定资产	轿车			2	0	0	0	0	0	0	√
附件 1 张	合计			¥	2	0	0	0	0	0	0	

会计主管　王江　　记账　林明　　出纳　邢小芳　　审核　何伟　　制证　林明

表 2－92　　　　　　　　　　　　**转账凭证**

2009 年 3 月 31 日　　　　　　转字第 20 号

摘要	总账科目	明细科目	金额									记账
			百	十	万	千	百	十	元	角	分	
计算应交车船税	管理费用	车船税						3	5	0	0	√
	应交税费	应交车船税						3	5	0	0	√
附件 1 张	合计						¥	3	5	0	0	

会计主管　王江　　记账　林明　　出纳　邢小芳　　审核　何伟　　制证　林明

（4）企业 2009 年 1 月 1 日拥有地上建筑房产办公楼一幢，原值 1 800 万元，厂房一幢，原值 360 万元。按规定，按原值一次减除 20% 后的余值纳税；按年计算，分月缴纳，税率 1.2%。

1）计算税金。

年应纳税额 =（18 000 000 + 3 600 000）×（1 − 20%）×1.2% = 207 360（元）

月应纳税额 = 207 360 ÷ 12 = 17 280（元）

2）编制记账凭证，如表 2－93 所示。

表 2－93　　　　　　　　　　　　**转账凭证**

2009 年 3 月 31 日　　　　　　转字第 22 号

摘要	总账科目	明细科目	金额									记账
			百	十	万	千	百	十	元	角	分	
计算应交房产税	管理费用	房产税			1	7	2	8	0	0	0	√
	应交税费	应交房产税			1	7	2	8	0	0	0	√
附件 1 张	合计			¥	1	7	2	8	0	0	0	

会计主管　王江　　记账　林明　　出纳　邢小芳　　审核　何伟　　制证　林明

（5）3 月 31 日，公司当月实际缴纳的增值税为 200 万元、消费税 10 万元、营业税 50 万元，编制应交城建税汇总计算表（税率 7%）。

1）计算税金。

本月应纳税额 =（2 000 000 + 100 000 + 500 000）×7% = 182 000（元）

2）编制记账凭证，如表 2－94 所示。

表 2－94

转账凭证

2009 年 3 月 31 日　　转字第 23 号

摘要	总账科目	明细科目	百	十	万	千	百	十	元	角	分	记账
计算应交城建税	营业税金及附加	城建税		1	8	2	0	0	0	0	0	√
	应交税费	应交城建税		1	8	2	0	0	0	0	0	√
附件 1 张	合计		¥	1	8	2	0	0	0	0	0	

会计主管 王江　记账 林明　出纳 郑小芳　审核 何伟　制证 林明

2.4.4 登记账簿

以上所有税种都需填制三栏式“应交税费——应交××税”账簿，同消费税和营业税，在此不再赘述。

2.5 完成任务

通过以上审核原始凭证、编制记账凭证及填制账簿程序，将海洋公司涉及财产税和行为税的业务处理完毕。

（1）在财产税和行为税会计处理过程中，准确计算企业应纳税额是正确处理会计核算的前提。

（2）印花税、车辆购置税、车船使用税、房产税、城市维护建设税等业务的账务处理，明细账填制是本环节学习的重点。

2.6 教学交流与探讨

（1）城市维护建设税的计税依据是什么？

（2）契税如何进行账务处理？

（3）采用案例教学法设计一堂其他税种核算的课程。

任务 3　核算企业所得税

在理论学习的基础上，熟悉所得税的计算方法，掌握所得税会计处理方法，提高所得税会计核算的实务操作能力。

3.1 任务描述与任务学习目标

（1）任务描述：核算东方机电设备股份有限公司 2008 年所得税。

（2）任务学习目标：知道企业所得税会计核算的基本要求与核算程序，能够正确计算企业应纳所得税额与处理企业所得税业务，并进行相关记账凭证填制与账簿登记的操作。

3.2 任务分析

（1）进行东方机电设备股份有限公司2008年所得税业务的分析、计算；
（2）进行东方机电设备股份有限公司2008年所得税业务记账凭证的填制与账簿的登记。

3.3 相关知识

企业所得税是以企业取得的生产经营所得和其他所得为征税对象所征收的一种税。现行企业所得税具有以下特点：计税依据为应纳税所得额；应纳税所得额的计算较为复杂；实行按年计征、分期预缴的征收管理办法。

3.3.1 企业所得税应纳税额的计算

企业所得税应纳税额的计算公式为：

应纳所得税额 = 应纳税所得额 × 税率

（1）应纳税所得额的确定：

应纳税所得额 = 收入总额 − 准予扣除项目金额

1）收入总额的确定。纳税人的收入总额包括生产经营收入、财产转让收入、利息收入、租赁收入、特许权使用费收入、股息收入和其他收入。收入总额的具体内容包括：

①销售货物收入。是指企业销售商品、产品、原材料、包装物、低值易耗品以及其他存货取得的收入。

②提供劳务收入。是指企业从事建筑安装、修理修配、交通运输、仓储租赁、金融保险、邮电通信及其他劳务服务活动取得的收入。

③财产转让收入。是指企业转让固定资产、投资性房地产、生物资产、无形资产、股权、债权等所取得的收入。

④股息、红利等权益性投资收益。是指企业因权益性投资从被投资方取得的收入。

⑤利息收入。是指企业将资金提供给他人使用但不构成权益性投资，或因他人占用本企业资金所取得的收入，包括存款利息、贷款利息、债券利息、欠款利息等收入。纳税人购买国债的利息收入，不计入应纳税所得额。

⑥租金收入。是指企业提供固定资产、包装物或者其他有形资产的使用权而取得的收入。

⑦特许权使用费收入。是指企业提供专利权、非专利技术、商标权、著作权以及其他特许权的使用权而取得的收入。

⑧接受捐赠收入。是指企业接受的其他企业、组织和个人无偿给予的货币性资产、非货币性资产。

⑨其他收入。是指企业取得的除上述各项收入以外的一切收入，包括企业资产溢余收入、逾期未退包装物没收的押金、确实无法偿付的应付款项、企业已作坏账损失处理后又收回的应收账款、债务重组收入、补贴收入、教育费附加返还款、违约金收入、汇兑收益等。

2）准予扣除的项目确定。准予从收入总额中扣除的项目，是指纳税人每一个纳税年度发生的与取得应纳税收入有关的所有必要和正常的成本、费用、税金和损失。

①成本。是指纳税人销售商品（产品、材料、下脚料、废料、废旧物资等）、提供劳

务、转让固定资产、无形资产的成本。

②费用。是指纳税人每一纳税年度为生产、经营商品和提供劳务等所发生的可扣除的销售费用、管理费用和财务费用。已计入成本的有关费用除外。费用扣除中，需注意销售费用中广告费用和业务宣传费扣除限额的规定；管理费用中需注意业务招待费等费用扣除限额的规定；财务费用中需注意纳税人发生的经营性借款费用利息水平的限定，以上具体规定请参阅《企业所得税法》。

③税金。指纳税人按规定缴纳的各项税费。注意企业缴纳的房产税、车船使用税、土地使用税、印花税等，已经计入管理费用中扣除的，不再作销售税金单独扣除。企业缴纳的增值税因其属于价外税，其税额已包括在收入中，故不在扣除之列。

④损失。是指纳税人生产、经营过程中的各项营业外支出、已经发生的经营亏损和投资损失，以及其他损失。营业外支出需注意的是捐赠支出扣除及限额的规定。

在确定纳税人的扣除项目时，值得注意的是：企业在纳税年度内应计未计扣除项目，包括各类应计未计费用、应提未提折旧等，不得转移以后年度补扣。

（2）企业所得税税率的规定。企业所得税采用的基本税率为25%，优惠税率参见所得税法规定。

3.3.2 企业所得税的会计处理

（1）应付税款法下账户的设置。企业在选择应付税款法时，应设置“所得税费”和“应交税费——应交所得税”账户。

1）“所得税费”。企业采用应付税款法，期末按应税所得额计算的本期应交所得税，记入所得税费账户借方；贷方反映转入本年利润中的所得税费，结转后本账户无余额。

2）“应交所得税”。“应交税费”总账账户下的一个重要明细账户。反映企业所得税的应缴、实际上缴和退补情况。本账户的贷方反映应缴和应补缴的所得税，借方反映实际上缴和补缴的企业所得税；贷方余额反映应缴未缴的所得税，借方余额反映多缴的所得税。企业各个期间应缴所得税的金额是根据企业所得税税法规定计算的当期应纳税所得额和现行所得税率计算的企业应缴纳的所得税税款，应当借记“所得税费用——当期所得税费用”，贷记本明细账户。实际缴纳时，借记本明细账户，贷记“银行存款”。

（2）纳税影响会计法下账户的设置。企业在选择纳税影响会计法时，应设置“所得税费用”、“递延税款”和“应交税费——应交所得税”账户。

1）“所得税费用”。采用纳税影响会计法的企业，“所得税费用”核算企业确认的应从当期利润总额中扣除的所得税费用。在资产负债表债务法下，本账户应按“当期所得税费用”、“递延所得税费用”进行明细核算。

在资产负债表债务法下，资产负债表日，企业按照税法计算确定的当期应交所得税金额借记本账户，贷记“应交税费——应交所得税”账户。

在确认相关资产、负债时，根据应予确认的递延所得税资产，借记“递延所得税资产”账户，贷记本账户、“资本公积——其他资本公积”等账户；应予确认的递延所得税负债，借记本账户、“资本公积——其他资本公积”等账户，贷记“递延所得税负债”账户。

资产负债表日，根据应予确认的递延所得税资产大于“递延所得税资产”账户余额的差额，借记“递延所得税资产”账户，贷记本账户、“资本公积——其他资本公积”等账户；应予确认的递延所得税资产小于“递延所得税资产”账户余额的差额，作相反的会计分录。

企业应予确认的递延所得税负债的变动，应当比照上述原则调整“递延所得税负债”账户及有关账户。

期末，应将本账户的余额转入“本年利润”账户，结转后本账户应无余额。

2）“递延所得税资产”（采用资产负债表债务法）。本账户核算企业确认的可抵扣暂时性差异产生的影响纳税的资产金额和税法规定的可用以后年度税前利润弥补的亏损及税款抵减产生的所得税资产金额，以及以后各期应转销的金额。企业应按其可抵扣暂时性差异项目进行明细核算。

其借方反映资产负债表日企业确认的递延所得税资产金额。如果其反映余额大于其账面余额的，应按其差额确认，借记本账户，贷记“所得税费用——递延所得税费用”等；若其应反映余额小于其账面余额的差额，应作相反的会计分录。

企业合并中取得资产、负债的入账价值与其计税基础不同形成可抵扣暂时性差异的，应于购买日确认递延所得税资产，借记本账户，贷记“商誉”等。与直接计入所有者权益的交易或事项相关的递延所得税资产，借记本账户，贷记“资本公积——其他资本公积”。

资产负债表日，预计未来期间很可能无法获得足够的应纳税所得额用于抵扣可抵扣暂时性差异的，按原已确认的递延所得税资产中应减记的金额，借记“所得税费用——递延所得税费用”、“资本公积——其他资本公积”等，贷记本账户。

本账户期末余额在借方，反映企业已确认的递延所得税资产的余额。

3）“递延所得税负债”（采用资产负债表债务法）。本账户核算企业确认的应纳税暂时性差异产生的影响纳税的负债金额以及以后各期应转销的金额。企业按其应纳税暂时性差异项目进行明细核算。

其贷方反映资产负债表日企业确认的递延所得税负债金额。如果其应反映余额大于其账面余额的，应按其差额确认，借记“所得税费用——递延所得税费用”账户，贷记本账户；若递延所得税负债的应反映余额小于其账面余额，应作相反的会计分录。

与直接计入所有者权益的交易或事项相关的递延所得税负债，借记“资本公积——其他资本公积”，贷记本账户。企业合并中取得的资产，负债的入账价值与其计税基础不同形成应纳税暂时性差异的，应于购买日确认递延所得税负债，同时调整商誉，借记“商誉”等，贷记本账户。

本账户期末余额在贷方，反映企业已确认的递延所得税负债的余额。

4）“应交所得税”。核算内容同应付税款下“应交所得税”账户。

3.3.3 企业所得税的账务处理

在此只介绍应付税款法下所得税的账务处理。

（1）预缴所得税时，借记“应交税费——企业所得税”，贷记“银行存款”。

（2）计算本期应交所得税时账务处理（应付税款法下），借记“所得税费”，贷记“应交税费——应交所得税”。

（3）汇算清缴所得税时账务处理。补缴所得税，借记“所得税费”，贷记“应交税费——应交所得税”；同时借记“应交税费——应交所得税”，贷记“银行存款”。

3.4 技能训练

3.4.1 技能训练资料

东方机电设备股份有限公司为广东省云江市的一家企业，是以生产机电设备为主的企业。2008 年度，东方机电设备股份有限公司销售（营业）收入、成本费用、税金、损失以及固定资产等明细等涉税账户资料如表 2－95 至表 2－106 所示。

表 2－95　　年度销售（营业）收入情况明细表

顺号	收入项目	入账金额	备　注
1	销售应税产品	80 000 000.00	12 月 10 日该企业通过以物换物方式用自产产品与钢厂交换钢材一批，产品成本价 50 万元，未作收入处理，市价 80 万元。
2	销售材料	200 000.00	
3	自产自用货物	100 000.00	
4	对外提供加工劳务	150 000.00	
5	转让专利、商标使用权收入	100 000.00	
合　计		80 550 000.00	

表 2－96　　年度对外投资收益明细表

顺号	投资项目	投资金额	收益金额	备　注
1	投资 A 公司股权	1 000 000.00	分得利润 100 000.00	A 公司适用所得税税率为 15%。
2	购买 A 股股票	500 000.00	转让收益 120 000.00	
3	购买国库券	300 000.00	利息收入 15 000.00	
合　计			235 000.00	

表 2－97　　年度营业外收入明细表

顺号	收入项目	入账金额	备　注
1	现金债务重组净所得	50 000.00	
2	非现金债务重组净所得	60 000.00	
3	违约金	3 000.00	
合　计		113 000.00	

3.4.2 业务资料分析与账务处理

（1）资料计算分析。

1）2008 年度，企业实现生产经营收入：

①对外销售产品、提供劳务取得收入＝8 000＋15＝8 015（万元）

②视同销售为自产自用货物、以物易物方式，其中以物易物方式成本为 50 万元，市价为 80 万元，视同销售方式取得收入＝10＋80＝90 万元。

③其他业务取得收入为销售材料和转让专利、商标使用权收入＝20＋10＝30 万元。

2008 年度合计实现收入＝8 015＋90＋30＝8 135（万元）

2）2008 年度取得投资收益：

表 2－98 年度管理费用明细表

顺号	扣除项目明细	入账金额	备注
1	行政人员工资	450 000.00	1. 职工工会经费和职工教育费按工资总额计提； 2. 业务招待费中含与生产经营业务无关的招待费 5 万元。
2	职工福利费	114 961.20	
3	职工工会经费	101 190.70	
4	职工教育费	88 988.37	
5	业务招待费	400 000.00	
6	差旅费	100 000.00	
7	交通费	120 000.00	
8	社会保障缴款	86 640.00	
9	劳动保护费	256 743.00	
10	固定资产折旧费	300 000.00	
11	新产品研发费	400 000.00	
12	房产税	25 000.00	
13	城镇土地使用税	35 000.00	
14	印花税	5 000.00	
15	车船税	22 000.00	
合计		2 505 523.27	

表 2－99 年度销售费用明细表

顺号	扣除项目明细	入账金额	备注
1	销售人员工资	180 000.00	
2	职工福利费	25 200.00	
3	业务宣传费	480 000.00	
4	广告费	3 000 000.00	
合计		3 685 200.00	

表 2－100 年度财务费用明细表

顺号	扣除项目明细	入账金额	备注
1	向金融机构借款利息	600 000.00	1. 向工商银行借款 1 000 万元，年利率 6%； 2. 向云江市广通公司借款 200 万元，年利率 10%；上述借款用于补充流动资金。
2	向其他企业借款利息	200 000.00	
3	银行罚息	130 000.00	
4	汇兑净损失	50 000.00	
合计		980 000.00	

表 2－101　　全年税费资料明细表

顺号	税费项目	已计提税额	备　注
1	增值税	3 992 994.00	1. 注意补记收入对相关税金的影响； 2. 税金与成本费用一样不得重复扣除。
2	营业税	5 000.00	
3	城建税	279 859.58	
4	教育费附加	119 939.82	
5	房产税	25 000.00	
6	城镇土地使用税	35 000.00	
7	印花税	5 000.00	
8	企业所得税（1－11 月）	1 000 000.00	
9	车船税	22 000.00	
合　计		5 484 793.40	

表 2－102　　全年实发工薪明细表

顺号	扣除项目明细	工薪金额	计提工薪三费	备　注
1	生产工人工薪	2 483 955.12		
2	车间管理人员工薪	400 000.00		
3	销售人员工薪	150 000.00		
4	行政管理人员工薪	450 000.00		
5	福利部门人员工薪	45 580.00		
6	工会人员工薪	30 000.00		
7	合计	3 559 535.12		
8	计提职工福利费		498 334.91	
9	计提职工工会经费		71 190.70	
10	计提职工教育费		88 988.37	
合　计			658 513.98	

表 2－103　　全年产品销售成本明细表

顺号	成本费用项目	期初数	本期发生	期末数	备　注
1	产成品	280 680.00		484 101.12	
2	在产品	1 364 780.00		2 346 800.00	
3	制造费用		6 119 804.00		
4	直接人工		2 483 955.12		
5	原材料	654 060.00	57 680 000.00	786 580.00	
6	辅助材料	16 500.00	74 000.00	68 000.00	
7	其他成本		7 800.00		
本期销售成本			65 180 118.00		

表 2－104　　　　　　　　　　　　全年营业外支出明细表

顺号	扣除项目明细	实际支出数额	备　注
1	罚没支出	25 000.00	1. 通过民政局向地震灾区捐赠 500 000.00 元； 2. 通过希望工程向农村小学捐赠； 3. 税务机关罚款 20 000.00 元；环保局罚款 5 000.00 元。
2	捐赠支出	610 000.00	
3	违约金支出	5 000.00	
合　计		640 000.00	

表 2－105　　　　　　　　　　　　资产减值损失明细表

顺号	扣除项目明细	入账金额	备　注
1	计提坏账准备	281 666.00	当年收回已核销的坏账 20 000 元。
2	存货跌价准备	200 000.00	
3	其他准备金	548 334.00	
合　计		1 030 000.00	

表 2－106　　　　　　　　　　　　全年固定资产折旧计提明细表

序号	固定资产类别	固定资产原值	当年计提折旧额	备　注
1	办公楼	5 000 000.00	250 000.00	1. 建筑物折旧年限 20 年，年折旧率 5%；机器设备折旧年限 10 年，年折旧率 10%；两项都符合税法规定。
2	厂房	10 000 000.00	500 000.00	
3	机器设备	8 000 000.00	800 000.00	
合　计			1 550 000.00	

①计税投资收益＝100 000＋120 000＝220 000 元，但因东方机电设备公司的税率高于 A 公司，准予东方机电设备公司扣除 A 公司已缴纳税款：

准予扣除税款＝100 000÷（1－15%）×15%＝17 647.05（元）

②不计税投资收益＝购买国库券利息收入 15 000 元。

3）营业外收入＝113 000 元

4）管理费用：

①东方机电设备公司实际发放的工资总额低于其计税工资限额，实发工资总额为计税工资，应按实际发放的行政人员工资总额计算扣除，职工教育费、工会经费、福利费按工资总额比例计算扣除。

准予扣除的人员工资、福利费、工会费、教育费＝450 000＋114 961.20＋101 190.70＋88 988.37＝755 140.27（元）

②业务招待费：

- 准予扣除的部分：15 000 000×5‰＋（80 550 000－15 000 000）×3‰＝271 650（元）
- 不准扣除的部分：业务招待费中含与生产经营业务无关的招待费 5 万元，不得扣除。超过销售收入规定标准的部分＝400 000－50 000－271 650＝78 350 元，则

不准扣除部分合计 =50 000 +78 350 = 128 350（元）

③新产品研发费：按照税法的规定，新产品研发费的扣除额 =400 000 +400 000 ×50% = 600 000 元。

④准予在税前扣除的管理费用合计 =755 140.27 +271 650 +600 000 +100 000 +120 000 + 86 640 +256 743 +300 000 +25 000 +35 000 +5 000 +22 000 =2 577 173.27（元）

5）销售费用：

①准予扣除的销售人员工资、福利费 =180 000 +25 200 =205 200（元）

②准予扣除的业务宣传费 =80 550 000 ×5‰ =402 750（元）

不准扣除的业务宣传费 =480 000 -402 750 =77 250（元）

③准予扣除的广告费 =80 550 000 ×2% =1 611 000（元）

不准扣除的广告费 =3 000 000 -1 611 000 =1 389 000（元）

④准予在税前扣除的销售费用合计 =205 200 +402 750 +1 611 000 =2 218 950（元）

6）财务费用：

①准予扣除的借款利息 =600 000 +2 000 000 ×6% +130 000 +50 000 =900 000（元）

②不准予扣除的借款利息 =200 000 -2 000 000 ×6% =80 000（元）

7）销售税金及附加：

准予扣除的销售税金及附加 =5 000 +279 859.58 +119 939.82 =404 799.40（元）

8）工资薪金及三费已在相应成费用中列支。

9）本期产品销售成本 =65 180 118 元。

10）营业外支出：

①准予扣除的罚没支出 =0，因罚没支出为违反国家法规的行政处罚，故不得在税前扣除。

②违约金支出 5 000 元可全部扣除。

11）资产减值损失：

①准予扣除的计提坏账准备 =281 666 -20 000 =261 666（元）

②存货跌价准备和其他准备金可全额扣除。

③准予在税前扣除的资产减值损失合计 =261 666 +200 000 +548 334 =1 010 000（元）

12）全年计提固定资产折旧 1 550 000 元，符合税法规定，已计入相应成本费用。

13）全年应纳税所得额计算：

①收入合计 =81 350 000 +220 000 +113 000 =81 683 000（元）

②可在税前扣减成本、费用合计 =2 577 173.27 +2 218 950 +900 000 +404 799.40 +65 180 118 +5000 +1 010 000 =72 296 040.67（元）

③全年应纳税所得额 =81 683 000 -72 296 040.67 =9 386 959.33（元）

④准予扣除的捐赠支出 =9 386 959.33 ×3% =281 608.77（元）

⑤扣除的捐赠支出后的全年应纳税所得额 =9 386 959.33 -281 608.77 =9 105 350.56（元）

14）年应纳所得税额计算：

年应纳所得税额 =9 105 350.56 ×25% =2 276 337.64（元）

15）年终汇算清缴计算及账务处理：

①2008 年 1 -11 月预缴所得税为 100 万元

②准许抵扣所得税额 17 647.05 元。

③2008 年应纳所得税额为 2 276 337.64 元。

④年终汇算清缴时应补缴所得税额 = 2 276 337.64 - 17 647.05 - 1 000 000.00 = 1 258 690.59（元）

（2）账务处理。

1）计提企业所得税，编制记账凭证，如表 2-107 所示。

表 2-107

转账凭证

2008 年 12 月 31 日　　转字第＊＊号

摘要	总账科目	明细科目	金额 百	十	万	千	百	十	元	角	分	记账
计提企业所得税	所得税费		2	2	7	6	3	3	7	6	4	√
	应交税费	应交所得税	2	2	7	6	3	3	7	6	4	√
附件 1 张	合计		2	2	7	6	3	3	7	6	4	

会计主管 王锦　　记账 潘岳　　出纳 郑芳　　审核 何立　　制证 潘岳

2）减免企业所得税，编制记账凭证，如表 2-108 所示。

表 2-108

转账凭证

2008 年 12 月 31 日　　转字第＊＊号

摘要	总账科目	明细科目	金额 百	十	万	千	百	十	元	角	分	记账
减免企业所得税	应交税费	应交所得税			1	7	6	4	7	0	5	√
	所得税费				1	7	6	4	7	0	5	√
附件 张	合计			¥	1	7	6	4	7	0	5	

会计主管 王锦　　记账 潘岳　　出纳 郑芳　　审核 何立　　制证 潘岳

3）补缴企业所得税，编制记账凭证，如表 2-109 所示。

表 2-109

付款凭证

贷方科目：银行存款　　2008 年 12 月 31 日　　银付字第 30 号

摘要	借方科目 总账科目	明细科目	金额 百	十	万	千	百	十	元	角	分	记账
补缴企业所得税	应交税费	应交所得税	1	2	5	8	6	9	0	5	9	√
附件 张	合计		1	2	5	8	6	9	0	5	9	

会计主管 王江　　记账 林明　　出纳 郑小芳　　审核 何伟　　制证 林明

（注：纳税人在年度终了后 45 日内，向主管税务机关报送资料，办理年终汇算，此处为说明补缴的业务，所以在 12 月 31 日办理补缴。）

（3）填制所得税纳税申报表及相关附表（已在纳税申报知识中阐述，在此不作处理）。

（4）登记账簿，如表 2－110 所示。

表 2－110 应交税费——应交所得税 明细账

总第 页

分第 页

2008 年		记账凭证		摘 要	借 方									贷 方									核对号	借或贷	余 额								
月	日	种类	编号		百	十	万	千	百	十	元	角	分	百	十	万	千	百	十	元	角	分			百	十	万	千	百	十	元	角	分
略																															略		
略																															略		
12	31	转	*	计提所得税										2	2	7	6	3	3	7	6	4	√								略		
12	31	转	*	减免所得税			1	7	6	4	7	0	5										√								略		
12	31	转	*	补交所得税	1	2	5	8	6	9	0	5	9										√								略		

3.5 完成任务

通过以上计算应纳所得税额即应纳税所得额，编制记账凭证及填制账簿程序，将东方机电设备股份有限公司所得税业务处理完毕。

（1）在所得税会计处理程中，准确计算企业应纳所得税额是正确处理会计核算的前提。

（2）企业预缴所得税、计提所得税、补缴所得税的账务处理，是本环节学习的重点。

（3）计算应纳税所得额时各种费用扣除限额掌握是本环节的难点。

3.6 教学交流与探讨

（1）企业各种费用的扣除限额是如何规定的？

（2）外国企业在中国境内未设立机构、场所，而有取得来源于中国境内的利润（股息）、利息、租金、特许权使用费和其他所得的，按规定其所得税应由支付人在每次支付的款额中扣除，并在 5 天内缴入国库。支付人在扣缴时应如何处理？

（3）对外国企业在中国境内从事建筑、安装、装配、勘探等工程作业和提供咨询、管理、培训等劳务活动所得，税务机关可以指定工程价款或劳务费的支付人为所得税扣缴义务人，税款在支付的款额中扣缴。支付人在扣缴时应如何处理？

（4）采用适当的教学方法为本环节设计一堂课程。

模块二

企业纳税申报实务

单元三　企业纳税申报（手工报税）

学习目标：通过本单元的学习，能够进行企业流转税主要税种和企业所得税纳税的手工申报，能够根据企业所发生的经济业务，正确进行企业有关税种应纳税额的计算；掌握各种纳税申报表的填制要求与方法，熟悉企业纳税申报中不同税种纳税申报表的构成与分类，了解企业纳税申报过中的基本程序与注意事项。

任务1　把握企业纳税申报一般程序

1.1　任务描述与任务学习目标

（1）任务描述：掌握企业纳税申报一般程序，能够正确处理企业纳税申报过程中的一些共性问题，为办理具体纳税事项的申报打下基础。

（2）任务学习目标：知道企业纳税申报一般程序与所需要的基本资料，掌握纳税申报中的基本要求，为进行某一税种具体纳税申报操作打下基础。

1.2　任务分析

（1）掌握与明确纳税申报行为主体是纳税人或扣缴义务人，或前两者的税务代理人；

(2) 掌握与明确纳税申报中的一般报送资料；

(3) 掌握纳税申报中有关期限的要求；

(4) 掌握纳税申报中有关申报的方式及选择。

1.3 相关知识

纳税申报是税务机关要求纳税人发生纳税义务或扣缴义务人代扣代缴税款后，要向税务机关提交报告的一种税收管理制度，也是税务机关核实与征纳税款的过程。

1.3.1 纳税申报行为主体

纳税申报行为主体，可以分为两方：一方是接受纳税申报的税务机关，一方是提出纳税申报的报告方。提出纳税申报的报告方可以分为三类：

(1) 纳税人。包括从事生产、经营和从事临时经营业务的纳税人。《税收征收管理法》及其《实施细则》规定，纳税人从办理税务登记之日起，不论有无经营收入，包括享受减免税优惠的纳税人，都应在规定的申报期限内办理纳税申报。

(2) 扣缴义务人。负有代扣代缴、代收代缴税款义务的单位和个人，也要按税法规定，在规定的申报期限内办理扣缴税款纳税申报。

(3) 税务代理人。纳税人和扣缴义务人可以委托税务代理人办理其纳税申报。

1.3.2 纳税申报报送的基本资料

要做好纳税申报工作，应按纳税申报管理制度的有关规定和税务机关的有关要求，及时提供真实完整的相关纳税资料。在办理纳税申报时，除要提交不同税种的纳税申报表，还要根据不同税种的纳税申报要求提供相应的有关资料。从纳税申报的总体来看，所涉及的资料基本有以下几方面：

(1) 会计核算方面的资料。如财务会计报表、会计核算凭证等资料。

(2) 证明纳税申报者经济活动合法性的资料。如有关的经济合同；批准外出经营活动的税收管理证件、异地完税凭证等其他有关证明文件与资料。

(3) 扣缴义务人还应报送代扣代缴、代收代缴税款的合法凭证，税务机关规定的有关证件、资料。

(4) 享受减、免税优惠的纳税人，既要报送享受税收优惠待遇的有关资料，也要报送其不享受税收优惠待遇条件下的全部有关资料。

1.3.3 纳税申报期限的规定

为保证国家所征收税款及时缴纳入库，《税收征收管理法》规定，纳税人和扣缴义务人必须按照法定期限办理纳税申报。

(1) 税务机关根据纳税人、扣缴义务人及所征税种的不同，规定了不同的纳税申报期限。各纳税申报人应根据税务机关对本单位纳税申报期限的具体规定，及时进行纳税申报。

(2) 纳税申报人未按照规定的期限办理纳税申报，税务机关除责令限期申报外，还将处以2 000元以下的罚款；情节严重的则会处以2 000~10 000元的罚款。

（3）在进行纳税申报时，如遇申报期限最后一日为国家法定公休日，申报期限可以顺延一日。

（4）根据实际纳税申报的时间，可以将纳税申报分为正常申报和延期申报两种。正常申报是指纳税申报人在规定的申报期限内办理纳税申报。延期申报是指纳税申报人因不可抗力或财务会计处理上的特殊情况等原因而不能按期申报的，经县以上税务机关核准，可以延期申报，但不包括遇公休日可以顺延的申报。办理延期申报的程序是：

1）按规定期限办理纳税申报确有困难需要延期的，或因不可抗力不能按期办理的，可以在规定的正常申报期限内，领取并填写“延期申报申请审批表”，向税务机关提出书面延期申请。

2）税务机关查明事实核准后，制发“税务文书领取通知单”交纳税申报人。

3）纳税申报人凭“税务文书领取通知单”，领取“核准延期申报通知书”，再在核准的期限内办理纳税申报。

4）经批准同意延期申报的纳税申报人，在税务机关《核准延期申报通知书》规定的延期期满之前，按照规定申报延期的税种、税额等，递交有关延期申报批准文号和有关规定资料等。

1.3.4 纳税申报的方式

纳税申报方式，根据纳税申报过程中行为人不同和报送资料的方式不同，可以进行不同的区分。

（1）按申报的行为人不同划分：

1）自行申报。是指纳税人、扣缴义务人自行办理有关纳税申报事项。

2）委托代理申报。是指由纳税人、扣缴义务人出具代理纳税申报委托书，由代理人办理有关纳税申报事项。

（2）按申报资料的报送方式不同划分：

1）直接申报。是指直接到主管税务机关报送纳税申报表和相关资料或报送代扣代缴、代收代缴税款报告表等资料，在经税务机关核实后，办理纳税缴款书及税款的缴纳等。税款的缴纳程序一般为：首先，纳税人需持税务登记证副本和业主身份证到税务机关指定的银行网点申请办理纳税专户，然后与银行、主管税务机关签订“纳税人多元化申报纳税协议书”；其次，在法定的纳税申报期限内，到就近的开户银行网点办理缴款手续，银行从纳税人账户中完成税款划解，并打印“税收转账专用完税证”。

2）邮寄申报。是指经税务机关批准后，以邮寄方式报送纳税申报表和相关资料，同时，汇寄应纳税款，邮寄申报以寄出地的邮戳日期为实际申报日期。税务机关在收到纳税申报表和税款后，为纳税人办理完税凭证等手续。

由于直接申报与邮寄申报所需要的申报资料一般要由有关人员手工填写完成并形成书面资料，所形成的书面资料还要由有关人员来完成其传递，所以直接申报与邮寄申报也称为“手工申报”。

3）电子申报。是指采用经税务机关确定的电子信息传输系统办理纳税申报事项。采用电子方式办理纳税申报的，仍然要按照税务机关的规定，定期报送有关纳税申报的书面资料。纳税人需要完税凭证的，可自申报纳税之日起一年内持“税务登记证（副本）”或“核定定额通知书”到开户银行任意一个网点索取“税收转账专用完税凭证”。

1.3.5 纳税申报基本流程

无论纳税申报由谁提出，也无论采用哪一种纳税申报资料报送方式和某一税种的纳税申报，其一般流程都如图 3－1 所示。

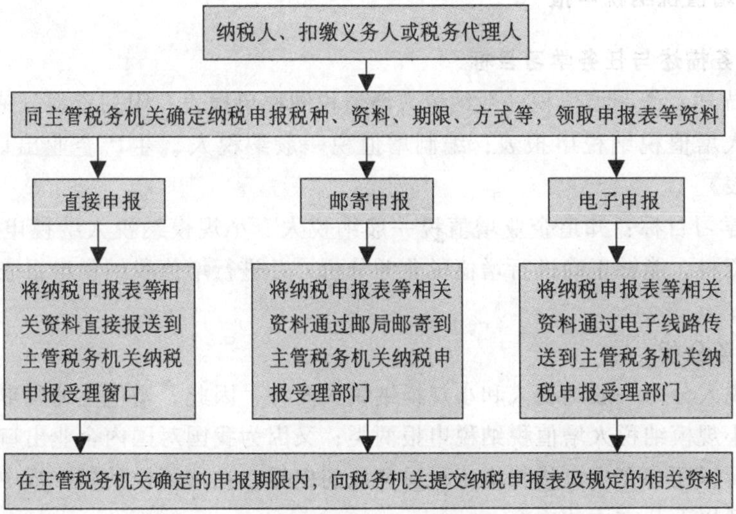

图 3－1　纳税申报一般流程

1.4 技能训练

(1) 网上查询国家税务总局有关纳税申报的资料；
(2) 网上查询大连市地方税务局有关纳税申报的资料；
(3) 网上下载增值税、所得税、营业税等纳税申报表。

1.5 完成任务

(1) 提交国家税务总局和大连市地方税务局网址。
(2) 提交网上下载的增值税、所得税、营业税等纳税申报表的电子文档。
(3) 比较增值税、营业税纳税申报表的差异。

1.6 教研与交流

1. 一般纳税程序包括了哪些基本内容？
2. 有哪几种纳税申报方式？
3. 如何能让学生把握好一般纳税程序？

任务2　办理企业流转税纳税申报

2.1　办理增值税纳税申报

2.1.1　任务描述与任务学习目标

（1）任务描述：编制增值税一般纳税人增值税纳税申报表及附列资料（表）；编制增值税小规模纳税人增值税纳税申报表；编制增值税一般纳税人《生产企业出口货物免、抵、退税申报汇总表》。

（2）任务学习目标：知道企业增值税一般纳税人、小规模纳税人纳税申报一般程序与所需要的基本资料，能够正确进行增值税业务分析，并进行增值税纳税申报表编制的操作。

2.1.2　任务分析

增值税纳税人分为一般纳税人和小规模纳税人两种，因此，增值税纳税申报就相应地分一般纳税人和小规模纳税人增值税纳税申报两类；又因为我国对国内企业出口货物实行增值税退税制度，所以还存在出口货物增值税退免税的申报。在增值税纳税申报中，应完成的基本事项具体包括以下几方面的内容：

（1）增值税进项税专用发票的整理、核算、认证等处理；

（2）增值税专用发票存根的整理、销售开出发票的核算等处理；

（3）增值税销项税额、进项税额与应纳增值税额的计算；

（4）编制“增值税纳税申报表（适用于增值税一般纳税人）”，见表3－1；

（5）编制“增值税纳税申报表附列资料（销售情况明细）（表一）”，见表3－2；

（6）编制“增值税纳税申报表附列资料（进项税额明细表）（表二）”，见表3－3；

（7）编制“增值税纳税申报表附列资料（防伪税控增值税专用发票申报抵扣明细）（表三）”，见表3－4；

（8）编制“增值税纳税申报表附列资料（防伪税控增值税专用发票存根联明细）（表四）”，见表3－5；

（9）编制“增值税纳税申报表（适用于小规模纳税人）”见表3－6；

（10）编制增值税一般纳税人《生产企业出口货物免、抵、退税申报汇总表》见表3－7。

2.1.3　相关知识

（1）增值税一般纳税人纳税申报基本程序。

增值税一般纳税人应纳增值税额＝当期销项税额－当期进项税额

增值税一般纳税人在进行纳税申报时，应首先核实销项税额和进项税额，再计算应纳增值税额，然后根据核实的销项税额、进项税额和应纳增值税税额，编制适用于一般纳税人的增值税纳税申报表。具体包括以下步骤：

1）核实销项税额。核实销项税额时，主要应注意四个方面的内容：

表 3－1

增值税纳税申报表

（适用于增值税一般纳税人）

税款所属时期：　　年　　月　　日至　　年　　月　　日

根据《中华人民共和国增值税暂行条例》第二十二条和第二十三条的规定制定本表。纳税人不论有无销售额，均应按主管税务机关核定的纳税期限按期编制本表，并于次月一日起十日内，向当地税务机关申报。

纳税人识别号 | | | | | | | | | | | | | | | | | | | |

纳税编码 | | | | | | | | |

纳税人名称：

所属行业：　　　　填表日期：　　年　　月　　日　　　　金额单位：元（列至角分）

法定代表人姓名		注册地址		营业地址	
开户银行及账号		企业登记注册类型		电话号码	

项目		栏次	一般货物及劳务		即征即退货物及劳务	
			本月数	本年累计	本月数	本年累计
销售额	（一）按适用税率征税货物及劳务销售额	1				
	其中：应税货物销售额	2				
	应税劳务销售额	3				
	纳税检查调整的销售额	4				
	（二）按简易征收办法征税货物销售额	5				
	其中：纳税检查调整的销售额	6				
	（三）免、抵、退办法出口货物销售额	7			—	—
	（四）免税货物及劳务销售额	8			—	—
	其中：免税货物销售额	9			—	—
	免税劳务销售额	10			—	—
税款计算	销项税额	11				
	进项税额	12				
	上期留抵税额	13		—		—
	进项税额转出	14	81 120			
	免抵退货物应退税额	15			—	—
	按适用税率计算的纳税检查应补缴税额	16			—	—
	应抵扣税额合计	17＝12＋13－14－15＋16		—		—
	实际抵扣税额	18（如 17＜11，则为 17，否则为 11）				
	应纳税额	19＝11－18				
	期末留抵税额	20＝17－18		—		—
	简易征收办法计算的应纳税额	21				
	按简易征收办法计算的纳税检查应补缴税额	22			—	—
	应纳税额减征额	23				
	应纳税额合计	24＝19＋21－23				
税款缴纳	期初未缴税额（多缴为负数）	25				
	实收出口开具专用缴款书退税额	26			—	—
	本期已缴税额	27＝28＋29＋30＋31				
	①分次预缴税额	28		—		—
	②出口开具专用缴款书预缴税额	29		—	—	—

续表

项目		栏次	一般货物及劳务		即征即退货物及劳务	
			本月数	本年累计	本月数	本年累计
税款缴纳	③本期缴纳上期应纳税额	30				
	④本期缴纳欠缴税额	31				
	期末未缴税额（多缴为负数）	32 = 24 + 25 + 26 - 27				
	其中：欠缴税额（≥0）	33 = 25 + 26 - 27		—		—
	本期应补（退）税额	34 = 24 - 28 - 29		—		—
	即征即退实际退税额	35	—	—		
	期初未缴查补税额	36			—	—
	本期入库查补税额	37			—	—
	期末未缴查补税额	38 = 16 + 22 + 36 - 37			—	—
授权声明	如果你已委托代理人申报，请填写下列资料： 为代理一切税务事宜，现授权 （地址）　　　为本纳税人的代理申报人，任何与本申报表有关的往来文件，都可寄予此人。 授权人签字：		申报人声明	此纳税申报表是根据《中华人民共和国增值税暂行条例》的规定编制的，我相信它是真实的、可靠的、完整的。 声明人签字：		

表 3-2　　**增值税纳税申报表附列资料**（表一）

（销售情况明细表）

税款所属时期：　年　月　日至　年　月　日

纳税人识别号 | | | | | | | | | | | | | | | | | |

纳税编码 | | | | | | | | |

纳税人名称：　　　　填表日期：　年　月　日　　　　金额单位：元（列至角分）

一、按适用税率征收增值税货物及劳务的销售额和销项税额明细

项目	栏次	应税货物						应税劳务（三栏式、略）	小计		
		17% 税率			13% 税率						
		份数	销售额	销项税额	份数	销售额	销项税额		份数	销售额	销项税额
防伪税控系统开具的增值税专用发票	1								2	1 200 000	204 000
非防伪税控系统开具的增值税专用发票	2										
开具普通发票	3										
未开具发票	4	—			—			—	—		
小计	5 = 1 + 2 + 3 + 4	—			—			—	—		
纳税检查调整	6	—			—			—	—		
合计	7 = 5 + 6	—			—			—	—		

二、简易征收办法征收增值税货物的销售额和应纳税额明细

项目	栏次	6% 征收率			4% 征收率			小计		
		份数	销售额	应纳税额	份数	销售额	应纳税额	份数	销售额	应纳税额
防伪税控系统开具的增值税专用发票	8									
非防伪税控系统开具的增值税专用发票	9									

续表

项目	栏次	6%征收率			4%征收率			小计		
		份数	销售额	应纳税额	份数	销售额	应纳税额	份数	销售额	应纳税额
（10、11、12、13行略）										
合计	14 = 12 + 13	—			—			—		
三、免征增值税货物及劳务销售额明细										
项目	栏次	免税货物			免税劳务			小计		
		份数	销售额	税额	份数	销售额	税额	份数	销售额	税额
（15、16行略）										
未开具发票	17	—		—	—		—	—		—
合计	18 = 15 + 16 + 17	—			—		—	—		

表3-3　增值税纳税申报表附列资料（表二）

（进项税额明细表）

税款所属时期：　年　月　日至　年　月　日

纳税人识别号

纳税编码

纳税人名称：　　　填表日期：　年　月　日　　　金额单位：元（列至角分）

一、申报抵扣的进项税额				
项目	栏次	份数	金额	税额
（一）认证相符的防伪税控增值税专用发票	1	5		
其中：本期认证相符且本期申报抵扣	2	5		
前期认证相符且本期申报抵扣	3			
（二）非防伪税控增值税专用发票及其他扣税凭证	4	5		
其中：海关完税凭证	5			
运费发票	7	4		
4%征收率	8			
3%征收率	9	1		
（三）期初已征税款	11	—	—	
当期申报抵扣进项税额合计	12	10		

二、进项税额转出额		
项目	栏次	税额
本期进项税转出额	13	
其中：免税货物用	14	
非应税项目用	15	
非正常损失	16	
（11～20行略）		

续表

三、待抵扣进项税额				
项目	栏次	份数	金额	税额
（一）认证相符的防伪税控增值税专用发票	22	—	—	—
（23～26 行略）				
（二）非防伪税控增值税专用发票及其他扣税凭证	27			
其中：海关完税凭证	28			
（29～34 行略）				
四、其他				
项目	栏次	份数	金额	税额
本期认证相符的全部防伪税控增值税专用发票	35	5	2 194 000. 00	298 820. 00
期初已征税款挂账额（36～38 行略）		—	—	

表 3－4　　增值税纳税申报表附列资料（表三）

（防伪税控增值税专用发票申报抵扣明细）

申报抵扣所属期：　　年　　月

纳税人识别号：　　　　　　　　　　　　　　　　填表日期：　　年　　月　　日

纳税人名称：（公章）　　　　　　　　　　　　　　金额单位：元至角分

类别	序号	发票代码	发票号码	开票日期	金额	税额	销货方纳税人识别号	认证日期	备注
本期认证相符且本期申报抵扣	1								
	2								
	3								
	4								
	5								
	小计	—	—	—			—	—	
前期认证相符且本期申报抵扣	1								
	2								
	小计	—	—	—			—	—	
合　　计		—	—	—			—	—	

表 3－5　　增值税纳税申报表附列资料（表四）

（防伪税控增值税专用发票存根联明细）

申报所属期：　　年　　月

纳税人识别号：　　　　　　　　　　　　　　　　填表日期：　　年　　月　　日

纳税人名称：（公章）　　　　　　　　　　　　　　金额单位：元至角分

序号	发票代码	发票号码	开票日期	购货方纳税人识别号	金额	税额	作废标志
1							
2							
合计	—	—	—	—			—

表 3－6　　增值税纳税申报表

（适用于小规模纳税人）

填表日期：　　年　　月　　日　　　　　　金额单位：元（列至角分）

纳税人名称			纳税人识别号				纳税编码	
地　址			税款所属时期	年　月　日至　年　月　日			联系电话	
货物或应税劳务名称	销售额	核定销售额	征收率	本期实际应纳税额	核定应纳税额	减免税额	预缴税额	应补退税额
序　　号	1	2	3	4＝1×3	5＝2×3	6	7	8＝4（或5）－6－7
预缴税款								

如纳税人编制，由纳税人填写以下各栏		如委托代理人编制，由代理人填写以下各栏			备注
会计主管：（签章）	纳税人（公章）	代理人名称		代理人（公章）	
		地　址			
		经　办　人		电话	
以下由税务机关填写					
收到申请表日期		接收人			

表 3－7　　增值税纳税申报表逻辑关系审核表

序号	主　表	逻辑关系	附表一
1	（第1栏）的"一般货物及劳务"本月数与"即征即退货物及劳务"本月数之和	=	（第7栏）的"小计"中的"销售额"数
2	（第2栏）的"一般货物及劳务"本月数与"即征即退货物及劳务"本月数之和	=	（第5栏）的"应税货物"中17%税率"销售额"与13%税率"销售额"的合计数
3	（第3栏）的"一般货物及劳务"本月数与"即征即退货物及劳务"本月数之和	=	（第5栏）的"应税劳务"中的"销售额"数
4	（第4栏）的"一般货物及劳务"本月数与"即征即退货物及劳务"本月数之和	=	（第6栏）的"小计"中的"销售额"数
5	（第5栏）的"一般货物及劳务"本月数与"即征即退货物及劳务"本月数之和	=	（第14栏）的"小计"中的"销售额"数
6	（第6栏）的"一般货物及劳务"本月数与"即征即退货物及劳务"本月数之和	=	（第13栏）的"小计"中的"销售额"数
7	（第11栏）的"一般货物及劳务"本月数与"即征即退货物及劳务"本月数之和	=	（第7栏）的"小计"中的"销项税额"数
8	（第21栏）的"一般货物及劳务"本月数与"即征即退货物及劳务"本月数之和	=	（第12栏）的"小计"中的"应纳税额"数
9	（第22栏）的"一般货物及劳务"本月数与"即征即退货物及劳务"本月数之和	=	（第13栏）的"小计"中的"应纳税额"数

续表

序号	主　表	逻辑关系	附表二
10	（第 12 栏）的“一般货物及劳务”本月数与“即征即退货物及劳务”本月数之和	=	（第 12 栏）中的“税额”数
11	（第 14 栏）的“一般货物及劳务”本月数与“即征即退货物及劳务”本月数之和	=	（第 13 栏）中的“税额”数
	附表三	逻辑关系	附表二
12	“金额”“合计”栏数	=	（第 1 栏）中的“金额”数
13	“税额”“合计”栏数	=	（第 1 栏）中的“税额”数
	附表四	逻辑关系	附表一
14	“金额”“合计”栏数	=	（第 1、8、15 栏）“小计”“销售额”项数据之和
15	“税额”“合计”栏数	=	（第 1 栏）“小计”“销项税额”、（第 8 栏）“小计”“应纳税额”、（第 15 栏）“小计”“税额”项数据之和。

①是否已发生增值税应税行为，即是否进行了货物和应税劳务的销售和视同销售的活动。

②销项税额的计算，是否采用了适用的增值税税率。

③是否正确地确定了纳税义务发生的时间。正确确定纳税义务发生的时间，是准确计算当期销项税额的关键，应根据不同情况，按税法要求进行纳税期间的划分。

• 纳税人采取直接收款方式销售货物，不论货物是否发出，其纳税义务发生时间为收到销售款或取得索取销售款项凭据并将货单交给买方的当天；采取分期收款结算方式销售货物，其纳税义务发生时间为销售合同规定的收款日期当天；采取预收货款结算方式销售货物，其纳税义务发生时间为发出商品的当天。

• 纳税人销售应税劳务，其纳税义务发生时间为提供劳务同时收讫价款或者取得索取价款凭证的当天。

• 纳税人有视同销售货物行为的，除销售代销货物外，其纳税义务发生时间均为货物移送的当天。

• 进口货物，纳税义务发生时间为报关进口的当天。

④在从以上三方面核实销项税额的同时，要整理、填写《增值税专用（非防伪税控）发票存根联明细表》、《增值税纳税申报表附列资料（销售情况明细）（表一）》和《增值税纳税申报表附列资料（防伪税控增值税专用发票存根联明细）（表四）》等资料。

2）核实进项税额。核实进项税额时，主要应注意四个方面的内容：

①核实购进货物和应税劳务的真实用途，核实允许抵扣的进项税额和不允许抵扣的进项税额的确定是否正确；允许抵扣的进项税额转为不允许抵扣的进项税额是否已经从“应交税金——应交增值税”账户转出。

②核实本期发生的可抵扣进项税额是否符合税法在时间上的要求。可以申报抵扣的进项税额，在时间上必须要符合以下条件：

• 工业生产企业购进货物（包括外购货物所支付的运输费用），必须在购进的货物已经验收入库后。

• 商业企业购进货物（包括外购货物所支付的运费），必须在购进的货物付款后。

• 购进应税劳务，必须在劳务费用支付后。

• 取得防伪税控系统开具的增值税专用发票，必须自该专用发票开具之日起90日内到税务机关认证，并在认证通过的当月按照增值税有关规定核算当期进项税额并申报抵扣，否则不予抵扣进项税额。

企业接受投资、捐赠或分配的货物，则以收到增值税专用发票的时间为申报抵扣进项税额的时限；申报抵扣时，应提供投资、捐赠、分配货物的合同或证明材料。

• 违犯上述规定的，税务机关将按偷税论处，并在该进项税发票上注明，不仅要从当期进项税额中剔除，而且以后也不得计入进项税额申报抵扣。

③在从以上两方面核实进项税额的同时，要整理、填写《增值税专用（非防伪税控）发票抵扣联明细表》、《增值税纳税申报表附列资料（进项税额明细）（表二）》和《增值税纳税申报表附列资料（防伪税控增值税专用发票申报抵扣明细）（表三）》等资料。

3）根据核实的当期销项税额和进项税额，首先编制增值税纳税申报表附列资料的四张报表，再依据附列资料的四张报表编制《增值税纳税申报表（适用于增值税一般纳税人）》。因此，编制完成的增值税纳税申报表主表与四张附表之间，要符合《增值税纳税申报表逻辑关系审核表》（见表3－7）的要求。依据这一逻辑关系，可以检查增值税纳税申报表主表与四张附表编制的正确性。

（2）一般纳税人进行增值税纳税申报时需提供的资料可分为两类，一是交税务机关留存的资料（必报资料）；二是主要供税务机关核实留存资料数据真实性的备查资料。

1）税务机关留存资料（必报资料）。该部分资料报送后，将由税务部门存档保管，包括：

①《增值税纳税申报表（适用于增值税一般纳税人）》及其增值税纳税申报表附列资料（表一）、（表二）、（表三）、（表四）；

②使用防伪税控系统的纳税人，必须报送记录当期纳税信息的IC卡（明细数据备份在软盘上的纳税人，还须报送备份数据软盘）、《增值税专用发票存根联明细表》及《增值税专用发票抵扣联明细表》；

③资产负债表和损益表；

④《成品油购销存情况明细表》（发生成品油零售业务的纳税人编制）；

⑤主管税务机关规定的其他资料。如实行电子纳税申报的纳税人，除向主管税务机关报送上述资料的电子数据外，还需报送纸介的增值税纳税申报表及附表。

2）备查资料。该部分资料是否需要在当期报送，由各省级国家税务局确定。

①已开具的增值税专用发票和普通发票存根联；

②符合抵扣条件并且在本期申报抵扣的增值税专用发票抵扣联和收购凭证的存根联或报查联；

③代扣代缴税款凭证存根联及主管税务机关规定的其他备查资料；

④海关进口货物完税凭证、运输发票、购进农产品普通发票的复印件。

（3）增值税纳税申报资料的管理。为加强对一般纳税人增值税申报纳税的管理，在国税发［2003］53号文件中，国家税务总局对增值税纳税申报资料的管理进行了明确规定：

1）对增值税纳税申报留存资料的管理。纳税人在纳税申报期内，应将纸介的必报资料报送主管税务机关，税务机关签收后，一份退还纳税人，其余留存。

2）对增值税纳税申报备查资料的管理。纳税人在月度终了后，应将备查资料认真整理并装订成册：

①属于整本开具的手工版增值税专用发票及普通发票的存根联，按原顺序装订；电脑版增值税专用发票，包括防伪税控系统开具的增值税专用发票的存根联，应按开票顺序号码每25份装订一册，不足25份的按实际开具份数装订。

②对属于扣税凭证的单证，根据取得的时间顺序，按单证种类每25份装订一册，不足25份的按实际份数装订。

③装订时，必须使用和书写税务机关统一规定的征税/扣税单证汇总簿封面，并由办税人员和财务人员审核签章。

④纳税人当月未使用完的手工版增值税专用发票，暂不加装封面，两个月仍未使用完的，应在主管税务机关对其剩余部分剪角作废的当月加装封面。纳税人开具的普通发票及收购凭证在其整本使用完毕的当月，加装封面。

（4）小规模纳税人纳税申报。

1）小规模纳税人增值税纳税申报所需资料。由于小规模纳税人按照简易方法纳税，以不含增值税的销售额按照3%的征收率全额征收增值税，无抵扣进项税额规定，因此，小规模纳税人的纳税申报相对比较简单。主要向主管税务机关提交增值税纳税申报表（适用于小规模纳税人）以及企业的财务会计报表（资产负债表、损益表）等。

2）小规模纳税人增值税纳税申报的流程。小规模纳税人的应纳增值税额 = 销售额 × 征收率，因此，在进行纳税申报时应首先确定适用的征收率和核实销售额，然后计算应纳税额，并据以编制适用于小规模纳税人的增值税纳税申报表。

①核实当期的销售额。一要注意正确区分免税销售额和非应税劳务的销售额；二要注意货物和应税劳务销售行为和视同销售行为的发生；三要注意纳税义务发生的时间。

②核实“应交税费——应交增值税”明细账，应以不含税销售额乘以征收率计算当期应纳增值税额，并填写增值税纳税申报表及相关资料。

（5）生产企业出口货物免、抵、退税申报。

1）生产企业出口货物免、抵、退税申报应提供的资料。我国对生产企业自营和委托出口自产的货物，实行“免、抵、退”办法。“免”税，是指对生产企业出口的自产货物免征该企业销售环节的增值税；“抵”税是指对生产企业出口的自产货物所耗用的原材料、燃料等所含的进项税额予以抵顶内销货物的应纳税额；“退”税是指当月内应抵顶的进项税额大于应纳税额时，对未抵顶完的部分予以退税。在办理出口货物免抵退税申报时，应提供的资料有：

①向征税部门办理增值税纳税及免、抵税申报时，应提供下列资料：《增值税纳税申报表》及规定的附表、退税部门确认的上期《生产企业出口货物免、抵、退税申报汇总表》，见表3－8。

②向退税部门办理退税申报时，应提供《生产企业出口货物免、抵、退税申报汇总表》、《生产企业出口货物免、抵、退税申报明细表》（见表3－9）和税务机关审核签章的当期《增值税纳税申报表》。装订成册的报表及原始凭证，如《生产企业出口货物免、抵、退税申报明细表》、加盖海关验讫章的出口货物报关单（出口退税专用）、经外汇管理部门签章的出口收汇核销单（出口退税专用）、企业签章的出口发票等，以及主管退税部门要求提供的其他资料。

表 3-8 **生产企业出口货物免抵退税申报汇总表**

（适用于增值税一般纳税人）

纳税人识别号： 纳税人名称（公章）：

海关代码： 税款所属期： 年 月至 年 月

申报日期： 年 月 金额单位：元（列至角分）

项目	栏次	当期 (a)	本年累计 (b)	与增值税纳税申报表差额 (c)
免抵退出口货物销售额（美元）	1			—
免抵退出口货物销售额	2 = 3 + 4			
其中：单证不齐销售额	3			—
单证齐全销售额	4			—
前期出口货物当期收齐单证销售额	5		—	—
单证齐全出口货物销售额	6 = 4 + 5	0.00		—
不予免抵退出口货物销售额	7			—
出口销售额乘征税率之差	8			—
上期结转免抵退税不得免征和抵扣税额抵减额	9		—	—
免抵退税不得免征和抵扣税额抵减额	10			
免抵退税不得免征和抵扣税额	11（如 8 > 9 + 10 则为 8 - 9 - 10，否则为 0）			0
结转下期免抵退税不得免征和抵扣税额抵减额	12（如 9 + 10 > 8 则为 9 + 10 - 8，否则为 0）		—	—
出口销售额乘退税率	13			—
上期结转免抵退税额抵减额	14		—	—
免抵退税额抵减额	15			—
免抵退税额	16（如 13 > 14 + 15 则为 13 - 14 - 15，否则为 0）			
结转下期免抵退税额抵减额	17（如 14 + 15 > 13 则为 14 + 15 - 13，否则为 0）		—	—
增值税纳税申报表期末留抵税额	18		—	—
计算退税的期末留抵税额	19 = 18 - 11c		—	—
当期应退税额	20（如 16 > 19 则为 19，否则为 16）			
当期免抵税额	21 = 16 - 20			—

出口企业申明：

此表各栏目编制内容是真实、合法的，与实际出口货物情况相符。此次申报的出口业务不属于“四自三不见”等违背正常出口经营程序的出口业务。否则，本企业愿承担由此产生的相关责任。

经办人： 财务负责人：

企业负责人： （公章） 年 月 日

退税部门

经办人：

复核长：

（章）

负责人：

年 月 日

受理人： 受理日期： 年 月 受理税务机关（签章）

表 3-9　　生产企业出口货物免、抵、退税申报明细表

企业代码：

企业名称：

纳税人识别号：　　　　所属期：　年　月　　　　单位：元至角分

序号	出口发票号码	出口报关单号	出口日期	代理证明号	销销单号	出口商品代码	出口商品名称	计量单位	出口数量	出口销售额		征税税率	退税税率	出口销售额乘征退税率之差	出口销售额乘退税率	海关进料加工手册	单证不齐标志	备注
										美元	人民币							
1	2	3	4	5	6	7	8	9	10	11	12	13	14	15 = 12 * (13 - 14)	16 = 12 * 14	17	18	19
合计																		

出口企业	退税部门
兹声明以上申报无讹并愿意承担一切法律责任。 经办人：　　（公章） 财务负责人：　企业负责人：　年　月　日	（章） 经办人：　　复核人： 负责人：　　年　月　日

2）办理申报的程序。应按下列程序办理出口货物免、抵、退税申报。

①按照税法规定计算应免抵退的税额。在计算时，应查实有关免抵退税原始凭证，按下列程序计算当期出口货物（除采用来料加工贸易方式出口货物外）应免抵退税额：

- 计算企业当期应纳税额，确定留抵税额。
- 审核“两单一票”，按 FOB 价格和记账汇率确认出口免税销售额（即：出口货物离岸价 × 外汇人民币牌价），根据免税销售额、出口货物退税率、免税购进原材料价格按下列公式计算免抵退税额：

免抵退税额 = 出口货物离岸价 × 外汇人民币牌价 × 出口货物退税率 - 免抵退税额抵减额

免抵退税额抵减额 = 免税购进原材料价格 × 出口货物退税率

对于出口报关单注明的出口额与收汇核销单不一致的情况，应按从高计算的原则处理。

- 核实出口货物适用的征税率和退税率，计算当期免抵退税不得免征和抵扣的税额（即应计入产品销售成本的进项税额）。对属于进料加工复出口的货物，要通过核查海关核销的免税进口货物组成计税价格及有关凭证确定视同已征税款，以抵减免抵退税不得免征和抵扣税额的抵减额（即计入产品销售成本的出口货物应负担的进项税额）。
- 比较当期期末留抵税额和当期免抵退税额，计算出当期应退税额和结转下期抵扣税额。

②根据核实的“期末留抵税额”和“当期免抵退税额”的情况，填写《生产企业出口货物免、抵、退税申报汇总表》、《生产企业出口货物免、抵、退税申报明细表》、《增值税纳税申报表》及其规定的附表，并连同相关资料，报送到主管税务机关。

（6）增值税纳税申报各表的填表说明

增值税纳税申报中，税务机关对规定的应提交的各种报表，都制定了相应的详细的“填表说明”，它是增值税纳税人正确进行增值税纳税申报和编制增值税纳税申报表的基本依据，所以，在进行增值税纳税申报和编制增值税纳税申报表之前必须要认真学习。各种报表的“填表说明”，均可到国家税务总局及各省、市税务局网站查询。

2.1.4 技能训练

【实训资料】

（1）增值税一般纳税人实训资料。上海市焦化化工公司性质为国有企业，公司的税务登记认定为增值税一般纳税人，为其核定的纳税期限为1个月，企业地址为上海市林浦区光华路99号，电话66449087，所属行业为工业企业，开户银行及账号为工行光华路分理处，18－39464，纳税人识别号为22001002834100342，纳税编码55627443。主要产品为焦炭、煤气和焦油。该公司12月份有关资料如下：

业务一，12月2日，从一煤矿购进原料煤6 000吨，取得税控系统开具的增值税专用发票，并通过税务机关的认证，价款180万元，税率为13%，增值税税款23.4万元；取得运输部门开具的运费发票一张，金额6万元。煤已入库，货款及运费付讫。

业务二，12月6日以分期收款方式销售焦油750吨，双方约定分四次付款，每次支付价款及增值税税款175 500元，合同中约定的收款日期为本年的12月28日，次年1、2、3月各月的28日，在对方每次付款后为其开出该笔款项的增值税专用发票（12月28日购买方如约付款，公司开出税控系统增值税专用发票）。

业务三，12月11日，从一小规模纳税人煤矿购入原煤150吨，收到对方税务机关代开的一般增值税专用发票，注明价款42 000元，增值税税款1 260元；取得运输部门开具的运费发票一张，金额1 500元。煤已经验收入库，货款及运费已付讫。

业务四，12月14日，以预收款方式出售焦炭1 500吨，单价700元/吨（该项业务的货物于12月20日向对方发出，同日向对方开出防伪税控系统增值税专用发票）。

业务五，12月16日，购买办公用品一批，取得商场开出的普通发票，以支票支付办公用品款3 000元。

业务六，12月17日，购进建造厂房用物资一批，取得税控系统开具的增值税专用发票，并通过税务机关的认证，价款3万元，税率为17%；支付运费600元。物资已入库，货款及运费已付。

业务七，12月20日，以重型货车3台，按净值抵偿欠某厂货款。该货车账面原值98万元，已提折旧28.3万元。现已办妥过户手续。

业务八，12月25日，购进劳保用品一批，价款3万元，税款5 100元。取得税控系统增值税专用发票，并已通过税务机关认证。货已入库，货款已支付。

业务九，12月28日，遭受意外暴雨灾害，损失原料煤一批（该批原料煤是从一般纳税人处购进的）。计划成本60万元，成本差异率为4%。

业务十，12月28日，购进原料煤一批，取得防伪税控系统专用发票，并已通过税务机关的认证。发票注明价款54 000元，增值税税款7 020元；取得运费发票一张，运费和建设基金1 800元，装卸搬运费1 500元，款项已付。

业务十一，12月31日汇总本月本公司职工家庭用罐装煤气1.5万立方米。按0.70元/

立方米标准收费，市场单价（不含增值税）为0.90元/立方米。煤气的增值税税率为13%。

业务十二，12月31日汇总本月供应市内居民用煤气，合计为180万立方米，开出普通发票。

业务十三，12月31日汇总本月生产用电35万度，每度电的价格为0.80元，月末付款时取得了税控系统增值税专用发票，总额为327 600元。

公司“应交税费——应交增值税”账户期初借方余额6万元。

要求：

①分析焦化化工公司12月份有关业务的增值税涉税情况；

②利用表3-1至表3-5编制该公司的增值税纳税申报表；

③依据《增值税纳税申报表逻辑关系审核表》，审核填制完成的增值税纳税申报表的正确性；

④填制《税收通用缴款书》，见表3-10。

表3-10　　中华人民共和国税收（通用）缴款书　　国

所属关系：

注册类型：　　　　填发日期：　年　月　日　　　　征收机关：

<table>
<tr><td rowspan="4">缴款单位</td><td>全　称</td><td colspan="2"></td><td rowspan="3">预算科目</td><td>编码</td><td colspan="2"></td><td rowspan="10">第一联（收据）国库（经收处）收款盖章后退缴款单位（人）作完税凭证</td></tr>
<tr><td>代　码</td><td colspan="2"></td><td>名称</td><td colspan="2"></td></tr>
<tr><td>开户银行</td><td colspan="2"></td><td>级次</td><td colspan="2"></td></tr>
<tr><td>账　号</td><td colspan="2"></td><td colspan="2">收款国库</td><td colspan="2"></td></tr>
<tr><td colspan="4">税款所属时期：　年　月　日至　年　月　日</td><td colspan="4">税款限缴日期：　年　月　日</td></tr>
<tr><td colspan="2">品 目 名 称</td><td>课税数量</td><td>计税金额或销售收入</td><td colspan="2">税率或单位税额</td><td>已缴或扣除额</td><td>实 缴 金 额</td></tr>
<tr><td colspan="2"></td><td></td><td></td><td colspan="2"></td><td></td><td></td></tr>
<tr><td colspan="2"></td><td></td><td></td><td colspan="2"></td><td></td><td></td></tr>
<tr><td colspan="2"></td><td></td><td></td><td colspan="2"></td><td></td><td></td></tr>
<tr><td colspan="2">金 额 合 计</td><td colspan="5">（大写）</td><td></td></tr>
<tr><td colspan="2">缴款单位（人）
（盖章）
经办人（章）</td><td>税务机关（章）
填票人（章）</td><td colspan="4">上列款项已收妥并划转收款单位账户
国库（银行）盖章　年　月　日</td><td>备注：</td><td></td></tr>
</table>

注：逾期不缴按税法规定加收滞纳金（无银行收讫章无效）

（2）增值税小规模纳税人纳税申报实训资料。北京市奇特特加工厂，性质为私营企业，因企业会计核算不健全，税务登记暂认定为增值税小规模纳税人，为其核定的纳税期限为1个月，企业地址为北京市浦林区西直明路352号，电话80149476，所属行业为工业企业，开户银行及账号为工行浦林区西直明路分理处，11－4902985，纳税人识别号为11010340082124003，纳税编码33876901。主要经营卷烟、酒类、糖类和化妆品。该企业销售货物采用销售额和应纳增值税额合并定价的方法，12月份有关资料如下：

业务一，12月1日将自已生产的啤酒12吨发运给给吉林林商店，其中销售的为10吨，2吨为赠送（买5赠1），销售部分，每吨出厂价2 650元，收取包装物押金400元/吨，货款及押金已收妥，每吨啤酒的成本为1 500元。

业务二，12月2日销售红糖一批，货款已收，金额31 800元。

业务三，12月2日向丽洁化妆品公司发出委托其加工1 00千克化妆品的材料5万元，并向对方支付了由其代垫的辅助材料款2 400元。加工完成的化妆品将直接用于销售。

业务四，12月3日向吉林林商店销售用上月末库存烟丝生产的“金福”牌甲类卷烟5个标准箱，每标准条调拨价格70元，共计87 500元，货已发出并已办妥委托收款手续。该类卷烟的消费税比例税率为45%，定额税率为每标准箱150元。

业务五，12月6日购进粗糖一批，增值税专用发票注明价款85 000元，税款14 450元。

业务六，12月8日带包装销售粮食白酒3吨，单价9 100元，价款27 300元，其中含包装物价款3 000元；同时从购货方取得价外补贴2 900元。粮食白酒的比例税率为25%，定额税率为每斤0.5元。

业务七，12月10日从国外购进100件成套化妆品，关税完税价格5 000美元，关税税率为50%，购入当日1美元：7.2元人民币，款项已付，并已取得关税等完税凭证。该批化妆品当期未实现销售。

业务八，12月12日向丽洁化妆品公司支付了全部化妆品加工费8 000元（含17%增值税，以下相同），取得支付加工费等的发票，丽洁化妆品公司同类化妆品销售价格（含增值税）为85 000元。

业务九，12月12日购入烟丝，含增值税价款为58 500元，取得了增值税专用发票。发票账单和烟丝同时到达企业，该批烟丝已经验收入库，准备用于生产卷烟。

业务十，12月14日收回丽洁化妆品公司加工完成的化妆品80千克，支付给运输公司运费700元，货物验收入库。

业务十一，12月15日委托新品卷烟公司加工烟丝一批，原材料成本为10 000元，支付了加工费8 00元。新品卷烟公司无同类消费品的销售价格（12月20日烟丝加工完成，验收入库，收回烟丝后用于生产卷烟）。

业务十二，12月20日接受粗糖委托加工一批（本月26日加工完毕，收取了加工费35 100元）。

业务十三，12月24日用自产粮食白酒9吨抵偿欠供销社玉米款9万元，不足或多余部分不再结算。该粮食白酒本月售价在9 000~11 000元之间浮动，平均售价为1万元。

业务十四，12月28日以直接收款方式销售“福金”牌甲类卷烟10标准箱，取得销售额195 000元。

业务十五，12月28日自产20千克化妆品用于职工福利，这批化妆品的成本为2万元，这批化妆品不存在同类产品销售价格，其消费税税率为30%，应税化妆品的全国平均成本利润率为18%。

业务十六，12月30日委托丽洁化妆品公司生产的化妆品全部售出，款项收到，存入银行91 000元。

本厂期初库存只有收回委托加工已税烟丝，金额2万元，已支付的消费税税款6 000元；期末库存只有购入已税烟丝，金额2万元，已支付的消费税税款6 000元。本月无期初未缴、预缴消费税税额，本月末应交消费税尚未缴纳。

要求：

①分析北京市奇特特加工厂 12 月份有关业务的增值税涉税情况；

②利用表 3－6 编制奇特特加工厂的增值税纳税申报表。

（3）生产企业出口货物免、抵、退税申报实训资料。上海丽佳人服饰有限公司性质为国有企业，公司的税务登记认定为增值税一般纳税人，为其核定的纳税期限为 1 个月，企业地址为上海市浦华区四利东路 248 号，85739808，所属行业为工业企业，开户银行及账号为工行四利东路分理处，28 － 43649，纳税人识别号为 22001003284100264，纳税编码 52564374。主要产品为各类服装服饰。出口货物增值税实行“免、抵、退”管理办法，退税率为 13%。该公司 12 月份有关资料如下：

业务一，12 月 4 日从国内购布料一批，取得的增值税专用发票上注明的价款为 400 万元，增值税税款为 68 万元，货款已付，布料验收入库。

业务二，12 月 5 日根据英国宇达美贸易公司订单出口服装 4 000 套，以离岸价成交，总额为 100 万美元，人民币外汇牌价为 1∶7. 500，有关单证本月收齐。

业务三，12 月 6 日根据贸易订单向国内成都万星商场有限公司销售服装及服饰，向其开出增值税专用发票，不含税销售额人民币 150 万元，收款 175. 5 万元，存入银行。

业务四，12 月 8 日从国内购布料一批，取得的增值税专用发票上注明的价款为 600 万元，增值税税款为 102 万元，货款已付，布料验收入库。

业务五，12 月 12 日根据美国里浦基贸易公司订单出口服装 2 000 套，以离岸价成交，总额为 46 万美元，人民币外汇牌价为 1∶7. 200，有关单证本月收齐。

业务六，12 月 13 日根据英国宇达美贸易公司订单出口服饰，销售额为 80 万美元，人民币外汇牌价为 1∶7. 300，出口单证齐全。

业务七，12 月 14 日根据贸易订单向国内北京云天府商场有限公司出售服装 4 000 套，向其开出的增值税专用发票上注明：人民币价款 220 万元，增值税税款为 37. 4 万元。

业务八，12 月 20 日根据美国里浦基贸易公司订单，出口服饰一批 50 万美元，人民币外汇牌价为 1∶7. 100，出口单证齐全。

业务九，12 月 22 日从国内购进布料一批，取得增值税专用发票，人民币价款 3 万元，税额 5 100 元，准备用于职工福利，货款已付，布料验收入库。

业务十，12 月 23 日从国内购进货物包装箱一批，取得增值税专用发票，人民币价款 5 万元，税额 8 500 元，货款已付，包装箱验收入库。

业务十一，12 月 24 日，上月 30 日出口 20 万元美元货物的单证全部收齐，出口当日的人民币外汇牌价为 1∶7. 600。

业务十二，12 月 28 日根据美国里浦基贸易公司订单出口服装 2 000 套，以离岸价成交，总额为 46 万美元，人民币外汇牌价为 1∶7. 200，有关单证尚未收齐。

公司上月末留抵税额为 9 万元。

要求：

①分析丽佳人服饰有限公司 12 月份有关业务的增值税涉税情况；

②利用表 3－8 编制丽佳人服饰有限公司《生产企业出口货物免、抵、退税申报汇总表》。

【实训操作】

（1）分析彬州市焦化化工公司增值税纳税资料及填制增值税纳税申报表。

1）业务涉税分析：

业务一，12 月 2 日收到税控并认证增值税专用发票 1 份；货物额为 180 万元，货物进项税额为 234 000 元，税率 13%；运费进项税额 = 60 000 × 7% = 4 200（元），税率 7%。

业务二，12 月 6 日发出商品，12 月 28 日开出税控系统增值税专用发票 1 份；应税货物销售额 = 175 500 ÷（1 + 17%）= 150 000 元，销项税额 = 150 000 × 17% = 25 500（元），税率 17%。

业务三，12 月 11 日收到小规模纳税人方税务代开一般增值税专用发票 1 份；货物额为 42 000 元，货物进项税额为 1 260 元，税率 3%；运费进项税额 = 1 500 × 7% = 105（元），税率 7%。

业务四，12 月 20 日开出税控系统增值税专用发票 1 份；应税货物销售额 = 1 500 × 700 = 1 050 000（元），销项税额 = 1 050 000 × 17% = 178 500（元），税率 17%。

业务五，12 月 16 日购买办公用品取得的非增值税的普通发票不得进行进项税核算。

业务六，12 月 17 日收到税控系统开具的增值税专用发票 1 份；货物额为 3 万元，货物进项税额为 5 100 元，税率 17%；运费进项税额 = 600 × 7% = 42（元），税率 7%。

业务七，12 月 20 日以重型货车抵账时，根据增值税有关规定，其作价没有超过原值，因此无需缴纳增值税。

业务八，12 月 25 日收到税控系统开具的增值税专用发票 1 份；货物额为 3 万元，货物进项税额为 5 100（元），税率 17%。

业务九，12 月 28 日意外损失，进项税额转出 = 600 000 ×（1 + 4%）× 13% = 81 120（元）。

业务十，12 月 28 日收到税控系统开具的增值税专用发票 1 份；货物额为 54 000 元，货物进项税额 = 7 020 元，税率 13%；运费进项税额 = 1 800 × 7% = 126（元），装卸搬运费不得计算进项税。

业务十一，12 月 31 日职工用气要视同销售，按市场价格计算，应税货物额 = 15 000 × 0.90 = 13 500（元），销项税额 = 13 500 × 13% = 1 755（元），税率 13%，内部转账。

业务十二，12 月 31 日汇总开出普通发票 1 份；应税货物销售额 = 1 800 000 × 0.90 = 1 620 000（元），销项税额 = 1 620 000 × 13% = 210 600（元），税率 13%。

业务十三，12 月 31 日收到税控系统增值税专用发票 1 份；货物额 = 350 000 × 0.80 = 280 000（元），货物进项税额 = 280 000 × 17% = 47 600（元），税率 17%。

12 月月初“应交税费——应交增值税”账户借方余额 6 万元为上期留抵的进项税额。

2）计算应纳增值税税额：

①计算本月销项税额：根据业务二、业务四、业务十一、和业务十二四项，可计算得出：本月应税销售额合计 = 150 000 + 1 050 000 + 13 500 + 1 620 000 = 2 833 500（元）

本月销项税额合计 = 25 500 + 178 500 + 1 755 + 210 600 = 416 355（元）

②计算本月进项税额：

- 根据业务一、业务三、业务六、业务八、业务十和业务十三六项，可计算得出：

本月购进货物额 = 1 800 000 + 42 000 + 30 000 + 30 000 + 54 000 + 280 000

= 2 236 000（元）

本月购进货物发生可抵扣进项税额 = 234 000 + 1 260 + 5 100 + 5 100 + 7 020 + 47 600
= 300 080（元）

本月运费总额 = 60 000 + 1 500 + 600 + 1 800 = 63 900（元）

本月购进货物运费可抵扣进项税额总额 = 4 200 + 105 + 42 + 126 = 4 473（元）

本月发生的可抵扣进项税额总额 = 300 080 + 4 473 = 304 553（元）

- 根据业务九可知，本月进项税额转出为 81 120 元。
- 本月实际发生可抵扣进项税额合计 = 304 553 - 81 120 = 223 433（元）

③计算 12 月份应纳增值税税额：

应纳税额 = 本月销项税额合计 - 上期留抵税额 - 本月可抵扣进项税额合计
= 416 355 - 60 000 - 223 433 = 132 922（元）

3）填制增值税一般纳税人纳税申报表。

①依据上述分析与计算资料，填列郴州市焦化化工公司"增值税纳税申报表（适用于增值税一般纳税人）"、"增值税纳税申报表附列资料（销售情况明细）（表一）"、"增值税纳税申报表附列资料（进项税额明细表）（表二）"、"增值税纳税申报表附列资料（防伪税控增值税专用发票申报抵扣明细）（表三）"、"增值税纳税申报表附列资料（防伪税控增值税专用发票存根联明细）（表四）"，分别见表 3 - 1 至表 3 - 5。

②依据"增值税纳税申报表逻辑关系审核表"，审核填制完成的增值税纳税申报表的正确性。

（2）分析北京市奇特特加工厂 12 月份有关业务的增值税涉税情况，填制"增值税纳税申报表（适用于小规模纳税人）"。

1）业务涉税分析：小规模纳税人销售货物或提供劳务，实行简易办法计算应纳税额，即按销售额和规定的征收率计算应纳税额，不得抵扣进项税额，所以小规模纳税人的增值税申报，首先在于正确确定其所实现的销售额。

业务一，销售啤酒，实现销售额 = 2 650 × 10 = 26 500（元），2 吨视同销售额为 5 300 元。收取的包装物押金不属于销售额。

业务二，销售红糖，实现销售额为 31 800 元。

业务四，销售甲类卷烟，实现销售额 = 70 × 250 × 5 = 87 500（元）

业务六，销售粮食白酒，实现销售额 = 27 300 + 2 900 = 30 200（元）

业务七，国外购进成套化妆品：

需缴关税 = 5 000 × 7.2 × 50% = 18 000（元）

需缴消费税 = (5 000 × 7.2 + 18 000) ÷ (1 - 30%) × 30% = 77 142.85 ÷ (1 - 30%)
× 30% = 110 204.07 × 30% = 33 061.22(元)

需缴增值税 = 110 204.07 × 17% = 18 734.69（元）

业务十二，受托加工粗糖，实现劳务收入额为 35 100 元。

业务十三，白酒抵偿债务，视同销售额 = 11 000 × 9 = 99 000 元。

业务十四，销售卷烟实现销售额为 195 000 元。

业务十五，自产化妆品用于职工福利：

视同销售的销售额 = 20 000 × (1 + 18%) ÷ (1 - 30%) = 33 714.29（元）

视同销售需交消费税 = 33 714.29 × 30% = 10 114.29（元）

业务十六，售出化妆品实现销售额为91 000元。

2）计算应纳增值税税额：

①分类计算本月计征增值税销售额。

• 货物销售计征增值税销售额，根据业务一、二、四、六、十四、十六，计算如下：

计征增值税销售额 =（26 500 + 31 800 + 87 500 + 30 200 + 195 000 + 91 000）÷（1 + 3%）

= 462 000 ÷（1 + 3%）= 448 543.69（元）

• 应税劳务额，根据业务十二计算如下：

计征增值税劳务额 = 35 100 ÷（1 + 3%）= 34 077.67（元）

• 视同销售应计征增值税销售额，根据业务一、十三、十五，计算如下：

视同销售应计征增值税销售额 =（5 300 + 99 000 + 33 714.29）÷（1 + 3%）

= 138 014.29 ÷（1 + 3%）= 133 994.46（元）

②本月应纳增值税税额：

• 货物销售应纳增值税税额 = 448 543.69 × 3% = 13 456.31（元）

• 应税劳务应纳增值税税额 = 34 077.67 × 3% = 1 022.33（元）

• 视同销售应纳增值税税额 = 133 994.46 × 3% = 4 019.83（元）

• 进口成套化妆品需缴增值税 = 110 204.07 × 17% = 18 734.69（元）

本月应纳增值税总额 =（4 689.32 + 1 948.54 + 8 228.16 + 3 632.4）6 + 18 734.69

= 18 498.47 + 18 734.69 = 37 233.17（元）

3）填制表3-6，以编制奇特特加工厂《增值税纳税申报表（适用于小规模纳税人）》；填制《中华人民共和国税收通用缴款书》（略）。

（3）分析上海丽佳人服饰有限公司增值税纳税资料，填制《生产企业出口货物免、抵、退税申报汇总表》。

1）国内业务涉及增值税情况分析。

①业务分析：

• 业务一，12月4日购进发生可抵扣进项税额68万元；

• 业务三，12月6日发生销项税额25.5万元；

• 业务四，12月8日购进发生可抵扣进项税额102万元；

• 业务七，12月14日发生销项税额37.4万元；

• 业务九，12月22日用于职工福利的购进，进项税额不可抵扣；

• 业务十，12月23日购进发生可抵扣进项税额8 500元。

②国内业务销项税总额 = 25.5 + 37.4 = 62.9（万元）

③国内业务进项税总额 = 68 + 102 + 0.85 = 170.85（万元）

2）出口业务涉及增值税情况分析。

①业务分析：

• 业务二，12月5日的出口销售额 = 100 × 7.500 = 750（万元）

• 业务五，12月12日的出口销售额 = 46 × 7.200 = 331.2（万元）

• 业务六，12月13日的出口销售额 = 80 × 7.300 = 584（万元）

• 业务八，12月20日的出口销售额 = 50 × 7.100 = 355（万元）

• 业务十一，12 月 24 日，上月 30 日的出口销售额 = 20 × 7.600 = 152（万元），因单证收齐，可在本月计算免、抵、退税额。

• 业务十二，12 月 28 日的出口销售额 = 46 × 7.200 = 331.2（万元），因单证未收齐，不可计入本月出口销售额，计算免、抵、退税额。

• 上月末留抵税额为 9 万元。

②填表事项分析：

• 12 月份出口货物免、抵、退税销售额（美元）= 100 + 46 + 80 + 50 + 46 = 322（万元）

• 12 月份出口货物免、抵、退税销售额（人民币）=（750 + 331.2 + 584 + 355）+ 331.2 = 2 020.2 + 331.2 = 2 351.4（万元）

• 上月出口本月收齐单证销售额 = 152（万元）

• 本月收齐单证出口货物销售额 = 2 020.2 + 152 = 2 172.2（万元）

• 出口销售额乘征退税率之差（免抵退税不得免征和抵扣的税额）= 2 172.2 ×（17% − 13%）= 86.888（万元）

• 出口销售额乘退税率（出口货物免抵退税额）= 2 172.2 × 13% = 282.386（万元）（以 a 表示）

3）12 月应纳（退）增值税额的计算。

①应纳增值税额 = 销项税总额 + 免抵退税不得免征和抵扣税额 − 进项税总额 − 上月留抵税额 = 62.9 + 86.888 − 170.85 − 9 = − 30.062（万元）（以 b 表示）

增值税税法规定，如：b≥0 时，则为本期应纳税额；

如：｜−b｜<a 时，则本期应退税额 =｜−b｜= 30.062（万元）；

如：｜−b｜>a 时，则｜−b｜为本期留抵下期的进项税额；

②当期免抵税额 = 当期免抵退税额 − 当期应退税额 = 282.386 − 30.062 = 252.324（万元）

4）填制表 3 − 8，以编制上海丽佳人服饰有限公司《生产企业出口货物免、抵、退税申报汇总表》。

2.1.5 完成任务

（1）填制完成的“增值税纳税申报表（适用于增值税一般纳税人）”及其四张附表，各表中应包括以下数据，见表 3 − 11 至表 3 − 15。

（2）填制完成的奇特特加工厂《增值税纳税申报表（适用于小规模纳税人）》，表中应包括以下数据，见表 3 − 16。

（3）填制完成的上海丽佳人服饰有限公司《生产企业出口货物免、抵、退税申报汇总表》，表中应包括以下数据，见表 3 − 17。

2.1.6 教研与交流

（1）“增值税纳税申报表（适用于增值税一般纳税人）”由哪些表构成了一个体系？

（2）如何把握“增值税纳税申报表”各表间的数量关系？

（3）教学过程中如何阐述“增值税纳税申报表”各表间的数量关系？

表 3－11 **增值税纳税申报表**

（适用于增值税一般纳税人）

项目		栏次	一般货物及劳务		即征即退货物及劳务	
			本月数	本年累计	本月数	本年累计
销售额	（一）按适用税率征税货物及劳务销售额	1	2 833 500			
	其中：应税货物销售额	2	2 833 500			
税款计算	销项税额	11	416 355			
	进项税额	12	304 553			
	上期留抵税额	13	60 000	—		—
	进项税额转出	14	81 120			
	应抵扣税额合计	17＝12＋13－14－15＋16	283 433	—		—
	实际抵扣税额	18（如 17 ＜ 11，则为 17，否则为 11）	283 433			
	应纳税额	19＝11－18	132 922			
	应纳税额合计	24＝19＋21－23	132 922			

表 3－12 **增值税纳税申报表附列资料**（表一）

（销售情况明细表）

一、按适用税率征收增值税货物及劳务的销售额和销项税额明细

项目	栏次	应税货物						劳务（略）	小计		
		17%税率			13%税率						
		份数	销售额	销项税额	份数	销售额	销项税额		份数	销售额	销项税额
防伪税控系统开具的增值税专用发票	1	2	1 200 000	204 000					2	1 200 000	204 000
开具普通发票	3					1 620 000	210 600			1 620 000	210 600
未开具发票	4	—			—	13 500	1 755	—	—	13 500	1 755
小计	5＝1＋2＋3＋4	—	1 200 000	204 000	—			—	—	1 633 500	212 355
合计	7＝5＋6	—	1 200 000	204 000	—	1 633 500	212 355	—	—	2 833 500	416 355

表 3－13 **增值税纳税申报表附列资料**（表二）

（进项税额明细表）

一、申报抵扣的进项税额				
项目	栏次	份数	金额	税额
（一）认证相符的防伪税控增值税专用发票	1	5	2 194 000.00	298 820.00
其中：本期认证相符且本期申报抵扣	2	5	2 194 000.00	298 820.00
（二）非防伪税控增值税专用发票及其他扣税凭证	4	5	105 900.00	5 733.00
运费发票	7	4	63 900.00	4 473.00
3%征收率	9	1	42 000.00	1 260.00
当期申报抵扣进项税额合计	12	10	2 299 900.00	304 553.00

续表

二、进项税额转出额				
项目	栏次	税额		
本期进项税转出额	13	81 120.00		
其中：非正常损失	16	81 120.00		
四、其他				
项目	栏次	份数	金额	税额
本期认证相符的全部防伪税控增值税专用发票	35	5	2 194 000.00	298 820.00

表 3－14　　增值税纳税申报表附列资料（表三）

（防伪税控增值税专用发票申报抵扣明细）

申报抵扣所属期：　　年　　月

纳税人识别号：　　　　　　　　填表日期：　　年　　月　　日

纳税人名称：（公章）　　　　　　金额单位：元（列至角分）

类别	序号	发票代码	发票号码	开票日期	金额	税额	销货方纳税人识别号	认证日期	备注
本期认证相符且本期申报抵扣	1			12 月 2 日	1 800 000	234 000			
	2			12 月 17 日	30 000	5 100			
	3			12 月 25 日	30 000	5 100			
	4			12 月 28 日	54 000	7 020			
	5			12 月 28 日	280 000	47 600			
	小计	—	—	—	2 194 000	298 820	—	—	

表 3－15　　增值税纳税申报表附列资料（表四）

（防伪税控增值税专用发票存根联明细）

申报所属期：　　年　　月

纳税人识别号：　　　　　　　　填表日期：　　年　　月　　日

纳税人名称：（公章）　　　　　　金额单位：元（列至角分）

序号	发票代码	发票号码	开票日期	购货方纳税人识别号	金额	税额	作废标志
1			12 月 20 日		1 050 000.00	178 500.00	
2			12 月 28 日		150 000.00	25 500.00	
合计	—	—	—	—	1 200 000.00	204 000.00	—

表 3－16　　增值税纳税申报表

（适用于小规模纳税人）

纳税人名称			纳税人识别号			纳税编码		
地　址			税款所属时期	年　月　日至　年　月　日			联系电话	
货物或应税劳务名称	销售额	核定销售额	征收率	本期实际应纳税额	核定应纳税额	减免税额	预缴税额	应补（退）税额
序　号	1	2	3	4＝1×3	5＝2×3	6	7	8＝4（或5）－6－7
货物	448 543.69		3%	13 456.31				13 456.31
应税劳务	34 077.67		3%	1 022.33				1 022.33
视同销售	133 994.46		3%	4 019.83				4 019.83
合　计	616 615.82			18 498.47				18 498.47
预缴税款								

如纳税人编制，由纳税人填写以下各栏		如委托代理人编制，由代理人填写以下各栏				备注
会计主管： （签章）	纳税人 （公章）	代理人名称		代理人（公章）		进口化妆品增值税海关已代征。
		地　址				
		经 办 人		电话		

表 3－17　　生产企业出口货物免抵退税申报汇总表

项　目	栏　次	当期（a）	本年累计（b）	与增值税纳税申报表差额（c）
免抵退出口货物销售额（美元）	1	3 220 000		—
免抵退出口货物销售额	2＝3＋4	23 514 000		
其中：单证不齐销售额	3	3 312 000		—
单证齐全销售额	4	20 202 000		—
前期出口货物当期收齐单证销售额	5	1 520 000	—	—
单证齐全出口货物销售额	6＝4＋5	21 722 000		—
出口销售额乘征税率之差	8	868 880		—
免抵退税不得免征和抵扣税额	11（如 8＞9＋10 则为 8－9－10，否则为 0）	868 880		0
出口销售额乘退税率	13	2 823 860		
免抵退税额	16（如 13＞14＋15 则为 13－14－15，否则为 0）	2 823 860		—
增值税纳税申报表期末留抵税额	18	300 620	—	—
计算退税的期末留抵税额	19＝18－11c	300 620	—	—
当期应退税额	20（如 16＞19 则为 19，否则为 16）	300 620		—
当期免抵税额	21＝16－20	2 523 240		—

2.2　办理消费税纳税申报

2.2.1　任务描述与任务学习目标

（1）任务描述：根据前述增值税技能训练中的增值税小规模纳税人，北京市奇特特加工厂实训资料，编制奇特特加工厂消费税纳税申报表及有关附表。

（2）任务学习目标：知道企业消费税纳税申报一般程序与所需要的基本资料，能够正确进行消费税业务分析，并进行消费税纳税申报表编制的操作。

2.2.2 任务分析

北京市奇特特加工厂所发生的经济业务，涉及三类应税消费品，因此，应具体完成：

（1）“烟类应税消费品消费税纳税申报表”及相关附表的编制，见表3－18至表3－21；

（2）“酒及酒精消费品消费税纳税申报表”及相关附表的编制，见表3－22至表3－25；

（3）化妆品消费税纳税申报表及相关附表的编制，见表3－26至表3－30。

表3－18　　烟类应税消费品消费税纳税申报表

税款所属期：　年　月　日至　年　月　日

纳税人名称（公章）：　纳税人识别号：□□□□□□□□□□□□□□□□□□□□□□

填表日期：　年　月　日　单位：卷烟万支、雪茄烟支、烟丝千克；　金额单位：元（列至角分）

项目 / 应税消费品名称	适用税率		销售数量	销售额	应纳税额
	定额税率	比例税率			
卷烟	30元/万支	45%			
卷烟	30元/万支	30%			
烟丝	—	30%			
合计	—	—	—	—	

本期准予扣除税额：

本期减（免）税额：

期初未缴税额：

本期缴纳前期应纳税额：

本期预缴税额：

本期应补（退）税额：

期末未缴税额：

声明：此纳税申报表是根据国家税收法律的规定填报的，我确定它是真实的、可靠的、完整的。

经办人（签章）：

财务负责人（签章）：　联系电话：

（如果你已委托代理人申报，请填写）

授权声明：为代理一切税务事宜，现授权__________（地址）__________为本纳税人的代理申报人，任何与本申报表有关的往来文件，都可寄予此人。

授权人签章：

以下由税务机关填写

受理人（签章）：　受理日期：　年　月　日　受理税务机关（章）：

表3－19　　本期准予扣除税额计算表（烟类附表1）

税款所属期：　年　月　日至　年　月　日

纳税人名称（公章）：　纳税人识别号：□□□□□□□□□□□□□□□□□□□□□□

填表日期：　年　月　日　金额单位：元（列至角分）

一、当期准予扣除的委托加工烟丝已纳税款计算
1. 期初库存委托加工烟丝已纳税款：
2. 当期收回委托加工烟丝已纳税款：
3. 期末库存委托加工烟丝已纳税款：
4. 当期准予扣除的委托加工烟丝已纳税款：

续表

二、当期准予扣除的外购烟丝已纳税款计算
1. 期初库存外购烟丝买价：
2. 当期购进烟丝买价：
3. 期末库存外购烟丝买价：
4. 当期准予扣除的外购烟丝已纳税款：
三、本期准予扣除税款合计：

表 3－20 本期代收代缴税额计算表（烟类附表2）

税款所属期： 年 月 日至 年 月 日

纳税人名称（公章）： 纳税人识别号：□□□□□□□□□□□□□□□□□□□□

填表日期： 年 月 日 金额单位：元（列至角分）

项目 \ 应税消费品名称		卷烟	卷烟	雪茄烟	烟丝	合计
适用税率	定额税率	30元/万支	30元/万支	—	—	—
	比例税率	45%	30%	25%	30%	—
受托加工数量						—
同类产品销售价格						—
材料成本						—
加工费						—
组成计税价格						—
本期代收代缴税款						

表 3－21 卷烟销售明细表（烟类附表3）

税款所属期： 年 月 日至 年 月 日

纳税人名称（公章）： 纳税人识别号：□□□□□□□□□□□□□□□□□□□□

填表日期： 年 月 日 金额单位：元（列至角分）

卷烟牌号	烟支包装规格	产量	销量	消费税计税价格	销售额	备注
合计	—			—		—

表 3－22 酒及酒精消费品消费税纳税申报表

税款所属期： 年 月 日至 年 月 日

纳税人名称（公章）： 纳税人识别号：□□□□□□□□□□□□□□□□□□□□

填表日期： 年 月 日 金额单位：元（列至角分）

应税消费品名称 \ 项目	适用税率		销售数量	销售额	应纳税额
	定额税率	比例税率			
粮食白酒	0.5元/斤	20%			
薯类白酒	0.5元/斤	20%			

续表

项目 应税消费品名称	适用税率		销售数量	销售额	应纳税额
	定额税率	比例税率			
啤酒	250 元/吨	—			
啤酒	220 元/吨	—			
酒精	—	5%			
合计	—	—	—	—	

<table>
<tr><td>本期准予抵减税额：</td><td rowspan="3">**声明：此纳税申报表是根据国家税收法律的规定填报的，我确定它是真实的、可靠的、完整的。**
经办人（签章）：
财务负责人（签章）： 联系电话：</td></tr>
<tr><td>本期减（免）税额：</td></tr>
<tr><td>期初未缴税额：</td></tr>
<tr><td>本期缴纳前期应纳税额：</td><td rowspan="4">（如果你已委托代理人申报，请填写）
授权声明：为代理一切税务事宜，现授权＿＿＿＿＿（地址）＿＿＿＿＿＿为本纳税人的代理申报人，任何与本申报表有关的往来文件，都可寄予此人。
授权人签章：</td></tr>
<tr><td>本期预缴税额：</td></tr>
<tr><td>本期应补（退）税额：</td></tr>
<tr><td>期末未缴税额：</td></tr>
</table>

以下由税务机关填写

受理人（签章）： 受理日期： 年 月 日 受理税务机关（章）：

表 3－23 **本期准予抵减税额计算表**（酒类附表 1）

税款所属期： 年 月 日至 年 月 日

纳税人名称（公章）： 纳税人识别号：□□□□□□□□□□□□□□□□□□□□

填表日期： 年 月 日 单位：吨、元（列至角分）

一、当期准予抵减的外购啤酒液已纳税款计算
1. 期初库存外购啤酒液数量：
2. 当期购进啤酒液数量：
3. 期末库存外购啤酒液数量：
4. 当期准予抵减的外购啤酒液已纳税款：
二、当期准予抵减的进口葡萄酒已纳税款：
三、本期准予抵减税款合计：

附：准予抵减消费税凭证明细（酒类附表 1 之附表）

啤酒（增值税专用发票）	号码	开票日期	数量	单价	定额税率（元/吨）
	合计	—		—	—
葡萄酒（海关进口消费税专用缴款书）	号码	开票日期	数量	完税价格	税款金额
	合计	—			

表 3－24　　本期代收代缴税额计算表（酒类附表 2）

税款所属期：　年　月　日至　年　月　日

纳税人名称（公章）：　纳税人识别号：□□□□□□□□□□□□□□□□□□□□

填表日期：　年　月　日　　金额单位：元（列至角分）

项目 \ 应税消费品名称		粮食白酒	薯类白酒	啤酒	啤酒	黄酒	其他酒	酒精	合计
适用税率	定额税率	0.5 元/斤	0.5 元/斤	250 元/吨	220 元/吨	240 元/吨	—	—	—
	比例税率	20%	20%	—	—	—	10%	5%	—
受托加工数量									—
同类品销售价格						—			—
材料成本						—			—
加工费						—			—
组成计税价格						—			—
本期代收代缴税款									

表 3－25　　生产经营情况表（酒类附表 3）

税款所属期：　年　月　日至　年　月　日

纳税人名称（公章）：　纳税人识别号：□□□□□□□□□□□□□□□□□□□□

填表日期：　年　月　日　　金额单位：元（列至角分）

项目 \ 应税消费品名称	粮食白酒	薯类白酒	啤酒（适用税率 250 元/吨）	啤酒（适用税率 220 元/吨）	黄酒	其他酒	酒精
生产数量							
销售数量							
委托加工收回酒及酒精直接销售数量							
委托加工收回酒及酒精直接销售额							
出口免税销售数量							
出口免税销售额							

表 3－26　　其他应税消费品消费税纳税申报表

税款所属期：　年　月　日至　年　月　日

纳税人名称（公章）：　纳税人识别号：□□□□□□□□□□□□□□□□□□□□

填表日期：　年　月　日　　金额单位：元（列至角分）

应税消费品名称 \ 项目	适用税率	销售数量	销售额	应纳税额
合计	—	—	—	

续表

本期准予抵减税额：	**声明：此纳税申报表是根据国家税收法律的规定填报的，我确定它是真实的、可靠的、完整的。** 经办人（签章）： 财务负责人（签章）： 联系电话：
本期减（免）税额：	
期初未缴税额：	
本期缴纳前期应纳税额：	（如果你已委托代理人申报，请填写） **授权声明：**为代理一切税务事宜，现授权__________（地址）____________为本纳税人的代理申报人，任何与本申报表有关的往来文件，都可寄予此人。 授权人签章：
本期预缴税额：	
本期应补（退）税额：	
期末未缴税额：	

以下由税务机关填写

受理人（签章）： 受理日期： 年 月 日 受理税务机关（章）：

表 3－27 **本期准予扣除税额计算表**（其他消费税附表 1）

税款所属期： 年 月 日至 年 月 日

纳税人名称（公章）： 纳税人识别号：□□□□□□□□□□□□□□□□□□□□

填表日期： 年 月 日 金额单位：元（列至角分）

项目 \ 应税消费品名称					合计
当期准予扣除的委托加工应税消费品已纳税款计算	期初库存委托加工应税消费品已纳税款				—
	当期收回委托加工应税消费品已纳税款				—
	期末库存委托加工应税消费品已纳税款				—
	当期准予扣除委托加工应税消费品已纳税款				
当期准予扣除的外购应税消费品已纳税款计算	期初库存外购应税消费品买价				—
	当期购进应税消费品买价				—
	期末库存外购应税消费品买价				—
	外购应税消费品适用税率				—
	当期准予扣除外购应税消费品已纳税款				
本期准予扣除税款合计					

表 3－28 **准予扣除消费税凭证明细表**（其他消费税附表 2）

税款所属期： 年 月 日至 年 月 日

纳税人名称（公章）： 纳税人识别号：□□□□□□□□□□□□□□□□□□□□

填表日期： 年 月 日 金额单位：元（列至角分）

应税消费品名称	凭证类别	凭证号码	开票日期	数量	金额	适用税率	消费税税额
合计	—	—	—	—	—	—	

表 3－29　　本期代收代缴税额计算表（其他消费税附表3）

税款所属期：　年　月　日至　年　月　日

纳税人名称（公章）：　　纳税人识别号：□□□□□□□□□□□□□□□□□□□□

填表日期：　年　月　日　　　　　　金额单位：元（列至角分）

项目 \ 应税消费品名称				合计
适用税率				—
受托加工数量				—
同类产品销售价格				—
材料成本				—
加工费				—
组成计税价格				—
本期代收代缴税款				

表 3－30　　生产经营情况表（其他消费税附表4）

税款所属期：　年　月　日至　年　月　日

纳税人名称（公章）：　　纳税人识别号：□□□□□□□□□□□□□□□□□□□□

填表日期：　年　月　日　　　　　　金额单位：元（列至角分）

项目 \ 应税消费品名称				
生产数量				
销售数量				
委托加工收回应税消费品直接销售数量				
委托加工收回应税消费品直接销售额				
出口免税销售数量				
出口免税销售额				

2.2.3 相关知识

现行消费税纳税申报，按应税消费品不同，主要分类五类，一是烟类应税消费品消费税纳税申报；二是酒及酒精消费品消费税纳税申报表；三是成品油消费税纳税申报；四是小汽车消费税纳税申报；五是其他应税消费品消费税纳税申报。

消费税纳税申报的内容则基本包括四个方面，一是消费税纳税人自产应税消费品纳税的申报、二是委托加工应税消费品的纳税申报、三是进口应税消费品的纳税申报，因为我国税法规定，对纳税人出口应税消费品的，国家给予消费税退免税的优惠。因此，消费税的纳税申报还存在第四种情况，即办理出口应税消费品的消费税退免税申报。

（1）消费税纳税申报的一般步骤：

1）了解消费税税法，掌握消费税有关课税消费品的种类、名称，掌握消费税有关税目、税率或税额的规定，掌握有关消费税纳税申报的规定。

2）熟悉企业生产经营情况，能根据税法规定确定本企业适用的税目、税率或税额。

3）根据消费税纳税申报的四种情况，严格划分应税消费品自产、委托加工、进口的界限，严格划分应税消费品内销与出口的的界限，严格划分应税消费品是用于销售还是自用的界限，以核实应税消费品应税数量或应税销售额。

4）根据已核实的应税消费品应税数量或应税销售额，依照规定的税目、税率（税额），计算应纳消费税额。

5）根据审核无误的纳税资料，编制并向税务机关报送《消费税纳税申报表》等报表与资料。

（2）消费税计税的基本方法。消费税是对在我国境内生产、委托加工和进口税法规定的5大类14个项目消费品的单位和个人征收的一种流转税。为了调节不同的应税消费品的生产和消费行为，我国在计征消费税时实行差别税率，对不同的应税消费品采用不同的税率，同时，为防范纳税人对纳税义务的规避，对不同的应税消费品还采用不同的计税方法：

1）从价定率计税，是指根据消费税纳税人所发生应税消费品的销售额，而计算应征消费税税额的一种方法。

纳税人应纳消费税税额＝应税消费品销售额×消费税税率

2）从量定额计税，是指根据消费税纳税人所发生应税消费品的实物量，而计算应征消费税税额的一种方法。

纳税人应纳消费税税额＝应税消费品销售的实物量×单位税额

3）从价定率与从量定额复合计税，是指既根据消费税纳税人所发生的应税消费品销售额计税，又要再按消费税纳税人所发生的应税消费品实物量计税的一种方法。

纳税人应纳消费税税额＝应税销售额×适用税率＋销售实物量×适用单位税额

（3）消费税纳税申报的注意事项。由于消费税纳税申报有消费税纳税人自产应税消费品纳税的申报、委托加工应税消费品的纳税申报、进口应税消费品的纳税申报和办理出口应税消费品的消费税退免税申报四种类型，因此，在进行消费税纳税申报时，各有不同的重点注意事项。

1）自产应税消费品纳税申报的注意事项。纳税人在进行自产应税消费品纳税申报时，要特别注意区分销售与自用应税消费品的纳税义务发生时间。

①销售自产应税消费品。纳税人销售自产应税消费品，应根据货款结算方式确定纳税义务发生时间。

• 采用托收承付、委托银行收款方式销售自产应税消费品，纳税义务发生时间为货物已发出并办妥收款手续的当天；

• 采用赊销与分期收款结算方式销售自产应税消费品，纳税义务发生时间为销售合同规定的收款日期当天；

• 采用预收货款结算方式的，发出自产应税消费品的当天为纳税义务发生时间；

• 采用其他结算方式销售自产应税消费品，纳税义务发生时间为收讫款项或取得索取销售款凭据的当天。

②自产自用应税消费品。纳税人自产自用应税消费品（除自产应税消费品用于企业后续生产之外），纳税义务发生时间为自产应税消费品移送使用的当天。

2）委托加工应税消费品纳税申报的注意事项。

①委托加工应税消费品纳税申报主体。按照我国现行消费税税法规定，委托加工应税消费品的纳税人是委托方，其应纳消费税由受托方（除个体经营者外）代收代缴，因此，委托加工应税消费品的受托方，要办理代收代缴消费税纳税申报工作；同时，委托加工中的委托方，也要以受托方提供的代收代缴税款完税凭证为依据，进行消费税纳税申报。如果委托方是委托个体经营者加工应税消费品，则由委托方在收回应税消费品后，在自身所在地自行申报与缴纳消费税。即表现为以下三种情况：

- 受托方委托加工代收代缴消费税纳税申报；
- 委托方委托加工代收代缴消费税纳税申报；
- 委托方委托加工后自行的消费税纳税申报。

②委托加工应税消费品纳税义务发生时间。委托方委托外单位加工应税消费品，纳税义务发生时间为收回应税消费品货物的当天。

③委托方收回委托加工应税消费品后直接用于销售的，不再征收消费税；用于自身后续生产应税消费品的，委托加工中的已纳税款，准予按照规定从后续生产的应税消费品应纳税款中抵扣。

3）进口应税消费品纳税申报的注意事项。纳税人进口应税消费品，直接向报关地海关申报纳税，纳税义务发生时间为报关进口的当天。

4）出口应税消费品退免税纳税申报的注意事项。生产企业和外贸企业在出口应税消费品后，可以办理出口应税消费品退免税申报，除此之外，其他企业出口应税消费品则不享受这一税收政策。

①生产企业应税消费品退免税纳税的申报。有进出口经营权的生产企业，在进行自营或委托出口应税消费品纳税申报时，可同时办理退免税手续。

②外贸企业应税消费品退免税的申报。有出口经营权的外贸企业购进应税消费品直接出口，或受其他外贸企业委托代理出口应税消费品时，可向主管税务机关办理退税手续。

（4）相关知识网上链接查询

1. 消费税税法；
2. 《烟类应税消费品消费税纳税申报表》及相关附表与“填表说明”；
3. 《酒及酒精消费品消费税纳税申报表》及相关附表与“填表说明”；
4. 《其他消费税纳税申报表》及相关附表与“填表说明”。

消费税税法及各“填表说明”均可到国家税务总局及各省、市税务局网站查询。

2.2.4 技能训练

【实训资料】

（1）以增值税纳税申报实训中的小规模纳税人，北京市奇特特加工厂12月份的业务为消费税纳税申报实训资料。

（2）要求

1）分析奇特特加工厂12月份有关业务的消费税涉税情况；

2）分析奇特特加工厂12月份有关业务的消费税涉税分类情况；

3）利用表3－18至表3－30编制奇特特加工厂应税消费品消费税纳税申报表及相关附表；

①填制《烟类应税消费品消费税纳税申报表》及相关附表；

②填制《酒及酒精消费品消费税纳税申报表》及相关附表；

③填制化妆品消费税纳税申报表及相关附表。

【实训操作】

（1）分析奇特特加工厂12月份有关业务消费税涉税情况。

1）业务涉消费税分析：

①12月1日业务一为销售自产应税消费品业务，酒类（啤酒），赠送的2吨要视同销售计征消费税，共12吨，在计算啤酒计税价格时要包括包装物押金，啤酒每吨出厂价 =（2 650 +400）÷（1 +3%）=2 961.65元，小于每吨3 000元，所以适用税率为220元/吨。

12吨啤酒应纳消费税税额（从量）=220 ×12 =2 640元。

②12月2日业务二，销售红糖为不涉及消费税的业务。

③12月2日业务三，向丽洁化妆品公司发出委托加工化妆品虽为消费税应税行为，但纳税义务在其收回加工完成的货物时才形成。

④12月3日业务四为销售自产应税消费品业务，烟类（卷烟）。销售用外购烟丝生产的卷烟，可以用外购烟丝时已支付的消费税，抵扣销售卷烟时的消费税。

应纳消费税税额（从价）=87 500 ÷（1 +3%）×45% =84 951.45 ×45% =38 228.16（元）

应纳消费税税额（从量）=0.003 ×200 ×250 ×5 =750（元）

⑤12月6日业务五，购进粗糖为不涉及消费税业务。

⑥12月8日业务六为销售自产应税消费品业务，酒类（粮食白酒）。

应纳消费税税额（从价）=（27 300 +2 900）÷（1 +3%）×20% =29 320.39 ×20%
=5 864.08（元）

应纳消费税税额（从量）=0.5 ×2 000 ×3 =3 000（元）

⑦12月10日业务七为进口应税消费品业务，化妆品类。

需缴关税 =5 000 ×7.2 ×50% =18 000（元）

消费税计税价格 =（5 000 ×7.2 +18 000）÷（1 –30%）=110 204.07（元）

海关代征消费税税额 =110 204.07 ×30% =33 061.22（元）

该批化妆品当期未实现销售。

⑧12月12日业务八与业务三相联系，此时纳税义务形成，化妆品类。加工完成的化妆品直接用于销售，所以销售时将不再计缴消费税。

丽洁化妆品公司代扣代缴消费税税额 =85 000 ×30% =25 500（元）

⑨12月12日业务九，购入消费税应税存货支付的消费税，烟类（购入烟丝），可抵扣用该存货生产的产品销售时所发生的消费税。

购入烟丝已支付的消费税税款 =58 500 ÷（1 +17%）×30% =50 000 ×30% =15 000（元）

⑩12月14日业务十为不涉及消费税的业务。

⑪12月15日业务十一为委托加工消费税应税行为，烟类（烟丝），当12月20日收回加工货物时应计算消费税税额。

收回烟丝消费税计税价格 =（10 000 +8 00）÷（1 –30%）=15 428.57（元）

新品卷烟公司代扣代缴消费税税额 =15 428.57 ×30% =4 628.57

⑫12月20日业务十二，接受粗糖委托加工为不涉及消费税的业务。

⑬12月24日业务十三为视同销售自产应税消费品业务，酒类（粮食白酒）。

应纳消费税税额（从价）=11 000×9÷（1+3%）×20% =84 615.38×20%
=16 923.08（元）

应纳消费税税额（从量）=0.5×2 000×9=9 000（元）

⑭12 月 28 日业务十四为销售自产应税消费品业务，烟类（卷烟）。

应纳消费税税额（从价）=195 000÷（1+3%）×45% =189 320.39×45%
=85 194.17（元）

应纳消费税税额（从量）=0.003×200×250×10=1 500（元）

⑮12 月 28 日业务十五为视同销售自产应税消费品业务，化妆品类。

化妆品消费税计税价格=20 000×（1+18%）÷（1-30%）=33 714.29（元）

视同销售需缴消费税=33 714.29×30% =10 114.29（元）

⑯12 月 30 日业务十六与业务八相联系，委托加工完成的化妆品直接用于销售，所以销售时将不再计缴消费税。

⑰期初库存为收回委托加工已税烟丝金额 2 万元，已支付的消费税税款 6 000 元，期末库存为购入已税烟丝，金额 2 万元，已支付的消费税税款 6 000 元。

2）业务涉税分类分析：

①烟类：

- 销售自产应税消费品（卷烟）75：

应纳消费税税额（从价）=（84 951.45+189 320.39）×45% =123 422.33（元）

应纳消费税税额（从量）=0.003×750 000=2 250（元）

应纳消费税税额合计=123 422.33+2 250=125 672.33（元）

- 购入烟丝已支付的消费税税款=58 500÷（1+17%）×30% =50 000×30%
=15 000（元）

- 收回委托加式烟丝已支付的消费税税款（新品卷烟公司已代扣代缴）=15 428.57×30% =4 628.57（元）

- 期初库存收回委托加工已税烟丝金额 2 万元，已支付的消费税税款 6 000 元。
- 期末库存购入已税烟丝，金额 2 万元，已支付的消费税税款 6 000 元。

②酒类：

- 销售自产啤酒 12 吨，应纳消费税税额（从量）=220×12=2 640 元。
- 销售自产粮食白酒 24 000 斤。

应纳消费税税额（从量）=0.5×2 000×12=12 000（元）

应纳消费税税额（从价）=113 935.77×20% =22 787.15（元）

应纳消费税税额合计=12 000+22 787.15=113 935.77（元）

③化妆品类：

- 进口应纳消费税额（海关已代征）=110 204.07×30% =33 061.22（元）
- 委托加工应纳消费税额（丽洁化妆品公司已代扣代缴）=85 000×30% =25 500（元）
- 视同销售需交消费税税额=33 714.29×30% =10 114.29（元）

3）根据以上分析及资料：

①填制表 3-18～表 3-21，编制《烟类应税消费品消费税纳税申报表》及相关附表；

②填制表 3-22～表 3-25，编制《酒及酒精消费品消费税纳税申报表》及相关附表；

③填制表 3－26～表 3－30，编制化妆品消费税纳税申报表及相关附表。

2.2.5 完成任务

（1）编制完成的《烟类应税消费品消费税纳税申报表》及相关附表和表中应有的数据见简化表 3－31 至表 3－33 所示；

（2）编制完成的《酒及酒精消费品消费税纳税申报表》及相关附表和表中应有的数据见简化表 3－34、表 3－35 所示；

（3）编制完成的化妆品消费税纳税申报表及相关附表和表中应有的数据见简化表 3－36 至表 3－39 所示。

表 3－31　　烟类应税消费品消费税纳税申报表

<table>
<tr><td rowspan="2">项目
应税消费品名称</td><td colspan="2">适用税率</td><td rowspan="2">销售数量</td><td rowspan="2">销售额</td><td rowspan="2">应纳税额</td></tr>
<tr><td>定额税率</td><td>比例税率</td></tr>
<tr><td>卷烟</td><td>30 元/万支</td><td>45%</td><td>75</td><td>274 271.84</td><td>125 672.33</td></tr>
<tr><td>合计</td><td>—</td><td>—</td><td>—</td><td>—</td><td>125 672.33</td></tr>
<tr><td>本期准予扣除税额：19 628.57</td><td colspan="5" rowspan="3">声明：此纳税申报表是根据国家税收法律的规定填报的，我确定它是真实的、可靠的、完整的。
经办人（签章）：
财务负责人（签章）：　　　　联系电话：</td></tr>
<tr><td>本期减（免）税额：0</td></tr>
<tr><td>期初未缴税额：0</td></tr>
<tr><td>本期缴纳前期应纳税额：0</td><td colspan="5" rowspan="4">（如果你已委托代理人申报，请填写）
授权声明：为代理一切税务事宜，现授权__________（地址）__________为本纳税人的代理申报人，任何与本申报表有关的往来文件，都可寄予此人。
授权人签章：</td></tr>
<tr><td>本期预缴税额：0</td></tr>
<tr><td>本期应补（退）税额：106 043.76</td></tr>
<tr><td>期末未缴税额：106 043.76</td></tr>
</table>

表 3－32　　本期准予扣除税额计算表（烟类附表 1）

一、当期准予扣除的委托加工烟丝已纳税款计算
1. 期初库存委托加工烟丝已纳税款：6 000.00
2. 当期收回委托加工烟丝已纳税款：4 628.57
3. 期末库存委托加工烟丝已纳税款：0
4. 当期准予扣除的委托加工烟丝已纳税款：10 628.57
二、当期准予扣除的外购烟丝已纳税款计算
1. 期初库存外购烟丝买价：0
2. 当期购进烟丝买价：50 000.00
3. 期末库存外购烟丝买价：20 000.00
4. 当期准予扣除的外购烟丝已纳税款：9 000.00
三、本期准予扣除税款合计：19 628.57

表 3-33　　卷烟销售明细表（烟类附表 3）

卷烟牌号	烟支包装规格	产量	销量	消费税计税价格	销售额	备注
金福	标准箱	5	5	16 990.29	84 951.45	
福金	标准箱	10	10	18 932.04	189 320.39	
合计	—	15	15	—	—	—

表 3-34　　酒及酒精消费品消费税纳税申报表

项目 / 应税消费品名称	适用税率		销售数量	销售额	应纳税额
	定额税率	比例税率			
粮食白酒	0.5 元/斤	20%	24 000	113 935.77	34 787.16
薯类白酒	0.5 元/斤	20%			
啤酒	250 元/吨	—			
啤酒	220 元/吨	—	12		2 640.00
黄酒	240 元/吨	—			
合计	—	—	—	—	37 427.16

本期准予抵减税额：0	**声明：此纳税申报表是根据国家税收法律的规定填报的，我确定它是真实的、可靠的、完整的。** 经办人（签章）： 财务负责人（签章）：　　　　联系电话：
本期减（免）税额：0	
期初未缴税额：0	
本期缴纳前期应纳税额：0	（如果你已委托代理人申报，请填写） **授权声明：**为代理一切税务事宜，现授权＿＿＿＿（地址）＿＿＿＿为本纳税人的代理申报人，任何与本申报表有关的往来文件，都可寄予此人。 授权人签章：
本期预缴税额：0	
本期应补（退）税额：37 427.16	
期末未缴税额：37 427.16	

表 3-35　　生产经营情况表（酒类附表 3）

应税消费品名称 / 项目	粮食白酒	薯类白酒	啤酒（适用税率 250 元/吨）	啤酒（适用税率 220 元/吨）	黄酒	其他酒	酒精
生产数量	24 000			12			
销售数量	24 000			12			

表 3 - 36　　其他应税消费品消费税纳税申报表

<table>
<tr><td>项目
应税消费品名称</td><td>适用税率</td><td>销售数量</td><td>销售额</td><td>应纳税额</td></tr>
<tr><td>销售化妆品</td><td>30%</td><td></td><td>33 714. 29</td><td>10 114. 29</td></tr>
<tr><td></td><td></td><td></td><td></td><td></td></tr>
<tr><td>合计</td><td>—</td><td>—</td><td>—</td><td>10 114. 29</td></tr>
<tr><td>本期准予抵减税额：0</td><td colspan="4" rowspan="3">声明：此纳税申报表是根据国家税收法律的规定填报的，我确定它是真实的、可靠的、完整的。
经办人（签章）：
财务负责人（签章）：　　　　联系电话：</td></tr>
<tr><td>本期减（免）税额：0</td></tr>
<tr><td>期初未缴税额：0</td></tr>
<tr><td>本期缴纳前期应纳税额：0</td><td colspan="4" rowspan="4">（如果你已委托代理人申报，请填写）
授权声明：为代理一切税务事宜，现授权__________（地址）______________为本纳税人的代理申报人，任何与本申报表有关的往来文件，都可寄予此人。
授权人签章：</td></tr>
<tr><td>本期预缴税额：0</td></tr>
<tr><td>本期应补（退）税额：10 114. 29</td></tr>
<tr><td>期末未缴税额：10 114. 29</td></tr>
</table>

表 3 - 37　　本期准予扣除税额计算表（其他消费税附表 1）

<table>
<tr><td colspan="2">应税消费品名称
项目</td><td>化妆品</td><td></td><td></td><td>合计</td></tr>
<tr><td rowspan="2">当期准予扣除的委托加工应税消费品已纳税款计算</td><td>期末库存委托加工应税消费品已纳税款</td><td>0</td><td></td><td></td><td>—</td></tr>
<tr><td>当期准予扣除委托加工应税消费品已纳税款</td><td>25 500</td><td></td><td></td><td>25 500</td></tr>
<tr><td rowspan="4">当期准予扣除的外购应税消费品已纳税款计算</td><td>当期购进应税消费品买价</td><td>110 204. 07</td><td></td><td></td><td>—</td></tr>
<tr><td>期末库存外购应税消费品买价</td><td>110 204. 07</td><td></td><td></td><td>—</td></tr>
<tr><td>外购应税消费品适用税率</td><td>30%</td><td></td><td></td><td>—</td></tr>
<tr><td>当期准予扣除外购应税消费品已纳税款</td><td>33 061. 22</td><td></td><td></td><td>33 061. 22</td></tr>
<tr><td colspan="2">本期准予扣除税款合计</td><td>58 561. 22</td><td></td><td></td><td>58 561. 22</td></tr>
</table>

表 3 - 38　　准予扣除消费税凭证明细表（其他消费税附表 2）

应税消费品名称	凭证类别	凭证号码	开票日期	数量	金额	适用税率	消费税税额
化妆品	海关完税凭证				110 204. 07	30%	33 061: 22
化妆品	受托方发票				85 000. 00	30%	25 500
合计	—	—	—	—	—	—	58 561. 22

表 3－39　　生产经营情况表（其他消费税附表 4）

应税消费品名称 / 项目	化妆品			
生产数量	20（千克）			
销售数量	20（千克）			
委托加工收回应税消费品直接销售数量	80（千克）			
委托加工收回应税消费品直接销售额	91 000（元）			

2.2.6 教研与交流

（1）消费税有哪些种类？

（2）消费税纳税申报有什么特点？

（3）如何让学生把握住消费税纳税申报的一般要求？

2.3 办理营业税纳税申报

2.3.1 任务描述与任务学习目标

（1）任务描述：根据上海华阳公司 2009 年 12 月份“主营业务收入”、“其他业务收入”各明细账户及其他资料记载的有关公司经营活动资料，编制上海华阳公司营业税纳税申报表。

（2）任务学习目标：知道企业营业税纳税申报一般程序与所需要的基本资料，能够正确进行营业税业务分析，并进行营业税纳税申报表编制的操作。

2.3.2 任务分析

（1）分析上海华阳公司 2009 年 12 月份经济业务对营业税的涉税情况。

（2）根据上述的初步分析，进行营业税的涉税分类汇总。

（3）依据对营业税的涉税分类汇总结果，编制上海华阳公司营业税纳税申报表。

（4）向税务机关办理上海华阳公司营业税纳税申报并提交相关资料。

2.3.3 相关知识

（1）营业税纳税申报的一般步骤。营业税纳税申报，一般按以下步骤进行：

1）由于营业税实行行业比例税率，因此营业税纳税申报人，应首先了解企业的经营范围，熟悉企业的生产经营活动内容，明确企业所处的营业税应税项目的行业范围，确定本企业或经济活动所适用的税率，要能够掌握营业税税法中有关减征和免征营业税的项目等各项税收优惠的政策。

2）认真核实企业营业税各应税项目、免税项目的数额，准确划分企业应税劳务和非应税劳务，正确核算混合销售行为。能够根据营业税税法的规定，确定兼营行为和混合销售行为应该缴纳的流转税类别，防止非故意触犯税法情况的发生。负有代扣代缴营业税义务的纳税人，还应核实有关合同协议（如建筑安装工程分包或转包合同、委托发放贷款等合同）以及相关的凭证、代扣税款凭证等内容。

3）要根据核实后的应税营业额和适用税率计算应纳营业税税额，并正确地进行相应的会计核算。

4）在做好上述工作的基础上，填写《营业税纳税申报表》，连同营业税扣缴报告表、有关合同或协议、扣缴税款凭证及其他有关资料一并向主管税务机关报送，办理营业税纳税申报。

（2）营业税计税的基本方法。由于营业税实行行业比例税率，并以纳税人生产经营活动中所取得的营业额为征税对象，所以营业税的应纳税额的一般计算方法是：

应纳营业税税额 = 营业额 × 适用税率

（3）关于营业税期限规定的注意事项。有关营业税期限的规定，应注意四个方面的问题：

1）营业税计税期限的规定。营业税的纳税人其计税期限由主管税务机关根据纳税人应纳税额的大小，按 5 日、10 日、15 日或 1 个月分别核定。

2）营业税缴纳税款与申报期限的规定。以 5 日、10 日、15 日为一期计税的，自期满之日起 5 日内要缴纳完毕当期税款，于次月 10 日前申报并结清上月全部应纳税款。以 1 个月为一期计税的，自期满之日起 10 日内，也就是于次月 10 日前申报并结清上月应纳税款。

3）其他。营业税扣缴义务人的解缴税款期限，比照上述规定执行；金融企业营业税计税期限为 1 个季度，保险业营业税计税期限为 1 个月，均应于次月 10 日前申报并结清上月应纳税款。不能按固定期限计税的，则实行按次纳税。

4）营业税纳税申报表的格式。营业税纳税申报表的格式可以分为两大类，一类是综合型的，即不分营业税的涉税行业，统一使用一种格式的纳税申报表，如《营业税纳税申报表（适用于查账征收的营业税纳税人）》（表 3－40）；一类是按不同的行业设置的营业税纳税申报表，如：《娱乐业营业税纳税申报表（适用于娱乐业营业税纳税人）》（表 3－41）、《建筑业营业税纳税申报表（适用于建筑业营业税纳税人）》、《金融保险营业税纳税申报表》等。

（4）相关知识网上链接查询。

1）营业税税法；

2）《营业税纳税申报表（适用于查账征收的营业税纳税人）》及“填表说明”；

3）《娱乐业营业税纳税申报表（适用于娱乐业营业税纳税人）》及“填表说明”；

4）《服务业营业税纳税申报表（适用于服务业营业税纳税人）》及相关附表与“填表说明”；

5）《建筑业营业税纳税申报表（适用于建筑业营业税纳税人）》及相关附表与“填表说明”；

6）《金融保险营业税纳税申报表》与“填表说明”。

营业税税法、各营业税纳税申报表及相关附表与“填表说明”均可到国家税务总局及各省、市税务局网站查询，国家税务总局网址链接为：http：//www.chinatax.gov.cn/n8136506/n8136563/n8136841/index.html。

2.3.4 技能训练

（1）实训资料与要求。

1）上海华阳公司为私营企业，是一家集建筑、提供运输业务、餐饮服务、邮递和汽车修理修配服务为一体的综合服务公司，税务登记认定为增值税一般纳税人，为其核定的纳税期限为1个月，企业地址为上海市浦江三区樱树林路209号，电话为84461907，开户银行及账号为工行浦江三区杏林路分理处，026－9894502，纳税人识别号为21040401001382203，纳税编码为96081373。经核实2009年12月份“主营业务收入”、“其他业务收入”各明细账户及其他资料记载的有关企业经营活动资料如下：

① 公司承包一栋住宅楼的建造工程，总承包额为1亿元，收到本月应收的第二批工程款，金额为4万元。

② 本月将公司一栋原值52 000元，已提折旧3万元的楼房出售给天宇制造公司，所得价款2万元。

③ 单独承接境内运输业务，取得运输收入为3万元，价外费用900元，收取装卸费用600元。

④ 公司单独核算的酒店取得餐饮服务收入18 000元。

⑤ 从事联运业务收入5万元，其中付给其他联运企业2万元。

⑥ 销售建筑材料，售价18万元，并送货上门，同时收取运费35 000元。

⑦ 组团出境旅游，收费7万元人民币，其中支付给境外服务公司的接待费5 000美元，支付当日的美元对人民币汇率为1∶7.76。

⑧ 汽车修理修配收入（含增值税）53 000元。

⑨ 公司单独核算的歌舞厅内设八个部门，小卖部、餐厅和练歌房三个部门总收入9万元，这三个部门都没有分别单独核算，据统计小卖部收入（含增值税）为2万元、餐厅收入为4万元及练歌房点歌费收入为3万元；夜总会（内设单独核算超市）、酒吧，台球与保龄球和网吧五个部门则分别实行会计单独核算，收入分别为5万元［内含超市1万元（含增值税）］、9 000元、8 000元、3万元、3 000元（假设对台球与保龄球和网吧的营业税税率为15%，其他营业税税率为20%）。

⑩ 转让一项建筑技术专利权，收入7万元。

⑪ 从事邮递业务取得收入32 000元。

⑫ 本月公司无欠缴、预缴和已缴营业税税额。

2）要求根据上述资料：

① 分析上海华阳公司12月份有关业务营业税涉税情况；

② 分析上海华阳公司12月份有关业务的营业税涉税分类情况；

③ 编制上海华阳公司营业税纳税申报表：

a. 填制表3－40，编制上海华阳公司《营业税纳税申报表（适用于查账征收的营业税纳税人）》；

b. 如要求华阳公司就其娱乐业营业税单独进行纳税申报，填制表3－41，编制上海华阳公司《娱乐业营业税纳税申报表（适用于娱乐业营业税纳税人）》。

（2）实训操作。

1）分析上海华阳公司12月份有关业务营业税涉税情况。

① 公司收到本月应收的住宅建造工程款4万元，是建筑劳务收入，为营业税应税劳务，适用税率是3%：

表 3－40

营业税纳税申报表

（适用于查账征收的营业税纳税人）

纳税人识别号：　　　　纳税人名称（公章）

税款所属时间：自　　年　　月　　日至　　年　　月　　日　　填表日期：　　年　　月　　日　　金额单位：元（列至角分）

税目	营业额				税率（%）	本期税款计算			税款缴纳								
											本期已缴税额				本期应缴税额计算		
	应税收入	应税减除项目金额	应税营业额	免税收入		小计	本期应纳税额	免（减）税额	期初欠缴税额	前期多缴税额	小计	已缴本期应纳税额	本期已被扣缴税额	本期已缴欠缴税额	小计	本期期末应缴税额	本期期末应缴欠缴税额
1	2	3	4＝2－3	5	6	7＝8＋9	8＝（4－5）×7	9＝5×7	10	11	12＝13＋14＋15	13	14	15	16＝17＋18	17＝8－13－14	18＝10－11－15
交通运输业																	
建筑业																	
邮电通讯业																	
服务业																	
合　计																	
代扣代缴项目																	
总　计																	

纳税人或代理人声明： 此纳税申报表是根据国家税收法律的规定填报的，我确定它是真实的、可靠的、完整的。	**如纳税人填报，由纳税人填写以下各栏：**							
	办税人员（签章）		财务负责人（签章）		法定代表人（签章）		联系电话	
	如委托代理人填报，由代理人填写以下各栏：							
	代理人名称		经办人（签章）		联系电话		代理人（公章）	

以下由税务机关填写：

受理人：　　　　年　　月　　日　　　　受理税务机关（签章）：

本表为 A3 横式一式三份，一份纳税人留存，一份主管税务机关留存，一份征收部门留存。

表 3－41

娱乐业营业税纳税申报表

（适用于娱乐业营业税纳税人）

纳税人识别号：　　　　　　　　　　　　　　　　　　　　　　　　纳税人名称（公章）：

税款所属时间：自　　年　　月　　日至　　年　　月　　日　　填表日期：　　年　　月　　日　　　　金额单位：元（列至角分）

应税项目	营业额				税率（%）	本期税款计算			税款缴纳							
											本期已缴税额			本期应缴税额计算		
	应税收入	应税减除项目金额	应税营业额	免税收入		小计	本期应纳税额	免（减）税额	期初欠缴税额	前期多缴税额	小计	已缴本期应纳税额	本期已缴欠缴税额	小计	本期期末应缴税额	本期期末应缴欠缴税额
1	2	3	4＝2－3	5	6	7＝8＋9	8＝（4－5）×6	9＝5×6	10	11	12＝13＋14	13	14	15＝16＋17	16＝8－13	17＝10－11－14
歌厅																
舞厅																
卡拉OK歌舞厅　夜总会																
卡拉OK歌舞厅　练歌房																
卡拉OK歌舞厅																
音乐茶座　酒吧																
音乐茶座																
高尔夫球																
台球、保龄球																
网吧																
合　计																

以下由税务机关填写：

受理人：　　　　受理日期：　　年　　月　　日　　　　受理税务机关（签章）：

本表为 A3 横式一式三份，一份纳税人留存，一份主管税务机关留存，一份征收部门留存。

应纳营业税税额 = 40 000 × 3% = 1 200（元）

② 公司本月出售楼房所得 2 万元，属于出售不动产收入，为营业税应税收入，适用税率是 5%：

应纳营业税税额 = 20 000 × 5% = 1 000（元）

③ 公司本月单独运输收入 3 万元，价外费用 900 元，装卸费用 600 元，都属于从事运输业收入，为营业税应税收入，适用税率是 3%：

应纳营业税税额 =（30 000 + 900 + 600）× 3% = 31 500 × 3% = 945（元）

④ 单独核算的酒店收入 18 000 元，属于从事服务业收入，为营业税应税收入，适用税率是 5%：

应纳营业税税额 = 18 000 × 5% = 900（元）

⑤ 公司本月从事联运业务收入 5 万元，属于从事运输业收入，为营业税应税收入，适用税率是 3%，按营业税税法规定，付给其他联运企业 2 万元，可从应税收入中予以扣除：

应纳营业税税额 =（50 000 − 20 000）× 3% = 30 000 × 3% = 900（元）

⑥ 公司本月销售货物的同时取得 35 000 元运费收入，属于从事运输业收入，为营业税应税收入，适用税率是 3%，但由于所取得的收入没有单独核算，所以又属于混合销售行为，应与所售货物售价合并计税：

应纳营业税税额 =（180 000 + 35 000）× 3% = 215 000 × 3% = 6 450（元）

⑦ 公司本月组团出境旅游收入 7 万元，属于从事服务业收入，为营业税应税收入，适用税率是 5%，按营业税税法规定，支付给境外服务公司的接待费，可从应税收入中予以扣除：

应纳营业税税额 =（70 000 − 5 000 × 7.76）× 5% = 31 200 × 5% = 1 560（元）

⑧ 本月公司汽车修理修配收入 53 000 元，属于工业性劳务，为非营业税收入。

⑨ 本月公司单独核算的歌舞厅业务：

夜总会（内设单独核算超市）、酒吧，台球与保龄球和网吧五个部门则分别实行会计单独核算，收入分别为 5 万元（内含）、9 000 元、8 000 元、3 万元、3 000 元（假设对台球与保龄球和网吧的营业税税率为 15%，其他营业税税率为 20%）。

a. 小卖部收入 2 万元属于商品零售收入，适用于 17% 的增值税税率；餐厅收入 4 万元属于服务业收入，适用 5% 的营业税税率；练歌房 3 万元收入属于娱乐业收入，适用 20% 的营业税税率。但由于没有分别进行单独核算，所以应合并按最高营业税税率计税：

应纳营业税税额 =（20 000 + 40 000 + 30 000）× 20% = 90 000 × 20% = 18 000（元）

b. 夜总会 5 万元收入，其中超市 1 万元（含增值税）属免（营业税）税收入，其余按当地规定适用 20% 的营业税税率：

应纳营业税税额 = 40 000 × 20% = 8 000（元）

c. 酒吧 9 000 元收入，属于娱乐业收入，按当地规定适用 20% 的营业税税率：

应纳营业税税额 = 9 000 × 20% = 1 800（元）

d. 台球 8 000 元收入，属于娱乐业收入，按当地规定适用 15% 的营业税税率：

应纳营业税税额 = 8 000 × 15% = 1 200（元）

e. 保龄球 3 万元收入，属于娱乐业收入，按当地规定适用 15% 的营业税税率：

应纳营业税税额 = 30 000 × 15% = 4 500（元）

f. 网吧3 000元收入，属于娱乐业收入，按当地规定适用15%的营业税税率：

应纳营业税税额 =3 000×15% =450（元）

⑩ 转让专利权收入7万元，属于转让无形资产收入，适用5%的营业税税率：

应纳营业税税额 =70 000×5% =3 500（元）

⑪ 从事邮递业务取得收入32 000元，属于从事邮电通信业收入，适用3%的营业税税率：

应纳营业税税额 =32 000×3% =960（元）

2）分析上海华阳公司12月份有关营业税分类情况。

① 建筑劳务营业额4万元，适用税率是3%，营业税应纳税额1 200元；

② 出售不动产收入2万元，适用税率是5%，营业税应纳税额1 000元；

③ 从事运输业营业额为296 500元，其中应税减除项金额2万元，适用税率是3%，营业税应纳税额8 295元；

④ 服务业营业额88 000元，其中应税减除项金额38 800元，适用税率是5%，营业税应纳税额2 460元。

⑤ 汽车修理修配收入53 000元，属于工业性劳务，为营业税免税收入。

⑥ 娱乐业收入：

a. 歌舞厅营业额9万元，适用20%的营业税税率，营业税应纳税额18 000元；

b. 夜总会营业额5万元，其中超市1万元（含增值税）属免（营业税）税收入，其余适用20%的营业税税率，营业税应纳税额8 000元；

c. 酒吧营业额9 000元，适用20%的营业税税率，营业税应纳税额1 800元；

d. 台球营业额8 000元，适用15%的营业税税率，应纳税额1 200元；

e. 保龄球营业额3万元，适用15%的营业税税率，应纳税额4 500元；

f. 网吧营业额3 000元，适用15%的营业税税率，应纳税额450元；

娱乐业收入总额：19万元，其中149 000元［其中超市1万元（含增值税）属免（营业税）税收入］适用20%的营业税税率，应纳营业税总额27 800元；41 000元适用15%的营业税税率，应纳营业税总额6 150元；

⑦ 转让无形资产营业额7万元，适用5%的营业税税率，应纳税额3 500元；

⑧ 邮电通信业营业额32 000元，适用3%的营业税税率，应纳税额960元。

3）依据以上分析资料：

① 填制表3－40，编制完成上海华阳公司《营业税纳税申报表（适用于查账征收的营业税纳税人）》；

② 填制表3－41，编制完成上海华阳公司娱乐业营业税编制《娱乐业营业税纳税申报表（适用于娱乐业营业税纳税人）》。

2.3.5 完成任务

（1）编制完成的上海华阳公司《营业税纳税申报表（适用于查账征收的营业税纳税人）》中，应有的数据如表3－42所示。

（2）编制完成的上海华阳公司《娱乐业营业税纳税申报表（适用于娱乐业营业税纳税人）》中，应有的数据如表3－43所示。

表 3－42　**营业税纳税申报表**（适用于查账征收的营业税纳税人）

税目	营业额				税率（%）	本期税款计算			税款缴纳					
	应税收入	应税减除项目金额	应税营业额	免税收入		小计	本期应纳税额	免（减）税额	期初欠缴税额	前期多缴税额	本期已缴税额（略）	本期应缴税额计算		
												小计	本期期末应缴税额	本期期末应缴欠缴税额
1	2	3	4＝2－3	5	6	7＝8＋9	8＝（4－5）×6	9＝5×6	10	11		16＝17＋18	17＝8－13－14	18＝10－11－15
交通运输业	296 500	20 000	96 500		3	8 895	8 295	600				8 295	8 295	
建筑业	40 000		40 000		3	1 200	1 200					1 200	1 200	
邮电通讯业	32 000		32 000		3	960	960					960	960	
服务业	88 000	38 800	49 200		5	4 400	2 460	1 940				2 460	2 460	
出售不动产	20 000		20 000		5	1 000	1 000					1 000	1 000	
修理修配车	53 000		53 000	53 000										
娱乐业	149 000		149 000	10 000	20	29 800	27 800	2 000				27 800	27 800	
	41 000		41 000		15	6 150	6 150					6 150	6 150	
转让无形资产	70 000		70 000		5	3 500	3 500					3 500	3 500	

表 3－43　**娱乐业营业税纳税申报表**（适用于娱乐业营业税纳税人）

应税项目		营业额				税率（%）	本期税款计算			税款缴纳					
		应税收入	应税减除项目金额	应税营业额	免税收入		小计	本期应纳税额	免（减）税额	期初欠缴税额	前期多缴税额	本期已缴税额（略）	本期应缴税额计算		
													小计	本期期末应缴税额	本期期末应缴欠缴税额
1		2	3	4＝2－3	5	6	7＝8＋9	8＝（4－5）×6	9＝5×6	10	11		15＝16＋17	16＝8－13	17＝10－11－14
舞厅		90 000		90 000		20	18 000	18 000					18 000	18 000	
卡拉 OK 歌舞厅	夜总会	50 000		50 000	10 000	20	10 000	8 000	2 000				8 000	8 000	
音乐茶座	酒吧	9 000		9 000		20	1 800	1 800					1 800	1 800	
台球、保龄球		38 000		38 000		15	5 700	5 700					5 700	5 700	
网吧		3 000		3 000		15	450	450					450	450	
合计		271 000		271 000	10 000	—	35 950	33 950	2 000				33 950	33 950	

2.3.6 教研与交流

（1）营业税纳税申报有哪些种类？

（2）在理解营业税期限方面需注意哪些事项？

（3）在营业税分类汇总上采用什么样的教学方法比较恰当？

2.4 办理城市维护建设税与教育费附加申报

2.4.1 任务描述与任务学习目标

（1）任务描述：编制城市维护建设税纳税申报表与教育费附加缴纳申报表，为企业办理城市维护建设税缴纳申报与教育费附加缴纳申报手续。

（2）任务学习目标：知道企业城市维护建设税、教育费附加申报一般程序与所需要的基本资料，能够正确进行企业城市维护建设税、教育费附加相关业务分析，并进行城市维护建设税缴纳、教育费附加申报表编制的操作。

2.4.2 任务分析

（1）了解城市维护建设税纳税申报表与教育费附加缴纳申报表在格式上的一般情况；

（2）掌握城市维护建设税纳税申报表与教育费附加缴纳申报表编制的基本依据；

（3）根据资料完成城市维护建设税纳税申报表与教育费附加缴纳申报表的填制。

2.4.3 相关知识

城市维护建设税是国家征收的，用以满足城市建设、维护与发展需要的一种具有专门用途的税。教育费附加也是国家征收的一种具有专门用途的资金，是专门用以满足发展教育事业需要的资金。

（1）城市维护建设税纳税申报与教育费附加缴纳申报的基本流程。

城市维护建设税申报与教育费附加缴纳申报，一般按以下步骤进行：

第一，由于城市维护建设税与教育费附加，都是以增值税、消费税和营业税实缴税额为计税（费）依据而计缴，所以，城市维护建设税纳税与教育费附加缴纳申报人，应首先查实企业自身所发生的增值税、消费税和营业税实缴税额。

第二，纳税人只要发生了增值税、消费税和营业税“三税”的纳税义务，也就同时发生了城市维护建设税纳税与教育费附加缴纳义务，因此，纳税人缴纳“三税”的环节也是其计算缴纳城市维护建设税与教育费附加的环节。

第三，要根据计算并核实后的城市维护建设税与教育费附加，正确地进行相应的会计核算。

第四，在做好上述工作的基础上，填写城市维护建设税纳税与教育费附加缴纳申报表，连同其他有关资料一并报送到主管税务机关，办理城市维护建设税纳税与教育费附加缴纳申报。

（2）城市维护建设税与教育费附加的计算方法。

$$\text{应纳城市维护建设税税额} = \text{增值税、消费税和营业税实缴税额合计} \times \text{适用城建税税率}$$

城市维护建设税税率按市区、县城（镇）和非市区及县城（镇），分别设置为7%、5%、1%三档。

应纳教育费附加额 = 增值税、消费税和营业税实缴税额合计 ×3%

对从事卷烟生产和烟叶产品经营的单位，减半征收教育费附加。

（3）城市维护建设税纳税申报与教育费附加缴纳申报的注意事项。

① 从纳税人角度看，应注意以下事项：

城市维护建设税与教育费附加的计税（费）范围，是国家对发生增值税、消费税和营业税纳税义务的纳税人而征收的税，因此，凡是增值税、消费税和营业税的纳税人，同时也是城市维护建设税与教育费附加的缴纳义务人。但要注意以下特别事项：

第一，对于增值税和消费税纳税人因进口货物而发生的增值税与消费税部分，国家不计征城市维护建设税，这是因为进口货物不是在本国市场环境下生产的。

第二，对外商投资企业和外国企业不征城市维护建设税和教育费附加。

第三，缴纳农村教育事业费附加的农业、乡镇企业，不征教育费附加。

② 从计税（费）依据的角度看，应注意以下事项：

第一，城市维护建设税与教育费附加，是以增值税、消费税和营业税实缴税额为计税依据，不包括因“三税”而发生的滞纳金与罚款等非税款项。

第二，纳税人本期如因前期“三税”核算不真实，被查补了“三税”，则本期城市维护建设税与教育费附加的计算依据中要包括被查补的“三税”税额。如果本期有“三税”的免征减征项目，则也免征减征相应的城市维护建设税与教育费附加。

第三，对纳税人因出口货物而退还的增值税与消费税部分，不计算城市维护建设税与教育费附加的退还。但货物出口时实行“先征后退”增值税或消费税办法，以及因减、免而发生“三税”的退还，则要退还相应的城市维护建设税与教育费附加。

第四，对进口货物时海关代征的增值税、消费税，不作为计征城市维护建设税与教育费附加的依据。

③ 从申报地点与期限看，应注意以下事项：

a. 进行城市维护建设税与教育费附加申报的地点：

跨省开采油田的企业并由下属各单位在各自所在地缴纳增值税的，在缴纳增值税时一并申报和缴纳各自的城市维护建设税与教育费附加。

从事管道输送服务的公司，其下属取得收入的各管道局在所在地缴纳营业税的，在缴纳营业税时一并申报和缴纳各自的城市维护建设税与教育费附加。

代征代扣“三税”的纳税人，城市维护建设税与教育费附加申报在代征代扣地。

除以上三种特殊情况外，一般纳税人申报缴纳“三税”的地点，也就是其城市维护建设税与教育费附加申报地点。

b. 城市维护建设税与教育费附加的期限。城市维护建设税期限，包括计税期限和纳税申报期限两个方面，城市维护建设税计税期限和纳税申报期限分别与“三税”的期限一致，即纳税人应在申报缴纳“三税”的同时申报缴纳城市维护建设税。

c. 城市维护建设税与教育费附加申报表的格式。城市维护建设税与教育费附加在我国税制中划分为地方税收收入，因此，城市维护建设税纳税与教育费附加申报表的格式，可以由各地税务机关自行制定。所以，不同地区的城市维护建设税纳税与教育费附加申报表有比较明显的地域性区别，差异较大。专用性比较强的是上海市税务机关制定的申报表，见表 3－44 所示。

2.4.4 技能训练

（1）实训资料：上海华阳公司财务部门经核实，2009 年 12 月份本公司应纳增值税税额为 462 489 元，应纳消费税税额为 171 423 元，应纳营业税税额为 51 365 元。

（2）要求根据实训资料，利用表 3－44 为上海华阳公司编制 2009 年 12 月份城市维护建设税与教育费附加申报表。

2.4.5 完成任务

（1）报告上海华阳公司 2009 年 12 月份应纳城市维护建设税税额；

（2）报告上海华阳公司 2009 年 12 月份应纳教育费附加额；

（3）填写完成《上海市工商企业城建税等税费申报表》（表 3－44）。

2.4.6 教研与交流

（1）从纳税人角度看，城市维护建设税与教育费附加申报应注意哪些事项？

（2）从计税（费）依据角度看，城市维护建设税与教育费附加申报应注意哪些事项？

（3）城市维护建设税与教育费附加申报教学的重点难点是什么？

表 3－44　　上海市工商企业城建税等税费申报表

所属时间　　年　　月

申报单位＿＿＿＿＿＿＿＿地址＿＿＿＿＿＿＿＿经济类型＿＿＿＿＿＿＿＿

税务登记号＿＿＿＿＿＿＿＿　　电脑编码＿＿＿＿＿＿＿＿

税务管理码＿＿＿＿＿＿＿＿　注册类型＿＿＿＿＿＿＿＿　金额单位：元

税种 / 项目 / 有关税费等	增值税			营业税			消费税			合计
	税额	征收率（税率）	应收税（费）额	税额	征收率（税率）	应征税（费）额	税额	征收率（税率）	应征税（费）额	10＝3＋6＋9
	1	2	3＝1×2	4	5	6＝4×5	7	8	9＝7×8	
城市维护建设税										
教育费附加										
合　计	×	×		×	×		×	×		

内容 / 项目		征费额	计征率	应征费额	申报单位签章	征收机关签章
		11	12	13＝11×12		
市政配套费					财务负责人	核收人
旅游发展附加	涉外旅游	（人次）	1 元			
	旅行社					
文化教育事业建设					年　月　日	年　月　日
合　计		×	×			
备注						

填表说明：（1）本表作为流转税申报表附件，根据财政、税收法规规定的申报日期如实申报。

（2）“经济类型”按税务登记证件上的“经济类型”项目填写。

（3）“税务登记号”指税务登记证件上“国（地）税户字…号”的“字…号”之间 15 位号码；“税务管理码”指税务登记证件上右上角的税务管理码 15 位号码。

（4）本表一式叁份，税务机关留存两份，退企业一份。

任务3 办理企业所得税纳税申报

3.1 任务描述与任务学习目标

1. 任务描述：编制企业所得税纳税申报表及有关附表，为企业办理所得税纳税申报。

2. 任务学习目标：知道企业所得税纳税申报一般程序与所需要的基本资料，能够正确进行企业所得税相关业务分析，并进行企业所得税纳税申报表编制的操作。

3.2 任务分析

进行企业所得税纳税申报，是一项较为复杂的工作，要较好地完成这一工作，除要掌握好有关所得税计税基本理论与国家有关所得税税收政策、条例和具体计计算方法等，还要做好以下几个方面：

1. 认真查询所得税纳税申报表的构成。

2. 熟悉所得税纳税申报表的格式与每一报表内的构成内容。

3. 认真学习所得税纳税申报表的填表说明。

4. 掌握企业的经济活动资料，并按税法要求分析企业的会计核算资料。

5. 结合对企业会计核算资料的分析，按所得税税法要求，填制企业所得税纳税申报表。

3.3 相关知识

3.3.1 企业所得税纳税申报的一般流程

为企业办理所得税纳税申报，一般应按照下列流程进行企业所得税纳税申报工作：

（1）按所得税税法的要求和所得税纳税申报表对企业收入申报的内容要求，按照财务会计制度核算的要求，审查与核实企业收入，包括反映企业收入的原始凭证、收入核算账户所反映的当期生产经营收入、财产转让收入、投资收入及应计入当期损益的资本利得等各项应税收入，以确保收入的真实性、正确性与准确性等。

（2）按所得税税法的要求和所得税纳税申报表对企业费用申报的内容要求，按照财务会计制度核算的要求，审查与核实企业费用与成本的核算，是否按规定执行了现行的企业会计核算制度，以保证企业费用与成本核算的真实性、正确性与准确性等。费用与成本核算的审查与核实，应逐步完成以下各项工作：

① 审查与核实有关期间费用的原始凭证及相关的会计处理，审查与核实有关期间费用账户的设置与登记，确定可税前扣除的当期实际发生的销售费用、管理费用和财务费用。

② 审查与核实有关税费的原始凭证及相关的会计处理，审查与核实有关税费账户的设置与登记，确定可税前扣除的税费额。

③ 审查与核实有关损失的原始凭证及相关的会计处理，审查与核实有关损失账户的设置与登记，确定可税前扣除的投资损失、资产减值损失及应计入当期损益的资本损失等。

(3) 认真学习与理解所得税税法等文件，熟悉征免税的范围与条件，确定减税免税的具体经营项目、适用的减免幅度和减免期限，力争使企业享受税收优惠政策。

(4) 根据以上审查结果，填报相应的“企业所得税纳税申报表（附表）”资料。

(5) 根据填报完成的企业所得税纳税申报表附表资料，填报“企业所得税纳税申报表”（主表）、办理税款缴纳并报送到主管税务机构。

3.3.2 办理企业所得税纳税申报需准备的材料

办理企业所得税纳税申报时，需准备下列材料：

(1) 一般企业要编制完成“企业所得税年度纳税申报表（A类）”。事业单位、社会团体和民办非企业单位则适用“企业所得税年度纳税申报表（B类）”。

(2) 编制完成所得税纳税申报表的附表。

(3) 企业所得税纳税缴款书。

(4) 相关的会计报表，如企业的“损益表”、“资产负债表”等。

3.3.3 企业所得税纳税申报表构成

企业所得税年度纳税申报表分为A类和B类，分别适用于查账征收和核定征收方式申报的居民企业所得税纳税人。A类企业所得税年度纳税申报表，由1张《企业所得税年度纳税申报表（A类）》主表和11张附表组成。

(1) 主表。“企业所得税年度（季度）纳税申报表（A类）”（表3-45），该表采用以间接法为基础的表样设计，包括利润总额的计算、应纳税所得额的计算和应纳税额的计算三部分。在编制时，以利润表为起点，将会计利润按税法规定调整为应纳税所得额，进而计算应纳所得税税额。

(2) 附表。组成A类企业所得税年度纳税申报表附表的有：

①“销售（营业）收入明细表（附表一）”，见表3-46；

②“销售（营业）成本费用明细表（附表二）”，见表3-47；

③“纳税调整项目明细表（附表三）”，见表3-48；

④“企业所得税弥补亏损明细表（附表四）”；

⑤“税收优惠明细表（附表五）”，见表3-49；

⑥“境外所得税抵免计算明细表（附表六）”；

⑦“以公允价值计量资产纳税调整表（附表七）”，见表3-50；

⑧“广告和业务宣传费跨年度纳税调整表（附表八）”，见表3-51；

⑨“资产折旧、摊销纳税调整明细表（附表九）”，见表3-52；

⑩“资产减值准备项目调整明细表（附表十）”，见表3-53。

表 3－45　　中华人民共和国企业所得税年度纳税申报表（A 类）

税款所属期间：　　年　　月　　日至　　年　　月　　日

纳税人名称：

纳税人识别号：□□□□□□□□□□□□□□□□□□　　金额单位：元（列至角分）

类别	行次	项　　目	金　　额
利润总额计算	1	一、营业收入（填附表一）	
	2	减：营业成本（填附表二）	
	3	营业税金及附加	
	4	销售费用（填附表二）	
	5	管理费用（填附表二）	
	6	财务费用（填附表二）	
	7	资产减值损失	
	8	加：公允价值变动收益	
	9	投资收益	
	10	二、营业利润	
	11	加：营业外收入（填附表一）	
	12	减：营业外支出（填附表二）	
	13	三、利润总额（10＋11－12）	
应纳税所得额计算	14	加：纳税调整增加额（填附表三）	
	15	减：纳税调整减少额（填附表三）	
	16	其中：不征税收入	
	17	免税收入	
	18	减计收入	
	19	减、免税项目所得	
	20	加计扣除	
	21	抵扣应纳税所得额	
	22	加：境外应税所得弥补境内亏损	
	23	纳税调整后所得（13＋14－15＋22）	
	24	减：弥补以前年度亏损（填附表四）	
	25	应纳税所得额（23－24）	

续表

类别	行次	项　　目	金　　额
应纳税额计算	26	税率（25%）	
	27	应纳所得税额（25×26）	
	28	减：减免所得税额（填附表五）	
	29	减：抵免所得税额（填附表五）	
	30	应纳税额（27－28－29）	
	31	加：境外所得应纳所得税额（填附表六）	
	32	减：境外所得抵免所得税额（填附表六）	
	33	实际应纳所得税额（30＋31－32）	
	34	减：本年累计实际已预缴的所得税额	
	35	其中：汇总纳税的总机构分摊预缴的税额	
	36	汇总纳税的总机构财政调库预缴的税额	
	37	汇总纳税的总机构所属分支机构分摊的预缴税额	
	38	合并纳税（母子体制）成员企业就地预缴比例	
	39	合并纳税企业就地预缴的所得税额	
	40	本年应补（退）的所得税额（33－34）	
附列资料	41	以前年度多缴的所得税额在本年抵减额	
	42	以前年度应缴未缴在本年入库所得税额	

纳税人公章： 经办人： 申报日期：　　年　月　日	代理申报中介机构公章： 经办人及执业证件号码： 代理申报日期：　　年　月　日	主管税务机关受理专用章： 受理人： 受理日期：　　年　月　日

表3－46　　企业所得税年度纳税申报表附表一（1）

收入明细表

填报时间：　　年　月　日　　　　金额单位：元（列至角分）

行次	项　　目	金　　额
1	一、销售（营业）收入合计（2＋13）	
2	（一）营业收入合计（3＋8）	
3	1. 主营业务收入（4＋5＋6＋7）	
4	（1）销售货物	
5	（2）提供劳务	
6	（3）让渡资产使用权	
7	（4）建造合同	
8	2. 其他业务收入（9＋10＋11＋12）	
9	（1）材料销售收入	
10	（2）代购代销手续费收入	
11	（3）包装物出租收入	
12	（4）其他	
13	（二）视同销售收入（14＋15＋16）	

续表

行次	项　　目	金　　额
14	（1）非货币性交易视同销售收入	
15	（2）货物、财产、劳务视同销售收入	
16	（3）其他视同销售收入	
17	二、营业外收入（18+19+20+21+22+23+24+25+26）	
18	1. 固定资产盘盈	
19	2. 处置固定资产净收益	
20	3. 非货币性资产交易收益	
21	4. 出售无形资产收益	
22	5. 罚款净收入	
23	6. 债务重组收益	
24	7. 政府补助收入	
25	8. 捐赠收入	
26	9. 其他	

经办人（签章）：　　　　　　　　　　　　　　　　　　法定代表人（签章）：

表 3-47　　企业所得税年度纳税申报表附表二（1）

成本费用明细表

填报时间：　　年　月　日　　　　　　　　　　　　金额单位：元（列至角分）

行次	项　　目	金　　额
1	一、销售（营业）成本合计（2+7+12）	
2	（一）主营业务成本（3+4+5+6）	
3	（1）销售货物成本	
4	（2）提供劳务成本	
5	（3）让渡资产使用权成本	
6	（4）建造合同成本	
7	（二）其他业务成本（8+9+10+11）	
8	（1）材料销售成本	
9	（2）代购代销费用	
10	（3）包装物出租成本	
11	（4）其他	
12	（三）视同销售成本（13+14+15）	
13	（1）非货币性交易视同销售成本	
14	（2）货物、财产、劳务视同销售成本	
15	（3）其他视同销售成本	
16	二、营业外支出（17+18+…+24）	
17	1. 固定资产盘亏	
18	2. 处置固定资产净损失	

续表

行次	项　目	金　额
19	3. 出售无形资产损失	
20	4. 债务重组损失	
21	5. 罚款支出	
22	6. 非常损失	
23	7. 捐赠支出	
24	8. 其他	
25	三、期间费用（26+27+28）	
26	1. 销售（营业）费用	
27	2. 管理费用	
28	3. 财务费用	

经办人（签章）：　　　　　　　　　　　　　　法定代表人（签章）：

表 3-48　　企业所得税年度纳税申报表附表三

纳税调整项目明细表

填报时间：　　年　　月　　日　　　　　　　　金额单位：元（列至角分）

行次	项　目	账载金额	税收金额	调增金额	调减金额
		1	2	3	4
1	一、收入类调整项目	*	*		
2	1. 视同销售收入（填写附表一）	*	*		*
3	2. 接受捐赠收入	*			*
4	3. 不符合税收规定的销售折扣和折让				*
5	4. 未按权责发生制原则确认的收入				
6	5. 按权益法核算长期股权投资对初始投资成本调整确认收益	*	*	*	
7	6. 按权益法核算的长期股权投资持有期间的投资损益	*	*		
8	7. 特殊重组				
9	8. 一般重组				
10	9. 公允价值变动净收益（填写附表七）	*	*		
11	10. 确认为递延收益的政府补助				
12	11. 境外应税所得（填写附表六）	*	*	*	
13	12. 不允许扣除的境外投资损失	*	*		*
14	13. 不征税收入（填附表一［3］）	*	*	*	
15	14. 免税收入（填附表五）	*	*	*	
16	15. 减计收入（填附表五）	*	*	*	
17	16. 减、免税项目所得（填附表五）	*	*	*	
18	17. 抵扣应纳税所得额（填附表五）	*	*	*	
19	18. 其他				

续表

行次	项　　目	账载金额	税收金额	调增金额	调减金额
		1	2	3	4
20	二、扣除类调整项目	*	*		
21	1. 视同销售成本（填写附表二）	*	*	*	
22	2. 工资薪金支出				
23	3. 职工福利费支出				
24	4. 职工教育经费支出				
25	5. 工会经费支出				
26	6. 业务招待费支出				*
27	7. 广告费和业务宣传费支出（填写附表八）	*	*		
28	8. 捐赠支出				*
29	9. 利息支出				
30	10. 住房公积金				*
31	11. 罚金、罚款和被没收财物的损失		*		*
32	12. 税收滞纳金		*		*
33	13. 赞助支出		*		*
34	14. 各类基本社会保障性缴款				
35	15. 补充养老保险、补充医疗保险				
36	16. 与未实现融资收益相关在当期确认的财务费用				
37	17. 与取得收入无关的支出		*		*
38	18. 不征税收入用于支出所形成的费用		*		*
39	19. 加计扣除（填附表五）	*	*	*	
40	20. 其他				
41	三、资产类调整项目	*	*		
42	1. 财产损失				
43	2. 固定资产折旧（填写附表九）	*	*		
44	3. 生产性生物资产折旧（填写附表九）	*	*		
45	4. 长期待摊费用的摊销（填写附表九）	*	*		
46	5. 无形资产摊销（填写附表九）	*	*		
47	6. 投资转让、处置所得（填写附表十一）	*	*		
48	7. 油气勘探投资（填写附表九）				
49	8. 油气开发投资（填写附表九）				
50	9. 其他				
51	四、准备金调整项目（填写附表十）	*	*		
52	五、房地产企业预售收入计算的预计利润	*	*		
53	六、特别纳税调整应税所得	*	*		*
54	七、其他	*	*		
55	合　　计	*	*		

注：1. 标有 * 的行次为执行新会计准则的企业填列，标有#的行次为除执行新会计准则以外的企业填列。

2. 没有标注的行次，无论执行何种会计核算办法，有差异就填报相应行次，填 * 号不可填列。

3. 有二级附表的项目只填调增、调减金额，账载金额、税收金额不再填写。

经办人（签章）：　　　　　　　　　　　　　　法定代表人（签章）：

表 3－49　　企业所得税年度纳税申报表附表五

税收优惠明细表

填报时间：　　年　　月　　日　　　　金额单位：元（列至角分）

行次	项　　目	金　额
1	一、免税收入（2＋3＋4＋5）	
2	1. 国债利息收入	
3	2. 符合条件的居民企业之间的股息、红利等权益性投资收益	
4	3. 符合条件的非营利组织的收入	
5	4. 其他	
6	二、减计收入（7＋8）	
7	1. 企业综合利用资源，生产符合国家产业政策规定的产品所取得的收入	
8	2. 其他	
9	三、加计扣除额合计（10＋11＋12＋13）	
10	1. 开发新技术、新产品、新工艺发生的研究开发费用	
11	2. 安置残疾人员所支付的工资	
12	3. 国家鼓励安置的其他就业人员支付的工资	
13	4. 其他	
14	四、减免所得额合计（15＋25＋29＋30＋31＋32）	
15	（一）免税所得（16＋17＋…＋24）	
16	1. 蔬菜、谷物、薯类、油料、豆类、棉花、麻类、糖料、水果、坚果的种植	
17	2. 农作物新品种的选育	
18	3. 中药材的种植	
19	4. 林木的培育和种植	
20	5. 牲畜、家禽的饲养	
21	6. 林产品的采集	
22	7. 灌溉、农产品初加工、兽医、农技推广、农机作业和维修等农、林、牧、渔服务业项目	
23	8. 远洋捕捞	
24	9. 其他	
25	（二）减税所得（26＋27＋28）	
26	1. 花卉、茶以及其他饮料作物和香料作物的种植	
27	2. 海水养殖、内陆养殖	
28	3. 其他	
29	（三）从事国家重点扶持的公共基础设施项目投资经营的所得	
30	（四）从事符合条件的环境保护、节能节水项目的所得	
31	（五）符合条件的技术转让所得	
32	（六）其他	
33	五、减免税合计（34＋35＋36＋37＋38）	
34	（一）符合条件的小型微利企业	

续表

行次	项目	金额
35	（二）国家需要重点扶持的高新技术企业	
36	（三）民族自治地方的企业应缴纳的企业所得税中属于地方分享的部分	
37	（四）过渡期税收优惠	
38	（五）其他	
39	六、创业投资企业抵扣的应纳税所得额	
40	七、抵免所得税额合计（41+42+43+44）	
41	（一）企业购置用于环境保护专用设备的投资额抵免的税额	
42	（二）企业购置用于节能节水专用设备的投资额抵免的税额	
43	（三）企业购置用于安全生产专用设备的投资额抵免的税额	
44	（四）其他	
45	企业从业人数（全年平均人数）	
46	资产总额（全年平均数）	
47	所属行业（工业企业　其他企业）	

经办人（签章）：　　　　　　　　　　　　　　　　法定代表人（签章）：

表3-50　　企业所得税年度纳税申报表附表七

以公允价值计量资产纳税调整表

填报时间：　　年　　月　　日　　　　　　　　　　金额单位：元（列至角分）

行次	资产种类	期初金额		期末金额		纳税调整额（纳税调减以“-”表示）
		账载金额（公允价值）	计税基础	账载金额（公允价值）	计税基础	
		1	2	3	4	5
1	一、公允价值计量且其变动计入当期损益的金融资产					
2	1. 交易性金融资产					
3	2. 衍生金融工具					
4	3. 其他以公允价值计量的金融资产					
5	二、公允价值计量且其变动计入当期损益的金融负债					
6	1. 交易性金融负债					
7	2. 衍生金融工具					
8	3. 其他以公允价值计量的金融负债					
9	三、投资性房地产					
10	合计					

经办人：　　　　　　　　　　　　　　　　　　　　法定代表人（签章）：

表 3-51　　企业所得税年度纳税申报表附表八

广告费和业务宣传费跨年度纳税调整表

填报时间：　　年　　月　　日　　　　　　　　　　　　　　　　　　　　金额单位：元（列至角分）

行次	项　　目	金　额
1	本年度广告费和业务宣传费支出	
2	其中：不允许扣除的广告费和业务宣传费支出	
3	本年度符合条件的广告费和业务宣传费支出（1-2）	
4	本年计算广告费和业务宣传费扣除限额的销售（营业）收入	
5	税收规定的扣除率	
6	本年广告费和业务宣传费扣除限额（4×5）	
7	本年广告费和业务宣传费支出纳税调整额（3≤6，本行=2行；3>6，本行=1-6）	
8	本年结转以后年度扣除额（3>6，本行=3-6；3≤6，本行=0）	
9	加：以前年度累计结转扣除额	
10	减：本年扣除的以前年度结转额	
11	累计结转以后年度扣除额（8+9-10）	

经办人（签章）：　　　　　　　　　　　　　　　　　　　　法定代表人（签章）：

表 3-52　　企业所得税年度纳税申报表附表九

资产折旧、摊销纳税调整明细表

填报日期：　　年　　月　　日　　　　　　　　　　　　　　　　　　　　金额单位：元（列至角分）

行次	资产类别	资产原值		折旧、摊销年限		本期折旧、摊销额		纳税调整额
		账载金额	计税基础	会计	税收	会计	税收	
		1	2	3	4	5	6	7
1	一、固定资产			*	*			
2	1. 房屋建筑物							
3	2. 飞机、火车、轮船、机器、机械和其他生产设备							
4	3. 与生产经营有关的器具工具家具							
5	4. 飞机、火车、轮船以外的运输工具							
6	5. 电子设备							
7	二、生产性生物资产			*	*			
8	1. 林木类							
9	2. 畜类							
10	三、长期待摊费用			*	*			
11	1. 已足额提取折旧的固定资产的改建支出							
12	2. 租入固定资产的改建支出							
13	3. 固定资产大修理支出							
14	4. 其他长期待摊费用							
15	四、无形资产							
16	五、油气勘探投资							
17	六、油气开发投资							
18	合　计			*	*			

经办人（签章）：　　　　　　　　　　　　　　　　　　　　法定代表人（签章）：

表 3-53　　企业所得税年度纳税申报表附表十

资产减值准备项目调整明细表

填报日期：　年　月　日　　　　金额单位：元（列至角分）

行次	准备金类别	期初余额	本期转回额	本期计提额	期末余额	纳税调整额
		1	2	3	4	5
1	坏（呆）账准备					
2	存货跌价准备					
3	*其中：消耗性生物资产减值准备					
4	*持有至到期投资减值准备					
5	*可供出售金融资产减值		—			
6	#短期投资跌价准备					
7	长期股权投资减值准备					
8	*投资性房地产减值准备					
9	固定资产减值准备					
10	在建工程（工程物资）减值准备					
11	*生产性生物资产减值准备					
12	无形资产减值准备					
13	商誉减值准备					
14	贷款损失准备					
15	矿区权益减值					
16	其他					
17	合计					

注：表中*项目为执行新会计准则企业专用；表中加#项目为执行企业会计制度、小企业会计制度的企业专用。

经办人（签章）：　　　　法定代表人（签章）：

⑪“长期股权投资所得（损失）明细表（附表十一）”。

其中“销售（营业）收入明细表（附表一）”和“销售（营业）成本明细表（附表二）”，又各有三张，分别适用于一般企业、金融企业和事业单位等。

（3）企业所得税纳税申报表主表与附表之间的关系。企业所得税纳税申报表主表，是总括的反映企业所得内容、形成过程、所得税的计算过程的结果。附表是为反映主表有关项目详细情况而设置的。因此，主表与附表之间不仅在内容上相呼应，而且在数据上也存在着逻辑关系，也可以说附表为主表提供了数据来源，所以在编制主表前，应首先编制有关附表。

3.3.4 所得税纳税申报的注意事项

（1）企业所得税的一般计算方法。企业所得税是对中国境内企业的生产经营所得和其他所得征收的一种税，其计算公式为：

应纳所得税税额 = 应纳税所得额 × 适用所得税税率

其中，“应纳税所得额”是指企业纳税人每一纳税年度内，所得税税法规定的收入总额减去所得税税法中规定的准予扣除项目金额后的余额，可用公式表示如下：

应纳税所得额 = 收入总额 - 准予扣除项目金额

在计算应纳税所得额（也即计税利润）时，税法中对哪些收入应该计入收入总额、哪些收入可以不计入收入总额，哪些项目允许扣除以及按什么标准扣除、哪些项目不允许扣除，都有明确的规定。因为税法中的一些规定与企业会计准则、制度中的一些规定有所不同，因此计税利润与企业的会计利润有所不同。

应注意的事项是：由于企业所得税年度纳税申报表（A类），采用的是以间接法为基础的逻辑关系设计，即以企业会计利润核算为基础，然后再根据税法的规定，将企业的会计利润调整为计税利润并计算与申报企业应纳所得税。所以，在《企业所得税年度纳税申报表(A类)》中，企业应纳所得税税额的计算如下：

应纳所得税税额 =（企业会计利润 ± 按税法应予调整项目的金额）× 适用所得税税率

（2）应予调整项目的类别。对企业会计利润按税法规定进行纳税项目调整，从经济内容方面可以分为三类，一类是有关收入项目的调整，其中重点要检查企业联营利润、股息收入以及境外收益等；一类是有关费用项目的调整，其中重点要检查借款利息支出、工资及附加费、业务招待费、公益救济性捐赠以及不准在税前扣除的项目等，再有一类是关于税收减、免等的调整。从对计税金额多少的影响方面，可以分为调增额和调减额两类。

（3）企业所得税纳税申报期限。企业所得税纳税人应当在月份或季度终了15日内申报预缴，年度终了45日内进行年度申报（汇总纳税成员企业和单位在季度终了15日内或年度终了45日内向所在地税务机关报送申报表），年度终了后4个月汇算清缴。

3.3.5 相关知识网上链接查询

(1)《中华人民共和国企业所得税法实施条例》。

(2)《企业所得税年度纳税申报表》主表及“填表说明”。

(3)《企业所得税年度纳税申报表》附表与“填表说明”。

以上均可到国家税务总局及各省、市税务局网站查询，国家税务总局网址链接为：http://www.chinatax.gov.cn/n8136506/n8136563/n8136841/index.html。

3.4 技能训练

北京高森公司为国有企业，是一家集制药、医疗器械生产和房地投资等为一体的综合公司，税务登记认定为增值税一般纳税人，企业地址为北京市开发区世纪新路8号，电话为86690417，开户银行及账号为工行世纪新路分理处，13－0489925，纳税人识别号为21040401000331282，纳税编码37619308。企业从业人数（全年平均人数）530人，资产总额（全年平均数）12 630万元（为简便起见，该项实训中，金额单位均为万元）。经核实，高森公司2009年有关经营活动资料如下：

（1）高森公司2009年利润表见表3－54所示。

表 3－54 **利润表**（简表）

项　　目	金　　额
一、营业收入	6 000
减：营业成本	3 500
营业税金及附加	280
销售费用	400
管理费用	550
财务费用	600
资产减值损失	120
加：公允价值变动收益	300
投资收益	600
二、营业利润	1 450
加：营业外收入	200
减：营业外支出	180
三、利润总额	1 470

（2）关于利润表主要事项的说明：

1）公司会计核算的收入。销售货物 2 600 万元、提供劳务 1 100 万元、让渡资产使用权 300 万元、销售材料收入 500 万元、代购代销手续费收入 40 万元、出租包装物收入 1 400 万元、营业外收入固定资产盘盈 50 万元、出售无形资产收益 80 万元、捐赠收入 70 万元。

① 在销售的货物中，有公司综合利用药品生产中的“三废”，生产符合国家产业政策规定的产品所取得的收入 170 万元；在提供劳务的中，有公司为用户提供符合条件的环境保护、节能节水项目所得 150 万元。

② 投资收益中含有国债利息收入 60 万元。

③ 公司将一批自产的健身器材发放给职工，直接以成本 40 万元结转，未计销售，同类产品的市场价为 60 万元。

2）公司会计核算中进行了两项资产减值的核算，存货跌价准备期初余额 80 万元、本期转回额 10 万元、本期计提额 60 万元、期末余额 150 万元；持有至到期投资减值准备期初余额 530 万元、本期计提额 250 万元、期末余额 780 万元。

3）按公司会计核算，房屋建筑物年折旧额 56 万元、机器、机械和其他生产设备年折旧额 224 万元，已足额提取折旧的固定资产的改建支出年分摊额为 110 万元，无形资产年摊销额为 130 万元。

按税法要求核算，房屋建筑物年折旧额应为 42 万元、机器、机械和其他生产设备年折旧额应为 188 万元、已足额提取折旧的固定资产改建支出年分摊额应为 90 万元、无形资产年摊销额应为 100 万元。

4）公司会计核算的广告费和业务宣传费支出 360 万元，其中：按税法要求不允许扣除的广告费和业务宣传费支出 60 万元，本年度广告费和业务宣传费税收规定的扣除率为 15%。

5）公司会计核算以公允价值计量的资产有两项，一项是交易性金融资产，账载金额期初为 90 万元、期末为 147 万元；一项是投资性房地产，账载金额期初为 220 万元、期末为

293 万元。交易性金融资产的计税基础，期初为 85 万元、期末为 175 万元；投资性房地产计税基础，期初为 250 万元、期末为 380 万元。

6）公司的工资薪金、职工福利费、职工教育经费、工会经费四项支出，公司会计核算的实际发生额分别为：588.8 万元、83.2 万元、14.7 万元、11.2 万元；按计税工资标准核算的应发生额分别为：508.8 万元、71.2 万元、12.7 万元、10.2 万元。

在公司的工资薪金等薪酬实际支出中，包含根据国家有关政策，安置残疾人员所发生的薪酬 50 万元、国家鼓励安置的其他就业人员发生的薪酬 60 万元。

7）公司会计核算的业务招待费实际发生额为 141 万元。

8）公司会计核算的利息费用总额为 386 万元，其中有 40 万元按税法要求应予资本化处理。

9）在公司营业外支出中，一是“罚金、罚款和被没收财物的损失”包含了行政罚款 10 万元，二是包含对协作单位的赞助支出 25 万元。

10）在公司管理费用中，包含开发新技术、新产品、新工艺发生的研究开发费用 140 万元，由于符合有关税收管理要求，经主管税务机关批准可再加扣 50%。

（3）公司今年仍符合国家重点扶持高新技术企业税收优惠政策，经主管税务机关批准可减免税额 35 万元。

（4）公司自筹资金购置用于环境保护专用设备，因符合国家产业政策的技术改造项目，经主管税务机关批准可抵免税额 25 万元。

（5）至 11 月末本年累计实际已预缴的所得税额 290.5 万元。

2. 实训要求：根据上述实训资料，填制表 3－45 至表 3－53 各表。

3.5 完成任务

提交填制完成的表 3－45 至表 3－53 各表，有关各表中应填制完成的数据资料如下，见表 3－55 至表 3－63。

表 3－55　　中华人民共和国企业所得税年度纳税申报表（A 类）

类　别	行次	项　　目	金额
利润总额计算	1	一、营业收入（填附表一）	6 000
	2	减：营业成本（填附表二）	3 500
	3	营业税金及附加	280
	4	销售费用（填附表二）	400
	5	管理费用（填附表二）	550
	6	财务费用（填附表二）	600
	7	资产减值损失	120
	8	加：公允价值变动收益	300
	9	投资收益	600
	10	二、营业利润	1 450
	11	加：营业外收入（填附表一）	200
	12	减：营业外支出（填附表二）	180
	13	三、利润总额（10＋11－12）	1 470

续表

类别	行次	项目	金额
应纳税所得额计算	14	加：纳税调整增加额（填附表三）	900
	15	减：纳税调整减少额（填附表三）	600
	16	其中：不征税收入	
	17	免税收入	60
	18	减计收入	170
	19	减、免税项目所得	150
	20	加计扣除	220
	23	纳税调整后所得（13+14-15+22）	1 770
	25	应纳税所得额（23-24）	1 770
应纳税额计算	26	税率（25%）	25%
	27	应纳所得税额（25×26）	442.5
	28	减：减免所得税额（填附表五）	35
	29	减：抵免所得税额（填附表五）	25
	30	应纳税额（27-28-29）	382.5
	33	实际应纳所得税额（30+31-32）	382.5
	34	减：本年累计实际已预缴的所得税额	290.5
	40	本年应补（退）的所得税额（33-34）	92

表3-56　收入明细表

行次	项目	金额
1	一、销售（营业）收入合计（2+13）	6 000
2	（一）营业收入合计（3+8）	5 940
3	1. 主营业务收入（4+5+6+7）	4 000
4	（1）销售货物	2 600
5	（2）提供劳务	1 100
6	（3）让渡资产使用权	300
8	2. 其他业务收入（9+10+11+12）	1 940
9	（1）材料销售收入	500
10	（2）代购代销手续费收入	40
11	（3）包装物出租收入	1 400
13	（二）视同销售收入（14+15+16）	60
14	（1）非货币性交易视同销售收入	
15	（2）货物、财产、劳务视同销售收入	60
17	二、营业外收入（18+19+20+21+22+23+24+25+26）	200
18	1. 固定资产盘盈	50
21	4. 出售无形资产收益	80
25	8. 捐赠收入	70

表 3－57　　成本费用明细表

行　次	项　　目	金　额
1	一、销售（营业）成本合计（2＋7＋12）	3 500
2	（一）主营业务成本（3＋4＋5＋6）	3 065
3	（1）销售货物成本	2 152
4	（2）提供劳务成本	750
5	（3）让渡资产使用权成本	163
7	（二）其他业务成本（8＋9＋10＋11）	35
8	（1）材料销售成本	9
9	（2）代购代销费用	4
10	（3）包装物出租成本	22
12	（三）视同销售成本（13＋14＋15）	40
14	（2）货物、财产、劳务视同销售成本	40
16	二、营业外支出（17＋18＋……＋24）	180
17	1. 固定资产盘亏	20
21	5. 罚款支出	30
22	6. 非常损失	60
23	7. 捐赠支出	70
24	8. 其他	
25	三、期间费用（26＋27＋28）	1 550
26	1. 销售（营业）费用	400
27	2. 管理费用	550
28	3. 财务费用	600

经办人（签章）：　　　　法定代表人（签章）：

表 3－58　　纳税调整项目明细表

行次	项　　目	账载金额	税收金额	调增金额	调减金额
		1	2	3	4
1	一、收入类调整项目	*	*	150	380
2	1. 视同销售收入（填写附表一）	*	*	60	*
10	9. 公允价值变动净收益（填写附表七）	*	*	90	
15	14. 免税收入（填附表五）	*	*	*	60
16	15. 减计收入（填附表五）	*	*	*	170
17	16. 减、免税项目所得（填附表五）	*	*	*	150
20	二、扣除类调整项目	*	*	350	220
21	1. 视同销售成本（填写附表二）	*	*	*	40
22	2. 工资薪金支出	588.8	508.8	80	
23	3. 职工福利费支出 14%	83.2	71.2	12	
24	4. 职工教育经费支出 2.5%	14.7	12.7	2	
25	5. 工会经费支出 2%	11.2	10.2	1	

续表

行次	项　目	账载金额	税收金额	调增金额	调减金额
		1	2	3	4
26	6. 业务招待费支出 60%	141	21	120	*
27	7. 广告费和业务宣传费支出（填写附表八）	*	*	60	
28	8. 捐赠支出				*
29	9. 利息支出	386	346	40	
30	10. 住房公积金				*
31	11. 罚金、罚款和被没收财物的损失	30	*	10	*
32	12. 税收滞纳金		*		*
33	13. 赞助支出		*	25	*
39	19. 加计扣除（填附表五）	*	*	*	180
40	20. 其他				
41	三、资产类调整项目	*	*	100	
42	1. 财产损失				
43	2. 固定资产折旧（填写附表九）	*	*	50	
45	4. 长期待摊费用的摊销（填写附表九）	*	*	20	
46	5. 无形资产摊销（填写附表九）	*	*	30	
51	四、准备金调整项目（填写附表十）	*	*	300	
55	合　计	*	*	900	600

表 3－59　　税收优惠明细表

行　次	项　目	金　额
1	一、免税收入（2＋3＋4＋5）	60
2	1. 国债利息收入	60
6	二、减计收入（7＋8）	170
7	1. 企业综合利用资源，生产符合国家产业政策规定的产品所取得的收入	170
8	2. 其他	
9	三、加计扣除额合计（10＋11＋12＋13）	180
10	1. 开发新技术、新产品、新工艺发生的研究开发费用	70
11	2. 安置残疾人员所支付的工资	50
12	3. 国家鼓励安置的其他就业人员支付的工资	60
13	4. 其他	
14	四、减免所得额合计（15＋25＋29＋30＋31＋32）	150
30	（四）从事符合条件的环境保护、节能节水项目的所得	150
33	五、减免税合计（34＋35＋36＋37＋38）	35
34	（一）符合条件的小型微利企业	
35	（二）国家需要重点扶持的高新技术企业	35
40	七、抵免所得税额合计（41＋42＋43＋44）	25
41	（一）企业购置用于环境保护专用设备的投资额抵免的税额	25
45	企业从业人数（全年平均人数）	530
46	资产总额（全年平均数）	12 630
47	所属行业（工业企业　其他企业）	工业

经办人（签章）：　　　　法定代表人（签章）：

表 3－60　　以公允价值计量资产纳税调整表

行次	资产种类	期初金额		期末金额		纳税调整额（纳税调减以“－”表示）
		账载金额（公允价值）	计税基础	账载金额（公允价值）	计税基础	
		1	2	3	4	5
1	一、公允价值计量且其变动计入当期损益的金融资产					
2	1. 交易性金融资产	90	85	147	175	33
9	三、投资性房地产	220	250	293	380	57
10	合计	310	335	440	555	90

表 3－61　　广告费和业务宣传费跨年度纳税调整表

行　次	项　目	金　额
1	本年度广告费和业务宣传费支出	360
2	其中：不允许扣除的广告费和业务宣传费支出	60
3	本年度符合条件的广告费和业务宣传费支出（1－2）	300
4	本年计算广告费和业务宣传费扣除限额的销售（营业）收入	6 000
5	税收规定的扣除率	15%
6	本年广告费和业务宣传费扣除限额（4×5）	900
7	本年广告费和业务宣传费支出纳税调整额（3≤6，本行＝2 行；3＞6，本行＝1－6）	60

表 3－62　　资产折旧、摊销纳税调整明细表

行次	资产类别	资产原值		折旧、摊销年限		本期折旧、摊销额		纳税调整额
		账载金额	计税基础	会计	税收	会计	税收	
		1	2	3	4	5	6	7
1	一、固定资产	3 080	3 090	*	*	280	230	50
2	1. 房屋建筑物	840	840	15	20	56	42	14
3	2. 飞机、火车、轮船、机器、机械和其他生产设备	2 240	2 250	10	12	224	188	36
10	三、长期待摊费用	330	330	*	*	110	90	20
11	1. 已足额提取折旧的固定资产的改建支出	330	330	3	4	110	90	20
15	四、无形资产	650	650	5	7	130	100	30
18	合计	4 060	4 070	*	*	520	420	100

表 3－63　　资产减值准备项目调整明细表

行次	准备金类别	期初余额	本期转回额	本期计提额	期末余额	纳税调整额
		1	2	3	4	5
1	坏（呆）账准备					
2	存货跌价准备	80	10	60	150	50
4	*持有至到期投资减值准备	530		250	780	250
16	其他					
17	合计	610	10	310	930	300

本企业执行新会计准则。

3.6　教研与交流

1. 企业所得税纳税申报表由哪些表构成？
2. 如何掌握填制企业纳税申报表的注意事项？
3. 如何在教学过程中更好地解决填表顺序及各表之间的关系问题？

单元四　应用金税工程（电子报税）

学习目标： 增值税防伪税控一机多票开票子系统 V6.01 可完成增值税专用发票、废旧物资销售发票和增值税普通发票的管理。通过本单元的学习，能够理解并掌握防伪税控系统一机多票子系统的工作流程：购买发票→读入发票→开具发票→抄税报税等环节；掌握增值税专用发票的填开方法；理解随时抄税的概念和意义，掌握抄报税相关的各项操作；掌握网上报税的方法。

任务1　操作防伪税控开票子系统

1.1　任务描述与任务学习目标

（1）任务描述

利用增值税防伪税控系统的一机多票开票子系统 V6.01，完成增值税专用发票的填开、查询、打印等；以及抄税处理、发票资料的统计和查询打印等。

（2）任务学习目标

知道如何登录增值税防伪税控系统的一机多票开票子系统，能够正确进行企业有关增值税专用发票防伪税控系统的填开、打印发票等操作。

1.2　任务分析

1.2.1　防伪税控专用发票的开具

（1）发票领用管理。

1）从 IC 卡读入新购发票。点击电脑桌面上的“防伪开票”图标，便可运行一机多票开票软件，启动界面见图 4－1，注册后点击“进入系统”按钮，便可登录到一机多票开票子系统 V6.01 主界面。

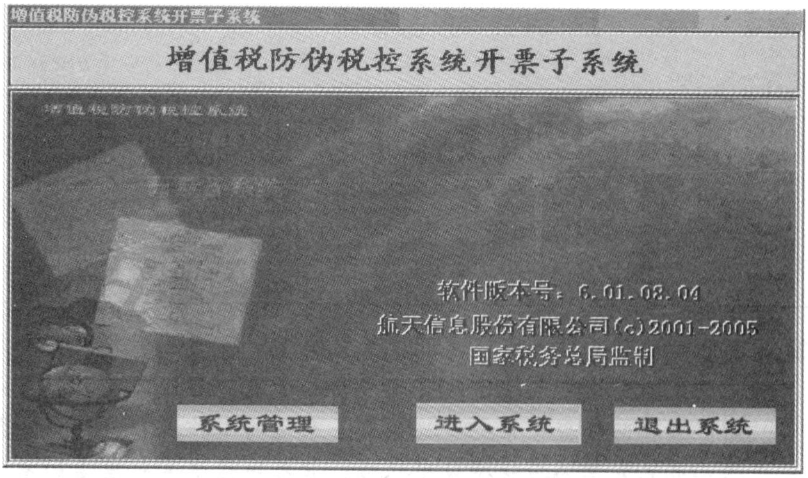

图 4－1　一机多票开票系统启动界面

在一机多票开票子系统 V6.01 主界面中，点击“发票领用管理”的“从 IC 卡读入新购发票”菜单项，系统弹出读入发票确认提示信息框，如图 4－2 所示。

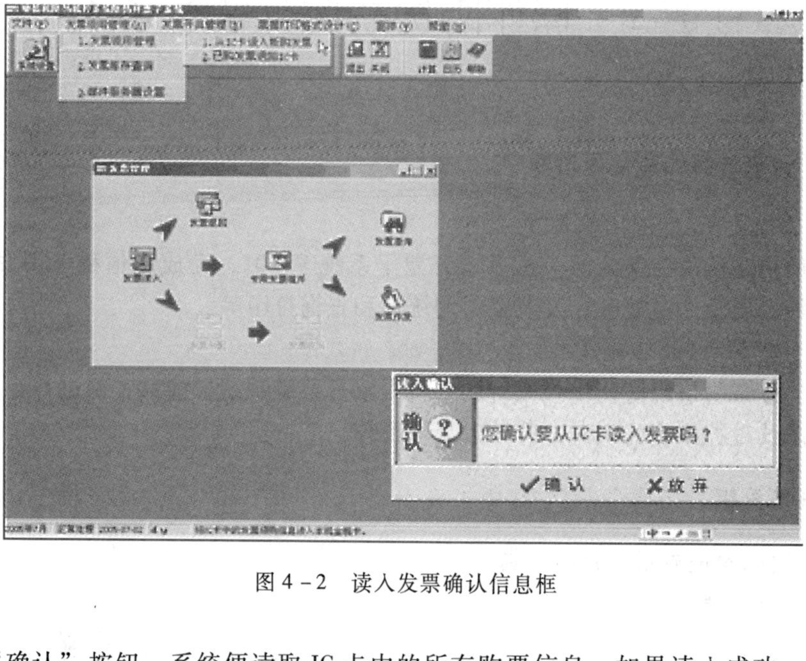

图 4－2　读入发票确认信息框

点击“确认”按钮，系统便读取 IC 卡中的所有购票信息。如果读入成功，则购票信息记入本机金税卡中，并显示出读入的各卷发票的基本信息，如图 4－3 所示。

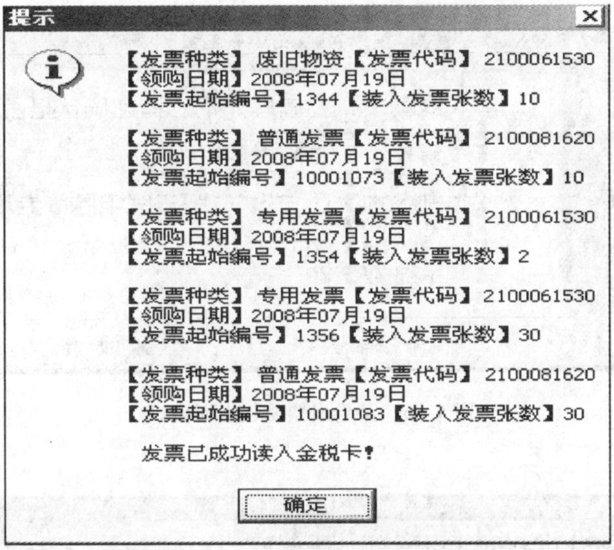

图 4－3 发票读入成功提示信息框

2）已购发票退回 IC 卡。在一机多票开票子系统 V6.01 主界面中，点击“发票领用管理”的“已购发票退回 IC 卡”菜单项，系统弹出“选择发票卷”窗口，如图 4－4 所示，选择所要退掉的某一发票卷。点击“选择”按钮，系统弹出退回确定提示信息，如图 4－5 所示。点击“确定”按钮后，系统弹出欲退回的发票卷信息，让用户再次确认是否确实退回此卷发票。点击“确定”按钮后，提示正确插入 IC 卡。确认后系统执行退票操作，并给出成功提示信息，如图 4－6 所示。

重复执行上述操作，可以将多卷、多种类发票退回到 IC 卡中，但最多不能超过 5 卷。之后企业持 IC 卡到税务机关，可一次退回 IC 卡中的多卷、多种类发票。

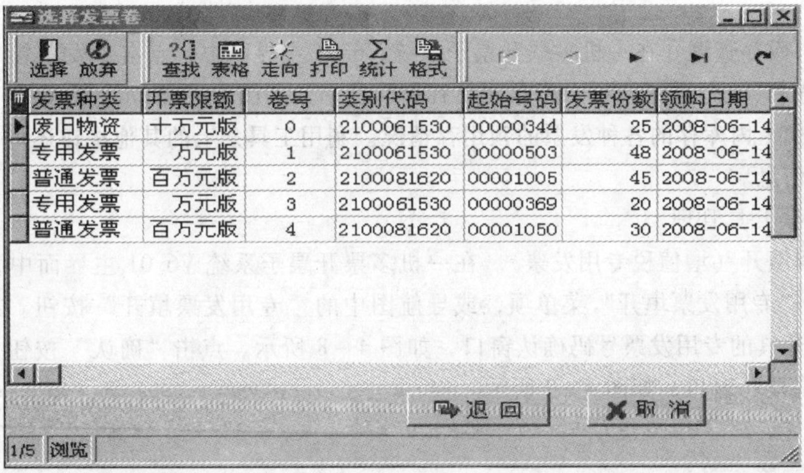

图 4－4 选择发票卷窗口

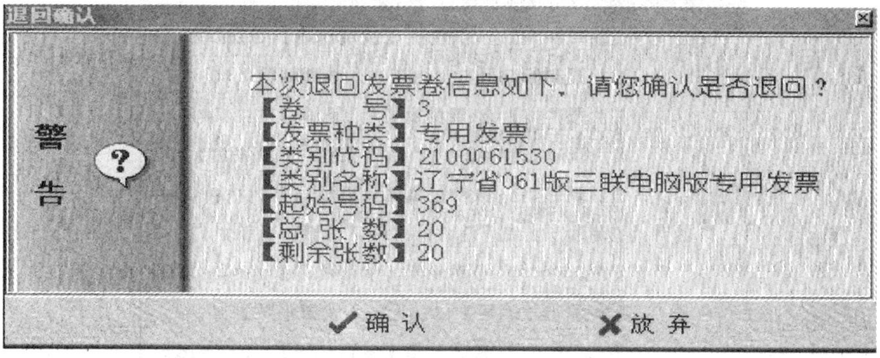

图 4－5　某卷发票确认退回窗口

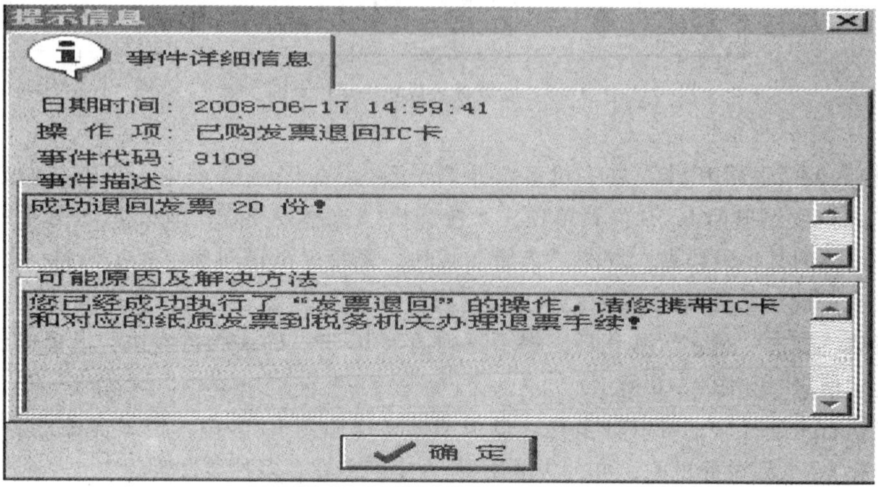

图 4－6　退票成功提示信息

3）发票库存查询。在一机多票开票子系统 V6.01 主界面中，点击“发票领用管理”的“发票库存查询”，打开“金税卡库存发票查询”窗口，如图 4－7 所示。在该窗口中，即可直接查看金税卡内库存的各种发票的领用存情况。利用工具条上的其他按钮还可以查找、打印库存发票信息。

（2）发票开具管理。

1）发票填开（增值税专用发票）。在一机多票开票子系统 V6.01 主界面中，点击“发票填开”的“专用发票填开”菜单项，或导航图中的“专用发票填开”按钮。系统自动按顺序调出待开具的专用发票号码确认窗口，如图 4－8 所示。点击“确认”按钮，系统弹出“专用发票填开”窗口，如图 4－9 所示。

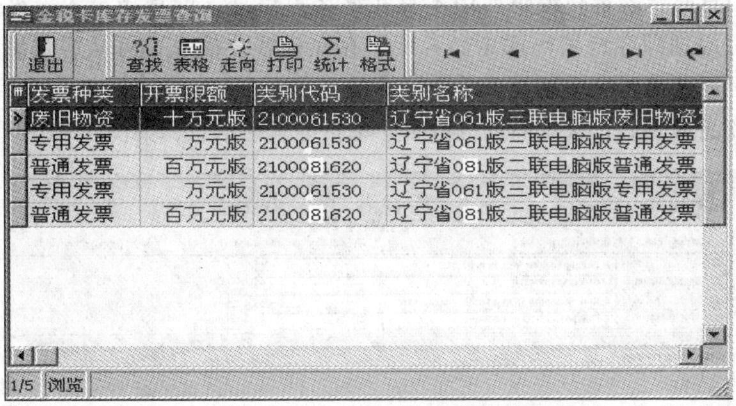

图 4－7　发票库存查询窗口

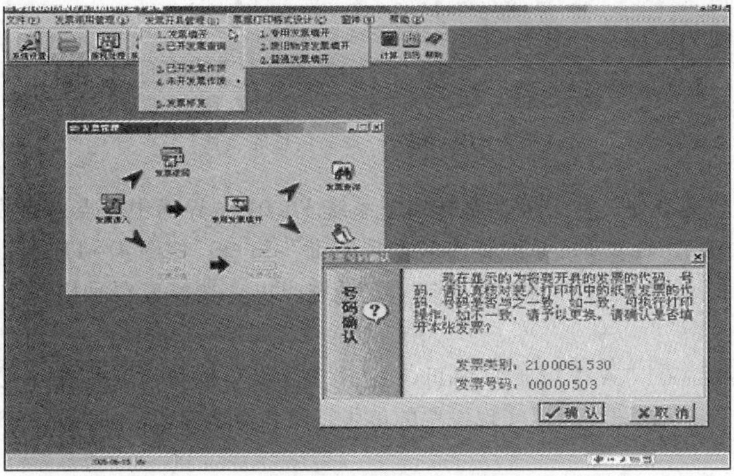

图 4－8　发票号码确认提示框

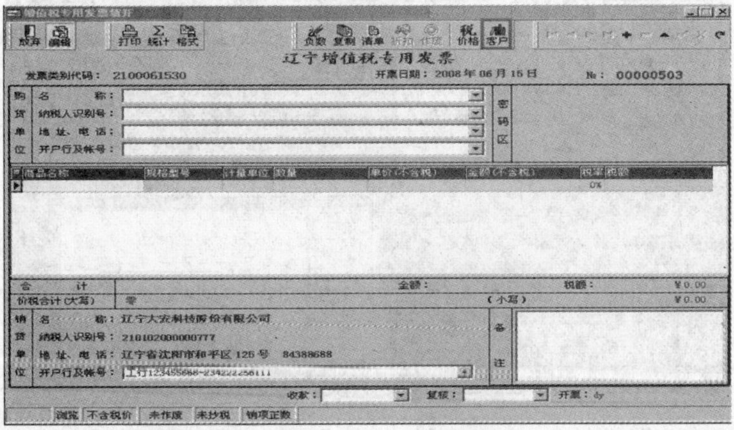

图 4－9　专用发票填开窗口

填写购方信息时，若客户编码库中不存在该客户信息，可直接录入，再通过点击“客户”按钮保存并添加到客户编码库中。若库中存在该客户信息，可从客户编码库中提取数据。商品信息只能从编码库中选择，单击“商品名称”下的空白处，调出“商品编码选择”对话框，选择商品编码后，录入商品的数目、单价等其他信息，如图 4 - 10 所示。

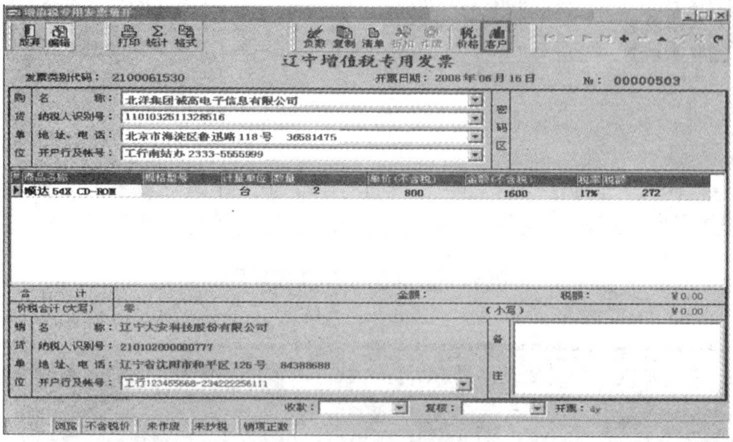

图 4 - 10 购方、商品信息的填写

2）已开发票的查询。在一机多票开票子系统 V6. 01 主界面中，点击“发票开具管理”的“已开发票查询”菜单项，系统弹出“发票查询”窗口，如图 4 - 11 所示。输入需要查询的发票的所属月份，点击“确认”按钮后，系统弹出“选择发票号码查询”窗口，如图 4 - 12 所示。

3）打印发票。在“发票填开”窗口，点击“打印”按钮，或是在“已开发票查询”窗口，点击“打印”按钮，可以实现发票的单张打印和连续打印，如图 4 - 13、图 4 - 14 所示。

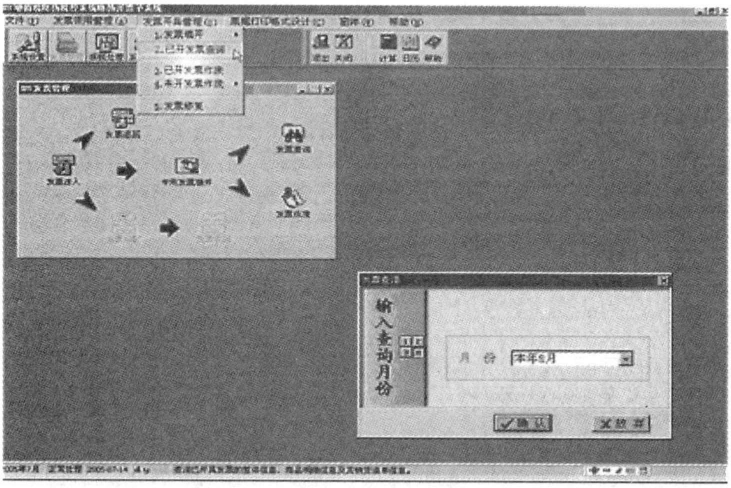

图 4 - 11 发票查询窗口

发票种类	类别代码	发票号码	开票机号	购方名称	购方税号
普通发票	2100081620	00001004	0	北京东方威力1股份	110102000000000
普通发票	2100081620	00001005	0	远方公司软件部	420101ABCDEFGH5
普通发票	2100081620	00001006	0	北京畅联电子有限	110101251328321
专用发票	2100061530	00000501	0	北京东方威力股份	110102251328333
专用发票	2100061530	00000502	0	宁波远东科技股份	330281144586925
专用发票	2100061530	00000503	0	宁波虹桥电子科技	330281144186925
专用发票	2100061530	00000504	0	北京畅联电子有限	110101251328321
专用发票	2100061530	00000505	0	北京东方威力股111	110102251318333
废旧物资	2100061530	00000344	0	北京畅联电子有限	110101251328321
废旧物资	2100061530	00000345	0	北京东方威力股份	110102251328333
废旧物资	2100061530	00000346	0	宁波开发区甬虹电	330206251325342
废旧物资	2100061530	00000347	0	深圳3公司	440309000000000

图 4－12 选择发票号码查询窗口

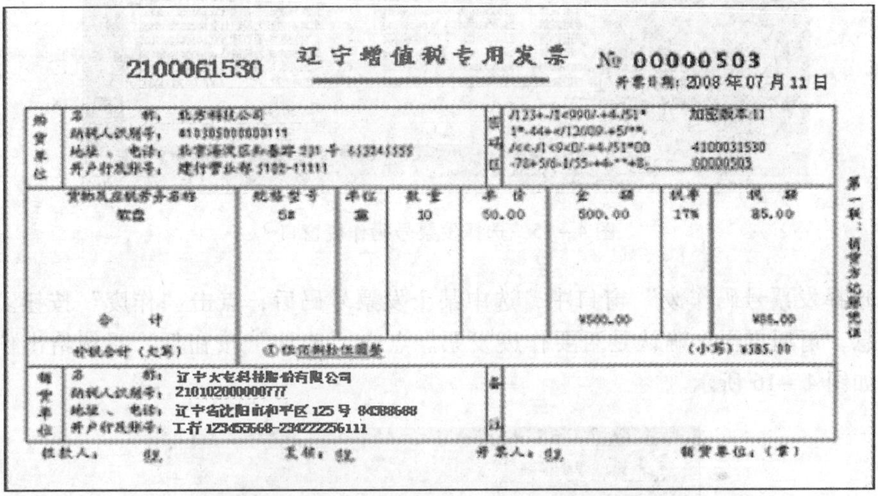

2100061530 辽宁增值税专用发票 № 00000503

开票日期：2008年07月11日

购货单位	名称：北方科技公司 纳税人识别号：410305000000111 地址、电话：[illegible] 开户行及账号：建行营业部 [illegible]			密码区	[illegible]		加密版本:11 4100031530 00000503
货物或应税劳务名称	规格型号	单位	数量	单价	金额	税率	税额
软盘	5#	盒	10	50.00	500.00	17%	85.00
合计					¥500.00		¥85.00
价税合计（大写）	ⓧ伍佰捌拾伍圆整						（小写）¥585.00
销货单位	名称：辽宁大安科技股份有限公司 纳税人识别号：210102000000777 地址、电话：辽宁省沈阳市和平区125号 84388688 开户行及账号：工行 123455668-234222256111			备注			

收款人：[illegible]　复核：[illegible]　开票人：[illegible]　销货单位：（章）

第一联：销货方记账凭证

图 4－13 利用“专用发票填开”打印出的正数发票的票样

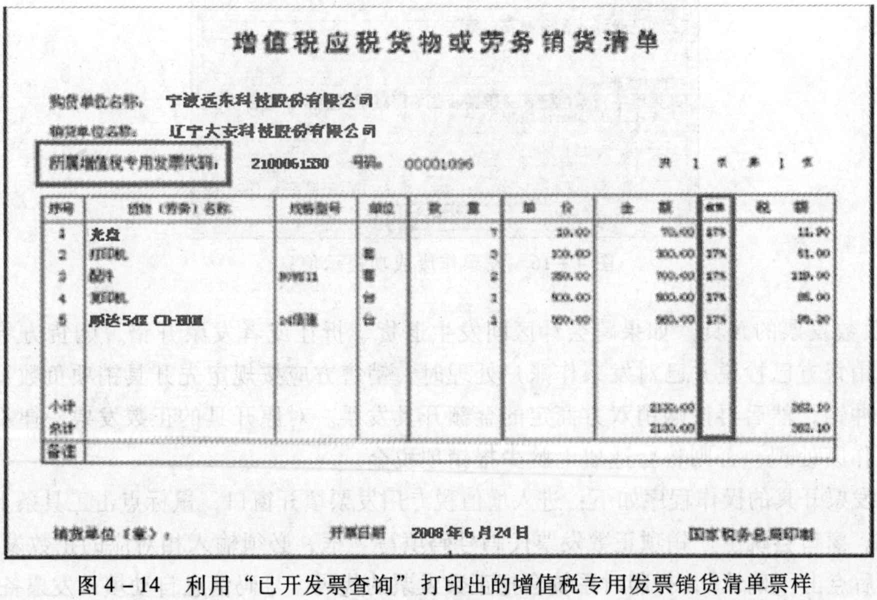

增值税应税货物或劳务销货清单

购货单位名称：宁波远东科技股份有限公司

销货单位名称：辽宁大安科技股份有限公司

所属增值税专用发票代码：2100061530 号码：00001096 共 1 页 第 1 页

序号	货物（劳务）名称	规格型号	单位	数量	单价	金额	税率	税额
1	光盘			7	10.00	70.00	17%	11.90
2	打印机		[illegible]	3	100.00	300.00	17%	51.00
3	配件	[illegible]	[illegible]	2	350.00	700.00	17%	119.00
4	复印机		台	1	500.00	500.00	17%	85.00
5	顺达54X CD-ROM	24倍速	台	1	560.00	560.00	17%	95.20
小计						2130.00		362.10
总计						2130.00		362.10
备注								

销货单位（章）：　开票日期 2008年6月24日　国家税务总局印制

图 4－14 利用“已开发票查询”打印出的增值税专用发票销货清单票样

4）已开发票的作废。在一机多票开票子系统 V6.01 主界面中，点击“发票开具管理”的“已开发票作废”菜单项，便弹出“选择发票号码作废”窗口。由于系统能够随时抄报税，故“已开发票作废功能”中可以作废的发票不再是全月已开具未抄税的发票，而必须是本期的已开具未抄税发票。对于抄过税的发票，应开具负数发票进行红冲，如图 4－15 所示。

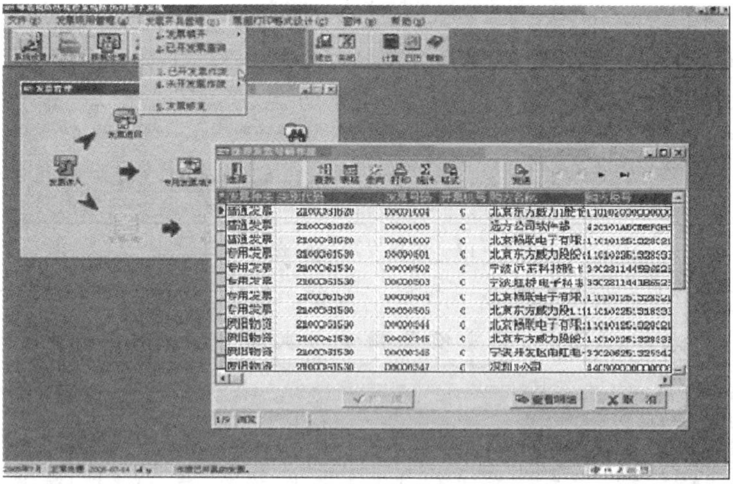

图 4－15　选择发票号码作废窗口

在“选择发票号码作废”窗口中，选中某个发票号码后，点击“作废”按钮。系统弹出提示信息，请用户再次确认是否要作废发票。点击“确认”按钮后，系统给出作废成功的提示，如图 4－16 所示。

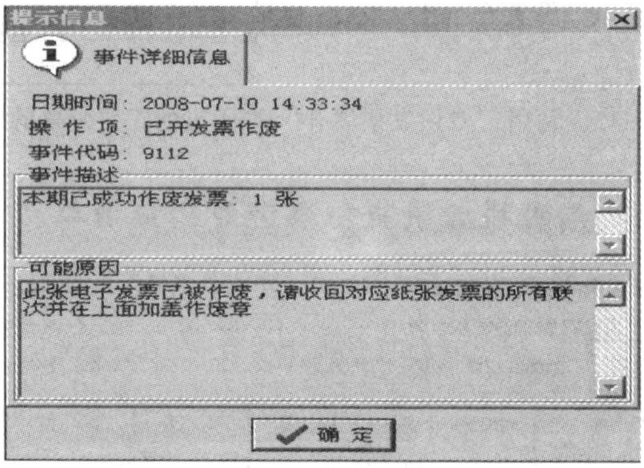

图 4－16　发票作废成功提示信息

5）负数发票的开具。如果跨会计区间发生退货、折让或者发票开错，购货方将原发票退回，但销售方已抄税并已对发票作账户处理时，销售方应按规定先开具销项负数发票将原发票进行冲销，然后再按购销双方商定的金额开具发票。对原开具的正数发票一律不得在电脑中进行作废处理，否则将会造成电脑少报销项税金。

负数发票开具的操作程序如下：进入增值税专用发票填开窗口，鼠标点击工具条上的“负数”按钮，窗口会跳出“销项正数发票代码号码填写”框，必须输入相对应的正数发票代码、号码，然后点击“确认”，打印时系统会把正数发票的代码、号码信息自动填入发票备注栏内。

同时，系统还将调出那张发票的购货方信息，商品信息并将所列商品的单价、金额、税额自动转换成“负数”发票显示出来，直接打印后，开具负数发票的工作就可完成。一张正数发票可以分多次红冲，但所开全部负数发票的总金额、总税额必须与对应的正数发票一致。

1.2.2 防伪税控开票系统的抄税

（1）抄税处理。一机多票系统使用后，为了解决开票量不断增大的问题，除保留征期内的抄税功能，系统又提供了随时抄税功能，随时抄税后即可继续开具发票，并可随时到税务机关进行报税。

在一机多票开票子系统 V6.01 主界面中，点击“抄报税管理”的“抄税处理”菜单项或导航图中的“抄税处理”，系统自动判断是征期抄税还是随时抄税，并弹出相应不同的请选择抄税期对话框，如图 4－17 所示。

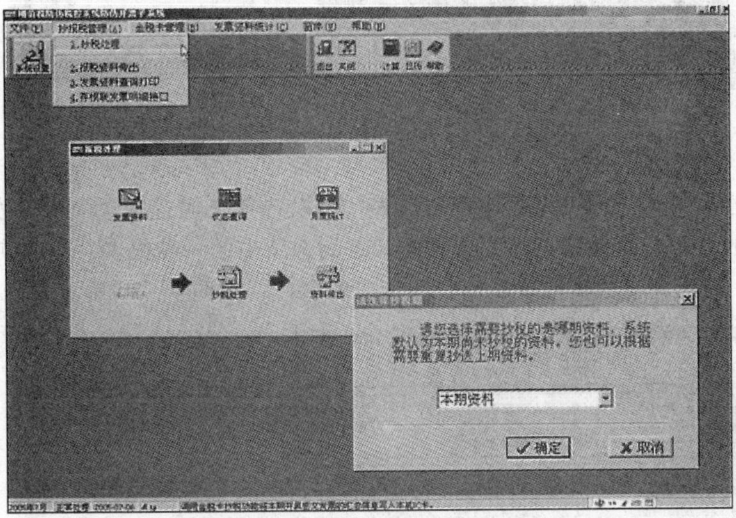

图 4－17　选择抄税期对话框

根据需要选择抄税期，点击“确定”按钮，若成功则提示“发票抄税处理成功”，如图 4－18 所示。

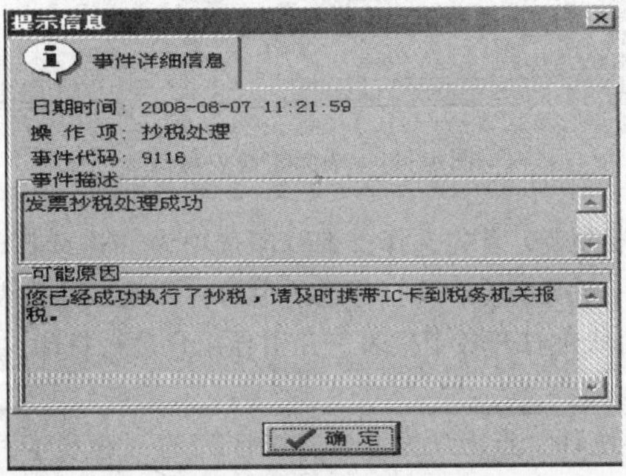

图 4－18　抄税成功提示信息

（2）发票资料查询打印。可以按照月份、发票种类、所属税期等条件查询和打印各种汇总表与明细表。点击“抄报税管理”的“发票资料查询打印”菜单项，系统便弹出“发票资料查询打印”对话框，如图4－19所示。

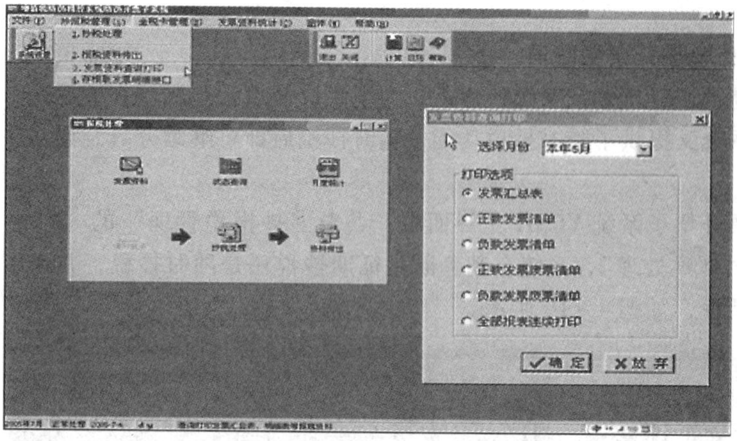

图4－19　发票资料查询打印对话框

若需要非连续打印，即分别打印各张报表，可以选择查询打印选项为“发票查询”，并选择查询打印的月份、所属税期、发票种类和查询选项中的一种报表，然后点击对话框中的“确定”按钮，则系统将根据选择项而打开相应的窗口，如图4－20所示。

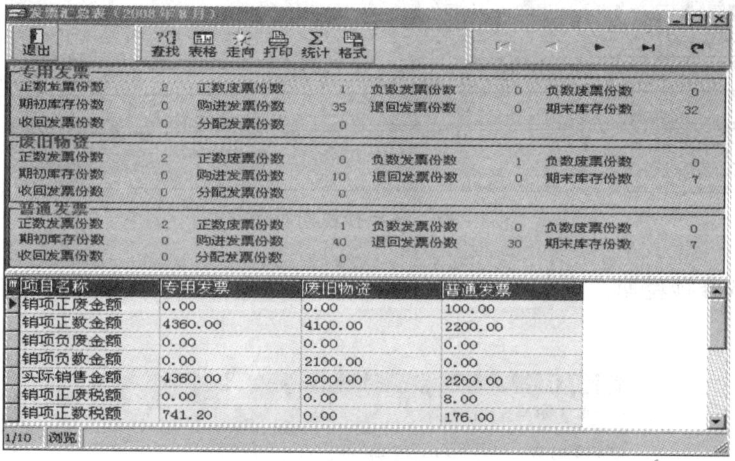

图4－20　发票汇总表窗口

若需要连续打印各张报表，首先选择查询打印选项为“连续打印”，然后选择月份、所属税期、发票种类中的一项或多项以及打印选项中的一种或多种报表，然后点击对话框中的“确定”按钮，确定后则依次打开各个报表，并引导用户进行打印。

（3）发票资料统计。

1）金税卡月度资料统计。点击“发票资料统计”的“金税卡月度资料统计”菜单项，便弹出“指定汇总范围”对话框。选择年份、月份和所属期，点击“确认”按钮，便打开金税卡月度资料统计窗口。

2）金税卡年度资料统计。操作方法与金税卡月度资料统计相同，用于查询金税卡本年度的各种库存与销项金额及税额统计资料。

3）发票领用存月报表。用于按发票种类统计显示本月金税卡发票领用存明细情况统计资料。点击“发票资料统计”的“发票领用存月报表”菜单项，弹出发票领用存月报表窗口。该窗口统计出本月金税卡中发票领用存信息，通过工具条上的“打印”按钮可以模拟显示或打印该资料，如图4－21所示。

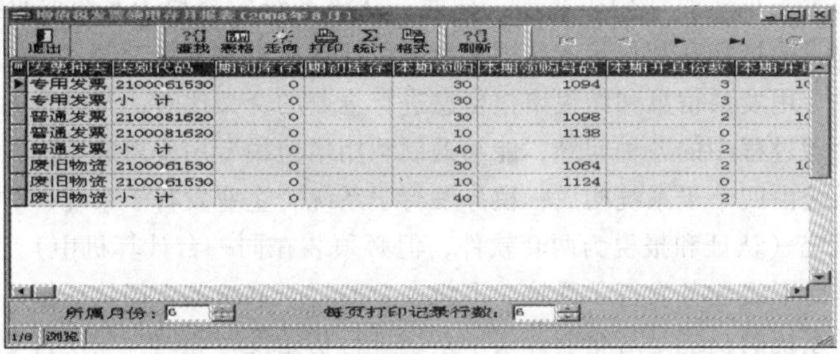

图4－21　发票领用存月报表窗口

1.3 相关知识

1.3.1 金税工程的基本框架和功能

金税工程由一个网络和四个软件系统组成。一个网络即覆盖全国国税系统的，区县局、地市局、省局到总局的四级广域网络。四个软件系统分别为：防伪税控开票系统、防伪税控认证系统、计算机稽核系统、发票协查系统。

（1）增值税防伪税控开票子系统。增值税防伪税控开票子系统是运用数字密码和电子信息存储技术，通过强化增值税专用发票的防伪功能，监控企业的销售收入，解决销项发票信息真实性问题的计算机管理系统。这一系统将推行到所有增值税一般纳税人，也就是说，将来所有的增值税一般纳税人必须通过这一系统开具增值税发票。

（2）防伪税控认证子系统。税务征收机关利用防伪税控认证子系统，对增值税一般纳税人申请抵扣的增值税发票抵扣联进行解密还原认证。经认证无误的，才能作为纳税人合法的抵扣凭证。凡是不能通过认证子系统的发票一律不能抵扣。

（3）增值税稽核子系统。为了保证发票信息的准确性，销项发票信息由防伪税控开票子系统自动生成，并由企业向税务机关进行电子申报；进项发票数据通过税务机关认证子系统自动生成。进项销项发票信息采集完毕后，通过计算机网络将抵扣联和存根联进行比对。目前稽核的方法采取三级交叉稽核，即本地市发票就地交叉稽核，跨地市发票上传省级税务机关交叉稽核，跨省发票上传总局进行交叉稽核。今后将在税收规模较大、发票流量较多的区县增设稽核系统，实现四级稽核的管理模式。

（4）发票协查信息管理子系统。发票协查子系统是对有疑问的和已证实虚开的增值税发票案件协查信息，认证子系统和稽核子系统发现有问题的发票以及协查结果信息，通过税务系统计算机网络逐级传递，总局通过这一系统对协查工作实现组织、监控和管理。

1.3.2 增值税防伪税控系统

增值税防伪税控系统是国家为加强增值税的征收管理，提高纳税人依法纳税的自觉性，及时发现和查处增值税偷骗税行为而实施的国家金税工程的主要组成部分。该系统采用复合式加密认证算法，采用理论上不可破译的一机一密、一次一密的密码体制，具有很强的保密性和安全性。税务部门和企业利用该系统能独立实现发票的防伪认证，不需联网即可随时随地稽查假发票和大头小尾的“阴阳”票。同时，从该系统的报税子系统取得的存根联数据和认证子系统取得的抵扣联数据将直接进入增值税计算机稽核系统，通过增值税计算机稽核系统，对增值税专用发票信息和纳税申报信息进行全面的交叉比对，及时掌握税源情况和发现增值税税收管理过程中的各种问题，能够遏制利用增值税专用发票的违法犯罪行为。

防伪税控系统由四个子系统构成：税务发行子系统、企业发行子系统、防伪开票子系统和认证报税子系统（认证和报税为两套软件，但必须装在同一台计算机中）。税务发行子系统的主要功能是对下级税务发行子系统、下级企业发行子系统及下级认证报税子系统进行发行；企业发行子系统的功能是对企业开票子系统进行初始发行和向企业发售专用发票；认证报税子系统的主要功能是接收企业的抄税数据并对发票的真伪进行辨别，以上三个子系统分别用于各级税务机关。防伪开票子系统则是专门用于企业开具专用发票，防伪税控开票子系统必须通过其主管防伪税控税务机关对其所持有的“税控 IC 卡和金税卡”进行发行后才能使用。

1.3.3 增值税防伪税控开票子系统

（1）增值税开票子系统的组成。增值税开票子系统是由通用设备、专用设备、开票软件三部分组成。专用设备由开票金税卡、IC 卡读卡器和税控 IC 卡组成。通用设备就是符合防伪税控系统配置要求的通用计算机和打印机。开票软件是防伪税控开票子系统。

在专用设备中，开票金税卡是防伪税控系统的核心，主要由加密功能部件和税控黑匣子两个功能部件组成，加密功能部件完成将发票上的 7 个重要数据加密生成 84 位的电子密码，税控黑匣子是一个大容量的存储器，企业开具的发票的主要数据被逐票存储于这个存储器中。IC 卡读卡器的作用是读取 IC 卡中的信息，并传送给黑匣子，或读取黑匣子中的信息并写入 IC 卡中。IC 卡是进入防伪开票系统的钥匙，是企业与税务机关信息传递的介质——企业购买发票的凭证之一，传递企业所购发票的发票号码和张数，抄取企业纳税信息，并上交征税机关。

（2）增值税防伪税控系统的工作原理。

1）购买发票。企业安装了防伪税控系统后，持税控 IC 卡到税务部门获取购买发票授权后购买发票，税务部门将企业所购发票的起止范围和发票代码登记在税控 IC 卡上，同时将这些发票的流向信息记录在发票发售子系统中。企业通过 IC 卡领购专用发票时，一次只能购得一段连续的发票，这样一段连续的专用发票称为“一卷”，例如 00001000 - 00001500，一次读入的连续 500 张发票就是一卷。

企业将购买发票的信息（发票类别、类别名称、发票起止号装入发票张数、领购日期）读入金税卡的黑匣子中，就可正式开具发票了。如果错购发票或需更换开票金税卡，而企业仍有未开具的剩余发票，则应将金税卡中的未开发票退入到企业的 IC 卡中，然后再退回税务机关，待处理后重新购票。

2）开具发票。发票读入后，系统会将读入的发票在金税卡中按读入顺序给出一个卷号。填开发票时，金税卡会按发票号码顺序调出空白发票样张，在此张发票上即可进行填写发票的工作了。

3）防伪与计税。在开票过程中，防伪税控开票子系统提供加密功能，将发票上的主要信息经加密形成 84 位的防伪电子密码打印在发票上，并将所开发票的主要信息逐条计入金税卡上名为“黑匣子”的存储器中来实现计税功能。

4）识伪。防伪专用发票与普通发票不同之处是多了一个密文区，经过加密形成 84 位密文打印在密文区，企业将收到的税控发票拿到税控机关，税务机关工作人员利用扫描仪将发票扫描到计算机内，计算机通过防伪认证子系统对此张发票进行验证，即可识别发票的真伪。

5）纳税申报。每月的报税起始日，企业必须先执行“抄税处理”，将金税卡中的发票领用存汇总信息和发票明细数据写到税控 IC 卡，否则，发票填开功能会禁用。抄税后，企业必须在报税期的 10 日内将本期所抄的税额上报，若逾期仍未上报则金税卡锁死，直到企业报税成功后重新进入系统方能解锁。

1.4 技能训练

【技能训练一】某彩色电视机生产企业（增值税一般纳税人）某年某月购销情况如下，请利用增值税防伪税控系统的一机多票开票子系统 V6.01，完成当年当月该厂增值税专用发票和增值税普通发票的填开、抄税处理等工作。

（1）外购情况：

1）外购彩色显象管一批，取得的增值税专用发票上注明税款 680 万元，另支付运输费用 20 万元，取得运输发票。

2）外购电子元器件一批，共支付 2 340 万元货款，取得普通发票。

3）进口大型检测设备一台，取得海关完税凭证上注明增值税税款 15 万元。

4）从小规模纳税人企业购进 1.5 万元的修理用配件，未取得增值税专用发票。

5）外购用于彩电二期工程的钢材一批，取得的增值税专用发票上注明税款 68 万元。

（2）销售情况：

1）向本市电子产品公司销售 21 寸彩电 5 万台，出厂单价 0.2 万元（含税价）。因电子产品公司一次付清货款，本企业给予 5% 的销售折扣，并开具红字发票入账。

2）采取直接收款方式向外地一小规模纳税人销售 21 寸彩电 1000 台。提货单已交对方，但货未发出。

3）向本市一新落成的宾馆销售 21 寸彩电 800 台。由本企业车队运送该批彩电，取得运输费收入 1 万元。

4）无偿提供本企业招待所 21 寸彩电 100 台。

5）采取以物易物方式向显像管厂提供 21 寸彩电 2 000 台，显像管厂向本企业提供显像管 4 000 只，并商定不再进行货币结算，但该企业未取得显象管的增值税专用发票。

【技能训练二】A 电子设备生产企业与 B 商贸公司均为增值税一般纳税人，某年 12 月份有关经济业务如下，利用税控软件完成 A 企业 12 月份、B 企业 12 月份增值税专用发票和增值税普通发票的填开、抄税处理等工作。

（1）A 企业从 B 公司购进生产用原料和零部件。取得 B 公司开具的增值税专用发票，注明货款 180 万元、增值税 30.60 万元。货物已验收入库，货款和税款未付。

（2）B 公司从 A 企业购电脑 600 台，每台不含税单价 0.45 万元，取得 A 企业开具的增值税专用发票，注明货款 270 万元、增值税 45.90 万元。B 公司以销货款抵顶应付 A 企业的货款和税款后，实付购货款 90 万元、增值税 15.30 万元。

（3）A 企业为 B 公司制作大型电子显示屏，开具了普通发票，取得含税销售额 9.36 万元、调试费收入 2.34 万元。制作过程中委托 C 公司进行专业加工，支付加工费 2 万元、增值税 0.34 万元，取得 C 公司增值税专用发票。

（4）B 公司从农民手中购进免税农产品，收购凭证上注明收购货款 30 万元，支付运输公司的运输费 3 万元，取得普通发票。入库后将，将收购的农产品 40% 作为职工福利消费，60% 零售给消费者并取得含税收入 35.03 万元。

（5）B 公司销售电脑和其他物品取得含税销售额 298.35 万元，均开具普通发票。

1.5 完成任务

发票填开后，可从“发票开具管理”的“已开发票查询”中，查出指定月份指定号码的发票，说明发票填开成功。当进行抄税时出现“发票抄税处理成功”窗口，说明抄税完成。

1.6 教研交流与探讨

（1）增值税防伪税控一机多票开票子系统 V6.01 安装时，需要注意哪些事项？

答案：在安装过程中，系统会提示输入 15 位纳税识别号，此时应输入一机多票企业的 15 位税号。若税号输入错误，注册后无法进入系统，只能卸载后重新安装。

对于使用废旧物资开票系统的企业，必须采用完全安装方式。在完全安装前，必须做好以前开具的废旧物资发票数据备份工作，并且要将原系统中的客户编码和商品编码导出，以供导入时使用，从而避免重复录入。

（2）发票领用有什么要求？

答案：企业可购买的发票种类包括增值税专用发票、废旧物资销售发票和增值税普通发票三种，企业可根据授权购买相应种类的发票。

企业持 IC 卡到税务机关可一次购买多卷、多种类发票，但最多不能超过 5 卷。

（3）新发票代码的规则是什么？

答案：增值税防伪税控一机多票开票子系统 V6.01 能开具和管理两种纸质发票，增值税专用发票（纸质：三联和六联）、增值税普通发票（纸质：两联和五联），其中增值税专用发票包括专用发票和废旧物资发票。

新发票采用 10 位发票代码。第 1 ~ 4 位代表各省，第 5 ~ 6 位代表制版年度，第 7 位代表印制批次，第 8 位代表发票种类（专用发票用“5”表示，普通发票用“6”表示），第 9 位代表几联版（专用发票三联版用“3”表示，专用发票六联版用“6”表示，普通发票二联版用“2”表示，普通发票五联版用“5”表示），第 10 位代表金额版本号。

按新代码规则印制的增值税专用发票从 2006 年开始印制使用，而按新代码规则印制的增值税普通发票将在实施一机多票时使用，所以在防伪税控系统中同时兼顾对新旧代码发票的管理。

（4）增值税专用发票、增值税普通发票和废旧物资销售发票的开具有什么不同？

答案：第一点，使用的命令不同，分别是“发票填开”中的“专用发票填开”、“普通发票填开”、“废旧物资发票填开”。第二点，填写的购方信息不同，增值税专用发票和废旧物资销售发票中纳税号可以填写15位、18位或20位；增值税普通发票中购方有税号的必须填写，可以为15位、18位或20位，对于无纳税人识别号的购方，“纳税人识别号”栏可以不填，或填写为全0。第三点，填开的税率不同，增值税普通发票填开税率不大于31%，废旧物资专用发票只能开具税率为0%的发票。第三点，发票形成不同。增值税专用发票和废旧物资销售发票，在生成时要进行加密，发票显示有密码区；增值税普通发票，在生成时要产生20位的数字校验码，便于受票方查验发票的真伪。

（5）抄税过程中需要注意哪些环节？

答案：在可选择的抄税期中包括“本期资料”和“上期资料”两项。本期资料是指当月已开具但从未抄过税的资料，在对其进行抄取时选择“本期资料”。上期资料是指在抄税过程中重抄的旧税。

抄本期税资料时，必须确保上期报税成功，并将报税成功标志读入开票系统，才可以抄税。抄本期资料时，IC卡上不能有购票和退票信息。若IC卡中有新购的发票，必须先读入发票，再进行抄税；若IC卡中有退回的发票，必须先作退票处理，再进行抄税。

任务2　办理防伪税控网上增值税申报

2.1　任务描述与任务学习目标

（1）任务描述

以辽宁省国税局网站为蓝本，进行防伪税控企业增值税的网上在线申报、网上实时扣款的操作流程。

（2）任务学习目标

知道如何登录增值税网上申报系统，能够把握防伪税控企业增值税网上申报流程，并正确进行网上实时缴纳税款等的操作。

2.2　任务分析

2.2.1　增值税网上在线申报

（1）登录网上申报系统。打开浏览器软件，在地址栏中输入“http：//www.ln－n－tax.gov.cn”，浏览辽宁省国税局网站，如图4－22所示。

点击“网上办税厅”的“网上申报”菜单项，打开用户登录界面，录入纳税人识别号及登录密码。进入网上申报系统的主界面，如图4－23、图4－24所示。

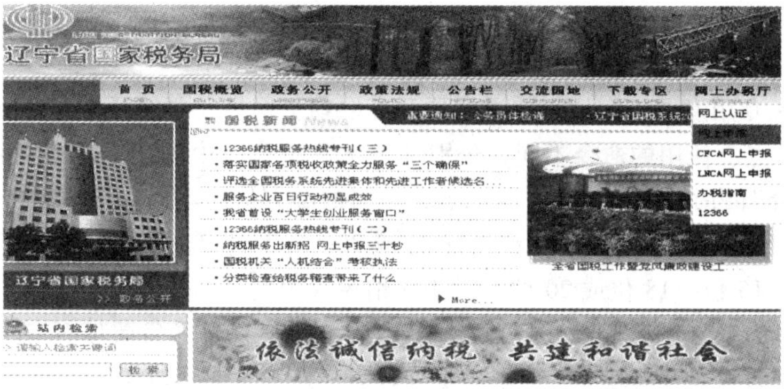

图 4－22　辽宁省国税局网站

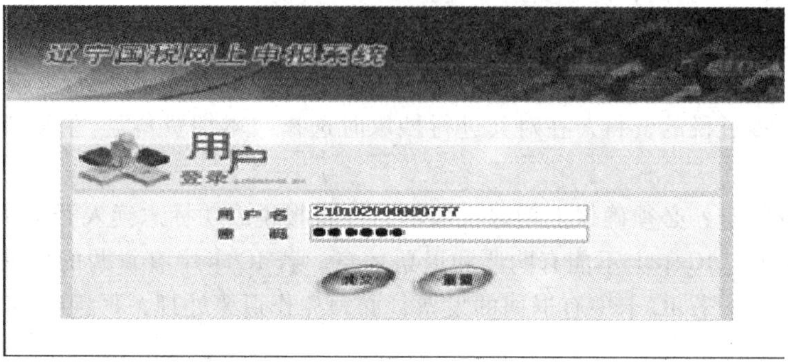

图 4－23　用户登录界面

图 4－24　网上申报系统主界面

（2）报表的填写。增值税的网上报税需首先填写主表和附表，主表为增值税一般纳税人申报表，本期销售情况明细为增值税一般纳税人申报表附表 1，本期进项税明细为增值税一般纳税人申报表附表 2，这三个表是必须报表。其他的还有附表 5－资产负债表、附表 6－损益表、附表 7－成品油购销存情况明细表、附表 8－纳税情况说明表等。

单击“网上申报”菜单项，进入下一级窗口。点击“增值税”的“增值税一般纳税人申报表”菜单项，按要求填写报表内容，如图 4－25 所示。附表的填写操作类似。

增值税纳税申报表

（适用于增值税一般纳税人）

根据《中华人民共和国增值税暂行条例》第二十二条和第二十三条的规定制定本表。纳税人不论有无销售额，均应按主管税务机关核定的纳税期限按期填报本表，并于次月一日起十日内，同主管机关申报。

税款所属时间：自 2008 年 7 月 1 日至 2008 年 7 月 31 日　填表日期：2008 年 8 月 3 日　金额单位：元至角分

纳税人识别号：□□□□□□□□□□□□□□□□□□□□　所属行业：

纳税人名称	（公章）	法定代表人姓名		注册地址		营业地址	
开户银行及账号		企业登记注册类型				电话号码	

项目		栏次	一般货物及劳务		即征即退货物及劳务	
			本月数	本年累计	本月数	本年累计
销售额	（一）按适用税率征税货物及劳务销售额	1	1 010 000			
	其中：应税货物销售额（小计）	2	900 000			
	应税劳务销售额	3	100 000			
	纳税检查调整的销售额	4	10 000			
	（二）按简易征收办法征税货物销售额	5	100 000			
	其中：纳税检查调整的销售额	6				
	（三）免、抵、退办法出口货物销售额	7	200 000		—	—
	（四）免税货物及劳务销售额	8			—	—
	其中：免税货物销售额	9			—	—
	免税劳务销售额	10			—	—
税款计算	销项税额	11	171 700			
	进项税额	12	89 000			
	上期留抵税额	13		—		—
	本期出口货物补征税抵减上期留抵税额数	13A		—		—
	本期纳税检查和其他补申报抵减上期留抵税额数	13B		—		—
	留抵税额净额	13C = 13 - 13A - 13B		—		—
	进项税额转出	14	9 400			
	免抵退货物应退税额	15			—	—
	按适用税率计算的纳税检查应补缴税额	16	1 700		—	—
	应抵扣税额合计	17 = 12 + 13C - 14 - 15 + 16	81 300	—		—
	实际抵扣税额	18（如 17 < 11，则为 17，否则为 11）	81 300			
	应纳税额	19 = 11 - 18	90 400			
	期末留抵税额	20 = 17 - 18		—		—
	简易征收办法计算的应纳税额	21	4 000			
	按简易征收办法计算的纳税检查应补缴税额	22			—	
	应纳税额减征额	23	2 000			
	应纳税额合计	24 = 19 + 21 - 23	92 400			

续表

税款缴纳	期初未缴税额（多缴为负数）	25	30 000	—		
	预缴税额上期结余数（≥0）	25A		—		
	本期补申报应纳税额	25B		—		
	实收出口开具专用缴款书退税额	26			—	—
	本期已缴税额	27 = 28 + 29 + 30 + 31	36 000			
	① 分次预缴税额	28		—		—
	② 出口开具专用缴款书预缴税额	29	21 000	—	—	—
	③ 本期缴纳上期应纳税额	30	10 000			
	④ 本期缴纳欠缴税额	31	5 000			
	期末未缴税额（多缴为负数）	32 = 24 + 25 + 25B + 26 - 27	86 400			
	其中：欠缴税额（≥0）	33 = 25 + 25A + 25B - 30 - 31	15 000	—		—
	本期应补（退）税额	34 = 24 - 28 - 29 - 25A + 26	71 400	—		—
	即征即退实际退税额	35		—		
	期初未缴查补税额	36			—	—
	本期入库查补税额	37	1 700		—	—
	期末未缴查补税额	38 = 16 + 22 + 36 - 37			—	—

授权声明	如果你已委托代理人申报，请填写下列资料： 为代理一切税务事宜，现授权 （地址）　　　　　　为本纳税人的代理申报人，任何与本申报表有关的往来文件，都可寄予此人。 授权人签字：	申报人声明	此纳税申报表是根据《中华人民共和国增值税暂行条例》的规定填报的，我相信它是真实的、可靠的、完整的。 声明人签字：

以下由税务机关填写：

收到日期：　　　　接收人：　　　　主管税务机关盖章：

图 4 - 25　增值税一般纳税人申报表示例

附表的填写也可在主表申报后进行补录，当进入网上申报系统界面后（见图 4 - 24），点击“附表财务报表补录”菜单项，会显示条件设置页面，如图 4 - 26 所示。

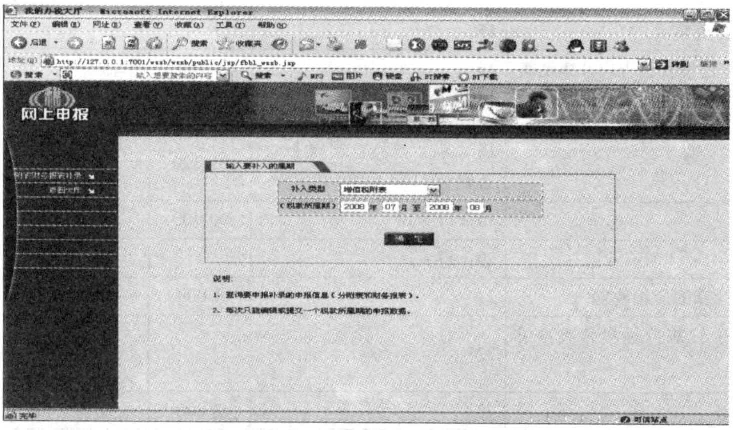

图 4 - 26　附表补录前的条件设置

设置好条件后，点击“确定”按钮，显示成功查询到的用户需要补录报表的信息，如图 4－27 所示。

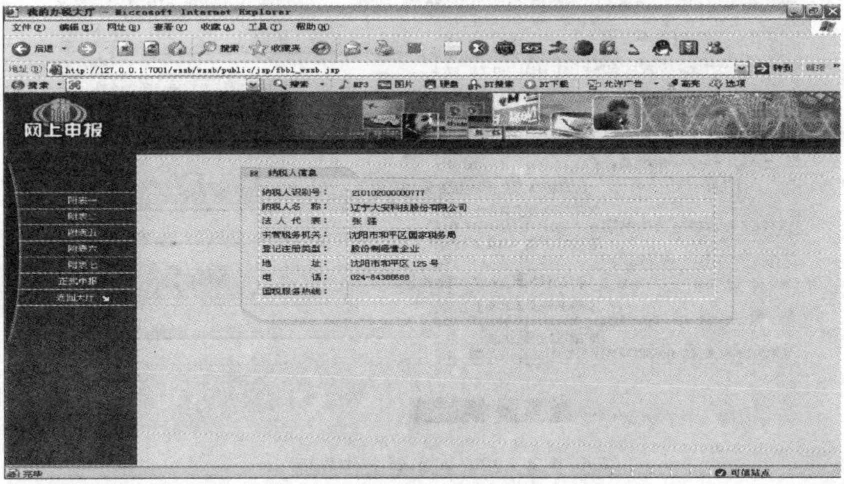

图 4－27　一般纳税人增值税附表补录界面

点击左侧菜单中相应的申报表，进入到申报表填写界面。按要求填写报表完毕后，点击“正式申报”菜单项，系统会提示报表的添写情况及其他相关信息。选择继续申报后，系统将报表数据提交进 CTAIS 征管系统，完成该次补录的工作，如图 4－28 所示。

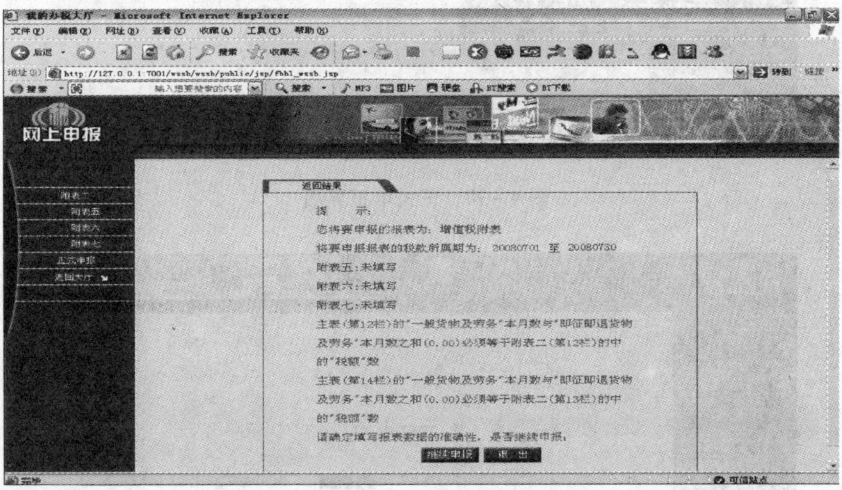

图 4－28　增值税附表补录相关信息界面

（3）四小票信息受理。在正式申报前要确认是否需要先上载四小票报表，点击“网上申报”中的“四小票信息受理”菜单项，打开“四小票上传”窗口，如图 4－29 所示。

（4）正式申报。点击“增值税”的“正式申报”菜单项，申报成功后，给出提示信息。增值税一般纳税人申报成功后，及时到税局报税，并进行一窗式比对，在税局打印税收缴款书，如图 4－30、图 4－31 所示。

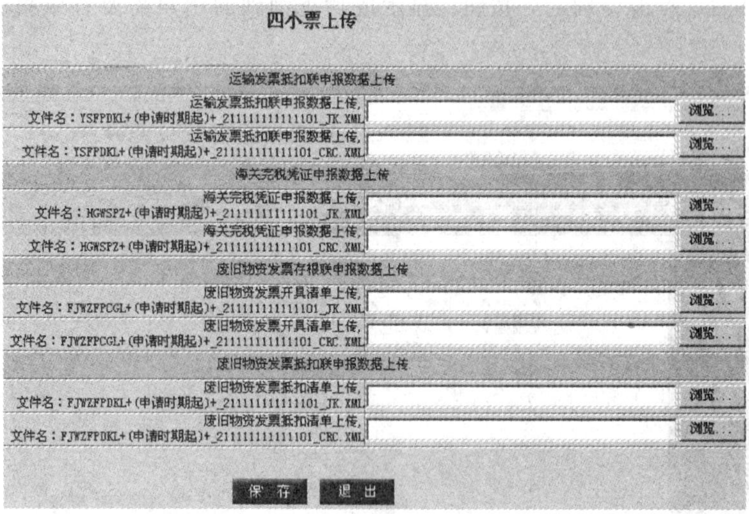

图 4－29　四小票上传界面

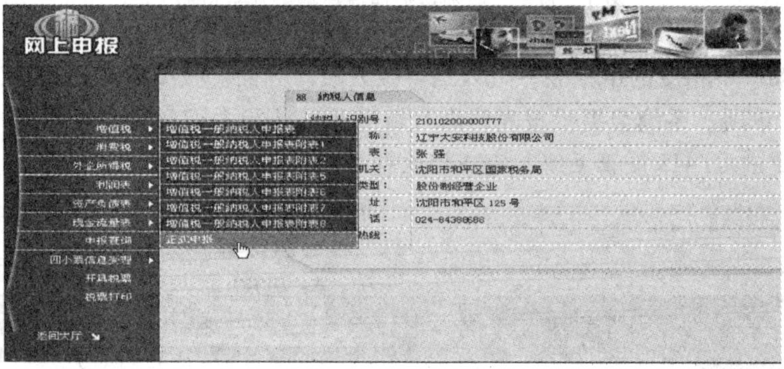

图 4－30　正式申报界面

图 4－31　申报成功界面

（5）申报查询。点击“网上申报”窗口中的“申报查询”菜单项，打开“输入申报查询条件”窗口，该窗口给纳税人提供当期和历史申报成功的报表查询及打印功能，如图 4－32 所示。

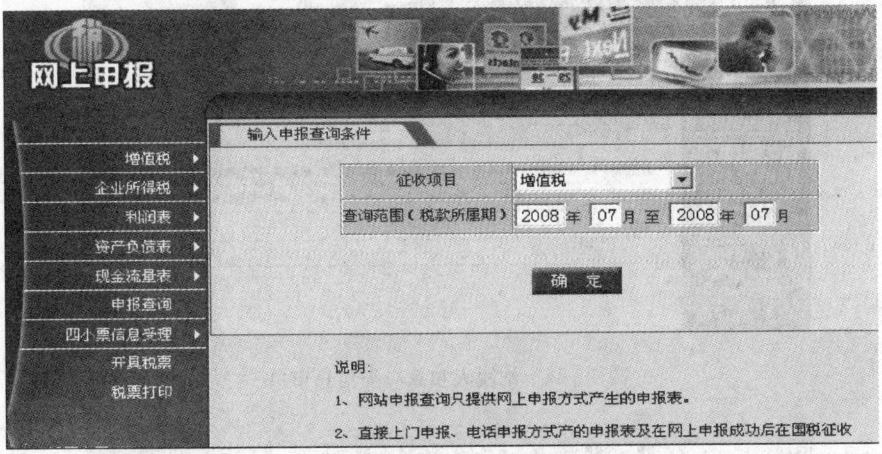

图 4 - 32　申报查询界面

（6）税票打印。点击“网上申报”窗口中的“税票打印”菜单项，打开“税票打印”窗口，如图 4 - 33 所示。

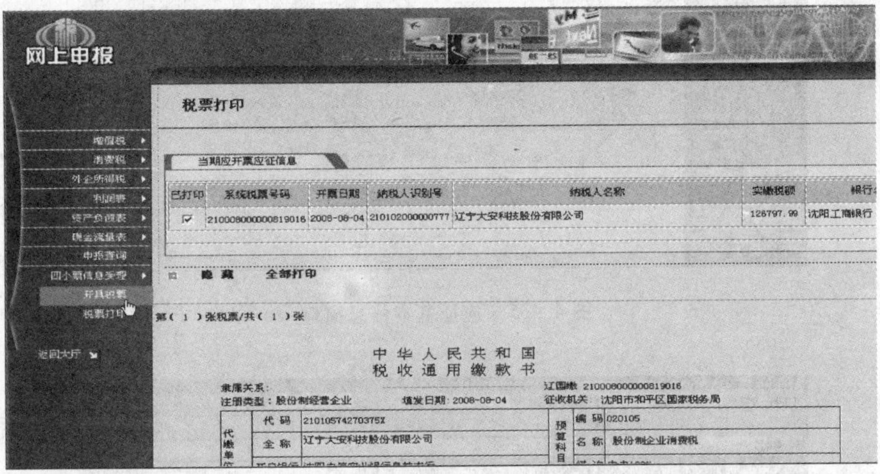

图 4 - 33　税票打印界面

2.2.2　网上申报实时扣款

纳税人使用网上申报系统进行某一税种申报，正式申报成功后产生应征，即可在网上申报系统进行实时扣款。

进入“网上申报系统”后，点击“实时扣款”菜单项，右侧窗口显示出可进行扣款的应征信息，如图 4 - 34 所示。

点击想要扣款的应征凭证序号，查询出此笔应征的基本信息，如图 4 - 35 所示。

点击“缴款”按钮，弹出提示框“即将从您的银行账户中扣除应缴纳的税款，要继续吗?”，点击“确定”按钮进行缴款。若成功则显示成功信息，若失败则显示失败信息，如图 4 - 36 所示。

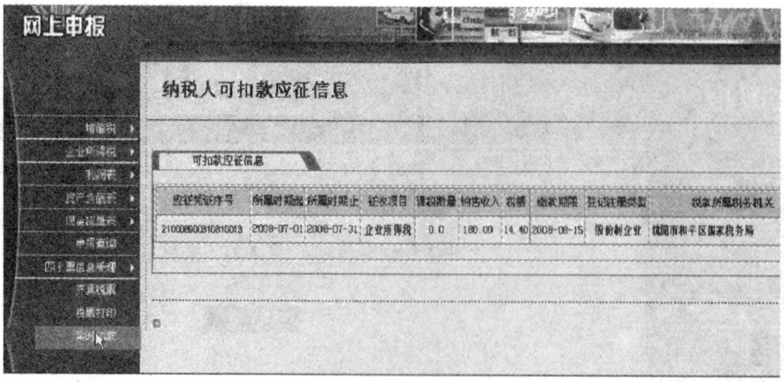

图 4－34　纳税人扣款应征信息窗口

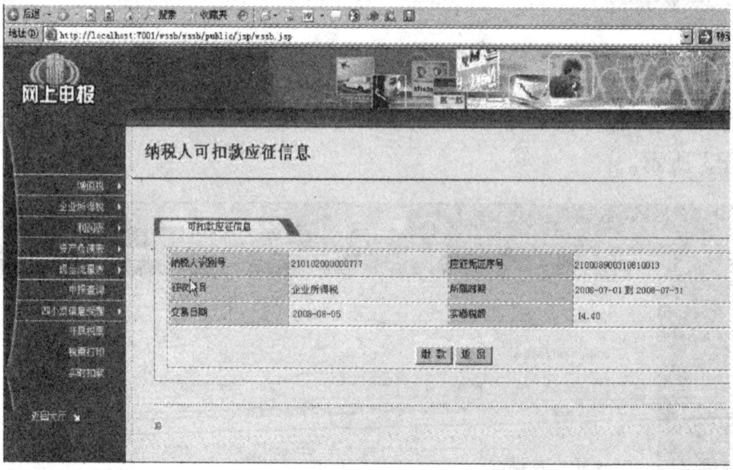

图 4－35　应征基本信息窗口

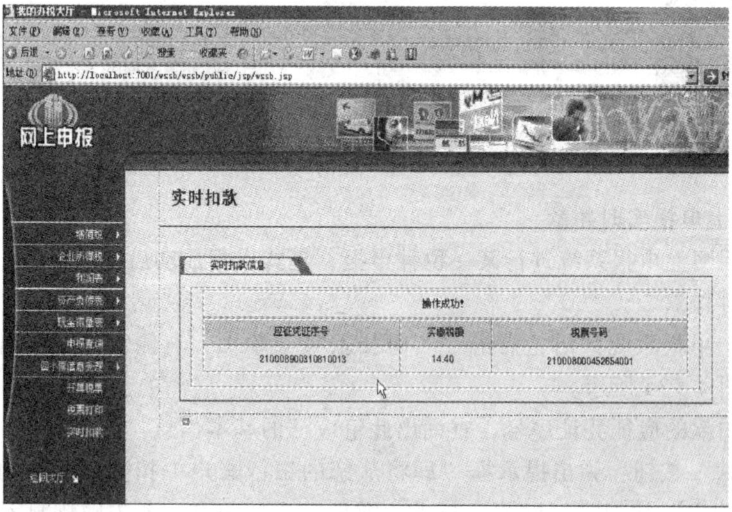

图 4－36　实时扣款成功窗口

2.3 相关知识

2.3.1 金税工程的发展

1994 年 3 月底，金税一期工程上马的是增值税计算机交叉稽核系统。2001 年 7 月 1 日，增值税防伪税控发票开票、认证、交叉稽核、协查四个子系统在全国全面开通，即进入金税二期工程。

金税工程三期是在对金税工程二期四个子系统进行功能整合、技术升级和业务与数据优化的基础上，进一步强化征管功能，扩大业务覆盖面，形成有效的、相互联系的制约和监控考核机制。主体软件 CTAIS（中国税务信息管理系统）将建立如下七大子系统，共 35 个模块：

1. 管理子系统：主要用于税前的事务处理，包括税务登记、认定管理、发票管理、待批文书、税额核定、证件管理、档案管理、外部信息采集以及咨询服务九大模块。

2. 征收子系统：主要用于税中的事务处理，包括纳税申报、税款征收、纳税评估、出口退税管理、税收计划（含重点税源分析）、税收会计、税收统计、票证管理八大模块。

3. 稽查子系统：主要用于税后的事务处理，包括稽查选案、稽查实施、稽查审理、案卷管理以及反避税五大模块。

4. 处罚子系统：主要用于税前、税中、税后的违法违章的处罚的事务处理。

5. 执行子系统：主要用于前四大子系统产生的各类税务决定的执行与保全事务处理，包括一般执行、税收保全、强制执行三大模块。

6. 救济子系统：主要用于对纳税争议的事务处理，包括行政复议、行政诉讼应诉、行政赔偿三大模块。

7. 监控子系统：主要用于市局、省局、总局的纵向监控、指导、协调，包括日常业务、统计查询、分析监控、质量考核、报表管理和决策支持六大模块。

上述七大子系统 35 个主模块将使金税工程二期的发票管理功能与整个涉税管理功能紧密结合，融为一体，从而全面覆盖基层国税、地税机关的所有税种、各个环节、各个方面的税收业务处理，同时满足市局、省局和总局各级管理层的监控、分析、查询和辅助决策需求。

2.3.2 多元化纳税申报方式

纳税申报是纳税人在发生纳税义务后按照税法规定的期限和内容向主管税务机关提交有关纳税书面报告的法律行为。纳税人（含享受减免税的纳税人）、扣缴义务人无论本期有无应纳、应缴税款，都必须按照税法规定的期限如实向主管税务机关办理纳税申报。

为方便纳税人，省国税局在办税服务厅直接申报方式之外，相继推出了银行网点申报、电话申报、邮寄申报、网上申报、代理申报等多种申报纳税方式。多元化申报纳税方式改变了以往不论路途远近，纳税人必需到办税服务厅报税的单一模式。纳税人可以结合自身的实际情况，或选择电话报税、或选择就近的银行网点报税、或直接到办税服务厅报税等，哪种方式对纳税人有利，就可选择哪种申报纳税方式。但在选择纳税申报方式时应注意以下几点：

第一，纳税人应按法定的申报期限报税（每月 1—10 日，遇法定节假日顺延），超过法定期限的，纳税人就必须到主管税务机关办理报税事宜，并接受处罚。

第二，纳税人申报销售额低于国税机关核定的定额时或对核定税额有异议的，应到主管税务机关办理涉税事宜。

第三，个体工商户生产经营情况发生变化，纳税期内实际经营额超过核定营业额 30% 时，应及时向税务机关申报，若不如实申报，一经查出，按偷税处理。

（1）直接申报。纳税人需在规定的纳税申报期限内到办税服务厅申报征收窗口报送纳税申报表，并根据不同情况报送下列资料：

1）增值税一般纳税人申报。纳税人需携带以下报税资料到“一般纳税人申报征收”窗口进行报税和纳税申报：

① 防伪税控 IC 卡及软盘；

② 防伪税控发票（上月开具的最后 1 份发票，本月开具的全部发票，次月开具的第 1 份发票，次月没有开具发票的携带第 1 份全联发票）；

③ 申报资料（企业财务报表、纳税申报表、磁盘）；

④ 从防伪税控开票机中打印出来的增值税专用发票明细表及汇总表。

2）增值税小规模纳税人申报。纳税人需报送纳税申报表（一式三份）、发票使用明细表、财务报表。

3）个体工商户在规定的纳税申报日期内无法进行电话申报、银行网点申报的，必须到国税局办税服务厅办理纳税申报，填写纳税申报表。

4）储蓄存款利息个人所得税报送代扣代缴报告表、缴款书。

5）其他纳税人报送纳税申报表和相应的财务报表。

纳税人在申报征收窗口受理完毕后，将整套资料交管理局文书受理窗口，增值税一般纳税人在交资料的同时还要接受征后稽核。

（2）电话申报。电话申报就是纳税人在法定的纳税申报期限内，通过拨打“12366”特服电话，根据语音提示输入相应信息后，银行从纳税人账户或信用卡上直接扣款完成税款划解，并将征收信息实时传输至税务机关，最终完成纳税申报的方式。办理程序入下：

1）纳税人持税务登记证副本和业主身份证到指定的银行网点申请办理储蓄卡或开设活期存款折，然后与银行、主管税务机关签订“双定征收纳税人多元化申报纳税协议书”，并在规定的纳税申报期前存足大于当期核定税款的存款。

2）纳税人需在规定的纳税申报期内拨打“12366”特服电话进行电话申报。如果纳税人存款余额不足以缴纳当期税款，听到语音提示后应立即到银行网点补足存款，然后重新拨打电话进行申报。

3）纳税人需要完税凭证的，可自申报纳税之日起一年内持“税务登记证（副本）”或“核定定额通知书”到开户银行任一网点索取“税收转账专用完税证”。

（3）银行网点申报。银行网点申报，是税务机关委托银行代收代缴税款的一种方式。纳税人在法定的申报期限内到银行网点进行申报，银行从纳税人账户或信用卡中直接扣款完成税款划解，并将征收信息实时传输到税务机关，最终完成纳税申报的方式。办理程序如下：

1）纳税人需持税务登记证副本和业主身份证到指定的银行网点申请办理储蓄卡或开设活期存款折，然后与银行、主管税务机关签订“双定征收纳税人多元化申报纳税协议书”。

2）纳税人需在法定的申报期限内，到就近的开户银行网点办理申报纳税手续。

3）银行从纳税人账户或信用卡中直接扣款（或收缴现金）完成税款划解，并打印“税收转账专用完税证”。

(4) 邮寄申报。邮寄申报就是纳税人经税务机关批准，使用统一规定的纳税申报特快专递专用信封邮寄纳税申报表、财务会计表以及税务机关要求报送的其他纳税资料，通过邮政部门办理交寄手续，并向邮政部门索取收据作为申报凭据的方式。办理程序如下：

1）实行查账征收方式的纳税人到税务机关办理纳税申报有困难的，自愿提出申请，填写“邮寄申报纳税申请审批表”（一式两份），经县（市）、区税务机关批准后，可以邮寄申报。

2）纳税人在法定的纳税期限内，按税务机关规定的要求填写纳税资料后，使用统一规定的纳税申报特快专递专用信封，可以根据约定时间由邮政人员上门收寄，也可到指定的邮政部门办理交寄手续。

3）邮寄申报的具体日期以邮政部门收寄日戳日期为准。

4）无论是邮政人员上门收寄，还是由纳税人到邮政部门办理交寄，邮政部门均应向纳税人开具收据。该收据作为邮寄申报的凭据，以备核查。

(5) 网上申报。网上申报就是利用互联网这一先进的科技手段，由纳税人利用客户端软件编制各种报表后，传送到税务机关数据接收端进行申报的一种方式。

1）办理程序。

① 由纳税人向主管税务机关提出书面申请，并签订“一般纳税人或查账征收小规模纳税人申报纳税税款划解协议书”后，取得远程网上申报企业资格。

② 纳税人利用客户端编制纳税申报表及其他附列资料，利用互联网将数据发送到税务机关，税务机关接收到纳税人的数据，征前审核通过后，进行税银联网实时划款。

③ 申报结果成功后，纳税人就可以随时到开户行取得当月的“税收转账专用完税证”。

2）注意事项。

① 纳税人实际申报日期为税务机关 CTAIS 收到的电子申报信息时间；申报内容为税务机关 CTAIS 实际收到的电子申报信息为企业申报内容；税款缴纳日期为银行实际划拨日期。

② 纳税人通过互联网向税务机关发送电子申报信息的同时，应在税款缴纳专用账户中存有足够缴纳当月税款的资金。申报时系统进行自动审核，当纳税人账户存款余额小于应纳税款时系统会提示错误，申报不成功；纳税人申报或银行扣款成功时，系统为纳税人提示申报结果信息，纳税人完成税款的申报和缴纳。

③ 纳税人远程申报纳税成功后，应到银行索取“税收转账专用完税证”。“税收转账专用完税证”加盖收款银行印章、银行经办人印章作为纳税人完税凭证和税务机关征税凭证。

(6) 代理申报。代理申报，是指纳税人、扣缴义务人委托经国家税务总局批准的税务师事务所代理申报的方式。

2.3.3 网上申报

(1) 网上申报的概念。网上申报是一种电子申报方式，是指经税务机关批准实行网上申报的纳税人，在法定申报期限内利用计算机，通过互联网登录税务机关网站，进入网上申报系统进行纳税申报，然后将申报数据传输到税收征收管理系统，完成纳税申报的一种先进申报方式。

（2）网上申报的适用对象。网上申报适用于省国税部门管辖的缴纳增值税、消费税、企业所得税、外商投资企业和外国企业所得税的企业或企业性单位。个体双定户和增值税辅导期一般纳税人暂不实行网上申报方式。

（3）网上申报的实现方式。凡是经主管税务机关批准具有网上申报资格的纳税人，根据税务机关发放的用户密码，利用互联网就可以登陆××省国家税务局网站，进入网上申报系统，实现省集中模式网上申报系统与综合税收征管系统的时时无缝连接，系统受理纳税人申报时对申报信息进行比对审核，审核通过后自动向征管系统传输申报数据，完成申报。增值税一般纳税人通过网上传输"四小票"电子信息，网上申报时申报信息自动与增值税发票认证和"四小票"信息进行初步的逻辑关系比对，并在纳税人抄报税环节实现报税信息与申报的销项以及进项税额等进行稽核比对，满足"一窗式"管理的需要。

（4）网上申报的优点。

1）方便。不受时间和场地的限制，在规定期限内足不出户，在敲击键盘与轻点鼠标之际完成纳税申报。

2）快捷。在规定期限内，每日24小时全天候进行纳税申报，避免到办税服务厅进行纳税申报时的往返路程和排队等候。

3）高效。网上申报系统，技术先进，设计合理，操作简单，实时性好，中间环节少，可以有效减轻财务人员的劳动强度；如果与增值税专用发票远程认证系统结合起来使用，还能帮助纳税人及时辨别增值税专用发票的真伪。

4）低廉：减少往返于税务机关的时间和费用，且不需要向税务机关缴纳任何费用。

2.4 技能训练

以本单元1.4中的案例填开的增值税专用发票、普通发票和抄税为基础，填写增值税一般纳税人申报表、本期销售情况明细表、本期进项税明细表后，上传四小票报表，实现网上申报，并模拟网上实时扣款操作。

2.5 完成任务

网上报税后，若显示"申报成功"界面，同时在"申报查询"窗口中，能够显示出申报成功的报表，则申报成功。执行网上申报实时扣款后，出现"实时扣款成功"窗口，说明扣款成功。

2.6 教研交流与探讨

（1）实现网上申报应具备哪些基本条件？

答案：实现网上申报，则必须具备基本的上网环境，即可以通过电话拨号、DDN专线、ADSL宽带等各种方式连接到互联网上。

（2）四小票信息受理的作用是什么？

答案：可以供纳税人将运输发票抵扣联、海关完税凭证、废旧物资发票存根联和废旧物资发票抵扣联的几张数据表上传到税务局。

(3) 实时扣款时若缴款失败，该如何处理？

答案：TBNS（省级银行端）返回网上申报系统划款失败信息，若属存款余额不足原因，纳税人续存税款后重新开具税票需重新通过TBNS向银行传送；若由银行返回信息延迟造成的，由TBNS自动对银行划款进行冲正处理，纳税人只须进行重复操作等待；若属银行返回信息异常原因，TBNS自动对银行划款进行冲正处理，由于系统故障，纳税人须进行重复操作等待。若由于系统故障导致纳税人无法在税务机关规定期限通过TBNS缴纳税款的，税务机关将采取应急预案（根据主管税务机关通知），告知纳税人须在税务机关开具纸质税票后，到银行窗口缴纳税款。

模块三

企业纳税自查实务

单元五　企业纳税自查

学习目标： 从实务工作者的角度掌握企业、单位各种税种缴纳的相关规定，并按照税法的要求，主动检查纳税申报环节存在的问题。由于各种税种的计税范围、依据不同，掌握其特点及规律，在理解和把握税收政策的前提下，完成缴税自查的相关工作。

任务1　把握企业纳税自查基本常识

1.1　任务描述与任务学习目标

（1）任务描述：加强税务检查包括两个方面：一是企业的自查；二是税务机关的税务检查。作为税务代理机构，往往要同时承担这两个方面的职能。

当为企业代理税务服务（筹划、纳税、会计）等工作时，必须从企业的角度规避涉税风险，做好自查工作；当接受国家税务机关委托、行使税务检查权限时，更应掌握和应用相关的税务检查的原理和方法，完成相关的工作。

（2）任务学习目标：知道税务代理机构承担的税务检查内容，能够把握企业税务自查与代理税务机关税务检查的一般程序与方法，并能正确进行税务检查的操作。

1.2　任务分析

从税务师事务所的工作岗位的职责出发，本部分重点介绍企业纳税自查实务及案例分析。目的是通过企业纳税自查实务，指导企业掌握纳税自查的重点，全面帮助企业降低涉税风险。通过税务检查及案例分析，一方面使广大的纳税人对税务检查有一定的认识，以便做好应对税务检查的准备工作；另一方面了解税务检查的工作规程，同时通过案例分析进一步掌握税务检查的方法和基本技能。

纳税检查风险自我检测题

1. 您是否对公司的主要税种的税负率认真测算过？
2. 公司在招聘会计人员时，是否测试其办税能力？
3. 您对所从事行业的相关税收优惠政策，是否了解？
4. 公司是否对采购人员索要发票事项进行过培训？
5. 对外签订相关经济合同是否考虑过对纳税影响？
6. 租赁、融资、购房或投资是否考虑纳税的事项？
7. 新业务发生时是否系统地咨询过相关财税专家？
8. 新颁布的税收政策法规是否在30日内学习掌握？
9. 税务局的评估或稽查您是否了解其意图？
10. 是否聘请过财税专家定期进行财税风险的诊断？

如果对以上这10个问题，您的回答中出现三项否定时，说明你的企业存在不安全的隐患，出现六项时，你的企业有重大隐患，需要聘请税务专家进行诊断并设计最优纳税方案或筹划方案。

1.3 相关知识

1.3.1 税务检查的程序

纳税检查程序是指从确定检查对象开始，到确定自检提纲、检查实施、分析定案、处理决定、执行过程。纳税检查程序的各个环节既实行分工负责，又形成相互合作、相互制约、彼此促进的运行机制，以保证准确有效地完成纳税检查任务。

作为企业纳税自查，一般分为三个主要阶段：

(1) 税务专业检查准备阶段的工作程序。

1）下达检查通告。税务自查一般在税务部门检查之前进行。

2）查前业务培训。检查人员查前要根据检查的对象、范围，有针对性地选择学习有关的税收政策和财会制度。

3）制订检查方案。自查一般由企业内部人员或委托中介机构进行。查前要根据检查工作的需要以及纳税单位的实际情况，制定详细的检查方案，明确被检查的对象、拟定检查的时间、检查税种、日程安排、人员分工和检查方法。

4）搜集检查资料。各检查小组在检查前，先要从有关单位调阅纳税单位的档案，熟悉了解被查单位的自然情况、生产情况、财务情况、纳税情况、财会人员素质、核算质量、审查分析财务计划、会计决算报表和纳税申报表、纳税鉴定、纳税缴款书，以及税务机关历次检查和单位自查所发现的问题。

（2）税务专业检查的实施阶段的工作程序。

1）说明检查事项。税务检查人员（中介机构）进入被查企业，要主动向纳税人员（办税人员）说明税务检查事项。

2）检查账簿凭证。在检查过程中，税务检查人员要使用统一的检查文书，并由检查人员签名盖章以示负责。检查文书不得销毁，一律与其他检查资料一起装订入卷。检查人员在审阅账簿和凭证时，对遇到的可疑问题，应随时做好记录，并针对问题的性质，进行调查核对。检查开始后，检查人员首先要对所检查的账簿、凭证进行登记，注明本次检查的账簿名称、账户名称、页次、凭证号码及起讫日期、检查人、检查日期、检查期限等。对在账簿、凭证中发现的问题，要在检查工作底稿上摘录下来，或制成抄件注明发生的日期及原始凭证号码，进行追踪检查。不论是否发现问题，都要在检查工作底稿上标明。对账簿、凭证的检查，一般可采用序时记录的方式，对其他事项的检查可采取事项记录方式。对于检查账簿、凭证不能解决的问题，检查人员应深入车间、仓库、工地、门市部等部门，向有关人员调查，并且查阅原始记录、盘点实物与账簿、凭证核对。

（3）税务专业检查的终结阶段的工作程序。

1）填写税务自查报告。对检查出的偷漏税问题，与企业有关人员交换意见，逐笔落实，然后填制税务自查报告表，并附以必要的文字说明。

填写税务检查报告表的基本要求是：违法税务的事实、情节；原因、责任分明；数字准确，语言简练。《税务自查报告表》形成后，交企业领导和有关人员核对并签字。

2）发现税务违章问题及时立案，并按照查处违章案件办法及本办法的有关规定办理。

3）进行整改。检查全部结束后，根据领导签批意见，以书面的形式对被查单位有关问题进行整改。

4）补缴税款。税务自查结束后，检查人员要组织税款入库。对检查出来的偷税、骗税，故意拖欠税款及滞纳金、罚款，要根据职责分工，移交有关部门组织入库或自行入库，针对检查中发现的问题，向有关部门提出改进征管工作的具体建议；最后整理检查资料，归档存查。

1.3.2 税务检查的方法

在纳税自查中，一般通常采用查账方法、分析方法、调查方法和电子查账方法等。

（1）查账方法。查账法是对检查对象的会计报表、会计账簿、会计凭证等有关资料进行系统审查，据以确定检查对象履行纳税义务的真实性和准确性的一种方法。

1）审阅法。审阅法是对检查对象有关书面资料进行详细审查、研究，发现疑点线索，取得税务检查证据的一种方法。审阅法适用于企业经济业务的检查，尤其适用于数据逻辑关系和核对依据内容的检查。审阅法的审查内容包括两个方面：一是与会计核算有关的资料；二是除会计核算资料以外的其他经济信息资料和相关资料，如一定时期的内外审计资料、购销合同等。

2）核对法。“核对法”是根据证、账、表内在联系，按照复式记收的原理，对会计凭证、账簿、报表之间的相关内容、相互核对检查的一种方法。它包括账内联系和账外联系两种方法。账内联系是指会计资料内部的账与账、账与证、账与表之间的相互核对的关系。账外联系是指企业本身的会计资料记录与企业外部相关单位财务的会计资料的相互核对内容，采用这种方法，内查与外调相结合，易把问题查清查透。

3）顺查法。顺查法又称“正查法”，它是顺着会计核算程序，由查核会计凭证到账簿进而审核会计报表的一种检查方法。通常适用于借助原始凭证和查核，来核对采购物资和费用开支中的应税项目、代扣税金以剔除那些不合理的或扩大开支范围，提高开支标准的费用的抽查内容。对于那些管理混乱、制度不严、核算不准的企业，同样要从凭证着手，依次核对证、账、表，一查到底，便于查实问题。采用这种检查方法进行检查，比较系统全面，可以避免遗漏。但是，采用此方法工作量大，耗时费力。

4）逆查法。逆查法又称“倒查法”，它是根据查账人员所掌握的线索，先从审查分析会计报表着手，然后审查有关账簿和有关的记账凭证、原始凭证的一种检查方法。倒查法同顺查法相反，是从检查审核报表的内容开始，根据发现的问题，由报表核对账、证。这种检查方法可节省检查的时间，节省人力并且容易发现问题，是一种经常采用的检查方法。

5）详查法。详查法又称为“全查法”。它是对企业单位被查期间的所有凭证、账册和报表全部详细地检查核实的一种方法，这种方法通常适用于经济业务比较简单、会计核算不够健全及财务制度比较混乱的企业。采用此种方法检查，易于发现问题，能够全面、深入地了解企业的情况，检查结论也比较可靠。但是这种检查方法工作量大，往往受主客观条件的限制，难以普遍应用。特别对于那些资产规模大的联合企业和业务比较复杂的企业单位，要想进行全面的检查，必须投入相当多的力量。

6）抽查法。抽查法又称“选查法”，是有选择地抽取某些内容或一定范围、期间的账目及报表进行抽查核实的一种方法。这种方法适用于会计核算比较健全的企业。由于采取了科学的选择，抓住了重点，有目的地进行抽查，可以省时省力，效果明显。但是，由于抽查法是有重点地选择检查，易于忽视某个方面的检查，如果在实践中发现比较复杂、涉及单位比较多、时间较长的问题，可以再根据实际情况运用详查法。

（2）分析方法。

1）控制计算法。控制计算法又称“数学计算法”，是根据有关的可靠或科学测定的数据，利用数学等式原理，按照逻辑推理的方法，来判断证实账簿资料是否正确，以便发现问题的一种检查方法。

常用的方法有以产定耗、以耗控产、以产控销和以支控销等。

2）比较分析法。比较分析法又称“指标对比法”。它是把主要经济指标在实际同计划之间、在同期之间以及不同单位之间进行对比的方法。

3）相关分析法。相关分析法包括因素分析法和平衡分析法。

因素分析法也称为“连锁替代法”或“连环替代法”。它是分析某项经济指标的完成情况时究竟是受哪些因素的影响，以及影响的程度如何，深入细致地查明原因的一种方法。

平衡分析法是根据资金平衡表中资金来源与资金占用平衡原理，以及各项资金来源和资金占用相互之间的对照关系，对资金平衡表进行平衡对照分析的一种常用方法。

（3）调查方法。调查方法是在自查中运用观察、查询、外部调查和盘点等方法，对检查对象的与税收相关的经营情况、营销策略、财务管理、库存等进行检查、核实的一种方法。

1）观察法。观察法是指检查人员通过深入检查现场，如车间、仓库（包括外部仓库）、营业场所及基建工地等，对被查事项或需要核实的事项进行实地观察和了解，通过了解企业产、供、销各个环节的管理状况、控制程序等内部控制，从中发现薄弱环节和存在问题的一种方法。

2）查询法。查询法是指对审查过程中发现的疑点和线索，通过询问、调查、发函的方式，查实存在的问题，以帮助进一步检查的一种方法。

3）外调法。外调法是根据检查人员平时所掌握的侧面资料或根据有关人员口头或书面揭发检举的侧面反映情况，对照企事业单位账簿、凭证记录进行的一种检查方法。它不是就账查账，是在掌握一定线索的前提下进行。多用于一些人民群众的信访案件。

4）盘存法。盘存法是指通过对货币资产、实物资产进行盘点和清查，确定其形态、数量、价值、权属等内容与账簿记录核对，确定是否相符的一种方法。

（4）电子查账。电子查账是运用电子查账软件系统，以企业的财务账簿、税收征收规定的相关外部数据为基础，以税收政策法规为依据，将税务检查经验、方法和计算机信息处理技术相结合，辅助检查人员完成检查工作的信息化工具。

现阶段各税务稽查系统研发的电子查账系统在实务工作中投入应用。如果将前后年度会计报表数据进行对比，出现不合理、或异常数据，系统会自动亮灯红，表示被检查对象可能存在问题，灯红亮得越多，企业可能存在的问题较严重。

1.4 技能训练

【技能训练一】××市佳利电气有限公司检查案

（1）企业基本情况。××市佳利电气有限公司（以下简称为“××佳利”）是一家成立于2005年5月份的私营有限责任公司，法定代表人王一平，注册资金50万元，主要从事电线、电缆的销售业务，属于增值税一般纳税人，该公司的增值税、企业所得税由国税局征收管理。2009年该公司的销售额为1 917 409.74元，缴纳增值税76 988.84元（2006年度按小规模纳税人管理），缴纳所得税0元；2010年该公司的销售额为26 574 166.02元，缴纳增值税230 378.71元，缴纳所得税10 192.45元。

新华税务师事务所接到对某集团公司的委托对下属的分公司佳利电气有限公司，2010年度的纳税情况进行检查的通知。

检查人员根据该公司的情况，运用分析的方法，搜集了下列一组数据见表5－1。

表5－1　　2009年至2010年度的主要财务指标　　单位：万元

年　度	主营业务收入	主营业务成本	毛利率	应纳税所得额	已交增值税	已交所得税
2009	192	188	2%	0	7.7	0
2010	2 657	2 646	0.42%	3.8	23	1

通过对财务数据分析发现：该单位的税负和毛利率太低。2009年税负4%；2010年税负0.7%。

认定存在以下疑点：

① 是否有收入未入账的情况？

② 是否存在成本结转不合理的情况？

(2) 检查过程和检查方法。

1) 检查企业真实情况。检查人员了解到该单位的办公地点位于阳山区的一个写字间后，并对该企业进行了检查：也获取了该单位的电脑资料以及其他相关资料。在与企业相关人员谈话中了解到，该企业是经销电缆的，而且绝大部分电缆是从湖州佳利电缆有限公司进的货，再通过该企业销售给东北地区的客户，××佳利就是湖州佳利电缆有限公司在东北地区的总经销商。

2) 通过对企业会计资料的检查发现如下问题：

经本单位领导同意，首先察看了企业电脑资料和带回的相关资料，没有从中获得有价值的信息。于是把重点放在对企业账簿的检查上，由于电缆除了经销给各地经销商，还可以直接销售给使用单位和建筑商。而不入收入的情况就有可能出现。检查人员在检查账簿和相关资料的时候注意发现不入收入的蛛丝马迹。

我们将该单位的销货发票和进货发票逐笔输入电脑进行比对，该单位2009年度和2010年度的电缆全部是从湖州进的，而且都取得的是增值税专用发票。发票中规格型号、数量、单价记载的很清晰。销售中该单位绝大部分开具的是普通发票，普通发票都没有商品规格、数量和单价等内容。而且库存商品账也没有按规定记载品种和数量。这使得进、销货比对非常困难，也对企业的成本结转是否真实准确提出了异议。在比对中发现该单位2010年4月份收到的四份发票（规格是4×300）数量4 800米，含税金额3 964 512元，含税单价825.94元，进项税576 040.20元，未抵扣进项税额。这么大的进项数额为什么没有抵扣。再次和企业了解情况：会计说由于超过了认证期造成了未能抵扣，如果会计说法成立，也就是说企业如果抵扣了这57.6万元，2010年将不需要缴纳增值税了，这样企业的增值税税负就是0。这么大的数额就轻易放弃抵扣，这是企业故意在调节进项税？

当要求相关负责人提供相关销货的合同时，回答是没有合同。检查人员没有放弃，通过协查该单位××地区的客户，拿到双方接货的明细发现，每笔合同的毛利率在5%左右，与账载的0.42%毛利相差太大。这也从一方面证实了企业在结转成本中可能存在多转成本的情况，也从另一方面要证实这部分多转的成本的真实去向。是销售了？还是虚开？为了进一步论证货物已经销售，我们提出对企业的库存进行清点，到了库房（就是一个小区的车库），库房中的货物所剩无及。企业解释说有很大部分已经运到工地和经销商那里了。多年的直觉告诉检查人员，多转成本的这部分货物可能已经销售了。

由于货物流的证据不是很清晰，检查人员再次将检查重点转移到对资金的检查：在检查企业的银行账时，发现企业从2009年2月成立实际发生收入到2010年6月，在短短的2年内，企业的银行账户共用过4个账号，已废了3个，而且每次都是跨行成立一个废一个，先后在农行、华夏、浦发设立账户后都废掉了。企业经营地址不变，银行账号变化太过频繁。检查人员感到很可疑，于是要求企业提供银行对账单，企业称只能提供现在使用账户的银行对账单，以前废掉的账户银行不能出示。由于企业所说的正在使用的银行对账单是2010年末才开始使用。检查人员没有放弃，将所有账户全部打开，在最初设立的农行账户中，发现了大笔的汇款入账，但企业的银行账单中对这几笔大额收款没有在该单位银行账中体现。随后调取了银行凭证，发现该单位收到外地××医院的款项近700万元没有体现在该单位的银行账上。

3）抓住疑点，主动协查，固定证据。经请示领导，我们到××医院进行协查，在当地局的大力协助下，取证工作十分顺利；发现了××佳利2009年9月29日给××医院开具假发票11份（票证中心已出证），合计金额10 928 800元（含税），商品名称是电缆，该单位没有申报纳税。取得相关证据后，我们对该单位的法定代表人王一平进行约谈，王一平承认了没有申报纳税的事实，并主动提供了相关合同。

在该案件中检查人员将资料作为证据：

① 通过合法程序到银行取得该单位收款的银行凭证。

② 到外××医院取得了佳利公司11份假发票的复印件和付款凭证的复印件。

③ 佳利提供的该业务的合同。

④ 法人代表王一平的询问笔录。

⑤ 法人代表王一平的当事人陈述书。

【技能训练二】××市配件一分厂少列收入偷税案

（1）企业的基本情况：某配件一分厂是1997年3月成立的集体企业，主要经营项目是以生产机车配件、木制品及机车车辆配件修理为主，属于增值税一般纳税人，企业所得税由地税局负责征收管辖。

新华税务师事务所接到光先总厂的委托，对下属配件一分厂对2009年1月1日至2010年2月末的纳税情况进行检查。

检查人员在到企业实地检查前，通过“一户式”管理系统查询了某配件一分厂2009年至2010年1—2月的纳税申报情况。该单位2009年销售收入10 357万元，缴纳增值税444万元，增值税税收负担率为4.3%，2009年12月到检查前2010年2月末的期末留底税额大，没有缴纳增值税。

根据“一户式”资料，结合该行业平均税负情况来看，增值税税负无明显异常，但是检查人员没有放弃，通过以往的经验，该行业销售产品一般都要与客户签订销售合同，应按合同确认销售收入，该企业能按合同确认销售收入吗？这是一个疑问？检查人员又在网上查询该行业的纳税检查情况。

认定存在以下疑点：

① 初步推测销售收入结转及时性可能存在问题。

② 销售收入结转完整性方面可能存在问题。

（2）检查程序和检查方法。通过分析，检查人员本次检查的重点应放在销售收入结转的及时性、完整性方面。一是要了解企业的内控制度及生产经营情况，掌握销售产品的有关手续；二是检查企业财务账簿，主要精力放在销售合同的检查等方面，从而达到发现纳税人偷税线索的目的，集中精力，快、稳、准完成检查工作。

1）了解内部控制制度。到户后对企业的内部控制制度进行了详尽了解。该单位制定了本企业的会计制度，设立了完整的账目体系。内部管理较为严格，设有采购部门、生产部门、质检部门、销售部门、仓库、财务部门。财务核算无特殊规定。

该企业的主要原材料从某机车厂采购，生产产品销售对象主要是某机车厂，每年由某机车厂下达生产计划，对某机车厂机车大修项目及对外单位生产产品都有销售部门签订销售合同。生产产品、机车大修完工后，该单位的生产部门与销售客户都有产品完工交接单。

2）检查财务部门合同、账簿，未发现异常。首先到企业财务部门索要销售合同等相关资料，并与企业相关账目等进行逐月统计核对，均未发现异常情况。对该企业的报表、基本情况、内控情况重新进行了分析，经财务人员的介绍，销售部门的销售合同、生产部门的产品完工交接单都要传递给财务科一份，而销售发票由财务人员根据销售合同、产品完工交接单来开，从而检查人员怀疑如果财务科提供的销售合同不全呢？决定把重点放在企业的生产部门和销售部门。

3）检查生产部门和销售部门。检查人员对企业的生产部门和销售部门进行了突击检查，让企业的销售部门提供销售合同，并与财务部门的销售合同核对，发现有两个合同财务部门没有，一个是与某机车车辆经销有限公司签订的生产配件包装箱合同，另一个是与某机车厂签订的D型机车大修合同。光有合同不行，不知道产品是什么时候完工出库的，这样又到生产部门索取产品完工交接单，而后与对应的销售合同及开具的发票进行审核，发现2009年10月为某机车车辆经销有限公司生产配件包装箱、某机车厂D型机车大修36台及2009年11月为某机车厂D型机车大修27台均已完工交接，经询问企业会计，在事实面前不得不承认由于工作疏忽，2009年10月为某机车车辆经销有限公司生产配件包装箱、某机车厂D型机车大修36台产品完工交接单未及时传递给财务部门，造成2009年10月应结转销售收入1 777 342.72元，应提销项税额302 148.28元，而在2009年12月结转销售收入；2009年11月为某机车厂D型机车大修27台，未记销售收入976 148.08元，未提销项税额165 945.17元。

在该案件中，检查人员将资料作为证据：

① 从销售部门提取的销售合同复印件是查处本案的主要突破口，而后又顺藤摸瓜到生产部门提取了产品完工交接单复印件，最后在财务部门提取2009年10—12月增值税纳税申报表复印件、2009年12月配件包装箱、D型机车大修36台已记销售收入的记账凭证、开具发票原始凭证复印件，形成了直接的证据链，证明企业未结转销售收入的违法事实，并由企业财务人员在上述证据分别签字确认“经审核此复印件与原件相符”并签名、填写年月日、盖企业公章，保证书证的真实性、合法性和有效性。

② 制作书证——询问笔录。对企业的销售部门人员、生产部门人员及财务负责人分别就相关业务制订了询问提纲，并依法作了询问笔录，使企业未结转销售收入的违法事实证据得到有效补充。

【技能训练三】 ××市商贸有限公司虚列海关完税凭证偷税案

（1）企业基本情况：A商贸有限公司（以下简称A公司）于2003年10月成立，为私营有限责任公司，法定代表人刘强。该企业主要业务是经销韩国进口食品，进货渠道是从韩国食品公司设在大陆的代理商购进，销售对象主要是全国各地的家乐福超市和其他的小型超市，同时还有部分零售业务。

新华税务师事务所接到某公司的委托，对A商贸有限公司2009年度的纳税情况进行检查。

检查人员根据该公司的情况，运用分析的方法，搜集了下列一组数据见表5-2。

表 5 - 2　　企业财务及纳税指标　　单位：万元

项　目	2010 年	2009 年
销售收入	1 064	1 840
成　本	1 004	1 754
毛利率	5.6%	4.7%
缴纳增值税	6.8	9.3
税收负担率	0.6%	0.5%
利润总额	2.9	4.6

该企业主要的销售对象是家乐福等大型超市，其次是小超市和个体户等。因为该企业检查年度平均毛利率5%左右，销售给其他小超市的毛利应当比大型超市高，说明销售给大型超市的的毛利率一定要低于5%。这么低的毛利率，再扣除大型超市的进店费、促销费等项目繁多的费用，该企业不可能赢利，显然这个毛利点过低。所以，检查人员判断，该企业要么有收入没入账，要么虚列成本。而从财务报表上看，该企业 2009 年应付账款年末余额 500 多万元。这一金额对于一个年收入只有 1 000 多万元的食品经销企业来说，显然是不正常的。认定存以下疑点：

1）是否该企业人为地加大应付账款，从而虚增进货成本，隐瞒利润呢？

2）以账面检查为出发点，找出疑点较大的供货商。以外部协查为主要手段，对有疑点的供货商迅速介入，争取找到突破口。

（2）检查过程与检查方法。

1）了解业务关系，隐藏疑点重重。该企业最大的供货商是沈阳的 B 公司，该公司 2009 年末应付 B 公司的账款余额也最多，为 250 多万元。该企业介绍经销的两个品牌的饮料都是由 B 公司代理进口，货款支付给 B 公司，由 B 公司对韩国付汇。当检查人员要求该企业提供同韩国企业签订的合同时，该企业经理表示他们不能与韩商直接建立贸易关系，韩方在东北地区只将这两个品牌的饮料出口给沈阳的 B 公司，其他企业要想进货，只能从 B 公司购入。所以，其他企业不可能跟韩商直接签订合同，也没有定价权。据检查人员了解，B 公司是东北地区最大的一家经营进口韩国饮料的企业，垄断了东北地区的进口韩国饮料（上述两品牌）市场，东北地区其他企业要想从韩国自营进口是不可能的，必须通过 B 公司进货。由此判断，B 公司不可能为像 A 公司这种依赖于其生存的企业垫付这么多的货款。

2）查看原始单据，显露蛛丝马迹。再看原始凭证。该企业由 B 公司“代理进口”的饮料进货成本的入账方式不是依据报关单或者发票，而是依据进口关税和增值税完税凭证，并以此形成应付账款年末余额。这些完税凭证上所列的进口企业是 B 公司，括号里的经营单位注明的是 A 公司。从形式上来看，确实是由 B 公司为 A 企业代理进口了这么多货物，但这么大应付账款余额究竟隐藏了什么呢？

3）艰苦异地取证，终于拨云见日。检查人员驱车百里到沈阳 B 公司寻找答案。在 B 公司，检查人员获得了该企业对 A 公司真实的供货情况。2009—2010 年间，B 公司对 A 公司的实际销售额是 761 万元，到 2009 年底 A 欠其货款只有 38 万元。而 A 公司账面上体现的进货是 1 170 万元，相差 409 万元。于是，检查人员向 B 公司负责经营的曹经理询问，为什么 A 公司按照他们提供的进口完税税票上的金额记账，而双方资金往来账差距如此大呢？曹经理道出原委：B公司和A公司之间的业务关系并非代理进口，而是B公司自营进口后对外销售，销售对象也并非只有A公司一家企业。B公司进口的每一单货（每一单海关完税证明上注明的货物）中，只有一部分销售给A公司，另外一部分没有销售给该公司。按照实际业务，B公司应当按照实际销售额给A公司开具增值税专用发票，A公司根据发票抵扣进项税额、计入购货成本。但是由于A公司表示其主要客户家乐福超市要审核其进口货物的真实性，必须要审核进口关税和增值税完税证明，并且其上必须有A公司的名头才予以认可。于是A公司向其索要完税证明，B公司就将整个进口货物的完税证明上的经营单位注明A公司的名头交给A公司，而没有开具销售发票。也就是说，虽然每一单海关完税证明的经营单位是A公司，但是其购入的只是每张完税凭证上的一部分货物，另外一部分货物没有真实购入。而该公司在账面上根据其索取的海关完税凭证计进项税额和购货成本，就虚列了不属于他自己的那部分货物的进项和购货成本。这部分金额为409万元。对照双方货款往来明细账，发现A公司账面记载的以现金方式支付的货款没有B公司的收据，B公司也没有收到。实际上是A公司通过现金付款方式做的一笔空账，以冲减应付账款，隐瞒虚构的业务。在该案件中，检查人员将资料表5-3作为证据。

表5-3　证据资料与分析

序　号	证据名称及证据来源	反映的问题
1	“询问（调查）笔录”	企业承认取得的海关增值税完税凭证的金额超过其实际进货金额，其中一部分货物没有真实购入
2	“当事人陈述书”及“检讨书”	当事人陈述情况及对违法行为的认识
3	应付账款明细账复印件	企业应付账款账面情况
4	进口海关增值税完税凭证复印件	企业抵扣进项税额、列支成本的依据
5	沈阳B有限公司询问（调查）笔录	沈阳B有限公司为该企业的实际供货额比其向该企业提供的海关增值税完税凭证上的金额少
6	沈阳B有限公司提供的与该企业的货款往来账	沈阳B有限公司对该企业的实际供货金额，比该企业账面应付账款少
7	往来差异明细表	企业多计购货应付货款的金额
8	2007年末库存余额	2007年末企业从沈阳B有限公司购货实际库存与账面库存一致
9	发票复印件	企业有一些通关费用及超市费用等发票没有在财务账面列支

1.5　完成任务

【技能训练一】违法事实与检查结果

（1）××佳利对××医院的业务属于政府采购项目，即在招投标中，××佳利中标。合同是2009年9月8日签订的，合同内容是该单位向××盛京医院销售电缆，合同签订后15天货到工地，电缆规格是4×300，数量是11 504米。合同总金额为10 928 800元（含税）。由于该企业2006年12月被认定为增值税一般纳税人，所以该笔业务增值税按小规模纳税人补税420 338.46元。

（2）该单位2010年10月末前是小规模纳税人，2009年9月份销售的上述货物，发票是在2010年3、4月份取得的，并在3月份抵扣了部分进项税额432 030.15元，应将此进项税额转出，补征 2007 年 4 月份增值税 432 030. 15 元。

（3）该单位的上述业务，在造成少缴增值税的同时，也造成少缴了企业所得税，扣除相关成本、费用后，造成 2009 年度少缴所得税 75 039. 20 元。

【技能训练二】违法事实与检查结果

（1）2009 年 10 月为某机车车辆经销有限公司生产配件包装箱、某机车厂 D 型机车大修 36 台应结转销售收入 1 777 342. 72 元，应提销项税额 302 148. 28 元，而在 2009 年 12 月结转销售收入，少缴增值税 302 148. 28 元。

（2）2009 年 11 月为某机车厂 D 型机车大修 27 台未记销售收入 976 148. 08 元，未提销项税额 165 945. 17 元，少缴增值税 165 945. 17 元。

【技能训练三】违法事实与检查结果

（1）增值税方面：依据《增值税暂行条例》第六条规定，拟补征该企业 2010 年、2009 年增值税 22. 6 万元、36. 9 万元。

（2）企业所得税方面：在检查过程中，检查人员同时查实该企业 2009 年尚有 86 万元费用发票没有入账列支，准予在计算应补征的企业所得税前扣除。依据《企业所得税暂行条例》第六条规定，应补征 2010 年、2009 年企业所得税 43. 9 万元、43. 2 万元。

（3）综上所述，应补征增值税 59. 5 万元，应补征企业所得税 87. 1 万元，应加收滞纳金 9. 9 万元。

1.6 教学交流与研讨

【技能训练一】分析与启示

（1）所有的经济活动都会留下轨迹，所以我们在检查中首先要有信心，并且要有锲而不舍的精神，应多在账务中查找疑点，多设疑点，不放过每个疑点。

（2）在检查中还要多问，多想，通过协查来论证自己的判断。用事实来说话。通过协查也更有利于证据资料的取得，有利于最后事件的认定。

（3）资金的检查应是我们检查中最重要的手段。因为经济行为中的很多痕迹，特别是便于检查人员取得的就是资金的流向。而在检查采取招投标方式销售的，特别是政府采购项目，加强对企业的银行的检查就更有必要。

【技能训练二】分析与启示

（1）对企业的检查，不能停留在以前的随意性和盲目性中，应建立在严格规范的检查规程上，通过对企业内控的了解和财务报告严密分析，设计合理的检查工作流程，确定针对性的检查项目，制定出有效的方法和步骤，才能达到事半功倍的效果。

（2）市场经济条件下的税务检查工作要有所创新，目前查账单纯懂得税收政策和财务会计知识是不够的，还必须懂得市场经济理论知识，懂得不同行业的特点，检查工作思路要清晰，要有责任心。

（3）在日常税收管理工作中，税务机关应进一步加强对大型生产企业的税收监控和税务检查的力度。一方面在税收管理中应结合纳税人的实际经营规模和状况，从销售合同、销售产品出库、发票开具等方面，对其纳税申报情况予以核实，对经营情况与申报收入存在明显差异的，应予以重点税收监控；另一方面在税务检查中应根据行业的特点，结合内部管理流程进行分析，重点检查此类企业是否有少记收入的情况。

【技能训练三】分析与启示

通过对该案的逐步落实，检查人员了解到，韩国进口食品经销行业的销售对象一般是大型超市、批发市场、便利店及消费者，除大型超市需要增值税专用发票外，其他销售对象大都是个体户等核定纳税的单位和个人。这些企业一般都不需要发票，这就为进口环节的增值税完税凭证流入到其他企业提供了温床，造成偷税隐患。

任务2 自查企业基本纳税状况

纳税自查是纳税人、扣缴义务人在税务机关的辅导下，按照国家税法规定，对自己履行纳税义务、扣缴税款义务情况进行自我审查的一种方法，又称纳税人自查。纳税自查是税务检查的形式之一，是贯彻执行国家税收法律法规、规范纳税秩序的重要手段。

2.1 任务描述与任务学习目标

(1) 任务描述：开展纳税自查，一般由税务机关发给自查提纲，纳税人根据自查提纲的要求，对照税收法律法规和财务制度进行自查。纳税自查的基本内容主要包括三个方面：①自查执行国家税收法律法规、政策的情况；②自查遵守财会制度和财经纪律的情况；③自查生产经营管理和经济核算情况。

(2) 任务学习目标：知道企业税务自查的内容和范围，掌握企业税务自查的基本程序和方法，能够正确进行企业有关涉税业务自查的分析等操作。

2.2 任务分析

纳税人要进行有序有效的自查，就一般情况而言，可按如下五个步骤进行：

第一步，制度、法规相对照，即企业内部应纳的各税会计处理规定与相关税收法律法规规定之间的对照自查。了解企业制定的内部财务会计规定与税收法律法规之间是否存在差异，其差异是否会造成税收的违法。

第二步，制度执行情况自查，即与各税计算相关的企业内部有关制度的执行情况的自查。自查目的是明确企业内部与各税种计算相关的制度、流程执行的怎样？是否存在影响地方税计算准确性的因素？是否确实影响了各税计算的准确性？

第三步，纳税申报的自查。即通过账证与纳税申报表的对照自查。自查目的是从中发现是否存在未足额申报税款的问题。

第四步，账簿对应关系的自查。自查目的是通过账簿数据的勾稽关系自查是否存在应纳税额计算错误。

第五步，数据、指标分析，即对企业的一些财务数据按税收法规具体要求进行对比。自查目的是从财务数据、指标角度看企业是否可能存在税收违法问题。

2.3 相关知识

(1) 审核税种登记表。纳税人根据自身的经营范围对照税法规定审核税种登记表，确认所涉及的税种，如表 5－1/4、表 5－2/4 所示。

表 5－1/4　　　　纳税人税种登记表（国税）

纳税人识别号：

纳税人名称（盖章）：　　　　　　　　　　　　法定代表人：

<table>
<tr><td colspan="5">一、增值税：</td></tr>
<tr><td rowspan="2">类别</td><td rowspan="2">1. 销售货物　2. 加工
3. 修理修配　4. 其他</td><td rowspan="2">货物或项目名称</td><td>主营</td><td></td></tr>
<tr><td>兼营</td><td></td></tr>
<tr><td colspan="2">纳税人认定情况</td><td colspan="3">1. 增值税一般纳税人　2. 小规模纳税人　3. 暂认定增值税一般纳税人</td></tr>
<tr><td colspan="2">经营方式</td><td colspan="3">1. 境内经营货物　2. 境内加工修理　3. 自营出口　4. 间接出口　5. 收购出口　6. 加工出口</td></tr>
<tr><td colspan="5">备注：</td></tr>
<tr><td colspan="5">二、消费税</td></tr>
<tr><td>类别</td><td>1. 生产
2. 委托加工
3. 零售</td><td>应税消费品名称</td><td colspan="2">1. 烟　2. 酒及酒精　3. 化妆品　4. 贵重首饰及珠宝玉石　5. 鞭炮、焰火　6. 成品油　7. 高尔夫球及球具　8. 高档手表　9. 游艇　10. 木制一次性筷子　11. 实木地板　12. 汽车轮胎　13. 摩托车　14. 小汽车</td></tr>
<tr><td colspan="2">经营方式</td><td colspan="3">1. 境内销售　2. 委托加工出口　3. 自营出口　4. 境内委托加工</td></tr>
<tr><td colspan="5">备注：</td></tr>
<tr><td colspan="5">三、营业税：</td></tr>
<tr><td rowspan="2">经营项目</td><td>主营</td><td colspan="3"></td></tr>
<tr><td>兼营</td><td colspan="3"></td></tr>
<tr><td colspan="5">备注：</td></tr>
<tr><td colspan="5">四、企业所得税：</td></tr>
<tr><td colspan="2">法定或申请纳税方式</td><td colspan="3">1. 按实纳税　2. 核定利润率计算纳税　3. 按经费支出换算收入计算纳税　4. 按佣金率换算收入纳税　5. 航空、海运企业纳税方式　6. 其他纳税方式</td></tr>
<tr><td colspan="2">非生产性收入占总收入的比例（%）</td><td colspan="3"></td></tr>
<tr><td colspan="5">备注：季度预缴方式：1. 按上年度 1/4　2. 按每季度实际所得</td></tr>
<tr><td colspan="5">五、其他税：</td></tr>
</table>

注：以上内容纳税人必须如实填写，如内容发生变化，应及时办理变更登记。

表 5-2/4 纳税人税种登记表（地税）

纳税人识别号：

纳税人名称： 填表日期 年 月 日

税务登记证	发证日期			税务登记证副本（本）			
	类别			税务登记证□		临时税务登记证□	
增值税纳税人				小规模纳税人□		一般纳税人□	
核算形式	1. 独立核算□ 2. 非独立核算□	财务核算是否电算化		1. 是□ 2. 否□ 使用软件版本：			
建账情况							
复式账□	简易账□			自行建账□		代理建账□	
从业人员总数				其中富余人员			
一、营业税□	经营项目及税目	主营					
		兼营					
二、企业所得	法定或申请纳税方式	查税征税□	季度预缴：1. 按上年度四分之一□ 2. 按每季度实际所得□				
		核定征税□	1. 应税所得率□ 2. 代征率□ 3. 其他纳税方式□				
三、资源税	产品名称		应税项目				
四、土地增值税□	应税项目						
五、房产税	计税类别	1. 自有房产□ 2. 出租房产□ 3. 代管房产□ 4. 使用他人房产□					
	房产情况	坐落地址	建筑面积	原（估）值	出（承）租起止日期	收（付）月租金	
六、车船税	车辆情况	类型	数量	总吨（座）位	船舶情况	名称	船舶数
						载重（净）吨位	
七、城镇土地使用税	土地情况	用地名称	坐落地址	土地等级	土地面积	计税土地面积	单位税额
						使用形式	
八、印花税	税目		范围		说明		
九、个人所得税□	所得项目	1. 工资、薪金所得□ 2. 个体户的生产经营所得□ 3. 对企事业单位的承包经营、承租经营所得□ 4. 劳务报酬所得□ 5. 稿酬所得□ 6. 特许权使用费所得□ 7. 利息、股息、红利所得□ 8. 财产租赁所得□ 9. 财产转让所得□ 10. 偶然所得□ 11. 其他所得□					
十、城市维护建设税□	征税类别	1. 市区□ 2. 县城镇□ 3. 其他地区□					
	计税依据	实际缴纳的增值税、营业税、消费税合计税额					
十一、教育费附加□	计费依据	实际缴纳的增值税、营业税、消费税合计税额					
十二、地方教育附加□	计费依据	实际缴纳的增值税、营业税、消费税合计税额					

以下由税务机关填写

<table>
<tr><th rowspan="2">税种</th><th rowspan="2">税目或品目</th><th rowspan="2">子目</th><th rowspan="2">行业</th><th rowspan="2">申报期限</th><th rowspan="2">纳税期限</th><th rowspan="2">征收率或单位税额</th><th rowspan="2">征收方式</th><th rowspan="2">缴库方式</th><th colspan="4">预算级次分配比例</th><th rowspan="2">是否单独纳税</th><th rowspan="2">是否代扣代缴</th></tr>
<tr><th>中央</th><th>省</th><th>地市</th><th>县市</th></tr>
<tr><td></td><td></td><td></td><td></td><td></td><td></td><td></td><td></td><td></td><td></td><td></td><td></td><td></td><td></td><td></td></tr>
<tr><td></td><td></td><td></td><td></td><td></td><td></td><td></td><td></td><td></td><td></td><td></td><td></td><td></td><td></td><td></td></tr>
<tr><td colspan="3">登记人</td><td colspan="5"></td><td colspan="3">登记日期</td><td colspan="4"></td></tr>
</table>

注：

① 本表系纳税人根据工商登记的生产经营范围及税法的有关规定，对纳税事项的自行核定。

②本表一式二份，纳税人填写后，交给主管税务机关。地税机关审核填写后退一份给纳税人。

（2）熟悉相关税种的法律、法规和规范性文件规定，整理与纳税人涉及的税种相关的具体的税收政策、法规以及变化情况。

（3）搜集和整理有关的纳税资料。

（4）分析整理财务会计资料、财务会计管理等情况，对照税法一一检查。

2.4 技能训练

（1）税收政策的梳理、归纳。通过整理，把企业涉及的相关税种的具体政策及变化内容归纳出来，并形成底稿，将其作为自查的依据。

（2）编写自查大纲，确定自查程序。

（3）根据整理的纳税资料对照税法确认：第一，是否多交或少交税？第二，是否按税法规定的时限纳税？

（4）涉税账户的检查分析。确认涉税处理是否恰当、是否正确。对自查出来的问题进行账务调整。

2.5 完成任务

（1）编写自查底稿，分析自查出来的涉税问题，形成自查报告和结论。

（2）填制纳税自查表，如表 5－5 所示。

2.6 教研交流与探讨

（1）请根据不同企业的性质，拟定不同的自查方案。

（2）查阅各税最新的规定，并进行归纳。

（3）对不同的自查方案的进行评估。

表5－5　年度税收专项检查企业纳税情况自查表（简表）

所属时期：　　年　　月　　日至　　年　　月　　日　　　　单位：元

纳税人名称					企业代码				
序号	税费项目	自查数	自查已申报数	自查已入库数	序号	税费项目	自查数	自查已申报数	自查已入库数
1	营业税								
					11	土地使用税			
6	企业所得税				12	自查合计			
序号	营业税涉税项目	自查计税金额	自查已申报数	自查已入库数	序号	个人所得税涉税项目	自查计税金额	自查已申报数	自查已入库数
1	其中：				1	其中：工资薪金项目			
2					2				
7	其他未申报或申报不实				7	其他			
序号	企业所得税涉税项目	报表数	自查调整数	调增所得额	序号	所得税涉税调整项目	已扣除数	自查调整数	调增所得额
1	销售（营业）收入				1	固定资产折旧			
2	销售（营业）成本				2				
9	销售（营业）税金及附加				9	合计			
10	销售（营业）费用				序号	不可税前扣除项目	已扣除数	自查调整数	调增所得额
11	管理费用、财务费用				1	罚款、滞纳金、被没收损失			
14	营业外支出				4				
17	应纳税所得额				7	合计			

发票行为自查项目					
	发票违法行为自查项目	开票内容	发票号码	开票金额	受票单位
1	收受虚开代开伪造的假发票				
3	其他				

填表声明	本单位（人）声明：以上是按照国家税法规定编制，内容真实可靠。 纳税人盖章： 法人代表（法定负责人）：　　财务负责人：　　经办人：　　填表日期：　年　月　日

说明：①纳税人经自查发现有应缴（扣）未缴（扣）税费的，须于自查期限内自行向所属地方税务征管分局缴纳应缴（扣）未缴（扣）的税费及滞纳金；②自查所属期××－××年，自查情况分年编制；③调减数用负数表示；④本表一式二份，一份纳税人自存，一份报送辖区主管地税征管部门并附自查申报入库税单复印件。

任务3 自查企业营业税纳税

3.1 任务描述与任务学习目标

（1）任务描述：对营业税进行自查，主要包括两个方面：一是营业收入；二是税率。新的税法规定，营业额是指纳税人提供应税劳务向对方收取的全部价款和价外费用。由于营业税的涉税面广，按行业类别不同收入来源有：建筑业、金融保险业、服务业、交通运输业、邮电通信业、娱乐业、文化体育业、销售不动产和转让无形资产等。营业税9个税目中，分别适用于不同的行业和业务范围。

（2）任务学习目标：知道企业营业税自查的内容和范围，掌握企业营业税自查的基本程序和方法，能够正确进行企业有关营业税业务自查的分析、计算、填表等操作。

3.2 任务分析

3.2.1 应税营业收入的确认

（1）交通运输业征税范围的检查。

（2）建筑业征税范围的检查。

（3）金融保险业征税范围的检查。

（4）邮电通信业、文化体育业、娱乐业征税范围的检查。

（5）服务业征税范围的检查。

（6）销售不动产、转让无形资产征税范围的检查。

3.2.2 应税税率的检查

在营业税9个税目中，适用于3%税率的有4个；适用于5%税率的有4个；娱乐业适用5%～20%的幅动税率。

3.3 相关知识

3.3.1 交通运输业纳税自查范围

交通运输业征税范围非常广泛，包括陆路运输、水路运输、航空运输、管道运输和装卸运输五大类。这五大类包含的内容较多，在实务中难以划分和确认，在自查中要从以下几个方面入手：

（1）将“运输收入”等明细账中记录的营业额与营业税纳税申报表及有关的发票、收款单据等原始凭证核对，核实已实现的营运收入是否及时、足额地申报纳税，有无将收入不及时入账，漏报收入或收入抵支的现象。

（2）检查“应付账款”、“预收账款”等会计科目相对应的原始凭证，看出有无将实现的营运收入长期挂账，不作收入处理的现象。

（3）有无将营运收入记入“营业外收入”账户，故意偷逃营业税款的现象。

（4）检查“运输支出”、“装卸支出”等支出类明细账，是否存在以收入直接冲减费用支出，小计收入的情况。

（5）检查应纳税额的计算是否正确，将税务机关当期核定纳税人的应纳税额与其自行申报数比较，如果发现少缴税款行为，在检明原因后，及时补交税款。

3.3.2 建筑业纳税自查范围

建筑业具有非常复杂的工程作业，检查中要对每一个具体工程逐一核对，结合工程合同、协议所明确的权力和责任，分析是否属于征税对象和范围。建筑业的征税范围包括建筑、安装、修缮、装饰和其他工程作业五项内容。

在纳税自查过程中应特别关注以下几个方面：

（1）纳税人从事建筑安装业务，是否在所承包的工程所在地缴纳营业税。

（2）纳税人从事建筑、修缮、装饰和其他工程作业，与对方实行“包清工”结算方式的，工程耗用的原材料和动力是否并入计税营业额缴纳营业税。

（3）建筑业总承包人将工程分包或转包给他人的，总承包人的计税营业额是否按工程全部承包额减去付给分包人的价款后的余额计缴。总承包人是否对分包、转包的工程履行代扣代缴营业税的义务；如果总承包人未对分包人的工程价值履行扣缴义务的，则总承包人是否按工程全部承包额计缴营业税。

（4）对单位和个人自建自售建筑物的，其自建行为视同提供建筑劳务，纳税人是否按建筑税目缴纳营业税。

（5）工程承包公司与建设单位签订了承包合同的建筑安装工程业务，工程承包公司不参与施工的，是否按“建筑业”税目缴纳营业税。

3.3.3 金融保险业纳税自查范围

金融保险业是一个特殊的行业，对其经营业务范围国家有严格的规定。因此，对其涉税范围检查时，还要参照其相关规定。营业额的计算是检查的关键，因此，要结合企业营业税申报表及各类收入类账户进行。金融保险业征税范围包括贷款业务、融资租赁业务、金融商品转让业务、金融经纪业务、保险业务等。

（1）贷款利息收入的检查，要结合“利息收入”、“利息支出”、“营业费用”明细账及其有关的原始凭证和记账凭证，核实有无随意分解收入，或将费用、支出直接冲减收入的现象。对于委托贷款业务，应重点检查“应付账款”、“手续费收入”账户，查其有无错计、漏计营业收入，漏缴营业税的现象。

（2）融资租赁业务的检查，首先根据租赁合同的相关事宜，检查“应收账款——应收租赁收益”和“租赁收益”账户及其有关的原始凭证；再次检查纳税人应税的营业额是否扣除了向承租方收取出租货物的实际成本，扣除的金额是否正确。

（3）金融商品转让的检查，主要检查“销售收入”、“利息支出”、“金融业务往来支出”等账户，并抽检查原始凭证和记账凭证，核实从“利息收入”等科目抵减的支出科目是否真实、正确。

3.3.4 邮政电信业、文化体育业、娱乐业纳税自查的重点

邮政电信业、文化体育业、娱乐业纳税自查的重点是检查经营收入的分类是否符合征收营业税的范围及适用的税率，特别是下列情况：

（1）邮政电信企业单独设置柜台销售电信物品与传递实物信息无关联的应属于兼营业务，应分别征收增值税和营业税。

（2）文化体育业提供表演、比赛场所，或可能出现两种情况：第一种情况是与对方共同表演、比赛，一方以出专场为主要资源合作；另一方以组织、管理为重要资源合作，这种情况下双方按比例取得的收入按3%征收营业税。第二种情况是出场地一方以租赁方式与对方合作，这种情况下，应按5%征收营业税。

（3）许多娱乐公司为顾客提供服务不仅仅是娱乐活动，同时兼营提供餐饮服务、客房服务；相反也有的宾馆、饭店在为顾客提供餐饮服务、客房的同时，提供娱乐活动；这种多项兼营情况下，最容易将高税率收入计入低税率收入的金额中，以达到少缴税款的目的。

3.3.5 服务业纳税自查范围

服务业是营业税征税范围中9个税目中涉及内容最多的一个行业，准确判断和确认征税范围，是纳税检查的重要环节。服务业征税范围包括代理业、饮食业、旅游业、广告业、旅店业、仓储业、租赁业和其他服务业八个方面。

对上述不同业务的检查方法有：

（1）饮食业：由于收入核算涉及服务人员开具的菜单、报送的日报表等来自不同部门的记录，容易出现分解收入、漏列收入的现象。主要将"营业收入"明细账与有关的收款凭证和原始凭证发票记录核对。必要时可以通过原材料耗用量来换算成品的销售量，估计营业收入额的准确性，并与营业日报表和交款凭单核对，以查明有无漏记、漏报或瞒报收入的情况。

（2）旅店业：由于规模不同，检查的方法和重点有所不同。规模大、档次高的旅店，其功能除住宿外，还从事饮食、桑拿、歌舞厅、美发美容、会议、代理购票、停车等多项服务。检查时，首先要核对经营项目、经营方式、收费标准等；然后对会计资料进行审核，看其是否全额入账；对已申报的应税收入是否存在属于"娱乐业"税目征税范围，防止出现从低适用税率、少缴税款。

（3）旅游业：重点通过核对收款凭证的领、用、存情况和旅客报名表等资料，查看"营业收入"贷方和"应收账款"借方，核实营业收入结算是否及时、正确，有无另收餐费、保险费、签证费等费用不入账或少入账而不按规定计算税款的情况。

（4）广告业：重点检查广告承揽合同和收款凭证，看其取得的收入是否全部入账，有无以提供广告为理由，向对方索取货物，而不折算为收入入账的行为，或将取得的款项以赞助费名义入账。特别是有无将广告制作费、劳务费等混入免税收入。

（5）租赁业：主要判断其属于融资租赁业务还是经营性租赁业务；是属于营业税纳税范围还是增值税纳税范围。

3.3.6 销售不动产纳税自查范围

销售不动产作为房地产开发企业、非房地产开发企业有所不同。销售不动产征税范围包

括销售建筑和其他土地附着物。转让无形资产对于单位或个人转让其受让的土地使用权，以全部收入减去土地使用权受让原价后的余额为营业额。转让无形资产征税范围包括转让无形资产的所有权和使用权。

（1）房地产企业销售不动产（商品房）应缴纳营业税，主要取决于不动产的销售收入，由于销售方式不同（现销、分期付款、按揭销售、委托销售、先租后售、非货币交易），销售收入的确认是检查的关键。同时，对于视同销售行为收入确认和代建工程和提供劳务的收入的确认也是检查的重点。

（2）非房地产开发企业销售不动产应缴纳营业税，以全部收入减不动产的购置原价后的余额为营业额。销售使用过的不动产，发生的收入和费用应通过“固定资产清理”账户，因此，主要检查申报表中的相关金额与“固定资产清理”账户有关核算内容核对。

（3）无形资产计税范围。纳税人以取得货币、货物或其他经济利益为前提，转让无形资产的所有权或使用权的行为。征税范围包括转让土地使用权、转让商标权、转让专利权、转让非专利技术、转让著作权、转让商誉。按会计规定其转让使用权收入应记入“其他业务收入”账户，与其相关的支出应记入“其他业务支出”账户。检查的重点则是这两个账户的相关内容。

3.4 技能训练

【技能训练一】建筑安装业

（1）案例背景：深圳裕园建筑安装有限公司于2008年2月1日为深圳雅田化工集团安装一个新的生产车间，同时由深圳裕园建筑安装有限公司提供相应的材料价款100万元，并从深圳雅田化工集团取得营业收入20万元。深圳裕园建筑安装有限公司在上报产值的时候，也将设备价款100万元计入了安装工程产值，但在2008年2月28日申报缴纳营业税时，深圳裕园建筑安装有限公司仅以20万元的营业税额申报缴纳营业税6 000元。

（2）案例思考：上述案例中的深圳裕园建筑安装有限公司在申报营业税时，以何种理由计算营业税的计税额的？

（3）案例解析：根据营业税税法规定：纳税人从事建筑、修缮装饰工程作业，无论与对方如何结算，其营业额均应包括工程所用原料及其他物料和动力的价款在内。纳税人从事安装工程作业，凡所安装设备的价值为安装工程产值的，设备价款计入营业额。

深圳裕园建筑安装有限公司应在劳务费用20万元上再加设备价款100万元，作为安装工程总值，即以120万元为计税依据计缴营业税3.6万元（120×3%）。因此，裕园公司必须补缴的营业税金为：3.6－0.6＝3万元。

做会计分录如下：

借：营业税金及附加　　　　30 000

　　贷：应交税费——应交营业税　　　　30 000

【技能训练二】餐饮服务业

（1）案例背景：香格里拉饭店2008年9月取得营业收入如下：

1）客房营业收入1 600万元。

2）写字楼营业收入2 400万元。

3）饭店所属餐厅营业收入800万元。

4）饭店所属洗衣房营业收入 400 万元。

5）饭店所属卡拉 OK 歌舞厅收入 400 万元，其中，门票收入 180 万元；点歌费 80 万元；食品饮料柜台收入 140 万元。

6）饭店所属康乐中心收入 180 万元。

对于以上饭店所属饭馆、餐厅及其他饮食场所，在为顾客提供就餐的同时，进行的自娱自乐形式的歌舞活动所提供的服务，公司一律没有计算营业税。

（2）案例思考：请分析说明香格里拉饭店 2008 年 9 月份涉税处理的正确性。

（3）案例解析：香格里拉饭店 2008 年 9 月份的涉税处理是不正确的。

1）根据税法规定：饭店客房、写字楼、餐厅、洗衣房营业收入都属于“服务业”税目，应按 5% 税率征税。

应纳税额 =（16 000 000 + 24 000 000 + 8 000 000 + 4 000 000）× 5% = 52 000 000 × 5%
= 2 600 000（元）

2）根据税法规定：饭店所属饭馆、餐厅及其他饮食场所，在为顾客提供就餐的同时，进行的自娱自乐形式的歌舞活动所提供的服务，一律按“娱乐业”税目征收营业税。

自查结论：

应纳税额 =（4 000 000 + 1 800 000）× 10% = 580 000（元）

3）总纳税额 = 2 600 000 + 580 000 = 3 180 000（元）

做会计分录如下：

借：营业税金及附加　　3 180 000
　　贷：应交税费——应交营业税　　3 180 000

【技能训练三】金融保险业

（1）案例背景：2008 年北京市某保险公司开展如下业务并获得营业收入：

1）为 50 家企业办理医疗保险业务，获保费收入共计 1 600 万元。

2）开展财产、人身保险业务，该项业务具有保费到期返还给投保人的特点，因此，向投保者收取的全部保费记入“储金”科目，共计 3 500 万元；并在到期返还时，将储金从营业额中扣除。

3）办理个人投资分红保险业务 182 起，共获保费收入 495 万元；该企业对此项收入缴纳营业税。

4）承接一项境内运输企业保险业务，总保费为 1 000 万元。因风险过大，分保给国外一家保险公司，分保额为 500 万元。

5）承接一项分包业务，该业务以国外保险机构为总保人，保险标的为境内一项工程安装项目，获得分包收入 80 万美元（1 美元 = 8.3457 元）；企业认为该项收入属于免税项目，故没有缴纳营业税。

6）从境外一笔保险业务获得收入 100 万美元（汇率：1 美元 = 8.3449 元）。

（2）案例思考：该企业的应纳营业税及处理方法是否正确？并分析说明。

（3）案例解析：该企业的应纳营业税及处理方法不正确。

1）据我国营业税暂行条例规定，保险公司向投保人收取的保费收入属于营业额，到期返还的储金不应从营业额中扣除。

2）根据规定，保险公司开办的个人投资分红保险业务取得的保费收入免征营业税。个人投资分红保险，是指保险人向投保人提供的具有死亡、伤残等高度保障的长期人寿保险业务，保险期满后，保险人还应向被保人提供投资收益。因此，此案例中的第3项业务免征营业税。

3）根据我国税法规定，实行分保险的，初保业务以全部保费收入减去付给分保人的保费后的余额为营业额。

4）根据我国税法规定，对境内保险机构以出口货物为标的的保险劳务免征营业税。因此，案例中保险公司的第5项业务不能免征营业税。该公司应缴纳的营业税为：

2008年该保险公司应纳的营业税 = [1 600 + 3 500 + (1 000 - 500) + 100 × 8.3449 + 80 × 8.3457] × 5% = 355.1073（万元）

做会计分录如下：

• 计提营业税时：

借：营业税金及附加　　355.1073

　　贷：应交税费——应交营业税　　355.1073

• 上缴营业税时：

借：应交税费——应交营业税　　355.1073

　　贷：银行存款　　355.1073

【技能训练四】房地产业

（1）案例背景：泰华房地产开发有限公司主要从事住宅的开发。2008年8月份，该公司共实现经营收入4 162万元，不动产销售全部为现销。其中，商品房销售收入为3 320万元，这3 320万元包括泰华房地产开发有限公司所属九江泰华施工队在公司开发的湖滨雅兰小区内建造的办公楼一幢，出售给九江君泰实业有限公司，获得价款1 220万元。但泰华公司只按销售不动产项目计算了营业税，没有按“建筑业”征收营业税。另外，还实现代建工程结算收入842万元。

泰华房地产开发有限公司没有销售过办公楼。根据有关结算资料，该办公楼的建造成本为460万元，九江地方税务局规定的成本利润率为20%。

泰华计算的营业税金 = 460 × (1 + 20%) × 3% = 16.56（万元）

（2）案例思考：泰华房地产开发有限公司2008年8月份应缴纳的营业税额计算正确吗？请分析说明。

（3）案例解析：泰华房地产开发有限公司2008年8月份应缴纳的营业税额计算不正确。

1）按照税法规定，房地产开发企业销售商品房（包括出售的办公楼）的销售收入属于“销售不动产”税目，税率为5%。因此，泰华公司应纳营业税额为：3 320 × 5% = 166（万元）。

2）根据税法规定，对房地产开发企业的代建工程结算收入，应当按“建筑业”税目征收营业税，税率为3%。应纳营业税额 = 842 × 3% = 25.26（万元）。

3）根据税法规定，对企业自建的办公楼，由于已经对外销售，因此，除按销售收入征收营业税外，还应当按“建筑业”征收营业税。由于没有进行工程价款结算，因而应按计税价格计算应纳税额。

计税价格 = 工程成本 × (1 + 成本利润率)/(1 - 营业税税率)

　　　　 = 4 600 000 × (1 + 20%)/(1 - 3%)

=5 690 721.65（元）

应纳税额 =5 690 721.65 ×3% =170 721.65（元）

自查结论：

故泰华公司计算的营业税额不正确。应为：

公司应纳营业税总额 =1 660 000 +252 600 +170 721.65 =2 083 321.65（元）

做会计分录如下：

借：营业税金及附加　　2 083 321.65

　贷：应交税费——应交营业税　　2 083 321.65

3.5　完成任务

现以泰华房地产开发有限公司案例为例，填写“营业税自查报告表”，如表5-6所示。

表5-6　　**营业税自查报告表**

纳税人登记号：27589307　　报告日期：2008年8月

企业编号：365869003　　单位：万元

企业名称	泰华房地产开发有限公司		电话	234589		邮政编号		3785900
地　　址	庆阳市南经路300号		所属时间	2008年8月1日至2008年8月31日				
开户银行	工商银行南经路分行		账　　号	89347602—4490				
税　　目	纳　税　范　围	收入额		税率	申报税额	自查应缴税额	应补缴税额	应补缴税额所属年月
		申报收入	自查核实收入					
一、金融保险业	金融、保险、典当等			5%				
六、建筑业	建筑、安装、修缮、装饰和其他工程作业		842 569	3%		25.26 17.07		
七、销售不动产	销售建筑物、构筑物、及其他土地附着物等		3 320	5%		166		
八、其他收入								
合　　计						208.33		

纳税人（企业）盖章　　法人（负责人）签名：　　经办人签名：张华

注：本表编制一式三份，一份企业自存，一份报省地税稽查局，一份报所在地的地税征管部门。

3.6　教研交流与探讨

（1）请收集其他行业的营业税自查的案例，例如，交通运输业、邮电业、文化体育业等。

（2）查阅自2009年1月1日起实施的《中华人民共和国营业税暂行条例》。

（3）如何引导学生总结出营业税自查中应注意的问题？

任务4 自查企业增值税（一般纳税人）纳税

4.1 任务描述与任务学习目标

（1）任务描述：

1）增值税进项税额的自查：检查一般纳税人增值税纳税申报表（主表和附表二），确定表中数据是否准确，如不准确，进行调整。

2）增值税销项税额自查：通过检查一般纳税人增值税纳税申报表（主表和附表一），确定表中数据是否准确，如不准确，进行调整。

3）应交增值税的自查：检查增值税纳税申报表主表，确定主表中的数据是否准确，若不准确，进行调整。

4）已交增值税的自查：检查增值税纳税申报表主表，确定主表中的数据是否准确，若不准确，进行调整。

5）未交增值税的自查：检查增值税纳税申报表主表，确定主表中的数据是否准确，若不准确，进行调整。

（2）任务学习目标：知道企业增值税纳税自查的内容和范围，掌握企业增值税纳税自查的基本程序和方法，能够正确进行企业有关增值税纳税自查的分析、计算、填表等操作。

4.2 任务分析

（1）根据企业实际发生的经济业务，确定增值税纳税申报表附表二（见表5－20）中的数据是否准确，若不准确，调整附表二中的数据，再根据附表二中的数据调整主表的数据。

（2）根据企业实际发生的经济业务，确定增值税纳税申报表附表一（见表5－18）中的数据是否准确，如不准确，调整附表一中的数据，再根据附表一中的数据调整主表的数据。

（3）根据销项税额和进项税额之间的数据关系，确定主表（见表5－17）中的数据是否正确。

（4）根据企业的实际经济业务确定增值税纳税申报表主表中的数据是否准确。

4.3 相关知识

4.3.1 增值税征税范围

（1）销售货物，是指在中华人民共和国境内有偿转让货物的所有权。包括电力、热力、气体在内。

（2）提供加工、修理修配劳务，是指在中国境内有偿提供加工、修理修配劳务。

（3）进口货物，是指进入中国关境的货物。对于进口货物，除依法征收关税外，还应在进口环节征收增值税。

（4）视同销售货物应征收增值税的特殊行为，是指单位和个体经营者的下列行为，虽然没有取得销售收入，也视同销售应税货物，征收增值税：

1）将货物交付他人代销；

2）销售代销货物（手续费缴纳营业税）；

3）设有两个以上机构并实行统一核算的纳税人，将货物从一个机构移送其他机构用于销售，但相关机构在同一县（市）的除外；

4）将自产或委托加工的货物用于非应税项目；

5）将自产、委托加工或购买的货物作为投资，提供给其他单位或个体经营者；

6）将自产、委托加工或购买的货物分配给股东或投资者；

7）将自产、委托加工的货物用于集体福利或个人消费；

8）将自产、委托加工或购买的货物无偿赠送他人。

4.3.2 应纳增值税的计算公式

当期应纳税额 = 当期销项税额 - 当期进项税额

4.3.3 销售额的确定

销售额是指纳税人销售货物或提供应税劳务，向购买方（承受应税劳务的也视为购买方）收取的全部价款和价外费用。

4.3.4 下列进项税额准予从销项税额中抵扣

（1）从销售方取得的增值税专用发票上注明的增值税额。

（2）从海关取得的海关进口增值税专用缴款书上注明的增值税额。

（3）购进农产品，除取得增值税专用发票或者海关进口增值税专用缴款书之外，按照农产品收购发票或者销售发票上注明的农产品买价和13%的扣除率计算的进项税额。进项税额计算公式：

进项税额 = 买价 × 扣除率

（4）购进或者销售货物以及在生产经营过程中支付运输费用的，按照运输费用结算单据上注明的运输费用金额和7%的扣除率计算的进项税额。进项税额的计算公式：

进项税额 = 运输费用金额 × 扣除率

准予抵扣的项目和扣除率的调整，由国务院决定。

4.3.5 不得从销项税额中抵扣的进项税额

（1）用于非增值税应税项目、免征增值税项目、集体福利或者个人消费的购进货物或者应税劳务。

（2）非正常损失的购进货物及相关的应税劳务。

（3）非正常损失的在产品、产成品所耗用的购进货物或者应税劳务。

（4）国务院财政、税务主管部门规定的纳税人自用消费品。

（5）上述第1项至第4项规定的货物的运输费用和销售免税货物的运输费用。

4.3.6 纳税义务的发生时间

（1）采取直接收款方式销售货物，不论货物是否发出，均为收到销售额或取得索取销售额的凭据，并将提货单交给买方的当天。

（2）采取托收承付和委托银行收款方式销售货物，为发出货物并办妥托收手续的当天。

（3）采取赊销和分期收款方式销售货物，为按合同约定的收款日期的当天。

（4）采取预收货款方式销售货物，为货物发出的当天。

（5）委托其他纳税人代销货物，为收到代销单位销售的代销清单的当天。

（6）销售应税劳务，为提供劳务同时收讫销售额或取得索取销售额凭据的当天。

（7）纳税人发生按规定视同销售货物行为（委托他人代销、销售代销货物除外），为货物移送的当天。

4.3.7 进项税额的抵扣时间

（1）一般纳税人申请抵扣的防伪税控系统开具的专用发票的进项税额，应自专用发票开具之日起90日内到税务机关认证，否则不予抵扣进项税额。

（2）一般纳税人进口货物取得的海关完税凭证，自开具之日起90天后的第一个纳税申报期结束前向主管税务机关申报抵扣，逾期不得抵扣进项税。

4.3.8 税率

（1）纳税人销售或者进口货物，除下面第2项、第3项规定外，税率为17%。

（2）纳税人销售或者进口下列货物，税率为13%：

1）粮食、食用植物油；

2）自来水、暖气、冷气、热水、煤气、石油液化气、天然气、沼气、居民用煤炭制品；

3）图书、报纸、杂志；

4）饲料、化肥、农药、农机、农膜；

5）国务院规定的其他货物。

（3）纳税人出口货物，税率为零；但是，国务院另有规定的除外。

（4）纳税人提供加工、修理修配劳务（以下称应税劳务），税率为17%。

（5）纳税人兼营不同税率的货物或者应税劳务，应当分别核算不同税率货物或者应税劳务的销售额；未分别核算销售额的，从高适用税率。

4.3.9 纳税期限

增值税的纳税期限分别为1日、3日、5日、10日、15日、1个月或1个季度。纳税人的具体纳税期限由主管税务机关根据纳税人应纳税额的大小分别确定；不能按照固定纳税期限的，可以按次征收。

纳税人以1个月或1个季度为1个纳税期的，自期满之日起15日内申报纳税；以1日、3日、5日、10日或15日为1个纳税期的自期满之日起5日内缴纳税款，于次月1日起15日内缴纳税款。

4.4 技能训练

（1）案例背景：临沂长城钢管有限公司是增值税一般纳税人，2009年3月1日，“应交税费——应交增值税”的账面余额为零，“应交税费——未交增值税”的账面余额为

193 414.00元，该公司3月份发生的业务中与增值税有关的有：

1）3日，办公室报销办公用品购置费，付现金，如表5-7所示。

表5-7

3700041142

山东省增值税专用发票

抵扣联

（全国统一发票监制章 山东 国家税务总局监制）

No 31206852

加密版本：01
3700041142
31206852

开票日期：2009年3月3日

购货单位		密码区
名称：临沂长城钢管有限公司		21 * 412 * 4 - 205〈1 + 46 * 78 *
纳税人识别号：371302267230675		121301〉〈8172 * 59 * 09#12
地址、电话：临沂市兰山区金雀山路58号		〈4〈3 * 5782 - 9〉9 * - 162〈/0
开户行及账号：工行金雀山支行 40586123798		* 31/4〉2〉〉2 - 5 * 0/9/〉〉55

货物或应税劳务名称	规格型号	单位	数量	单价	金额	税率	税额
稿纸		本	100	3.00	300.00	17%	51.00
墨水		瓶	30	2.00	60.00	17%	10.20
合计					¥360.00	17%	¥61.20
价税合计（大写）	肆佰贰拾壹元贰角整				（小写）¥421.20		

销货单位		
名称：临沂东方文具有限公司	纳税人识别号：371302267230879	
地址、电话：临沂市兰山区解放路188号	备注	
开户行及账号：建行解放路支行 759871287		

收款人：郑华　　复核：刘鑫谷　　开票人：林爽　　销货单位：（章）

（临沂东方文具有限公司 371302267230879 发票专用章）

第二联：抵扣联购货方扣税凭证

2）5日，向日照海明油管厂发运产品，产品提单及发票如表5-8和表5-9所示。

表5-8

3700043145

山东省增值税专用发票

记账联

（全国统一发票监制章 山东 国家税务总局监制）

No 31206982

加密版本：01
3700043145
31206982

开票日期：2009年3月5日

购货单位		密码区
名称：日照海明油管有限公司		21 ** 12 * 4 - 265〈1 + 46 * 78 *
纳税人识别号：371502267278642		121301〉〈8872 * 59 * 09#12
地址、电话：日照市东港区滨海路158号		〈4〈3 * 5782 - 9〉9 * - 192〈/0
开户行及账号：工行滨海路支行 40589123546		* 31/4〉2〉〉2 + - * 0/9/〉〉77

货物或应税劳务名称	规格型号	单位	数量	单价	金额	税率	税额
套管		Kg	250 000	4.00	1 000 000.00	17%	170 000.00
油光管		Kg	300 000	4.44	1 332 000.00	17%	226 440.00
合计					¥2 332 000.00	17%	¥39 6440.00
价税合计（大写）	贰佰柒拾贰万捌仟肆佰肆拾元整				（小写）2 728 440.00		

销货单位		
名称：临沂长城钢管有限公司	纳税人识别号：371302267230675	
地址、电话：临沂市兰山区金雀山路58号	备注	
开户行及账号：工行金雀山支行 40586123798		

收款人：王磊　　复核：李明轩　　开票人：林广　　销货单位：（章）

（临沂长城钢管有限公司 371302267230675 发票专用章）

第一联：记账联销货方记账凭证

表 5－9

产品提单

购买单位：日照海明油管有限公司　　2009 年 3 月 10 日　　运输方式：买方自行提货

交货地点：临沂长城钢管有限公司仓库　　编　　号：0301

产品名称	规格	单位	数量	单价（元）	金额（元）	备注
套管	139.7＊7.72	吨	25	40 000	1 000 000.00	
油光管	73＊5.51	吨	30	44 400	1 332 000.00	

销售部门：曹春山　　发货人：赵凯　　提货人：刘山　　制单：刘玲

3）6 日，从东风厂购入材料验收入库，如表 5－10 和表 5－11 所示。

表 5－10

3700041712

山东省增值税专用发票

抵扣联

全国统一发票监制章 山东 国家税务总局监制

No 31217453

加密版本：01

3700041712

31217453

开票日期：2009 年 3 月 6 日

购货单位		密码区	
	名　　称：临沂长城钢管有限公司		21＊562＊4－805〈1＋46＊78＊
	纳税人识别号：371302267230675		121301〉〈8172＊50＊09#1#
	地 址、电 话：临沂市兰山区金雀山路 58 号		〈4〈3＊5782－9〉9＊－162〈/0
	开户行及账号：工行金雀山支行 40586123798		＊31/7〉2〉〉2－5＊0/9/〉〉43

货物或应税劳务名称	规格型号	单位	数量	单价	金额	税率	税额
盐酸		Kg	10 000	5.10	51 000.00	17%	8 670.00
氧气		瓶	80	16.00	1 280.00	17%	217.60
乙炔		瓶	40	90.00	3 600.00	17%	612.00
合计					¥55 880.00	17%	¥9 499.60
价税合计（大写）	陆万伍仟叁佰柒拾玖元陆角整				（小写）¥65 379.60		

销货单位		备注	
	名　　称：日照东风化工有限公司		日照东风化工有限公司 371502293278456 发票专用章
	纳税人识别号：371502293278456		
	地 址、电 话：日照市东港区滨海二路 8 号		
	开户行及账号：建行滨海路支行 759891457		

第二联：抵扣联 购货方扣税凭证

收款人：张成　　复核：李谷　　开票人：林达　　销货单位：（章）

表 5－11

全国联运行业货运统一发票

发票联

发票代码 291000410009

开票日期 2009年3月6日　　　　发票号码 00002161

机打代码	291000410009			密码区	21＊562＊4－805〈1＋46＊78＊			
机打号码	00002161				121301〉〈8172＊50＊09#1#			
机器编号					〈4〈3＊5782－9〉9＊－162〈/0			
发货人名称	日照东风化工有限公司			运输费用			其他费用	
				项目及金额			项目及金额	
纳税人识别号	371502293278456			一、自备运输工具运输			仓储费	0.00
				1	公路运费	0.00	包装整理费	0.00
收货人名称	临沂长城钢管有限公司			2	水路运费	0.00	装卸费	0.00
							业务费	0.00
纳税人识别号	371302267230675						票签费	0.00
发货站（港）日照	到站（港）	经由	中转	二、代付运费			小计	0.00
	临沂			1	铁路运费	0.00	包干费	0.00
货物名称	件数	计费重量	包装	2	公路运费	2 000.00	整付费用	
盐酸	1	10 000kg		3	水路运费	0.00	项目及金额	
					小计	2 000.00	小计	0.00
合计人民币（大写）	贰仟元整						¥2 000.00	
承运人名称	临沂易达运输公司			主管税务机关及代码			5100067	
纳税人识别号	371302289231462							

第二联　发票联　付款方记账凭证

开票单位盖章　　　开票人：夏红　　　收款人：夏红　　　手写无效

4）10日，从日照钢厂购入的管坯验收入库，如表5－12所示。

表 5－12

3700052715

山东省增值税专用发票

抵扣联

No 31211864

加密版本：01
3700052715
31211864

开票日期：2009年3月10日

购货单位	名　称：临沂长城钢管有限公司			密码区	21＊4－2＊41205〈1＋46＊78＊		
	纳税人识别号：371302267230675				121301〉〈8172＊59＊99#12		
	地址、电话：临沂市兰山区金雀山路58号				〈4〈3＊57－2－9〉9＊－152〈/0		
	开户行及账号：工行金雀山支行 40586123798				＊31/4〉2〉〉2－5＊0/0/〉〉63		
货物或应税劳务名称	规格型号	单位	数量	单价	金额	税率	税额
管坯		吨	300	2 600.00	780 000.00	17%	132 600.00
合计					¥780 000.00	17%	¥132 600.00
价税合计（大写）	玖拾壹万贰仟陆佰元整				（小写）¥912 600.00		
销货单位	名　称：日照钢铁有限公司			备注			
	纳税人识别号：371502303279457						
	地址、电话：日照市经济开发区8号						
	开户行及账号：建行开发区支行 759392546						

第二联：抵扣联　购货方扣税凭证

收款人：潘丽　　　复核：李凯　　　开票人：赵达　　　销货单位（章）

5）11 日，购入面包车一辆，如表 5－13 所示。

表 5－13 3700056682

山东省增值税专用发票

抵扣联

No 31209774

加密版本：01
3700056682
31209774

开票日期：2009 年 3 月 11 日

购货单位	名　　称：临沂长城钢管有限公司 纳税人识别号：371302267230675 地 址、电 话：临沂市兰山区金雀山路 58 号 开户行及账号：工行金雀山支行 40586123798	密码区	21＊412＊4－205〈1＋46＊78＊ 121301〉〈8172＊59＊09#12 〈4〈3＊5782－9〉9＊－162〈/0 ＊31/4〉2〉〉2－5＊0/9/〉〉55

货物或应税劳务名称	规格型号	单位	数量	单价	金额	税率	税额
金杯面包车		辆	1	120 000.00	120 000.00	17%	20 400.00
合计					¥120 000.00	17%	¥20 400.00
价税合计（大写）	壹拾肆万零肆佰元整				（小写）¥140 400.00		

销货单位	名　　称：临沂万通汽车贸易有限公司 纳税人识别号：371302267530227 地 址、电 话：临沂市兰山区临西一路 18 号 开户行及账号：建行临西支行 759871365	备注	临沂万通汽车贸易有限公司 371302267530227 发票专用章

第二联：抵扣联 购货方扣税凭证

收款人：咸静　　复核：李英　　开票人：王华　　销货单位：（章）

6）15 日，给大港油管厂赠送产品一批，如表 5－14 所示。

表 5－14

产品提单

购买单位：日照大港油管有限公司　　2009 年 3 月 15 日　　运输方式：买方自行提货

交货地点：临沂长城钢管有限公司仓库　　编号：0302

产品名称	规格	单位	数量	单价	金额	备注
套管	139.7＊7.72	吨	10	4 000.00	40 000.00	
油光管	73＊5.51	吨	10	4 440.00	44 400.00	

销售部门：曹春山　　发货人：赵凯　　提货人：赵凯　　制单：刘玲

7）16 日，自营仓库领用管坯 35 吨（材料成本差异率为 2%），如表 5－15 所示。

表 5－15

领　料　单

材料科目：钢坯　　单位：吨

领料车间（部门）：自营仓库　　材料类别：

用　途：在建工程　　2009 年 3 月 16 日　　编号：20090317

工作令号	材料编号	材料名称	规格	计量单位	数量 请领	数量 实发	计划成本 单位成本	计划成本 金额
		钢坯	37Mn5	吨	35	35	2 300.00	805 00.00
备注								

第三联 记账联

记账：李明　　发料：赵强　　领料部门：基本车间　　领料：王强

8）15 日，缴纳上月应交增值税，如表 5－16 所示。

表 5－16

中华人民共和国
税收通用缴款书

（2009）鲁国缴　0975221 号

隶属关系：区级			征收机关：临沂国税局金雀山分局		
注册类型：有限公司			填制日期：2009 年 3 月 15 日		
缴款单位	代码	371302267230675	预算科目	编码	1002
	全称	临沂长城钢管有限公司		名称	增值税
	开户银行	工行金雀山支行		级次	中央 75% 地方 25%
	账号	40586123798		收缴国库	市金库
税款所属时期：2009 年 2 月			税款限缴日期：2009 年 3 月 15 日		
品目名称	课税数量	计税金额或销售收入	税率或单位税额	已缴或扣除额	实缴金额
增值税		1 14[illegible]	17%	0.00	193 914.00
金额合计		（大写）人民币壹拾玖万叁仟玖佰壹拾肆元整			
缴款单位（盖章） 经办人（章）		税务机关（盖章） 填票人（章）	上列款项已收妥并划转国库（盖章） 2009 年 3 月 15 日		备注：

第一联：缴款单位作完税凭证

逾期不缴按税法规定加收滞纳金

（2）案例思考：根据上述相关资料，临沂长城钢管有限公司应如何进行增值税的纳税自查？

（3）案例解析一：自查增值税进项税额。

1）确认附表二中“一、申报抵扣的进项税额”中的各项目的数据与企业实际情况是否一致。经确认，背景资料的表 5－7、表 5－10、表 5－12 和表 5－13 是经税务机关认证相符的增值税专用发票，与附表二中的“认证相符的防伪税控专用发票”中的“其中：本期认证相符本期申报抵扣”的数据相符；背景资料的表 5－11 是一张可以抵扣进项税额的运输发票，而附表二中的“非防伪税控增值税专用发票及其他扣税凭证”中的“运输费用结算单据”数据为空，此处不一致，需要调整，数据应调整为：份数 1 份，金额 2 000 元，税额 140 元。同时，将合计数调整为：份数 5 份，金额 958 240 元，税额 162 700.80 元。具体见表 5－20。

2）确认附表二中的“二、进项税额转出额”中的各项目数据与企业的实际情况是否一致。经确认，背景资料的表 5－15 是企业自营仓库领用的原材料，要作为进项税转出处理，在附表二中的“非应税项目、集体福利、个人消费”项目的数据为空，此处不正确，要求调整，数据应调整为：税额 13 958.7 元。具体见表 5－20。

3）确认附表二中的“三、待抵扣进项税额”中各项目的数据与企业实际情况是否一致。经确认，背景资料的数据没有涉及本项目的数据，所以不需要调整。具体见表 5－20。

4）确认附表二中的“四、其他”中各项目的数据与企业的实际情况是否一致。经确认，背景资料中有 4 张“本期认证相符的全部防伪税控增值税专用发票”，所以需要调整，数据调整为份数：4 份；金额：956 240.00 元；税额：162 560.80 元。具体见表 5－20。

（4）案例解析二：自查增值税销项税额。

1）确认增值税纳税申报表附表一（见表5－18）中的“一、按适用税率征收增值税货物及应税劳务的销售额和销项税额明细”的各项目的数据与企业的实际情况是否一致。在表5－18中，只有“防伪税控系统开具的增值税专用发票”：份数为1份，金额为2 332 000元，税额为396 440元，其他没有。背景资料中表5－8与表5－18中的数据一致，另外，企业无偿赠送没有开具发票在表5－18中没有反映，应当调整，调整金额为：金额84 400元，税额14 348元，具体见表5－22。

2）确认增值税纳税申报表附表一中的“二、简易征收办法征收增值税货物的销售额和应纳税额明细”的各项目数据与企业实际情况是否一致。背景资料中没有涉及简易征收的情况。

3）确定增值税纳税申报表附表一中的“三、免征增值税货物及劳务销售额明细”的各项目数据与企业实际情况是否一致。背景资料中没有涉及免征增值税的情况。

（5）案例解析三：自查应交增值税税额。

根据应纳增值税的计算公式确定主表中的“应纳税额合计”的数据是否准确。表5－21中的“应纳税额合计”准确，不需要调整。

（6）案例解析四：自查已交增值税。

根据企业的实际情况，确定主表中的“本期已缴纳税额”的数据是否需要调整。表5－21中“本期缴纳税额”为193 914.00元，全部为“本期缴纳上期应纳税额”；表5－16中当期缴纳上期的税额为193 914.00元，与主表中的数据一致，不需要调整。

（7）案例解析五：自查未交增值税。

根据企业的实际情况，确定增值税纳税申报表主表中的“本期已缴税额”和“期末未缴税额”中的数据是否需要调整。表5－21和表5－16中的已缴纳税额一致，不需要调整。期末未缴税额即为未交增值税。

4.5 完成任务

1）增值税纳税申报表主表和附表二的数据进行核对，以确定两个表中的数据是否一致。如不一致，根据附表二中的数据调整主表的数据（主表中的其他数据不调整）。即根据表5－20中的数据调整表5－17，结果见表5－21。

2）增值税纳税申报表附表一中的数据进行核对，以确定两个表中的数据是否一致。如果不一致，根据附表一中的数据调整主表的数据。即根据表5－22中的数据调整表5－17中的数据，结果见表5－21。

3）确认主表中的“应纳税额合计”的数据是否调整。结果见表5－21。

4）确认主表中“本期已缴纳税额”的数据是否需要调整。结果见表5－21。

5）确认主表中“本期已缴纳税额”和“期末未缴税额”的数据是否需要调整。结果见表5－21。

6）经自查后的增值税纳税申报表可以进行纳税申报。结果见表5－20、表5－21和表5－22。

表 5－17

增值税纳税申报表

附件 1

（适用于增值税一般纳税人）

根据《中华人民共和国增值税暂行条例》第二十二条和第二十三条的规定制定本表。纳税人不论有无销售额，均应按主管税务机关核定的纳税期限按期编制本表，并于次月一日起十五日内，向当地税务机关申报。

税款所属时间：2009 年 3 月 1 日至 2009 年 3 月 31 日

填表日期：2009 年 4 月 10 日

金额单位：元至角分

纳税人识别号 37130[illegible]267230675

所属行业：

纳税人名称	（公章）	法定代表人姓名	李深	注册地址	金雀山路 58 号	营业地址	金雀山路 58 号
开户银行及账号		工行金雀山支行 40586123798		企业登记注册类型	制造业	电话号码	

项目		栏次	一般货物及劳务		即征即退货物及劳务	
			本月数	本年累计	本月数	本年累计
销售额	（一）按适用税率征税货物及劳务销售额	1	2 332 000.00	6 389 680.00		
	其中：应税货物销售额	2	2 332 000.00	6 389 680.00		
税款计算	销项税额	11	396 440.00	1 086 245.60		
	进项税额	12	162 560.80	416 155.65		
	应抵扣税额合计	17＝12＋13－14－15＋16	162 560.80	—		—
	实际抵扣税额	18（如 17＜11，则为 17，否则为 11）				
	应纳税额	19＝11－18	233 879.20	670 089.95		
	简易征收办法计算的应纳税额	21				
	应纳税额减征额	23				
	应纳税额合计	24＝19＋21－23	233 879.20	670 089.95		
税款缴纳	期初未缴税额（多缴为负数）	25	193 914.00			
	本期已缴税额	27＝28＋29＋30＋31	193 914.00	436 210.75		
	期末未缴税额（多缴为负数）	32＝24＋25＋26－27	233 879.20	233 879.20		
	其中：欠缴税额（≥0）	33＝25＋26－27		—		—
	本期应补（退）税额	34＝24－28－29	233 879.20	—		—
	期末未缴查补税额	38＝16＋22＋36－37			—	—

以下由税务机关填写：

收到日期：　　　　接收人：　　　　主管税务机关盖章：

表 5－18 **增值税纳税申报表附列资料**（表一） 附件 2

（本期销售情况明细）

税款所属时间：2009 年 3 月

纳税人名称：（公章） 填表日期：2009 年 4 月 10 日 金额单位：元至角分

一、按适用税率征收增值税货物及劳务的销售额和销项税额明细									
项 目	栏次	应税货物（税率）				应税劳务	小计		
		17%			13%				
		份数	销售额	销项税额			份数	销售额	销项税额
防伪税控系统开具的增值税专用发票	1	1	2 332 000.00	396 440.00				2 332 000.00	396 440.00
非防伪税控系统开具的增值税专用发票	2								
开具普通发票	3								
未开具发票	4								
小计	5 = 1 + 2 + 3 + 4		2 332 000.00	396 440.00				2 332 000.00	396 440.00
纳税检查调整	6								
合计	7 = 5 + 6	1	2 332 000.00	396 440.00				2 332 000.00	396 440.00
二、（以下各行没填写内容，略）									

表 5－19 **增值税纳税申报表附列资料**（简表二） 附件 3

（本期进项税额明细）

税款所属时间：2009 年 3 月

纳税人名称：（公章） 填表日期：2009 年 4 月 10 日 金额单位：元至角分

一、申报抵扣的进项税额				
项 目	栏次	份数	金额	税额
（一）认证相符的防伪税控增值税专用发票	1	4	956 240.00	162 560.80
其中：本期认证相符且本期申报抵扣	2	4	956 240.00	162 560.80
（二）非防伪税控增值税专用发票及其他扣税凭证	4			
（三）外贸企业进项税额抵扣证明	11	—	—	
当期申报抵扣进项税额合计	12		956 240.00	162 560.80
二、（以下各行没填写内容，略）				

注：第 1 栏 = 第 2 栏 + 第 3 栏 = 第 23 栏 + 第 35 栏 － 第 25 栏；第 2 栏 = 第 35 栏 － 第 24 栏；第 3 栏 = 第 23 栏 + 第 24 栏 － 第 25 栏；第 4 栏等于第 5 栏至第 10 栏之和；第 12 栏 = 第 1 栏 + 第 4 栏 + 第 11 栏；第 13 栏等于第 14 栏至第 21 栏之和；第 27 栏等于第 28 栏至第 34 栏之和。

表 5－20 **增值税纳税申报表附列资料**（简表二） 附件 3

（本期进项税额明细）

税款所属时间：2009 年 3 月

纳税人名称（公章） 填表日期：2009 年 4 月 15 日 金额单位：元至角分

一、申报抵扣的进项税额				
项　目	栏次	份数	金额	税额
（一）认证相符的防伪税控增值税专用发票	1	4	956 240.00	162 560.80
其中：本期认证相符且本期申报抵扣	2	4	956 240.00	162 560.80
运输费用结算单据	8	1	2 000.00	140.00
（三）外贸企业进项税额抵扣证明	11	—	—	
当期申报抵扣进项税额合计	12		958 240.00	162 700.80
二、进项税额转出额				
项　目	栏次	税额		
本期进项税转出额	13	13 958.70		
其中：免税货物用	14			
非应税项目用、集体福利、个人消费	15	13 958.70		
三、待抵扣进项税额				
四、其他				
项　目	栏次	份数	金额	税额
本期认证相符的全部防伪税控增值税专用发票	35	4	956 240.00	162 560.80

注：第 1 栏＝第 2 栏＋第 3 栏＝第 23 栏＋第 35 栏－第 25 栏；第 2 栏＝第 35 栏－第 24 栏；第 3 栏＝第 23 栏＋第 24 栏－第 25 栏；第 4 栏等于第 5 栏至第 10 栏之和；第 12 栏＝第 1 栏＋第 4 栏＋第 11 栏；第 13 栏等于第 14 栏至第 21 栏之和；第 27 栏等于第 28 栏至第 34 栏之和。

表 5－21 **增 值 税 纳 税 申 报 表**（简表） 附件 1

（适用于增值税一般纳税人）

根据《中华人民共和国增值税暂行条例》第二十二条和第二十三条的规定制定本表。纳税人不论有无销售额，均应按主管税务机关核定的纳税期限按期编制本表，并于次月一日起十五日内，向当地税务机关申报。

税款所属时间：2009 年 3 月 1 日至 2009 年 3 月 31 日

填表日期：2009 年 4 月 15 日 金额单位：元至角分

纳税人识别号 37130[illegible]267230675 所属行业：

<table>
<tr><td colspan="2">纳税人名称</td><td>（公章）</td><td>法定代表人姓名</td><td>李深</td><td>注册地址</td><td>金雀山路 58 号</td><td>营业地址</td><td>金雀山路 58 号</td></tr>
<tr><td colspan="2">开户银行及账号</td><td colspan="3">工行金雀山支行 40586123798</td><td colspan="2">企业登记注册类型</td><td>制造业</td><td>电话号码</td></tr>
<tr><td colspan="2" rowspan="2">项　目</td><td rowspan="2">栏次</td><td colspan="2">一般货物及劳务</td><td colspan="2">即征即退货物及劳务</td></tr>
<tr><td>本月数</td><td>本年累计</td><td>本月数</td><td>本年累计</td></tr>
<tr><td rowspan="3">销售额</td><td>（一）按适用税率征税货物及劳务销售额</td><td>1</td><td>2 416 400.00</td><td>6 474 080.00</td><td></td><td></td></tr>
<tr><td>其中：应税货物销售额</td><td>2</td><td>2 416 400.00</td><td>6 474 080.00</td><td></td><td></td></tr>
<tr><td colspan="2">（3－10 未填内容，略）</td><td></td><td></td><td></td><td></td></tr>
</table>

续表

项目		栏次	一般货物及劳务		即征即退货物及劳务	
			本月数	本年累计	本月数	本年累计
税款计算	销项税额	11	410 788.00	1 100 593.6		
	进项税额	12	162 700.80	416 295.65		
	上期留抵税额	13		—		—
	进项税额转出	14	13 958.70	13 958.70		
	应抵扣税额合计	17 = 12 + 13 − 14 − 15 + 16	148 742.10	—		—
	实际抵扣税额	18（如 17 < 11，则为 17，否则为 11）	148 742.10	402 336.95		
	应纳税额	19 = 11 − 18	262 045.90	698 256.65		
	应纳税额合计	24 = 19 + 21 − 23	262 045.90	698 256.65		
税款缴纳	期初未缴税额（多缴为负数）	25	193 914.00			
	实收出口开具专用缴款书退税额	26			—	—
	本期已缴税额	27 = 28 + 29 + 30 + 31	193 914.00	436 210.75		
	③本期缴纳上期应纳税额	30	193 914.00			
	④本期缴纳欠缴税额	31				
	期末未缴税额（多缴为负数）	32 = 24 + 25 + 26 − 27	262 045.90	262 045.90		
	其中：欠缴税额（≥0）	33 = 25 + 26 − 27		—		—
	本期应补（退）税额	34 = 24 − 28 − 29	262 045.90	—		—
	期末未缴查补税额	38 = 16 + 22 + 36 − 37			—	—

以下由税务机关填写：

收到日期：　　　　接收人：　　　　主管税务机关盖章：

表 5－22　　增值税纳税申报表附列资料（简表一）　　附件 2

（本期销售情况明细）

税款所属时间：2009 年 3 月

纳税人名称：（公章）　　填表日期：2009 年 4 月 15 日　　金额单位：元至角分

一、按适用税率征收增值税货物及劳务的销售额和销项税额明细

项目	栏次	应税货物				应税劳务	小计		
		17% 税率			13% 税率				
		份数	销售额	销项税额	（略）	（略）	份数	销售额	销项税额
防伪税控系统开具的增值税专用发票	1	1	2 332 000.00	396 440.00			1	2 332 000.00	
非防伪税控系统开具的增值税专用发票	2								
开具普通发票	3								
未开具发票	4	1	84 400.00	14 348.00			1	84 400.00	
小计	5 = 1 + 2 + 3 + 4		2 416 400.00	410 788.00				2 416 400.00	
纳税检查调整	6								
合计	7 = 5 + 6	1	2 416 400.00	410 788.00				2 416 400.00	

二、（以下无填写的内容，略）

4.6 教研交流与探讨

(1) 纳税人进行出口退税的纳税自查应注意哪些问题?
(2) 如何填制增值税纳税自查表?
(3) 自查增值税纳税在教学中应注意哪些重点问题?

任务5 自查其他税种纳税

5.1 自查城建税纳税

5.1.1 任务描述与任务学习目标

(1) 任务描述：进行企业城市维护建设税纳税情况自我检查，填制“城市维护建设税自查报告表”，如表5-23所示。

(2) 任务学习目标：知道企业城建税涉税业务的内容和范围，掌握企业城建税纳税自查的基本程序和方法，能够正确进行企业有关城建税纳税自查的分析、计算、填表等操作。

表5-23 城市维护建设税自查报告表

纳税人登记号：　　　　报告日期：　年　月　日

企业编号：　　　　金额单位：元

企业名称		电　话		邮政编号	
地　址		所属时间	年　月　日至　年　月　日		
开户银行		账　号			
项　目	计税金额	城市维护建设税			
		税率	申报税额	自查应缴税额	应补缴税额
一、增值税					
二、消费税					
三、营业税					
合　计					

纳税人（企业）盖章　　　　法人（负责人）签名：　　　　经办人签名：

5.1.2 任务分析

认真对照《中华人民共和国城市维护建设税暂行条例》的规定，开展纳税自查，主要内容包括：一要根据自查情况填写“城建税自查报告表”；二要对自查发现的税务问题，主动申报，主动更正；三要对自查出的应缴未缴税款，要向稽查局说明税款所属期间，并经其确认后，按照预算级次申报缴纳，并能合理进行相关税务处理。

5.1.3 相关知识

城市维护建设税是指以缴纳消费税、增值税、营业税的单位和个人，就其实际缴纳的这三种税的税额为依据计算缴纳的一种税。

(1) 城建税的有关规定。

1) 纳税人。以增值税、消费税、营业税即"三税"纳税人为城建税的纳税人，但外资企业不缴纳城建税。

2) 税率。

① 纳税人所在地在市区的7%，在县城、镇的5%，在其他地区的1%。

② 代扣代缴"三税"，按受托方所在地税率计征；流动经营按经营地税率计征。

3) 计税依据。

① 以纳税人实际缴纳的"三税"为计税依据。"三税"减免额、"三税"滞纳金、罚款等不作为计税依据。

② 查补"三税"，要同时补交城建税，偷漏"三税"给予处罚，相应偷漏了城建税，也要处罚，处罚比例与"三税"处罚比例相同。

4) 减免规定。

①"三税"发生减免、退库，城建税随"三税"一同减免、退库。

② 海关对进口货物不征城建税，对出口货物退还增值税、消费税的不退还城建税。

5) 纳税地点。

① 城建税的纳税环节、纳税地点与"三税"的纳税环节、纳税地点相同。

② 代扣代缴以代扣代缴地为纳税地；管道输油收入以管道局所在地为纳税地；流动经营以经营地为纳税地；跨省开采石油以油井所在地为纳税地。

(2) 城建税自查应注意的问题。

1) 增值税、消费税、营业税即"三税"是城建税的计税基础。纳税人实际缴纳的增值税、消费税、营业税的税额计算是否正确，关系到纳税额是否正确。

2) 纳税人在缴纳增值税、消费税、营业税时，是否按缴纳"三税"的金额作为城建税计税依据，是否有少缴、漏缴、不缴的现象。

(3) 自查的会计处理。

1) 股份有限公司纳税人。

① 纳税人自查发现当年漏缴的城市维护建设税。

按规定计算应补缴的税额，做会计分录如下：

借：营业税金及附加

  贷：应交税费——应交城市维护建设税

补缴税款，做会计分录如下：

借：应交税费——应交城市维护建设税

  贷：银行存款等

② 纳税人自查发现以前年度漏缴的城市维护建设税。

按规定计算应补缴的税额，做会计分录如下：

借：以前年度损益调整

  贷：应交税费——应交城市维护建设税

补缴税款，做会计分录如下：

借：应交税费——应交城市维护建设税

贷：银行存款

2）除股份有限公司外的其他纳税人。

① 纳税人自查发现当年漏缴的城市维护建设税。

第一，从事交通运输业、建筑业、金融保险业、邮电通信业、文化体育业、娱乐业、服务业、销售不动产应税行为为主营业务的。

按规定计算补缴税额，做会计分录如下：

借：营业税金及附加

贷：应交税费——应交城市维护建设税

补缴税款，做会计分录如下：

借：应交税费——应交城市维护建设税

贷：银行存款等

第二，单位（除房地产开发企业）销售不动产。

按规定计算补缴税额，做会计分录如下：

借：固定资产清理

贷：应交税费——应交城市维护建设税

补缴税款，做会计分录如下：

借：应交税费——应交城市维护建设税

贷：银行存款等

第三，销售无形资产。

按规定计算补缴税额，做会计分录如下：

借：其他业务支出

贷：应交税费——应交城市维护建设税

补缴税款，做会计分录如下：

借：应交税费——应交城市维护建设税

贷：银行存款等

② 纳税人经自查发现以前年度漏缴的城市维护建设税。

按规定计算补缴税额，做会计分录如下：

借：以前年度损益调整

贷：应交税费——应交城市维护建设税

补缴税款，做会计分录如下：

借：应交税费——应交城市维护建设税

贷：银行存款

5.1.4 技能训练

【技能训练一】

（1）案例背景：佳会公司2009年5月生产应税消费品缴纳增值税17万元、消费税45万元；同月，该企业转让专有技术，获转让费100万元，按5%的税率缴纳营业税5万元。因企业申报纳税不及时，被税务机关加收800元的滞纳金。当月该企业出口产品退还增值税8万元、消费税45万元。由于涉及出口退税问题，该企业聘请了专家对本月应纳城建税进行了分析、计算（企业所在地适用7%的城建税税率）。

（2）案例解析：城建税的计税依据是纳税人实际缴纳的增值税、消费税、营业税的三税之和。滞纳金、罚款是税务机关对纳税人违反税法的经济制裁，不是税款，因此，不能作为城建税的计税依据。故该纳税人的计税依据为：

三税之和 = 17 + 45 + 5 = 67（万元）

应纳城建税 = 67 × 7% = 4.69（万元）

根据对出口产品退还增值税、消费税的，不退还已纳的城建税的规定，纳税人出口产品退还的增值税 8 万元、消费税 45 万元，其自身附加的已纳城建税不予退还。故该纳税人本月应纳城建税还是 4.69 万元。

【技能训练二】

（1）案例背景：安利（中国）日用品有限公司厦门分销中心主要通过营业代表（主要是国内人员）销售产品，由安利公司支付其报酬，同时代扣代缴其营业税及附加税费、个人所得税。2001 年底，厦门市地税局对外税务分局在对该公司审核评税时发现，其对营业代表代扣代缴营业税的附加费时，只代扣代缴部分附加费，而未发现其缴纳城建税。经核实，该分公司的问题主要出在对城建税和教育费附加的理解上。该分公司认为，这些税、费对外资企业减免，故在代扣代缴营业代表税收时，误认为对这些人员也适用该项优惠。全国各地安利公司共自查出少缴的城建税、教育费附加超过百万元。

（2）案例解析：

1）纳税人计缴城建税时，其适用税率是否按纳税人所在地行政区划的不同而确定。

2）在被查补缴增值税、消费税、营业税时，是否同时向主管税务机关补缴城市维护建设税。

3）受托代征，是否按规定并依“三税”所在地的适用税率代征、代扣代缴城市维护建设税。

【技能训练三】

（1）案例背景：中正汽车商贸中心经营汽车配件的批发、零售，该中心营业地点在城郊结合部。自 2006 年 1 月至 2008 年底合计缴纳增值税 20 万元（其中，2008 年缴纳增值税 10.5 万元），城建税一直按郊区适用税率 5% 申报缴纳，已缴纳城建税 1 万元。2008 年末该中心进行了纳税自查，税务机关确认该中心营业所在地属市区范围，应按 7% 的税率申报缴纳城建税。

（2）案例思考：中正汽车商贸中心自 2006 年 1 月至 2008 年底应缴纳的城建税额计算正确吗?

（3）案例解析：根据《城市维护建设税暂行条例》的规定，“纳税人所在地为市区的，税率为 7%；纳税人所在地在县城、镇的，税率为 5%”。该商贸中心被税务机关确认所在地点在市区范围，应适用 7% 的税率计算城建税。因此，以该中心计缴的增值税为计税依据，计算出 2006 年 1 月至 2008 年底共少缴城建税 4 000 元，应予以补缴，并进行如下账务调整：

- 2008 年应补提、补缴的城建税：

借：营业税金及附加　　2 100

　　贷：应交税费——应交城市维护建设税　　2 100

借：应交税费——应交城市维护建设税　　2 100

　　贷：银行存款　　2 100

- 2006年至2007年度应补缴城建税：

借：以前年度损益调整　　1 900

　　贷：应交税费——应交城市维护建设税　　1 900

借：应交税费——应交城市维护建设税　　1 900

　　贷：银行存款　　1 900

5.1.5 完成任务

自查企业根据自查结果填写“城建税自查报告表”，并在规定时间内上报税务局。

5.1.6 教研交流与探讨

（1）某化妆品企业2009年10月缴纳增值税10万元，消费税30万元，补缴上月的消费税6万元，取得出口退还的增值税5万元，缴纳进口关税8万元，进口增值税20万元，进口消费税10万元。计算企业应缴纳的城建税。

（2）某酒厂对企业纳税情况进行了自查，发现厂职工在国庆节会餐中用粮食白酒一批，销售价800元，成本价400元，企业就此项目只结转成本，未作纳税处理；12月份，获得房屋出租收入1 000元，直接冲减支出，没有作收入入账。该企业应如何依法进行城建税纳税处理？

5.2 自查印花税纳税

5.2.1 任务描述与任务学习目标

（1）任务描述：按照《中华人民共和国印花税暂行条例》等有关法规，对各种应税凭证的贴花情况进行自清自查，编制“印花税自查报告表”（见表5－24），确保纳税人自觉履行印花税纳税义务，防范纳税风险。

表5－24　　印花税自查报告表

纳税人登记号：　　报告日期：　年　月　日

企业编号：　　金额单位：元

纳税人名称		电话			邮政编码		
地　址		所属时间		年　月　日至　年　月　日			
经济类型		开户银行			账号		
项　目	纳税范围	应税凭证份数	计税金额	税率	申报印花税额	自查应缴印花税额	应补缴印花税额
1. 购销合同	供销、预购、采购、购销结合、协作调剂、补偿、易货等合同			0.3‰			
2. 加工承揽合同	加工定作、修缮、修理、印刷、广告、购试、测绘等合同			0.5‰			
3. 建设工程勘察设计合同	勘察、设计合同等			0.5‰			

续表

项　　目	纳税范围	应税凭证份数	计税金额	税率	申报印花税额	自查应缴印花税额	应补缴印花税额
4. 建筑安装工程承包合同	建筑安装工程承包合同等			0.3‰			
5. 财产租赁合同	租赁房屋、飞机、车船、机械、器具、设备等合同			1‰			
6. 货物运输合同	民航、铁路、海上、内河、公路、联运运输合同等			0.5‰			
7. 仓储保管合同	仓储、保管合同等			1‰			
8. 借款合同	银行及其他金融组织和借款人（不含银行同业拆借）所签定的借款合同			0.05‰			
9. 财产保险合同	财产责任、保证、信用等按合同保险费收入			1‰			
10. 技术合同	技术开发、转让、咨询、服务等合同			0.3‰			
11. 产权转移书据	财产所有权、版权、商标权、专利权、专有技术使用权等转移书据			0.5‰			
12. 记载资金账簿	按实收资本和资本公积总额			0.5‰			
13. 营业账簿	生产经营账册			5元/件			
14. 权利许可证照	政府部门发给的房屋产权证、工商营业执照、商标注册证、专利证、土地使用证			5元/件			
合　　计							

纳税人（企业）盖章：　　　　法人（负责人）签名：　　　　经办人签名：

（2）任务学习目标：知道企业印花税涉税业务的内容和范围，掌握企业印花税纳税自查的基本程序与方法，能够正确进行企业有关印花税纳税自查的分析、计算、填表等操作。

5.2.2　任务分析

印花税自查，一是要检查企业设立的购票和税票台账使用情况，是否详细记载了购花和各类应税凭证纳税情况；二是要自查印花税纳税中的补贴、注销和更正工作，通过自查发现企业纳税管理中的漏洞、薄弱环节，力争做到“防患于未然”；三是自查结束后将填制完的“印花税自查报告表”报送主管地税机关，并及时予以纳税调整。

5.2.3　相关知识

（1）印花税的有关规定。

1）纳税人。凡在中华人民共和国境内书立、领受应税凭证的单位和个人，都是印花税的纳税人。根据书立、领受应纳税凭证的不同，印花税纳税人可分别称为立合同人、立账簿人、立据人和领受人。

立合同人：书立各类经济合同的，以立合同人为纳税人。立合同人是两方或两方以上的，各方均为纳税人。

立据人：订立各种财产转移书据的，以立据人为纳税人。如立据人未贴或者少贴印花，书据的持有人应负责补贴印花。所立书据以合同方式签订的，应由持有书据的各方分别按全额贴花。

立账簿人：建立营业账簿的，以立账簿人为纳税人。

领受人：领取权利许可证照的，以领受人为纳税人。

2）征税范围。经济合同、产权转移书据、营业账簿、权利许可证照和经财政部确定征税的其他凭证。

3）税率。现行印花税采用比例税率和定额税率。

① 比例税率：分为4档，即1‰、0.5‰、0.3‰、0.05‰。适用比例税率的应税项目包括：各种合同、具有合同性质的凭证、记载资金的账簿和产权转移书据等。

此外，根据国家税务总局等规定，股份制企业向社会公开发行的股票，因购买、继承、赠与所书立的股权转让书据，均依书立时证券市场当日实际成交价格计算的金额，从2007年5月30日起，由立据双方当事人分别按3‰的税率缴纳印花税（包括A股和B股）。

② 定额税率：适用定额税率的是权利许可证照和营业账簿中的其他账簿，采取按件规定固定税额，单位税额均为每件5元。

4）计税依据。印花税的计税依据有两种：一是实行从价定率计征方法，即对合同、产权转移书据及记载资金的账簿，按凭证所载金额作为计税依据；二是实行从量定额计征方法，对日记账和各明细分类账、权利、许可证照按件为计税依据。

5）纳税期限和地点。

① 应纳税凭证应当于书立或者领受时贴花。即合同在签订时、书据在立据时、账簿在启用时和证照在领受时贴花。

② 如果合同是在国外签订的，应在国内使用时贴花。

③ 税务机关对核准汇总缴纳印花税的单位，应发给汇缴许可证。汇总缴纳的限期限额由当地税务机关确定，但最长期限不得超过一个月。

④ 在全国性商品物资订货会（包括展销会、交易会等）上所签合同应当缴纳的印花税，由纳税人回其所在地后即时办理贴花完税手续。

6）违章处理。印花税实行轻税重罚原则：

① 在应纳税凭证上未贴或少贴印花税票的，税务机关除责令其补贴印花税票外，可处以应补贴印花税票金额3~5倍的罚款。

② 已粘贴在应纳税凭证上的印花税票未注销或者未画销的，税务机关可处以未注销或者未画销印花税票金额1~3倍的罚款。

③ 已贴用的印花税票揭下重用的，税务机关可处以重用印花税票金额5倍或者2 000元以上1万元以下的罚款。

④ 伪造印花税票的，由税务机关提请司法机关追究刑事责任。

⑤ 对于核准汇总缴纳印花税的单位，超过税务机关核定的纳税期限，未缴或少缴印花

税款的，税务机关除令其限期补缴税款外，并从滞纳之日起，按日加收0.5‰的滞纳金；对未按规定保存汇总缴纳印花税凭证的，酌情处以5 000元以下罚款；情节严重的，撤销其汇缴许可证。

⑥ 纳税人未按规定期限保存纳税凭证的，酌情处以5 000元以下罚款。

（2）印花税自查应注意的问题。

1）征收范围的自查。

① 有无错划核算形式，将应税凭证划为非应税凭证少缴印花税的问题。如采用分级核算形式的纳税人，按一级核算形式仅就财会部门本身设置的账簿计税贴花，对设置在其他部门和车间的明细账未按规定计税贴花。

② 有无错划凭证性质，将应税凭证划为非应税凭证少缴印花税的问题。如将技术培训合同或技术中介合同错划为非应税合同，而未按技术合同纳税；对货物运输、仓储保管，财产保险、银行借款等只对订立的合同纳税贴花，而对仅开立单据但作合同使用的则不纳税贴花等；对总包合同按规定缴纳印花税，对分包、转包合同不申报缴纳印花税。

2）计税依据的自查。印花税计税依据的自查，一般可通过对每一应税凭证的内容、性质等的制定，与有关政策规定相对照，来查明是否少缴税款。重点是对从价计征部分应税凭证的自查。对实行从价计征印花税应税凭证的自查主要有两个方面：一是各类经济合同或具有经济合同性质的书据、凭证等；二是记载资金的各类营业账簿。自查时，要特别注意以下几点：

① 有无不按规定的计税依据计税贴花，造成少缴或未缴印花税的现象。如对记载流动资金的账簿不按所记载金额计算纳税，而按其他账簿定额贴花。

② 有无不按合同记载金额计税贴花，少缴印花税的现象。如纳税人同另一单位签订经济合同，双方各执一份，在计算纳税时双方各按合同所载金额的一半计税贴花。

③ 有无漏计计税依据，少缴印花税的问题。如纳税人修改合同后增加的金额，其增加部分未按规定补缴印花税。

3）适用税目、税率的自查。

① 有无将性质相似的凭证误用税目税率，少缴印花税的问题。如将建设工程勘察设计合同，错按建筑工程承包合同税率计税贴花；将加工、定制合同误按购销合同计税贴花。

② 对签订的“混合”合同，是否分别按规定税目、税率计税贴花，有无从低适用税率计税，造成少缴印花税的问题。如：从事仓储、货物运输的单位签订的既有仓储又有货物运输的合同，对在合同中分别记载仓储金额与货物运输费金额的，没有分别按“仓储保管合同”、“货物运输合同”计税，将两项税额相加数贴印花；对合同中不划分仓储费金额和货物运输费金额的，按全部金额，依照“货物运输合同”计税贴花。

③ 纳税人有无将应按比例税率征税的凭证按定额5元计税贴花的问题。如：按销售收入的一定比例收取或按实现利润分成的技术转让合同，按定额5元计税贴花，以后对实际取得的收入不再结算补贴印花。

4）其他方面的自查。

① 实行代扣汇总缴纳的代扣单位，是否按规定代扣了印花税，有无不扣、少扣或已扣不缴、挪作他用的问题。

② 粘贴印花的位置是否正确，有无贴花不注销的问题。

③ 有无重复使用印花税票的问题等。

5）自查的会计处理。印花税的账务处理与增值税、消费税、营业税等有所不同，它不通过“应交税费”等科目，而是直接将应交税额记入“管理费用”。

① 直接购买印花税票自行贴花的，做会计分录如下：

借：管理费用

　　贷：银行存款或库存现金

② 自查补缴印花税，做会计分录如下：

如为当年度：

借：管理费用

　　贷：银行存款或库存现金

如为以前年度：

借：以前年度损益调整

　　贷：银行存款或库存现金

5.2.4 技能训练

【技能训练一】

（1）案例背景：2008 年 8 月 2 日，江苏省某县地税局第一分局在进行纳税检查时发现，某企业支付货物运输费，取得运输发票时未申报缴纳印花税。第一分局检查人员要求该企业对印花税缴纳情况进行自查补缴印花税，该企业认为没有签订合同，不应缴纳印花税。

（2）案例思考：

1）哪些合同和凭证应该缴纳印花税？

2）该企业支付货物运输费、取得运输发票是否属于印花税的征税范围？

（3）案例解析：根据《印花税暂行条例》规定，印花税的征税范围包括：

1）合同或者具有合同性质的凭证。包括买卖、加工承揽、建筑工程承包、租赁、借款、运输、财产保险、技术合同或者具有合同效力的协议、契约、合约、单据、确认书及其他各种名称的凭证。

2）产权转移书据。包括财产所有权、版权、商标权、专利权、专有技术使用权等产权的买卖、继承、赠与、交换、分割等所书立的书据。

3）营业账簿。包括单位或个人从事生产经营活动所设立的各种账簿。

4）权利许可证照。包括房屋产权证、营业证照。

5）经财政部确定征税的其他凭证。

从上述印花税征税范围看，该企业支付货物运输费、取得运输发票不属于印花税征税范围。但国家税务总局《关于货运凭证征收印花税几个具体问题的通知》规定：“在货物运输中，凡是明确承、托运双方业务关系的运输单据均属于合同性质的凭证，鉴于目前各类货运业务使用单据不够规范统一，不便计税贴花，为了便于征收管理，现规定以运费结算凭证作为各类货运的应税凭证。”据此规定，该企业支付货物运输费、取得运输发票应该属于印花税的征税范围。因此，税务人员要求该企业缴纳印花税是正确的。

【技能训练二】

（1）案例背景：某县地税局在一次税务检查中发现，某企业的财产保险合同，是按保险费的0.3‰计算缴纳印花税，于是要求该企业按照保险费的1‰重新计算印花税，补缴少缴应缴税款，并处以少缴税款4倍罚款。该企业认为税务机关处罚过重，向人民法院提起诉讼。

（2）案例思考：

1）印花税税率是如何规定的？

2）税务机关对不缴、少缴印花税或重用印花税票的，应如何处理？

（3）案例解析：根据《印花税暂行条例》的规定，印花税税率有两种形式：定额税率和比例税率。除了不记载资金营业账簿和权利、许可证照适用每件5元的定额税率外，其他项目均适用比例税率。具体为：买卖合同、承包合同和技术合同适用0.3‰比例税率；承揽合同、建设工程勘察设计合同、运输合同和记载资金账簿适用0.5‰比例税率；财产租赁合同、仓储保管合同和财产保险合同适用1‰比例税率；借款合同适用0.05‰比例税率。由此可见，该企业在计算财产保险合同印花税时，适用的税率是错误的。

按照国际惯例，我国印花税也采取了轻税重罚政策。根据《印花税暂行条例》的规定：在应税凭证上未贴或者少贴印花税票的，税务机关除责令其补贴印花税票外，可处以应补贴印花税票金额3~5倍的罚款；已贴用的印花税票揭下重用的，税务机关可处以重用印花税票金额5倍或者2 000元以上1万元以下的罚款。本案中的纳税人属于少贴印花税票，因此，税务机关对其处以少缴税款4倍罚款是完全合法的。

【技能训练三】

（1）案例背景：某市房地产公司，2006年度销售商品房收入5 500万元，利润105万元。2007年5月20日，该市地税稽查局责成该公司对2006年的纳税情况进行自查。自查发现公司2006年1月与某建筑工程公司签订甲工程施工合同，金额为6 500万元，合同签订后，印花税已缴纳。该工程于2006年11月竣工，因工程建筑图纸重大修改，原商业用房由五层改为三层，实际工程决算金额为4 800万元。公司2006年12月签订乙工程建筑施工合同后，以甲工程多缴印花税为由，冲减合同金额1 700万元，然后计算缴纳印花税。自查中还发现甲、乙两工程的建筑设计合同金额200万元，电力安装工程合同金额400万元，消防安装合同300万元，建设技术咨询合同20万元，均未申报缴纳印花税。

（2）案例思考：上述案例中某市房地产公司纳税自查后，按照规定应补缴多少印花税？并简要分析。

（3）案例解析：《印花税暂行条例》规定，建筑工程承包合同为应纳税凭证，建筑工程承包合同包括建筑工程勘察设计合同和建筑安装工程承包合同，分别适用0.5‰、0.3‰的印花税税率。所以公司应补缴：

建筑施工合同印花税＝17 000 000×0.3‰＝5 100（元）

建筑设计合同印花税＝2 000 000×0.5‰＝1 000（元）

电力安装工程合同印花税＝4 000 000×0.3‰＝1 200（元）

消防安装工程合同印花税＝3 000 000×0.3‰＝900（元）

建设技术咨询合同印花税＝200 000×0.3‰＝60（元）

合计补缴印花税＝5 100＋1 000＋1 200＋900＋60＝8 260（元）

该案表面看似乎有一定的合理性，公司甲工程建筑施工合同金额比实际决算金额多出1 700万元，多缴了印花税，因而在乙工程建筑施工合同金额中予以抵消，但实质是不合法的缴法，是公司对税法规定掌握不正确的表现。印花税是一种凭证税，只要符合应税凭证的建筑施工合同一经签订，不论其合同是否履行或完全履行，都要按合同金额计算缴纳印花税。而且公司建筑设计合同等未缴纳印花税，属偷税行为。账务作以下调整：

借：以前年度损益调整　　8 260

　　贷：银行存款　　8 260

5.2.5 完成任务

自查企业根据自查结果填写"印花税自查报告表"，并在规定时间内上报税务局。

5.2.6 教研交流与探讨

1）如何理解印花税的纳税范围？

2）完成印花税纳税自查的教学任务，采用哪种教学方法比较恰当？

任务6 自查企业所得税纳税

6.1 任务描述与任务学习目标

（1）任务描述：进行所得税应纳税额及影响所得税额计算的各个项目的自查，包括销售收入、销售成本、期间费用、纳税调整和减免税优惠等五个主要方面的自查等，填制"企业所得税纳税情况自查表"，见表5－25。

（2）任务学习目标：知道企业所得税涉税业务的内容和范围，掌握企业所得税纳税自查的基本程序和方法，能够正确进行企业有关所得税纳税自查的分析、计算、填表等操作。

表5－25　企业所得税纳税情况自查表

自查所属时间：　年　月　日至　年　月　日　　单位：元

纳税人名称					企业代码				
经营地址					经济性质				
法定代表人或负责人					联系电话				
财务负责人					核算方式				
辖管税务机关					企业所得税是（否）地税缴纳				
检查项目		申报数（1）	自查确定数（2）	自查后调增或调减数（3＝2－1）	序号	检查项目	扣除金额（1）	自查后确定可扣除金额（2）	自查后调增或调减金额（3＝2－1）
1	主营业务收入				1	固定资产折旧			
	其中：应征增值税应税收入				2	无形资产摊销			
	应征营业税应税收入				3	业务招待费			

续表

检查项目		申报数（1）	自查确定数（2）	自查后调增或调减数（3＝2－1）	序号	检查项目	扣除金额（1）	自查后确定可扣除金额（2）	自查后调增或调减金额（3＝2－1）
2	主营业务成本				4	坏账准备			
3	销售（营业）费用				5	捐赠支出			
4	销售（营业）税金及附加				6	工资薪金			
5	其他业务利润				7	工会经费			
6	管理费用				8	职工福利费			
7	财务费用				9	教育经费			
	其中：汇兑损益				10	利息支出			
8	投资收益				11	业务宣传费			
9	营业外收入（补贴收入）				12	广告费			
10	营业外支出				13	财产损失			
11	利润总额								
12	上年结转待弥补的亏损								
13	纳税调整额								
14	应税所得额								
15	所得税申报入库金额								
本单位（人）填列的上述内容是真实可靠的，如有伪报、瞒报，愿受依法处理。 法人代表（法定负责人）： 财务负责人： 经办人： 业户盖章： 填表日期： 年 月 日					主管部门意见： 请于 年 月 日到申报大厅补缴税款。 批准人： （主管部门公章） 年 月 日				

注：①请在自查期限内将本表报送主管国税部门，否则视同自查未发现问题处理；②如自查发现有应申报而未申报造成少缴税款的，请在接到主管国税部门的补税通知后携带本表到主管税务机关补缴税款；③如自查发现有应申报而未申报问题的，请将有问题的有关凭证、补缴税款的税收缴款书、自行调账的凭证账册等资料的复印件，加盖公章后送主管税务机关；④本表按自查纳税年度分年一式二份填写，一份企业自存，一份报送主管国税部门审核，由主管国税部门审核汇总后报送专项整治办公室。⑤如本表所列示的内容不能反映你（单位）的自查情况的，可以其他书面方式反映。

6.2 任务分析

1）销售收入的确认，具体包括主营业务收入的自查；其他业务收入的自查；营业外收入的自查。

2）自查销售成本的，具体包括主营业务成本的自查；其他业务成本的自查；营业外支出的自查等。

3）自查期间费用的，具体包括管理费用的自查；财务费用的自查；销售费用的自查等。

4）自查纳税调整项目金额。

5）自查已纳税额的计算。

6.3 相关知识

6.3.1 自查销售收入

（1）自查主营业务收入。对主营业务收入进行检查，关键在于核实确定销售额。在实务工作中，一些纳税人常常对销售货物或提供应税劳务实现的收入不入账或少入账。概括起来，主要有以下几种类型：

1）实现销售收入少入账。主要通过少报销售额，减少税基达到少纳税的目的。例如，商品销售直接冲减库存商品、在途商品；产品销售直接冲减库存商品、材料费用；截留销货款或坐支现金等。

2）将自产、委托加工的货物用于对外投资，不计销售；将自产、委托加工或购买的货物用于集体福利或个人消费，不计销售；将自产、委托加工的货物无偿赠送他人，不计销售。

3）向购买方收取手续费、补贴基金、集资费、返还利润等价外费用，不计销售。

4）将货物交付他人代销或者销售代销货物，不计销售；或者非同一县（市）但统一核算的纳税单位，将货物从一个机构移送另一个机构，不计销售。

5）从销售收入中冲减回扣、佣金、代销手续费，少计销售。

6）从销售收入中扣提奖金，少计销售。

7）以旧换新，不按新货物同期销售价格而按旧货物或自行确定新货物同期销售价格，由此少计销售。

8）无正当理由，价格偏低等等。

在具体检查时，可根据有关规定，首先核实企业应实现的销售收入是否正确入账，检查企业财务报表中“损益表”中的“主营业务收入”累计数与申报表是否一致；然后注意查核是否虚报或隐瞒销售收入。一般来说，检查的程序和方法是：

1）检查“主营业务收入”贷方发生额，查核有无故意滞后销售或明显低价格销售给关联企业产品，以及不符合规定的让利冲减收入后再计收入的现象；或者采用还本销售、以旧换新销售按新旧货物差价计收入的现象。

2）逐笔检查“主营业务收入”，查核企业的销货退回和折让是否真实（比如、仓库是否有货物退回）、是否符合规定（是否取得退回的增值税专用发票或“产品销售退回与折让证明单”）。

3）检查“其他业务收入”、“营业外收入”等科目，查核有无将混合销售收入或价外费用人为地分为“主营业务收入”和非应税的“其他业务收入”。

（2）自查其他业务收入。其他业务收入包括纳材料销售收入、代购代销手续费收入、包装物出租收入、无形资产转让收入等。对其他业务收入的检查应侧重检查收入的入账时间和入账金额是否正确，是否有漏计其他业务收入的情况，或者通过往来账少计其他业务收入。

1）检查“其他应付款”等负债明细账，如发现有长期挂账且摘要记录不清的应付款时，要进一步检查记账凭证和原始凭证，判定是否存在隐匿收入的情况。

2）检查“银行存款”、“现金”日记账的借方对应账户，如发现对应账户不清或是应付款类账，要进一步检查会计凭证，落实问题。

3）检查“包装物”、“原材料”、“无形资产”明细账，看其减少时的会计凭证，判定性质，查明原因。看其是否属出售转让的业务，若属出售转让业务，根据会计分录判定企业是否按规定记入其他业务收入。

4）检查“其他应付款——包装物”科目，查核有无将逾期的包装物押金未并入其他业务收入的现象。

(3) 自查营业外收入。营业外收入主要包括固定资产盘盈、处理固定资产净收益、罚款收入、因债权原因确实无法支付的应付款项、教育费附加返还款等。对营业外收入的检查，主要检查应属营业外收入的项目，有无不及时转账，长期挂在“其他应付款”、“应付账款”账户的情况；有无将营业外收入直接转入企业税后利润，甚至作账外处理或直接抵付非法支出的情况。

1）检查往来结算账户的账面记录，如果其他应付款项长期挂账或“其他应收款”账户出现贷方余额又长期未作处理，应及时转入本年利润和应税所得额，计征企业所得税。

2）检查收入凭证，看应计入营业外收入的款项有无记入其他账户的问题，遇有这种情况，应及时转入“本年利润”账户中核算。

3）从账户的对应关系检查记账凭证的会计处理是否正确。从“盈余公积”账户贷方发生额检查有无将营业外收入列入税后利润的情况；从“待处理财产损溢——待处理固定资产损溢”账户贷方检查固定资产盘盈是否转入营业外收入账户；从“固定资产清理”账户检查处理固定资产净收益是否作为营业外收入入账。若发现有问题，应认真查阅会计凭证，查明问题，并调整有关账务，同时调增应税所得额。

6.3.2 自查销售成本

(1) 自查主营业务成本。主营业务成本自查主要包括材料费用检查、工资薪金及三项费用检查、制造费用检查、产品制造成本检查、主营业务成本的检查等。

1）材料费用的检查。检查直接材料成本的计算是否正确，材料费用的分配标准与计量方法是否合理、适当，是否与材料费用分配汇总表中该产品分摊的直接材料费用相符；检查直接材料耗用数量的真实性，有无把非生产性用料计入直接材料费用；对采用定额成本或标准成本的企业，应检查直接材料成本差异的计算、分配及会计处理是否正确。

2）工资薪金及三项经费的检查。工资薪金支出是企业支付给与本企业依法签订劳动合同，并在本企业任职或受雇的员工合理的工资薪金支出。“合理工资薪金”，是指企业按照股东大会、董事会、薪酬委员会或相关管理机构制订的工资薪金制度规定实际发放给员工的工资薪金。确认工资薪金合理性时，可按以下原则掌握：

① 企业制订了较为规范的员工工资薪金制度。

② 企业所制订的工资薪金制度符合行业及地区水平。

③ 企业在一定时期所发放的工资薪金是相对固定的，工资薪金的调整是有序进行的。

④ 企业对实际发放的工资薪金，已依法履行了代扣代缴个人所得税义务。

⑤ 有关工资薪金的安排，不以减少或逃避税款为目的。

3）检查制造费用。对制造费用的检查主要应注意以下问题：

① 是否将不属于制造费用内容的支出列做制造费用。

② 查阅制造费用明细账中摘要的文字记录，确定支付的实际业务的经济内容，再与有

关原始凭证核对，看是否将不属于当月列支的费用列入当月制造费用。

③ 查阅“在建工程”、“长期待摊费用”、“无形资产”等有关明细账，核对原始凭证，调查了解经济业务的具体内容，看是否将属于制造费用列支的项目未列做制造费用。比如，将车间的大修理费列入在建工程，虚增企业利润，不仅使成本和费用得不到应有的补偿，而且还会影响企业生产经营的顺利进行。

4）检查产品制造成本。产品制造成本是通过对生产过程中的生产费用归集分配，并采用一定的成本计算方法计算出来的，因此对产品制造成本真实性、正确性的检查包括生产费用归集、分配的检查和产品制造成本计算的检查。

5）检查主营业务成本。检查时主要应注意：是否不按销售产品的数量计算和结转销售成本造成产品销售成本不实；是否不按确定的方法计算和结转销售成本，造成多转或少转销售成本；是否将销货退回只冲减销售收入，不冲减销售数量，不作销货退回账务处理；是否有不按规定计算和结转销售成本应分担的产品成本差异。

（2）自查其他业务成本。对其他业务成本的检查主要应注意：检查其他业务成本是否符合配比原则，有无少计、多计或不计成本费用的现象；检查其成本结转的计算方法是否正确；检查“其他业务成本”账户是否有余额。检查时，依据“其他业务成本”账户的借方发生额，对偏高的月份进行重点检查，并注意检查“本年利润”账户，看其期末结转是否正确，“其他业务成本”账户有无余额。

6.2.3 自查营业外支出

对营业外支出的检查应注意：

（1）根据“营业外支出”明细账的借方发生额，对摘要栏内容进行逐笔检查，对金额较大、登记摘要不明的，应重点检查记账凭证和原始凭证所反映的经济内容，鉴别、分析是否应列入营业外支出。

（2）对一些有列支标准的项目，要检查是否符合规定的标准，如将营业外支出账上列支的公益救济性捐赠数额，与按规定的标准和计算办法计算出法定限额对照，对超支部分应在计税时剔除，调增应纳税所得额。

（3）对于一些规定有审批手续的营业外支出项目，要检查是否有报批手续。如非常损失必须根据损失金额大小，分别报送不同级次的主管税务部门进行审批，并扣除过失人和保险赔款后列入营业外支出。此外，还要注意对照“本年利润”账户，看期末结转的金额是否一致。

6.3.3 自查期间费用

（1）自查管理费用。

1）固定资产折旧费的检查。主要检查有无将未使用、不需用、已提足折旧、报废或经营租赁方式租入的固定资产计提折旧；有无任意改变折旧方法或不按规定加速折旧的；有无将当月购进和使用的固定资产当月计提折旧的。

2）无形资产摊销的检查。检查外购无形资产入账的价值，付款的期限与合同协议是否一致，有无虚报冒报的；已作为技术转让费在费用中列支的使用非专利技术的支出，有无错按无形资产入账重复摊销的；无形资产有没有在有效期限内平均摊销。要查核企业的摊销期和金额是否符合规定，有无加速摊销扩大摊销金额的。

3）业务招待费的检查。将“管理费用——业务招待费”明细账与有关会计凭证进行比对，检查其支出是否合理合法；检查“管理费用——其他”项目看是否有业务招待费在此列支；同时还应注意查看企业销售费用明细账中是否有业务招待费列支。根据税法规定，企业实际发生的与经营活动有关的业务招待费，按实际发生额的60%且不超过销售（营业）收入的5‰扣除。因此，要依据企业实际发生业务招待费与税法规定的标准进行比较，对超过部分进行纳税调整。

4）坏账损失的检查。有无虚设“应收账款”账户或夸大其余额，并用于计提坏账准备金。有否年末（或年初）已按“应收账款”年末（或年初）余额计提坏账准备金，没有抵减上年已提取的坏账准备金。有否发生坏账损失时，没有冲减坏账准备金，而是重复列支记入“管理费用”。有否将收回的坏账损失不按规定增加坏账准备金，而是记入其他账户，私立“小金库”。有否不按规定的提取率计提坏账准备金。

（2）自查销售费用。根据“营业费用”的借方发生额，对照有关凭证，检查其开支是否属于销售费用的范围，有无将应计入材料采购成本的外地运杂费，应向购买方收回的代垫费用，业务应酬费开支，以及违反财经纪律的开支列入销售费用；有无将不是企业专设的销售机构的人员工资、差旅费、办公费和管理费等作为销售费用支出；开支是否属实，有无虚报冒领、营私舞弊的；销售费用在产品之间的分配是否正确。

（3）自查财务费用。

1）检查利息支出。根据“财务费用”账户明细账的借方发生额，对照原始凭证逐笔进行检查，看列支的利息支出是否超出范围，是否存在将资产性利息支出作为生产经营期间的利息支出列入财务费用（如购建固定资产在尚未完工交付使用前发生的利息费用不计入固定资产价值，而列入财务费用）；对集资的利息支出看是否有政府批文，利息标准超出规定标准部分是否进行纳税调整。通过检查“财务费用”明细账贷方，看看企业的利息收入是否进行了全额反映，以借款合同或有关协议为依据，核实生产期贷款利息的预提是否正确。

2）检查汇兑损益。根据“财务费用”账户借方发生额核对“银行存款”明细账，检查汇兑损益计算方法是否正确，核对所用汇率是否正确，对于筹建期间汇兑损失转入的，应查明其摊销方法在前后期是否保持一致，摊销金额是否正确。

6.3.4 自查纳税调整

（1）检查超过规定标准的项目。

1）公益性捐赠支出。

① 通过”营业外支出”明细账，调阅支付凭证，检查捐赠的对象、金额、列支单据，凡非公益性捐赠不允许税前扣除。对实际公益性捐赠超过法定扣除额的，超过部分应调增应纳税所得额。

② 企业发生的公益性捐赠支出，是否有公益性社会团体等组织开具的捐赠专用收据。

2）广告费及业务宣传费。纳税人发生的符合条件的广告费和业务宣传费支出，不超过当年销售（营业）收入15%的部分，准予扣除；超过部分，准予在以后纳税年度结转扣除。对于纳税人在新税法以前按照原政策规定已发生但尚未扣除的广告费，可按照原政策规定结转到2008年度，并与新法实施后符合条件的广告费按新法规定合并扣除。

3）保险费。

① 企业为其投资者或雇员个人向保险机构投保的人寿保险或财产保险，有没有在税前列支的情况。

② 企业向保险公司缴纳的与取得应税所得无关的财产保险支出，有没有在税前列支。

③ 税法规定允许可在税前列支的保险支出，是否取得保险公司的收款凭证；如无取得的，是否调增应纳税所得额。

（2）检查不允许扣除的项目。

1）资本性支出。通过检查“低值易耗品”、“管理费用”、“制造费用”、“财务费用”、“长期借款”、“在建工程”、“应付债券”等账户，确认企业有无将资本性支出作为收益性支出处理，有无将应资本化的利息费用作为期间费用，若有，应作调账处理，调增应纳税所得额。

2）违法经营罚款和被没收财物损失。检查“管理费用”、“营业外支出”、“其他业务成本”等账户，确认企业在生产经营活动中，违反了国家的法律、法规和规章，被有关部门处以罚款以及被没收财物的损失（不包括纳税人按照经济合同规定支付的违约金、银行罚息、罚款和诉讼费），是否已在税前列支。

3）税收滞纳金、罚金、罚款。检查“营业外支出”、“以前年度损益调整”等账户，确认企业违反税收法规，被处以的滞纳金、罚金、罚款，是否在税前列支。

4）灾害事故损失赔偿。检查“固定资产清理”、“待处理财产损溢”“营业外支出”及“银行存款”、“其他应收款”等账户，确认企业对应该得到或已经得到损失赔偿的部分账务处理是否正确，是否需要调增应纳税所得额。

5）非公益救济性捐款。检查“营业外支出”等账户，以确认是否存在非公益救济性捐赠支出。同时还要注意严格按税法规定，正确区分公益救济性捐赠与非公益救济性捐赠的界限，以正确调整应纳税所得额。

6）各种赞助支出。检查“营业外支出”、“营业费用”等账户，调阅赞助支出的各种原始单据，以确认企业的赞助支出是否属于广告性的赞助，若是则可以在税前列支。而对于非广告性质的赞助支出应全额调增应纳税所得额。

7）与收入无关的支出。检查“营业外支出”、“其他业务成本”、“管理费用”、“财务费用”等科目，以确认是否存在与企业收入无关的支出（比如，企业为其他纳税人提供与本身应纳税收入无关的贷款担保，因被担保方还不清贷款由该担保企业承担的本息等），若有，则应调增应纳税所得额。

（3）检查其他纳税调整的项目。

1）已收回的坏账准备。检查“坏账准备”、“应收账款”、“银行存款”等账户，以确认是否存在已作为支出、亏损或坏账处理的应收账款又得以部分或全部收回。若有，则应调增应纳税所得额。

2）弥补亏损。

① 企业在应纳税所得额中弥补的亏损额，是否经主管税务机关核实；有否将财务报表上反映的亏损额作为应纳税所得额弥补额。

② 检查企业以前年度亏损弥补期限及结转的计算是否正确，有无少转或多转亏损的问题。

③ 纳税人经营既有应税项目，又有免税项目，其应税项目发生亏损，是否先用免税项目的所得冲减后的余额作为以后年度弥补的亏损额。

3）境外收益。

① 企业来源于境外所得是否已在境外实际缴纳所得税税款。

② 企业申请抵免境外所得税，是否有境外税务机关填发的完税纳税凭证原件。

③ 企业境外所得税款扣除限额的计算是否正确，是否按照税法规定分国（地区）不分项的规定计算。

④ 企业来源于境外所得，超过税法规定的扣除限额，是否按规定补缴税额。

4）国库券利息收入。

① 确认免税的利息收入，是否属于财政部发行的公债利息收入。

② 企业是否把中国人民银行批准发行的金融债券利息，作为免纳应纳税所得额的情况。

③ 企业是否将经营国债或中途转让国债的所得，作为免纳所得税的情况。

5）国家补贴收入。纳税人有否将国务院、财政部和国家税务总局规定不计损益以外的其他补贴，作为免纳所得税情况。

6.3.5 自查已纳税额

（1）减免税额的检查。根据企业申报的减免税额，核对适用的减免税政策和计算方法，确认政策依据、审批手续是否符合减免税规定，有无擅自减免或多计减免税的问题。特别是福利企业、安置残疾人员企业安置待业人员眼的劳服企业，要注意检查其减免税条件是否具备，有无虚假申报骗取减免的问题。

（2）应补税额的检查。企业所得税的缴纳是分期预缴，年终汇算清缴。检查时，要注意将“应交税费——应交所得税”明细账借方发生额与已缴税款的原始凭证、纳税申报表相核对，确定实缴税款，再将全年应缴入库的所得税额与已纳税额相核对，确定企业年终应补（退）所得税额。

6.4 技能训练

【技能训练一】 自查收入

（1）案例背景：江南公司 2008 年度收入业务如下：

1）销售商品收入 500 万元。

2）收到某企业违反合同约定支付的违约金 50 万元。

3）取得股息收入 50 万元。

4）由于债权人原因无法支付所欠 100 万元货款。

5）以分期收款的方式向 B 公司销售商品，总价 300 万元。根据合同约定，B 公司应在 11 月 1 日、12 月 1 日和 2009 年 1 月 1 日分三次支付货款，每次支付 100 万元；A 公司实际于 2008 年 12 月 1 日已全部收回货款。

6）将自己生产的 1 000 件产品发放给职工，每件商品的市场价格为 200 元。

公司把由于债权人原因无法支付的货款 100 万元以长期挂账的方式将该笔资金用于职工福利。而对将自己生产的 1 000 件产品发放给职工也未作销售处理，没有确认收入。企业将以分期收款的方式向 B 公司销售商品的收入确认为 300 万元。公司确认应纳税收入额为 900

万元。

（2）案例思考：请分析该公司税务处理是否正确？

（3）案例解析：该公司的税务处理是不正确的。由于债权人的原因无法支付所欠 100 万元货款必须计入营业外收入，计征所得税；将自己生产的 1 000 件产品发放给职工，应作销售处理，同时计征增值税、所得税；以分期收款方式向 B 公司销售商品，能确认的收入是 200 万元。最终确认应纳税收入额应为 920 万元。

应补企业所得税为 = 20 × 25% = 5（万元）

做会计分录如下：

借：所得税费用　　50 000

　　贷：应交税费——应交所得税　　50 000

借：本年利润　　50 000

　　贷：所得税费用　　50 000

借：应交税费——应交所得税　　50 000

　　贷：银行存款　　50 000

【技能训练二】 自查营业成本

（1）案例背景：大诚公司 2008 年度发生下列支出：

1）材料费用 600 万元；

2）销售费用 150 万元；

3）生产经营人员的职工薪酬 420 万元，管理人员职工薪酬 50 万元；

4）转让财产损失 100 万元；

5）缴纳增值税 260 万元。

公司在计算纳税时，确认的营业成本是 1 070 万元。公司将管理人员工资 50 万元与生产经营人员的职工薪酬一并列入主营业务成本。

（2）案例思考：上述营业成本的确认是否正确？

（3）案例解析：根据企业所得税法的规定，成本是企业在生产经营活动中发生的销售成本、业务支出以及其他耗费。显然，管理人员职工薪酬 50 万元应列入期间费用，应从主营业务成本中剔除。公司在计算纳税时确认的营业成本应为 1 020 万元。

【技能训练三】 自查期间费用

（1）案例背景：联华公司 2008 年销售收入 3 000 万元，在生产经营工程中发生下列业务：

1）发生业务招待费 50 万元，发生广告费 500 万元，支付财产保险费 10 万元；

2）无形资产摊销费 20 万元；

3）向银行借款利息 55 万元（无须资本化）。

公司在计算纳税时，确认扣除的管理费用为 80 万元，销售费用 500 万元，财务费用 55 万元。

（2）案例思考：上述管理费用、销售费用、财务费用的扣除是否正确？

（3）案例解析：根据税法规定，企业实际发生的与经营活动有关的业务招待费，按实际发生额的 60% 且不超过销售（营业）收入的 5‰扣除。业务招待费超限额扣除，多列管理费用 35 万元。

纳税人发生的符合条件的广告费和业务宣传费支出，不超过当年销售（营业）收入15%的部分，准予扣除；超过部分，准予在以后纳税年度结转扣除。超限额列支广告费50万元。公司在计算纳税时，确认除的管理费用应为45万元、销售费用450万元、财务费用55万元。

应进行纳税调整增加应纳税所得额 =（80 - 45）+（500 - 450）= 85（万元）

应补税 = 85 × 25% = 21.25（万元）

做会计分录如下：

借：所得税费用	212 500	
贷：应交税费——应交所得税		212 500
借：本年利润	212 500	
贷：所得税费用		212 500
借：应交税费——应交所得税	212 500	
贷：银行存款		212 500

【技能训练四】 自查所得税调整项目

（1）案例背景：永芳公司2008年度境内应纳税所得额为1 000万元，已累计预缴企业所得税250万元，年终自查时，发现如下问题：

1）向遭受自然灾害的地区直接捐款40万元，已列入营业外支出中；

2）缴纳的房产税、城镇土地使用税、车船税、印花税等税金65万元已在管理费用中列支，但在计算应纳税所得额时又重复扣除；

3）将违法经营罚款20万元、税收滞纳金0.2万元列入营业外支出中；

4）9月1日以经营租赁方式租入1台机器设备，合同约定租赁期10个月，租赁费10万元，公司未分期摊销这笔租赁费，而是一次性列入2008年度管理费用中扣除；

5）“应付职工薪酬”科目借方发生额中有向残疾人支付的工资12万元。

6）从境外分公司取得税后利润20万元（境外缴纳所得税时适用的税率为20%），未计算企业所得税。

（2）案例思考：对上述不符合税法规定应如何进行调整处理？

（3）案例解析：

1）调整事项如下：

①对向遭受自然灾害的地区直接捐款40万元，不允许扣除，调增应纳税所得额；②对重复扣除的房产税、城镇土地使用税、车船税、印花税等税金65万元，调增应纳税所得额；③对违法经营罚款20万元、税收滞纳金0.2万元，不允许扣除，应调增应纳税所得额；④本年列支的租赁费为4万元，多列的6万元，应调增应纳税所得额；⑤向残疾人支付的工资，在计算应纳税所得额时可加计100%扣除，“应付职工薪酬”科目借方发生额中有向残疾人支付的工资12万元，因此，可调减应纳税所得额12万元。通过以上调整，确认的应纳税所得额为1 119.2万元（1 000 + 40 + 65 + 20.2 + 6 - 12）

2）境外所得抵免税额的确认：

① 境外所得已纳税额 = 20 ÷（1 - 20%）× 20% = 25 × 20% = 5（万元）

② 境外所得抵免限额 =（1 119.2 + 25）× 25% × 25 ÷（1 119.2 + 25）= 6.25万元 > 5（万元）

3）应补缴的所得税为：

应纳税额 = 应纳税所得额 × 适用税率 − 减免税额 − 抵免税额

应纳税额 = (1 119.2 + 25) × 25% − 5 = 274.05（万元）

根据自查结果，编制调整会计分录如下：

借：所得税费用　　2 740 500

　　贷：应交税费——应交所得税　　2 740 500

借：本年利润　　2 740 500

　　贷：所得税费用　　2 740 500

借：应交税费——应交所得税　　2 740 500

　　贷：银行存款　　2 740 500

【技能综合训练一】

（1）案例背景：A 公司为居民企业，2008 年业务如下：

1）取得销售收入 2 500 万元。

2）销售成本 1 100 万元。

3）发生销售费用 670 万元（其中，广告费 450 万元）；管理费用 480 万元（其中，业务招待费 15 万元）；财务费用 60 万元。

4）销售税金 160 万元（含增值税 120 万元）。

5）营业外收入 70 万元，营业外支出 50 万元（含通过公益性社会团体向贫困山区捐款 30 万元，支付税收滞纳金 6 万元）。

6）计入成本、费用中的实发工资总额 150 万元、拨缴职工工会经费 3 万元、支出职工福利费和职工教育经费 29 万元。

该公司在计算纳税时，进行如下计算：

应纳税所得额 = 2 500 − 1 100 − 670 − 480 − 60 − (160 − 120) + 70 − 50 = 170（万元）

应纳税额 = 170 × 25% = 42.5（万元）

（2）案例思考：请分析该公司企业所得税计算是否正确？

（3）案例解析：对照企业所得税法规定，通过检查“管理费用”、“营业费用”、“营业外支出”等账户的明细账，确认公司在纳税调整项目时，未按税法的规定确认扣除额，造成计算错误。对照税法，结合公司的具体业务，对该公司 2008 年应纳的企业所得税计算如下：

1）2008 年利润总额 = 2 500 − 1 100 − 670 − 480 − 60 − (160 − 120) + 70 − 50 = 170(万元)

2）广告费扣除限额 = 2 500 × 15% = 375（万元）

3）业务招待费扣除限额 = 9(15 × 60% = 9 < 2 500 × 5‰ = 12.5)

招待费的 60%：15 × 60% = 9（万元）

收入的 5‰：2 500 × 5‰ = 12.5（万元）

4）捐赠扣除限额 = 170 × 12% = 20.4（万元）

5）税收滞纳金 6 万元，不得在税前扣除。

6）工会经费扣除限额 = 150 × 2% = 3（万元）

福利费扣除限额 = 150 × 14% = 21（万元）

教育经费扣除限额 = 150 × 2.5% = 3.75（万元）

7）应纳税所得额 = 170 + (450 − 375) + (15 − 9) + (30 − 20.4) + 6 + (29 − 21 − 3.75)

= 270.85（万元）

8）应纳所得税 = 270.85 × 25% = 67.7125（万元）

9）应补税 = 67.7125 - 42.5 = 25.2125（万元）

做会计分录如下：

借：所得税费用	252 125	
贷：应交税费——应交所得税		252 125
借：本年利润	252 125	
贷：所得税费用		252 125
借：应交税费——应交所得税	252 125	
贷：银行存款		252 125

【技能综合训练二】

（1）案例背景：佳力公司是一家国有企业。企业于 2009 年年初，接到税务局通知，需要接受税务检查，本企业根据企业所得税有关规定，首先组织相关人员对本企业 2008 年的企业所得税应纳税情况进行自查。部分资料如下：

1）佳力公司“利润表”见表 5－26。

表 5－26　　利　润　表

编制单位：佳力公司　　单位：万元

项　　目	行次	本期金额	上期金额
一、营业收入	1	1 000	略
减：营业成本	2	550	
营业税金及附加	3	7	
销售费用	4	44	
管理费用	5	70	
财务费用	6	40	
投资收益	9	10	
二、营业利润	11	299	
加：营业外收入	12	12	
减：营业外支出	13	17	
三、利润总额	14	294	
减：所得税费用	15	73.5	
四：净利润	16	220.5	

2）其他资料：

① 在管理费用列支 10 万元业务招待费。

② 财务费用 40 万元，其中，银行借款利息 20 万元，向其他非金融企业拆借资金一年，计金额 100 万元，支付利息 10 万元（假定银行年贷款利率 7%）。

③ 外购机器修理零部件支付的增值税税金 0.5 万元，在营业税金及附加中列支。

④ 投资收益 10 万元，为到期国债利息收入。

⑤ 直接向幼儿园捐款 3 万元，在营业外支出中列支。

⑥ 税收滞纳金 3 万元，在营业外支出中列支。

⑦ 成本中列支工资 250 万元，提取职工福利费 36 万元、职工工会经费 8 万元、职工教育经费 6 万元。

⑧“在建工程”试运行收入 6 万元，记入“其他应付款”。

⑨ 收回以前年度（已报损）的坏账损失 5 万元，记为入“应付福利费”。

⑩ 年终保险公司给予的无赔款优待 2 万元，记入“其他应付款”。

（2）案例思考：上述处理是否符合税法规定？

（3）案例解析：

1）业务招待费：

10 ×60% =6（万元）且不超过 1 000 ×5‰ =5（万元）

企业实际列支的业务招待费 10 万元

超标准列支数额 =10 －5 =5（万元）

故因调增应纳税所得额 5 万元

2）借款利息：银行借款利息允许按实际支付数，在税前列支。但向其他企业拆借的资金支付的利息，超过银行同期贷款利率标准，不允许税前列支。

拆借资金允许列支的利息 =100 ×7% =7（万元）

企业实际支付的利息 10 万元

超标准列支的利息 10 －7 =3（万元），应调增应纳税所得额 3 万元。

3）增值税税金属于价外税，不允许在税前列支。故应调增应纳税所得额 0.5 万元。

4）到期国债利息收入，免纳企业所得税，应调减应纳税得额 10 万元。

5）捐款不通过民政部门批准的非营利性的公益组织，不能在税前列支。故应调增应纳税所得额 3 万元。

6）税收滞纳金不允许在税前列支，故应调增应纳税所得额 3 万元。

7）相关福利调整：

① 允许税前列支的职工福利费 =250 ×14% =35（万元）

实际列支的职工福利费 36 万元

超标准列支职工福利费 =36 －35 =1（万元）

故应调增应纳税所得额 1 万元。

② 允许税前列支的职工工会经费 =250 ×2% =5（万元）

实际列支的职工工会经费 8 万元

超标准列支职工工会经费 =8 －5 =3（万元）

故应调增应纳税所得额 3 万元。

③ 允许税前列支的职工教育经费 =250 ×2.5% =6.25（万元）

实际列支的职工教育经费 6 万元，在标准范围内，不需要调增应纳税所得额。

8）在建工程试运行收入，应调增应纳税所得额 6 万元。

9）收回以前年度的坏账损失，应调增收回年度的应纳税所得额 5 万元。

10）收到保险公司无赔款优待 2 万元，应调增应纳税所得额 2 万元。

上述共应调增应纳税所得额 =5 +3 +0.5 －10 +3 +3 +1 +3 +6 +5 +2 =21.5（万元）

全年应纳税所得额 =294 +21.5 =315.5（万元）

全年应纳所得税额 =315.5×25% =78.88（万元），已纳所得税税额 73.5 万元。

应补缴所得税税额 78.88－73.5 =5.38（万元）

根据自查结果，企业应作调整所得税的会计分录如下：

借：所得税费用　　5.38

　　贷：应交税费——应交所得税　　5.38

借：本年利润　　5.38

　　贷：所得税费用　　5.38

借：应交税费——应交所得税　　5.38

　　贷：银行存款　　5.38

11）编制佳力公司“企业所得税纳税情况自查表”。

6.5 完成任务

确认自查调整后应纳税额，编制完成佳力公司“企业所得税纳税情况自查表”，如表 5－27所示。

表 5－27　企业所得税纳税情况自查表

自查所属时间：2008 年 1 月 1 日至 2008 年 12 月 31 日　　单位：元

检查项目		申报数（1）	自查确定数（2）	自查后调增或调减数（3 =2－1）	序号	检查项目	扣除金额（1）	自查后确定可扣除金额（2）	自查后调增或调减金额（3 =2－1）
1	主营业务收入	1 000	1 011	11	1	固定资产折旧			
	应征营业税应税收入				3	业务招待费	10	5	5
2	主营业务成本	550	550	0	4	坏账准备			
3	销售（营业）费用	44			5	捐赠支出	3	0	3
4	销售（营业）税金及附加	7	6.5	0.5	6	工资薪金			
5	其他业务利润				7	工会经费	8	5	3
6	管理费用	70	58	12	8	职工福利费	36	35	1
7	财务费用	40	37	3	9	教育经费	6	6	0
	其中：汇兑损益				10	利息支出	40	37	3
8	投资收益	10	0	－10	11	业务宣传费			
9	营业外收入（补贴收入）	12	14	2	12	广告费			
10	营业外支出	17	17	0	13	财产损失			
11	利润总额	294							

续表

检查项目		申报数（1）	自查确定数（2）	自查后调增或调减数（3=2-1）	序号	检查项目	扣除金额（1）	自查后确定可扣除金额（2）	自查后调增或调减金额（3=2-1）
13	纳税调整额			21.5					
14	应税所得额	294	315.5	21.5					
15	所得税申报入库金额	73.5	78.88	5.38					
本单位（人）填列的上述内容是真实可靠的，如有伪报、瞒报，愿受依法处理。 法人代表（法定负责人）： 财务负责人： 经办人： 业户盖章： 填表日期： 年 月 日					主管部门意见： 请于 年 月 日到申报大厅补缴税款。 批准人： （主管部门公章） 年 月 日				

注：①请在自查期限内将本表报送主管国税部门，否则视同自查未发现问题处理；②如自查发现有应申报而未申报造成少缴税款的，请在接到主管国税部门的补税通知后携带本表到主管税务机关补缴税款；③如自查发现有应申报而未申报问题的，请将有问题的有关凭证、补缴税款的税收缴款书、自行调账的凭证账册等资料的复印件，加盖公章后送主管税务机关；④本表按自查纳税年度分年一式二份填写，一份企业自存，一份报送主管国税部门审核，由主管国税部门审核汇总后报送专项整治办公室。⑤如本表所列示的内容不能反映你（单位）的自查情况的，可以其他书面方式反映。

6.6 教研交流与探讨

（1）搜集企业所得税自查的案例。

（2）查阅《企业所得税法》及其实施细则。

（3）通过实地调查，请列举一些企业所得税自查应注意的现象。

任务7 纳税申诉

7.1 任务描述与任务学习目标

（1）任务描述：纳税人根据税法及相关有关规定，对税务机关纳税检查的决定，申请行政复议。

（2）任务学习目标：知道企业纳税纠纷的解决途径，掌握企业纳税纠纷解决的基本程序和方法，能够正确进行企业纳税申诉的操作。

7.2 任务分析

（1）填写税务复议申请书。

（2）准备税务申请所需的资料：税务机关处理决定书；已缴税款、滞纳金凭证；申请人认为税务机关作出的具体行政行为不当的依据。

7.3 相关知识

7.3.1 税务行政复议的范围

（1）税务机关作出的征税行为。

1）征收税款、加收滞纳金。

2）扣缴义务人、受税务机关委托征收的单位作出的代扣代缴、代收代缴行为及代征。

（2）税务机关作出的责令纳税人提供纳税担保行为。

（3）税务机关作出的税收保全措施。

1）书面通知银行或者其他金融机构冻结纳税人存款。

2）扣押、查封商品、货物或其他财产。

（4）税务机关未及时解除税收保全措施，使纳税人等合法权益遭受损失的行为。

（5）税务机关作出的税收强制执行措施。

1）书面通知银行或者其他金融机构从当事人存款中扣缴税款。

2）拍卖或者变卖扣押、查封的商品、货物或其他财产。

（6）税务机关作出的税务行政处罚行为。

1）罚款。

2）没收非法所得。

3）停止出口退税权。

4）收缴发票和暂停供应发票。

（7）税务机关不予依法办理或答复的行为。

1）不予审批减免税或出口退税。

2）不予抵扣税款。

3）不予退还税款。

4）不予颁发税务登记证、发售发票。

5）不予开具完税凭证和出具票据。

6）不予认定为增值税一般纳税人。

7）不予核准延期申报；批准延期缴纳税款。

（8）税务机关作出的取消增值税一般纳税人资格的行为。

（9）税务机关作出的通知出境管理机关阻止出境行为。

（10）税务机关作出的其他税务具体行政行为。

7.3.2 税务行政复议规则

（1）纳税人及其他税务当事人对税务机关作出的征税行为不服，应当先向复议机关申请行政复议，对复议决定不服，再向人民法院起诉。

申请人按前款规定申请行政复议的，必须先依照税务机关的纳税决定缴纳或者解缴税款及滞纳金或者提供相应的担保，然后可以依法提出行政复议申请。

（2）申请人对税务机关作出的征税以外的其他税务具体行政行为不服的，可以申请行政复议，也可以直接向人民法院提起行政诉讼。

（3）申请人可以在得知税务机关作出具体行政行为之日起60日内提出行政复议申请。

因不可抗力或者被申请人设置障碍等其他正当理由耽误法定申请期限的，申请期限自障碍消除之日起继续计算。

（4）申请人申请行政复议，可以书面申请，也可以口头申请；口头申请的，复议机关应当当场记录申请人的基本情况、行政复议请求、申请行政复议的主要事实、理由和时间。

（5）依法提起行政复议的纳税人或其他税务当事人为税务行政复议申请人，具体是指纳税义务人、扣缴义务人、纳税担保人和其他税务当事人。

有权申请行政复议的公民死亡的，其近亲属可以申请行政复议；有权申请行政复议的公民为无行为能力人或者限制行为能力人，其法定代理人可以代理申请行政复议。

有权申请行政复议的法人或者其他组织发生合并、分立或终止的，承受其权利的法人或其他组织可以申请行政复议。

与申请行政复议的具体行政行为有利害关系的其他公民、法人或者其他组织。可以作为第三人参加行政复议。申请人、第三人可以委托代理人代为参加行政复议；被申请人不得委托代理人代为参加行政复议。

（6）纳税人或其他税务当事人对税务机关的具体行政行为不服申请行政复议的，作出具体行政行为的税务机关是被申请人。

（7）申请人向复议机关申请行政复议，复议机关已经受理的，在法定行政复议期限内申请人不得再向人民法院起诉；申请人向人民法院提起行政诉讼，人民法院已经依法受理的，不得申请行政复议。

7.4 技能操作

【技能训练一】

（1）案例背景：临沂长城钢管有限公司是增值税一般纳税人，2009 年 8 月 10 日，税务机关对该公司 2009 年 1—6 月份的纳税情况进行检查，发现该公司在 6 月份因管理不善，造成仓库里的 10 吨管坯丢失。这批存货是 4 月份从日照钢铁有限公司购进的（见表 5－28），其 6 月份的市场价值为 4 000 元/吨。临沂长城钢管有限公司 6 月份没有进行税务处理。

表 5－28

3700092726

山东省增值税专用发票

抵扣联

全国统一发票监制章 国家税务总局监制

No 31215745

加密版本：01
3700092726
31215745

开票日期：2009 年 4 月 10 日

购货单位	名　　称：临沂长城钢管有限公司	密码区	21＊492＊41205〈1＋4－＊78＊
	纳税人识别号：371302267230675		121301〉〈8－72＊59＊09#12
	地 址、电 话：临沂市兰山区金雀山路 58 号		〈4〈3＊5782－1〉9＊－112〈/0
	开户行及账号：工行金雀山支行 40586123798		＊31/4〉5〉〉2－5＊0/9/〉〉95

货物或应税劳务名称	规格型号	单位	数量	单价	金额	税率	税额
管坯		吨	100	2 500.00	250 000.00	17%	42 500.00
合计					¥250 000.00	17%	¥42 500.00
价税合计（大写）	贰拾玖万贰仟伍佰元整				（小写）¥292 500.00		

销货单位	名　　称：日照钢铁有限公司	备注	日照钢铁有限公司 371502303279457 发票专用章
	纳税人识别号：371502303279457		
	地 址 、电 话：日照市经济开发区 8 号		
	开户行及账号：建行开发区支行 759392546		

第二联：抵扣联购货方扣税凭证

收款人：潘丽　　复核：李凯　　开票人：赵达　　销货单位：（章）

临沂市市区国家税务局作出限期缴纳的决定，责令限期缴纳税款通知书，见表 5－29。

表 5－29　　税务行政复议申请书

申请人：临沂长城钢管有限公司

委托代理人：____________

被申请人：临沂市市区国税局

行政复议请求：请求确认市区国税限缴［###］号的税款数额及滞纳金。

申请人对临沂市市区国税局税务局（稽查局）于2009 年8 月15 日作出责令限期缴纳税款和滞纳金具体行政行为）不服，特申请行政复议。

申请行政复议的事实和理由：

我公司因管理不善造成的库存商品丢失没有进行税务处理，但是要求我公司补缴税款 6 800.00元，不符合法律规定，根据《中华人民共和国增值税暂行条例》第十条和《中华人民共和国增值税暂行条例实施细则》第二十四条的规定，我公司应该补缴税款 4 250.00 元。

此致

临沂市国家税务局

申请人：临沂长城钢管有限公司

2009 年 8 月 25 日

（2）案例思考：临沂长城钢管有限公司认为临沂市国税局对其作出的责令限期缴纳税款的决定，侵犯了其合法权益，决定进行税务行政复议。

（3）案例解析：

1）填写税务行政复议申请书，见表 5－29。

2）准备税务行政复议申请的其他资料。

① 税务机关处理决定书，见表 5－30。

② 已缴税款、滞纳金凭证，见表 5－31。

③ 申请人认为税务机关作出的具体行政行为不当的依据，见表 5－28。

表 5－30　　临沂市市区国家税务局（分局、税务所）
责令限期缴纳税款通知书

市区 国税限缴〔####〕号

临沂长城钢管有限公司（纳税人）：

你（单位）未按规定期限缴纳（扣缴）¥6 800.00元税款，根据《中华人民共和国税收征收管理法》第三十二条之规定，现责令你（单位）于2009 年8 月30 日前到本税务机关缴清纳应纳税款，并从滞纳税款之日起，按日加收滞纳税款万分之五的滞纳金。逾期不缴的，将依照《中华人民共和国税收征收管理法》第六十八条之规定进行处理。

理由：你公司 6 月份丢失的钢管没有进行税务处理，造成了少缴税款 6 800.00 元。

你（单位）如对本通知不服，必须先依照本通知规定的期限缴纳税款及滞纳金或者提供相应的担保，然后可自上述款项缴清或者提供相应担保被税务机关确认之日起六十日内依法向临沂市国税局申请行政复议。

税务机关（签章）

2009 年 8 月 15 日

表 5－31

中华人民共和国
税收通用缴款书

(2009) 鲁国缴 0998339 号

隶属关系：区级　　　　征收机关：临沂国税局金雀山分局

注册类型：有限公司　　　　填制日期：2009 年 8 月 20 日

缴款单位	代码	371302267230675	预算科目	编码	1002
缴款单位	全称	临沂长城钢管有限公司	预算科目	名称	增值税
缴款单位	开户银行	工行金雀山支行	预算科目	级次	中央 75% 地方 25%
缴款单位	账号	40586123798	预算科目	收缴国库	市金库
税款所属时期：2009 年 6 月			税款限缴日期：2009 年 8 月 20 日		

品目名称	课税数量	计税金额或销售收入	税率或单位税额	已缴或扣除额	实缴金额
增值税		40 000.00	17%	0.00	6 800.00
滞纳金		6 800.00			122.40
		¥6 800.00			¥6 922.40
金额合计		(大写) 人民币陆仟玖佰贰拾贰元肆角整			
缴款单位（盖章） 经办人（章）		税务机关（盖章） 填票人（章）	上列款项已收妥并划转国库（盖章） 2009 年 8 月 20 日		备注：

第一联缴款单位作完税凭证

逾期不缴按税法规定加收滞纳金

7.5 完成任务

(1) 将税务行政复议申请书和相关资料交复议机关的复议申请受理窗口。

(2) 等待复议结果。

(3) 如对复议结果不满意，进行税务行政诉讼。

7.6 教研交流与探讨

(1) 纳税人进行税务行政复议时如何申请听证？

(2) 纳税人进行税务行政诉讼时应准备那些文书，应如何准备？

(3) 若纳税人多缴了税款，应该如何申请退税，应注意哪些问题？

单元六　纳税筹划实务

学习目标： 税收筹划已成为企业、个人经营生活中的重要方面。学习和研究税收筹划其目的在于在合理、合法的范围内降低税负。作为纳税人如何在遵守相关法规的前提下，进行合理的避税一个现实的问题，也是值得研究和实践的技能。

任务1　纳税筹划的准备

1.1　任务描述与任务学习目标

(1) 任务描述：做好纳税筹划相关的准备工作。纳税筹划是在符合各种税收法律、法规、规章的前提下，纳税人按照税法相关规定，对自己的投资、经营过程中的纳税行为进行的一种合理的安排。

(2) 任务学习目标：正确理解企业纳税筹划的意义，熟悉企业纳税筹划的相关法律依据，掌握企业纳税筹划基本过程、途径与相应的方法。

1.2　任务分析

为了做好纳税筹划工作，必须做好以下相关准备工作：一是纳税筹划的思想准备；二是纳税筹划的行为过程准备；三是掌握纳税筹划的基本原理、途径与方法。只有做好纳税筹划的相关准备工作，才能有效地完成纳税筹划的任务。

1.3　相关知识

(1) 纳税筹划的思想准备。

1) 树立正确的纳税筹划意识。进行纳税筹划不仅是为了减轻纳税人的税负负担，也是为了更好地处理与协调企业经济行为与国家经济利益的关系，在遵守国家有关税法的基础上，合理调整纳税人的经营活动，以更好地实现企业的经营目标。纳税人对其经营活动进行纳税筹划，应在合法的基础上达到合理。

2) 依法进行纳税筹划。在进行纳税筹划前，必须熟知相关税收的法律规定，找出可以进行纳税筹划的法律空间。除此之外，还需熟知有关税收法律的实施条例及相关的法规、规章，以及税收行政法规的实施细则等。

(2) 纳税筹划的行为准备。纳税筹划虽有繁有简、有大有小，但一般要包括以下步骤：

第一步：确立筹划目标，归纳相关税法规定；

第二步：建立备选方案，进行各方案的分析与测算；

第三步：根据各方案的税后净回报，进行择优与决策；

第四步：付诸实践并跟踪修正。

（3）掌握纳税筹划原理及途径。

1）把握纳税筹划的原理。

① 绝对收益原理，是指通过纳税筹划以绝对减少纳税人的纳税总额，并增加税后绝对收益的做法。

② 相对收益原理，是指通过纳税筹划，使纳税人的纳税义务由本期递延到以后期间实现，从而取得相对收益的做法。按相对收益原理进行纳税筹划，虽没使纳税人的纳税总额减少，但却使纳税人获得了递延纳税额的货币时间价值。

2）特定条款的纳税筹划途径。国家在制定税收政策时总是具有一定的弹性，以使税收政策具有较大的适应性，这种弹性主要表现在特定条款方面，即对于特殊的主体、特殊的情况给予特殊的政策。特定条款纳税筹划其实就是用足用活特定条款的过程，具体有以下三种特定条款纳税筹划法：

① 选择性条款筹划法。选择性条款适用于：对于同一纳税事项，因其前提条件发生变化而可以选择适用不同的税收政策。这样会形成税负的差别，因此，选择适用纳税最优化的税收条款可以取得较好的筹划效果，如增值税小规模纳税人对是否申请为一般纳税人有选择权。

② 鼓励性条款筹划法。国家为了支持某个行业或针对某一特殊时期，经常出台一些包括减免税在内的税收优惠及相关税收条款。纳税人可以充分利用这些鼓励性优惠政策进行合理筹划，降低税收负担。如税收的减免税、免征额、起征点、退税、优惠税率等。

③ 缺陷性条款筹划法。缺陷性条款又称税法漏洞，即所有导致税收失效、低效的政策条款。对纳税人来说，可以充分利用税收漏洞索取并不违法的合法权益。如挂靠享受国家税收优惠的行业，企业采取税收优惠的一种规避税收的方法。

3）税制要素的纳税筹划途径。

① 纳税范围筹划法。我国税制对各种税的纳税范围有明确的界定，在一定条件下合理安排企业的经济行为和业务内容及纳税事项，避免其进入纳税范围，则可以合理规避税收支出，甚至彻底免除纳税义务。

② 税基筹划法。税基又称计税依据，它是决定纳税人税负高低的主要因素，同时不同税种对税基的规定也存在很大差异。纳税人可以尽可能地通过缩小税基的方式来减轻税收负担。税基筹划方法：一是实现税基的最小化；二是控制和安排税基的实现时间。

③ 税率筹划法。税率是决定纳税人税负高低的另一个主要因素，纳税人应尽可能地通过降低适用税率的方式来减轻税收负担。如比例税率的筹划就是寻求最佳的税负平衡点；如运用在增值税一般纳税人和小规模纳税人的身份选择上；再如累进税率的筹划就是防止税率向上级爬升。

④ 递延纳税法。递延纳税的目的是为了获取资金的时间价值，还可以减少当期的现金流出、降低支付风险等。纳税人可以通过合同、交易及流程控制，合法推迟纳税时间。

4）寻求差异纳税筹划途径。

① 地域差异筹划法。税制设计充分考虑到地域性的客观差异，给予不同特殊地域较多的税收优惠，纳税人在投资、经营及筹资时可以利用地域间的税负差异，通过调整投资方向、经营范围等方式进行合理筹划。

② 行业差异筹划法。税制设计充分考虑到行业性差异，对于特殊行业有一定的税收优惠政策，如对教育产业、信息产业、高新技术产业、环保产业、农牧业等实施低税负政策。纳税人可以投资经营有税收优惠的行业，降低税负。

5）临界点纳税筹划途径。

① 税基临界点筹划法。税基临界点主要有起征点、免征额、扣除限额、税率跳跃临界点。税基相对于临界点的变化会引起税负的巨大差别，临界点的边际税率出现递增或递减的变化态势。

② 优惠临界点筹划法。优惠临界点主要是着眼于优惠政策所适用的前提条件。一般优惠临界点有三种形式：一是绝对数额临界点；二是相对比例临界点；三是时间期限临界点。

6）会计政策纳税筹划途径。

① 分摊筹划法。对一项成本、费用、分摊的依据、期限、方法不同，摊销的结果也会不同，直接影响到纳税人的损益和资产的计价，进而影响企业的税负。分摊法涉及的主要会计事项有：无形资产的摊销、固定资产的折旧、存货计价方法、长期待摊费用的摊销等。

② 估计筹划法。纳税人的经营中存在诸多不确定因素，一些项目不能精确的计量，而只能作出估计，估计的结果或多或少，影响计入估计期的收益和费用的大小，进而影响纳税人的税负。估计法涉及的主要会计事项有坏账估计、固定资产折旧年限的估计、固定资产净残值的估计、或有损失估计等。

③ 实现筹划法。实现原则是财税核算的基本原则，只有已经实现的损益才能予以确认、计量，纳入会计核算，并作为计税依据。纳税人应重在分析实现的条件，控制损益实现的时间、进度。实现法涉及的主要会计事项有资产发生贬值、损失的及时确认；合理费用支出的充分列支；税前允许扣除的项目应全部扣除；收益的确认条件与实现过程；收益分配的时间及额度的掌握与控制。

1.4　技能训练

（1）实训资料：某手表厂生产销售高档手表，有一款式手表有两种定价方法：方法一，每只表定价 10 010 元；方法二，每只表定价 9 990 元。适用 20% 的消费税税率，7% 的城建税税率。

要求：从定价角度对消费税作出筹划。

（2）编制纳税筹划方案一，见表 6－1。

（3）编制纳税筹划方案二，见表 6－2。

（4）编制纳税筹划方案择优说明书，见表 6－3。

表 6－1 纳税筹划方案一

纳税筹划依据	定价临界点对消费税的影响，如每只表定价 10 010 元
税费测算与说明	应纳消费税 =10 010 ×20% =2 002（元） 应纳城建税 =2 002 ×7% =140. 14（元） 应纳教育费附加 =2 002 ×3% =60. 06（元） 以上共计应纳税费 =2 202. 2 元，税后收入 =10 010 －2 202. 2 =7 807. 8 元 根据现行《消费税条例》及其实施细则的规定，出厂价 1 万元（含）以上的手表为高档手表，应征消费税，适用 20% 的消费税税率。根据《城建税条例》、《教育费附加条例》规定，还需附加征收城建税、教育费附加。 纳税筹划员：

表 6－2 纳税筹划方案二

纳税筹划依据	定价对消费税的影响，如每只表定价 9 990 元。
税费测算与说明	不需缴纳消费税、城建税、教育费附加。 税后收入 =9 990 元 根据现行的《消费税条例》及其实施细则规定，出厂价 1 万元（含）以上的手表为高档手表，应征消费税，出厂价低于 1 万元的手表不征消费税，也就不附加征收城建税、教育费附加。 纳税筹划员：

表 6－3 高档手表定价方法纳税筹划方案择优说明书

厂财务领导： 根据高档手表定价的需要，现已完成了两种定价方法的纳税筹划任务。从完成的各纳税筹划方案结果看，方案一，共计应纳税费 2 202. 2 元，税后收入为 7 807. 8 元；方案二，不需缴纳消费税等相关税费，税后收入为 9 990 元。方案一，虽然定价高，但税后收入较方案二定价低的少 2 182. 2 元。所以最佳的定价方法是接近高档手表法定的出厂价 1 万元，但不能相等或超过，否则应缴纳消费税等税费。 纳税筹划员：

1. 5 完成任务

（1）提交各纳税筹划方案，总结纳税筹划的基本要素。
（2）提交纳税筹划方案择优说明书，说明其编制的基本内容。

1. 6 教研交流与探讨

（1）要做好纳税筹划工作，应具备哪些学科知识？哪门学科知识最重要？
（2）要做好纳税筹划工作，必须学会哪些筹划技术？
（3）在纳税筹划技术教学中如何能让学生更好地理解“技术”含义？

任务2 筹划增值税纳税

中小企业增值税的纳税筹划是指在《增值税暂行条例》和《增值税暂行条例实施细则》等增值税的法律、法规、规章的允许范围内，或至少在法律、法规不禁止的范围内，通过对中小企业的增值税纳税人的生产经营活动作一些调整和安排，最大限度地减轻中小企业增值税的税收负担的行为。

2.1 筹划供应商选择中的增值税

2.1.1 任务描述与任务学习目标

（1）任务描述：从增值税负担最低角度出发，筹划选择供应商。上海立宏股份有限责任公司为增值税的一般纳税人，准备购进材料，要在一般纳税人和小规模纳税人之间作出选择。

（2）任务学习目标：知道选择供应商的目的及供应商的类别，能够根据相关税法规定，提出实现筹划目标的备选方案，并能进行各方案的分析与测算以及编制纳税筹划方案择优说明书等操作。

2.1.2 任务分析

要完成增值税纳税人供应商选择的纳税筹划，一要根据增值税不同的纳税人及取得购货发票的不同，提出从不同供应商进货的纳税筹划方案；二要进行各纳税筹划方案进货成本、资金成本的测算；三要分析比较各纳税筹划方案的成本，择优确定供应商。

2.1.3 相关知识

（1）根据2009年实行的《增值税暂行条例》和《增值税暂行条例实施细则》的规定，我国增值税的纳税人资格分为两类：一类是一般纳税人；另一类是小规模纳税人。

（2）根据2009年实行的《增值税暂行条例》和《增值税暂行条例实施细则》的规定，凡是符合下列条件的为小规模纳税人：①从事货物生产或提供应税劳务的纳税人，以及以从事货物生产或提供应税劳务为主，并兼营批发或零售的纳税人，年应税销售额在50万元（含）以下的。②从事货物批发或零售的纳税人，年应税销售额在80万元（含）以下的。③年应税销售额超过上述条件①、②小规模纳税人标准的个人、非企业性单位，不经常发生应税行为的企业，视同小规模纳税人纳税。

（3）根据《增值税暂行条例》的第四条规定，一般纳税人销售货物或提供应税劳务，应纳税额＝当期销项税额－当期进项税额，当期销项税额小于当期进项税额不足抵扣时，其不足部分可以结转下期继续抵扣，即对一般纳税人实行凭增值税专用发票等扣税凭证抵扣税款制度。《增值税暂行条例》的第十一条规定，小规模纳税人销售货物或应税劳务，实行按照销售额和征收率计算应纳税额的简易办法并不抵扣进项税额，应纳税额＝不含增值税销售额×征收率。

（4）根据《增值税暂行条例》的第二条规定，增值税一般纳税人适用的增值税税率为：

1）销售或进口所列举货物，税率为13%：粮食、食用植物油；自来水、暖气、冷气、热水、煤气、石油液化气、天然气、沼气、居民用煤炭制品；图书、报纸、杂志；饲料、化肥、农药、农机、农膜；国务院规定的其他货物。

2）销售或进口其他货物，税率为17%。根据《增值税暂行条例》的第十二条规定，小规模纳税人增值税征收率为3%，上述税率和征收率的调整，由国务院决定。

（5）根据现行的《增值税暂行条例》的第八条规定，纳税人购进货物或接受应税劳务时支付或负担的增值税额，为进项增值税额，简称进项税额。

（6）根据现行的《增值税暂行条例》和《增值税暂行条例实施细则》的规定，对一般纳税人实行的是凭增值税专用发票、海关进口增值税专用缴款书、农产品收购发票和废旧物资销售发票以及运输费用结算单据的抵扣进项增值税款制度；对小规模纳税人按简易办法计征、不得抵扣进项增值税的制度。

（7）根据《发票管理办法》、《发票管理办法实施细则》和《增值税专用发票使用规定》中的规定，增值税专用发票只限于增值税一般纳税人领购使用，而且一般纳税人也不是什么场合都能够使用的，下列情形一般纳税人不得开具增值税专用发票：①向消费者销售应税项目；②销售免税项目；③销售报关出口的货物，在境外销售应税劳务；④将货物用于非应税项目；⑤将货物用于集体福利或个人消费；⑥将货物无偿赠送他人，但如果受赠者为一般纳税人，可根据受赠者要求开具增值税专用发票；⑦商业企业零售的烟、酒、食品、服装等消费品但不包括劳保专用的鞋帽；⑧向小规模纳税人销售应税项目，可以不开具增值税专用发票，一般纳税人到零售单位购买货物，必须出示盖有一般纳税人认定专用章的税务登记证副本，否则不得为其开具增值税专用发票。

（8）根据《发票管理办法》、《发票管理办法实施细则》和《增值税专用发票使用规定》中的规定，为了既有利于加强专用发票的管理，又不影响小规模纳税人的销售，可以由税务分局为小规模纳税人代开专用发票。从事工业、手工业生产向一般纳税人销售货物的小规模纳税人，从事商业批发向一般纳税人销售货物的小规模纳税人，为一般纳税人提供加工、修理、修配、劳务，具有一定规模的小规模纳税人，可以向税务分局提出代开增值税专用发票申请，由税务分局审核无误后开具税收缴款书并缴清税款后，再凭税收缴款书开具增值税专用发票。

（9）增值税是一种价外税，即增值税一般纳税人在销售货物或应税劳务时，除按销售价格收取外，还额外收取的附加税额。从会计的角度看，凡是不能抵扣的增值税进项税，应计入采购货物成本。

2.1.4 技能训练

（1）实训资料：上海立宏股份有限公司为增值税的一般纳税人，2009年12月需购买一批不含增值税的价款为100万元的甲材料，且购料款均是向银行借款，期限1个月，贷款月利率为0.4%。

要求：从增值税筹划角度作出供应商的选择。

（2）编制纳税筹划方案一，见表6-4。

（3）编制纳税筹划方案二，见表6-5。

（4）编制纳税筹划方案三，见表6-6。

（5）编制纳税筹划方案择优说明书，见表6-7。

表 6－4　　增值税纳税筹划方案一

纳税筹划依据	取得发票类别对增值税影响。如向一般纳税人 A 公司购买取得增值税专用发票
进货成本、资金成本的测算及其说明	会计处理如下： 借：原材料——甲材料　1 000 000 应交税费——应交增值税（进项税额）　170 000 贷：银行存款　1 170 000 从以上会计处理的结果看，材料的购买成本为 100 万元，增值税进项税 17 万元可抵扣，占用借款资金 117 万元，一个月的利息支出的资金成本 =1 170 000×0.4% ×1 =4 680 元。 纳税筹划员：

表 6－5　　纳税筹划方案二

纳税筹划依据	向小规模纳税人 B 公司购买且取得税务机关代开的增值税专用发票
进货成本、资金成本的测算及其说明	会计处理如下： 借：原材料——甲材料　1 000 000 应交税费——应交增值税（进项税额）　30 000 贷：银行存款　1 030 000 从以上会计处理的结果看，材料的购买成本为 100 万元，增值税进项税 3 万元可抵扣，占用借款资金 103 万元，一个月的利息支出的资金成本 =1 030 000×0.4% ×1 =4 120 元。 纳税筹划员：

表 6－6　　纳税筹划方案三

纳税筹划依据	向小规模纳税人 C 公司购买且取得普通发票
进货成本、资金成本的测算及其说明	会计处理如下： 借：原材料——甲材料　1 030 000 贷：银行存款　1 030 000 从以上会计处理的结果看，材料的购买成本为 103 万元，且不能抵扣增值税进项税，需将其计入材料购买成本，得不到抵扣增值税进项税的好处，占用借款资金 103 万元，一个月的利息支出的资金成本 =1 030 000×0.4% ×1 =4 120 元。 纳税筹划员：

表 6－7　　增值税一般纳税人供应商选择的纳税筹划方案择优说明书

公司财务经理： 根据公司选择供应商的需要，现已完成了三类供应商的纳税筹划任务。从完成的各纳税筹划方案结果看，方案一和方案二相比较，材料的成本一样，均是 100 万元，但方案一占用资金 117 万元，方案二则是 103 万元，较方案二多占用资金 14 万元，方案一的资金成本是 4 680 元，较方案二的 4 120 元多了 560 元。方案二和方案三相比较，两方案占用资金一样，均是 103 万元，资金成本同是 4 120 元，但是方案三的材料成本是 103 万元，较方案二成本 100 万元多了 3 万元，主要是因为方案三不能抵扣增值税进项税 3 万元，应计入材料采购的成本，而方案二可以抵扣增值税进项税，所以公司最佳供应商选择能取得代开增值税专用发票的小规模纳税人。 纳税筹划员：

2.1.5 完成任务

（1）增值税一般纳税人供应商选择的纳税筹划方案基本内容解析。增值税一般纳税人供应商选择的纳税筹划方案基本内容应包括影响的原材料成本、资金占用额、资金成本和增值税进项税额和必要的说明。

（2）增值税一般纳税人供应商选择的纳税筹划方案择优说明书基本内容解析。增值税一般纳税人供应商选择的纳税筹划方案择优说明书应包括基本内容：一是各纳税筹划方案的状况；二是各方案比较的状况；三是择优选定的方案及选取的理由；四是择优的结论。

2.1.6 教研交流与探讨

（1）增值税小规模纳税人应如何选择供应商?

（2）增值税一般纳税人购进时支付的增值税应如何处理?

（3）增值税纳税人选择供应商的教学难点在哪里?

2.2 筹划代垫运费发票开具中的增值税

2.2.1 任务描述与任务学习目标

（1）任务描述：从增值税负担最低角度，对上海立宏股份有限责任公司销售产品时的代垫运费进行纳税筹划。

（2）任务学习目标：知道代垫运费发票开具对企业增值税的影响所在，能够根据相关税法规定提出备选方案，并能进行各方案的分析与测算，以及编制纳税筹划方案择优说明书等操作。

2.2.2 任务分析

要完成代垫运费发票开具的纳税筹划，一要根据代垫运费发票开具方法的不同，提出不同的纳税筹划方案，并测算各纳税方案的增值税额；二要分析比较各方案的增值税额，择优确定代垫运费发票开具的方法。

2.2.3 相关知识

（1）根据2009年1月1日实施的《增值税暂行条例》第六条的规定，计算销项增值税额的销售额为纳税人销售货物或应税劳务向购买方收取的全部价款和价外费用，但是不包括收取的销项税额。

（2）根据2009年1月1日实施的《增值税暂行条例实施细则》第十二条的规定，价外费用包括向购买方收取的手续费、补贴、基金、集资费、返还利润、奖励费、违约金、滞纳金、延期付款利息、赔偿金、代收款项、代垫款项、包装费、包装物租金、储备费、优质费、运输装卸费以及其他各种性质的价外费用。但下列项目不包括在内：一是受托加工应征消费税的消费品所代收代缴的消费税；二是同时符合以下条件的代垫运输费用：承运部门的运输费用发票开具给购买方的；纳税人将该项发票转交给购买方的。

（3）根据增值税相关法规的规定，价外费用计算增值税销项税额时按含增值税处理，需转化成不含增值税的，即销项税额 = 价外费用/1 + 适用税率17%、13%或征收率3% × 适用税率 17%、13% 或征收率 3%。

2.2.4 技能训练

(1) 实训资料：上海立宏股份有限责任公司为增值税一般纳税人，销售产品价款 100 万元（不含增值税），适用增值税率 17%，给购买方代垫运费 11 700 元。

要求：分析运费发票对公司纳税的影响。

(2) 编制纳税筹划方案一，见表 6-8。

(3) 编制纳税筹划方案二，见表 6-9。

(4) 编制纳税筹划方案择优说明书，见表 6-10。

表 6-8　　纳税筹划方案一

纳税筹划依据	运费发票开具对象不同对增值税的影响。开给销售方，即客户名称填写销售方的名称
计税的销售额、销项税的测算及其说明	计税销售额 = 1 000 000 + 11 700 ÷ (1 + 17%) = 1 010 000（元） 销项增值税 = 1 010 000 × 17% = 171 700（元） 根据《增值税暂行条例》及其实施细则的规定，运费发票开给销售方的，收回的代垫运费应作为价外费用，按含税销售额转化为不含税销售额计征增值税。 纳税筹划员：

表 6-9　　纳税筹划方案二

纳税筹划依据	运费发票开给购货方，即客户名称填写购货方的名称
计税的销售额、销项税的测算及其说明	计税销售额 = 1 000 000（元） 销项增值税 = 1 000 000 × 17% = 170 000（元） 根据《增值税暂行条例》及其实施细则的规定，运费发票开给购货方，销售方将该项发票转交给购货方的，收回的代垫运费不作价外费用，不并入销售额计征增值税。 纳税筹划员：

表 6-10　　运费发票开具纳税筹划方案择优说明书

公司财务经理： 根据运费发票开具减轻增值税负担的需要，现已完成两种运费发票开具的纳税筹划任务。从完成的各纳税筹划方案结果看，方案二，运费发票开具给购买方，由销售方转交给购买方，收回的代垫运费不作为价外费用并入销售额计征增值税；方案一，运费发票开给销售方的，收回的代垫运费应作为价外费用并入销售额计征增值税，多计销项税额 1 700 元，方案二的增值税销项税额较方案一少了 1 700 元。所以运费发票最佳开具方法是开具给购买方，由销售方转交给购买方。 纳税筹划员：

2.2.5 完成任务

（1）销售方在销售货物代垫运费时，运费发票客户名称的填列会影响到本方的增值税税负。

（2）纳税筹划方案择优说明书的四项基本内容为：各方案的状况、各方案比较的状况、择优选定的方案及选取的理由和结论，应全部齐备。

2.2.6 教研交流与探讨

（1）运费何种情况下作为销售额计征增值税销项税？

（2）运费何种情况下可计算增值税进项税抵扣？

（3）如何能让学生更好的理解运费发票开具对象选择对纳税的影响？

2.3 筹划农产品供应商选择中的增值税

2.3.1 任务描述与任务学习目标

（1）任务描述：从购买农产品增值税负担最低角度，对上海立宏股份有限公司的农产品供应商进行选择。

（2）任务学习目标：知道购买农产品对企业增值税的影响所在，能够根据相关税法规定提出备选方案，并能进行各方案的分析与测算，以及编制纳税筹划方案择优说明书等操作。

2.3.2 任务分析

要完成农产品原材料购进的纳税筹划，一要根据农产品进货的渠道不同，提出不同的纳税筹划方案，并测算不同进货渠道的农产品成本与资金成本；二要分析比较不同方案的优劣，择优确定农产品原材料的进货渠道。

2.3.3 相关知识

（1）根据《增值税暂行条例》的规定，农产品适用13%的增值税税率。

（2）根据《增值税暂行条例》的规定，购进农产品，除取得增值税专用发票或者海关进口增值税专用缴款书外，按照农产品收购发票或销售发票上注明的农产品买价和13%的扣除率计算的进项税额即进项税额 = 买价 × 扣除率，准予从销项税额中抵扣。

（3）根据《增值税暂行条例》的规定，农业生产者销售自产的农产品免征增值税。

2.3.4 技能训练

（1）实训资料：上海立宏股份有限责任公司为增值税一般纳税人，2009 年 12 月需用农产品的原材料 100 万元，且购货款项以银行借款支付，期限 1 个月，利率 0.4%。

要求：从增值税纳税角度，进行进货渠道的筹划。

（2）编制纳税筹划方案一，见表 6 – 11。

（3）编制纳税筹划方案二，见表 6 – 12。

（4）编制纳税筹划方案择优说明书，见表 6 – 13。

表 6-11 纳税筹划方案一

纳税筹划依据	进货渠道不同对增值税纳税的影响。如从农业生产者处购入所需的农产品
材料进货成本、资金成本的测算及其说明	会计处理如下： 借：原材料 870 000 应交税费——应交增值税（进项税） 130 000 贷：银行存款 1 000 000 根据《增值税暂行条例》的规定，农业生产者销售自产的农产品免征增值税，从农业生产者处购所需的农产品作为原材料，只需支付买价，不需另外支付增值税进项税，因此只需借款100万元就能购到所需的农产品。1个月的利息支出的资金成本＝1 000 000×0.4%×1＝4 000元。另外因还可以按农产品收购发票上注明的农产品的买价和13%的扣除率计算抵扣进项税＝1 000 000×13%＝130 000（元），从100万元中分出13万元作进项税抵扣，另外87万元计入原材料的进货成本。 纳税筹划员：

表 6-12 纳税筹划方案二

纳税筹划依据	从农产品批发企业处购所需的农产品作为原材料
材料进货成本、资金成本的测算及其说明	会计处理如下： 借：原材料 1 000 000 应交税费——应交增值税（进项税） 130 000 贷：银行存款 1 130 000 根据《增值税暂行条例》的规定，农产品批发企业销售农产品不得免征增值税，从农产品批发企业处购所需的农产品作为原材料，不仅需要支付买价，还需另外支付增值税进项税。因此需借款113万元才能购到所需的农产品。1个月的利息支出的资金成本＝1 130 000×0.4%×1＝4 520元。因购进时增值税进项税13万元是另外支付的可以抵扣，因此材料的进货成本为完整的100万元。 纳税筹划员：

表 6-13 农产品供应商选择的纳税筹划方案择优说明书

公司财务经理： 根据公司农产品原材料选择供应商的需要，现已完成了两种供应商的纳税筹划任务。从完成的各纳税筹划方案的结果看，方案一，从农业生产者处购买所需的农产品原料，其进货成本为87万元、资金占用成本为4 000元；方案二，从批发企业处购买所需农产品原料，其进货成本为100万元，资金占用成本为4 520元。方案一的原材料成本较方案二的降低13万元；方案一的资金占用成本较方案二也降低了520元。所以公司农产品原材料应尽量从农业生产者处购买，最佳的供应商为农业生产者。 纳税筹划员：

2.3.5 完成任务

（1）农产品供应商选择的纳税筹划方案基本内容解析。农产品供应商选择的纳税筹划，不仅考虑到增值税进项税额，也考虑到对原材料成本、与资金占用成本的影响。

（2）农产品供应商选择的纳税筹划方案择优说明书基本内容解析。农产品供应商选择的纳税筹划方案择优说明书主要是从各方案的原材料成本、与资金占用成本的差异来进行择优的比较。

2.3.6 教研交流与探讨

（1）增值税小规模纳税人农产品供应商选择的原理是否同增值税的一般纳税人?

（2）《增值税暂行条例》中规定哪些货物购进时只需要支付买价不需支付增值税进项税?

（3）增值税纳税人农产品供应商选择的教学重点是什么?

2.4 筹划包装物出租中的增值税

2.4.1 任务描述与任务学习目标

（1）任务描述：从增值税负担最低角度，对上海立宏股份有限公司经常随产品出售而出租的包装物进行纳税筹划。

（2）任务学习目标：熟悉包装物出租方式及出租方式不同对企业增值税的影响所在，能够根据相关税法规定提出备选方案，并能进行各方案的分析与测算，以及编制纳税筹划方案择优说明书等操作。

2.4.2 任务分析

要完成包装物出租的纳税筹划，一是根据包装物出租方式不同，提出包装物不同出租方式下的纳税筹划方案；二是测算每一出租方式纳税筹划方案的应纳税额；最后比较各纳税筹划方案应纳税额的多少，择优确定包装物出租的方式。

2.4.3 相关知识

（1）根据《增值税暂行条例》第六条的规定，计算增值税销项税的销售额为纳税人销售货物或应税劳务向购买方收取的全部价款和价外费用，但不包括收取的销项税额。

（2）根据《增值税暂行条例》第十二条的规定，价外费用包括价外向购买方收取的手续费、补贴、基金、集资费、返还利润、奖励费、违约金、滞纳金、延期付款利息、赔偿金、代收款项、包装费、包装物租金、储备费、优质费、运输装卸费以及其他各种性质的价外收费。但《增值税暂行条例实施细则》另有规定的除外。

（3）根据《营业税暂行条例》的规定，出租业务属服务业，属营业税的征税范围。

2.4.4 技能训练

（1）实训资料：上海立宏股份有限公司为增值税一般纳税人，2009 年 12 月销售产品一批，价款（不含增值税）100 万元，应购方的要求，需要出租包装物，租金为 11 700 元，适用 17% 的增值税率、5% 的营业税率。上海立宏股份有限公司该如何进行有关包装物的纳税筹划?

（2）编制纳税筹划方案一，见表 6 - 14。

表 6-14　　　　纳税筹划方案一

纳税筹划依据	随产品出售同时出租包装物且收到租金
计算增值税销项税的销售额、销项税额、营业税额及其说明	会计处理如下： 借：银行存款　1 170 000 贷：主营业务收入　1 000 000 应交税费——应交增值税（销项税额）　170 000 借：银行存款　11 700 贷：其他业务收入——出租包装物　10 000[11 700÷(1+17%)] 应交税费——应交增值税（销项税额）　1 700[11 700÷(1+17%)×17%] 根据《增值税暂行条例》及实施细则的规定，随产品销售而收取的出租的包装物的租金应作为价外费用并入销售额计算销项增值税额，但价外费用按含增值税的销售额处理，计算时需转化为不含增值税的销售额，计算增值税的销售额是101万元，增值税销项税额是171 700元。 纳税筹划员：

（3）编制纳税筹划方案二，见表6-15。

表 6-15　　　　纳税筹划方案二

纳税筹划依据	不随产品出售同时出租包装物，改为另外单独出租包装物
计算增值税销项税的销售额、销项税额、营业税额及其说明	会计处理如下： 借：银行存款　1 170 000 贷：主营业务收入　1 000 000 应交税费——应交增值税（销项税额）　170 000 借：银行存款　11 700 贷：其他业务收入　11 700 借：其他业务成本　585 贷：应交税费——应交营业税　585(11 700×5%=585) 根据《营业税暂行条例》的规定，单独出租包装物业务属于征收营业税的范围，因此出租包装物的租金应缴纳营业税585元，不再属增值税的征收范围，因此出租包装物的租金不属于价外费用的范畴，不并入销售额计征增值税销项税。计算增值税的销售额是100万元，销项税额是17万元，营业税额585元，两税合计170 585元。 纳税筹划员：

（4）编制纳税筹划方案择优说明书，见表6-16。

表 6－16　　包装物出租的纳税筹划方案择优说明书

公司财务经理： 根据公司出租包装物减轻税收负担的需要，现已完成了两个出租包装物方式的纳税筹划任务。从完成的各个纳税筹划方案的结果看，方案一，随产品出售时出租包装物，包装物的租金计缴增值税 1 700 元；方案二，不随产品出售时出租，而是另外单独出租包装物，租金计缴营业税 585 元，两个方案相比较，方案一较方案二多缴税额 1 115 元，所以公司应选择最佳的出租包装物方式是另行单独出租包装物。 纳税筹划员：

2.4.5　完成任务

（1）出租包装物收入核算方式不同，会对企业增值税销项税额产生影响，同时也会影响营业税。

（2）包装物出租的纳税筹划方案择优说明书，既要说明出租包装物的收入核算方式不同，影响企业增值税销项税额的情况，也要说明出租包装物的收入核算方式不同，影响企业营业税的情况，全面、综合地作出择优的选择。

2.4.6　教研交流与探讨

（1）销货又运货的混合销售行为中，运费收入如何从征收增值税改为征营业税？

（2）既有征增值税的混合销售行为又有征营业税的兼营行为，如何将征收增值税混合销售行为改为征收营业税？

（3）哪些业务或行为可将征收税率高的增值税改变为征收税率低的营业税？

任务 3　筹划营业税纳税

中小企业营业税的纳税筹划是指在《营业税暂行条例》和《营业税暂行条例实施细则》等营业税的法律、法规、规章的允许范围内，或至少在法律、法规不禁止的范围内，通过对中小企业的营业税纳税人的生产经营活动进行调整和安排，最大限度地减轻中小企业营业税的税收负担的行为。

3.1　筹划金融企业房地产抵押与按揭贷款中的营业税

3.1.1　任务描述与任务学习目标

（1）任务描述：从营业税等税收负担最低的角度，对金融企业在房地产方面发放的按揭贷款、抵押贷款进行纳税筹划。

（2）任务学习目标：熟悉不同贷款偿还方式下对金融企业营业税及与营业税相关税种的影响状况，能够根据相关税法规定提出备选方案，并能进行各方案的分析与测算，以及编制纳税筹划方案择优说明书等操作。

3.1.2 任务分析

要完成金融企业房地产抵押、按揭贷款的纳税筹划，首先，应提出不同贷款偿还方式下的纳税筹划方案；其次，根据偿还的方式进行各纳税筹划方案的税收负担测算；最后，比较各纳税筹划方案所揭示的纳税负担，并择优确定贷款的偿还方式。

3.1.3 相关知识

（1）根据《印花税暂行条例》的规定，产权转移书据属印花税的征税范围，适用的印花税税率是0.05%。

（2）根据《契税暂行条例》的规定，以房产抵债视同房屋的买卖，属契税的征税范围，应由产权的承受人按房屋的现值缴纳契税，适用3%～5%的契税率，具体执行的税率由各省、自治区、直辖市人民政府在规定的幅度内，根据本地区的实际情况确定。

（3）根据《营业税暂行条例》的规定，转让无形资产、土地使用权和销售不动产属营业税的征税范围，适用的营业税率均为5%。

（4）根据现行的《城建税暂行条例》和《征收教育费附加暂行规定》的规定，缴纳营业税的纳税人应同时缴纳城建税，适用的城建税率为7%、5%、1%；应缴纳教育费附加，适用的附加税率为3%。

3.1.4 技能训练

（1）实训资料：某电器厂欠中国工商银行某县支行贷款本息共计100万元，逾期已无力偿还，需将一座办公楼作价抵顶给银行或拍卖。契税率为3%，适用城建税率为7%。银行该如何进行纳税筹划？

（2）编制纳税筹划方案一，见表6－17。

表6－17　　纳税筹划方案一

纳税筹划依据	贷款归还方式不同对营业税的影响：作价100万元抵顶给银行，然后由银行销售。
涉及的税种、税额的测算及其说明	银行应纳以下税费： 1 应纳印花税＝1 000 000×0.05%＝500（元） 2 应纳契税＝1 000 000×3%＝30 000（元） 3 应纳营业税＝1 000 000×5%＝50 000（元） 4 应纳城建税＝50 000×7%＝3 500（元） 5 应纳教育费附加＝50 000×3%＝1 500（元） 以上应纳税费共计85 500（元） 根据《印花税暂行条例》的规定，产权转移书据应征收印花税；根据《契税暂行条例》的规定，取得产权方应征收契税；根据《营业税暂行条例》的规定，销售不动产应征收营业税；根据《城建税暂行条例》、《教育费附加暂行规定》的规定，缴纳营业税的纳税人，要附加征收城建税、教育费附加。 纳税筹划员：

（3）编制纳税筹划方案二，见表6－18。

表 6－18　　纳税筹划方案二

纳税筹划依据	由电器厂自行销售或委托中介机构拍卖，银行以现金方式收回贷款。
涉及的税种、税额的测算及其说明	根据规定，以现金归还银行贷款，不符合任何税的征税范围，因此银行不需缴纳税费。 纳税筹划员：

（4）编制纳税筹划方案择优说明书，见表 6－19。

表 6－19　　金融企业房地产抵押、按揭贷款纳税筹划方案择优说明书

银行财务经理： 根据银行收回贷款并减轻营业税负担的需要，现已完成了房地产抵押、按揭贷款的纳税筹划任务。从完成的各个纳税筹划方案结果看，方案一，将房地产作价抵顶给银行，由银行销售共计缴纳税费 85 500 元；方案二，由借款人自行销售或拍卖，银行不需要缴纳税费。方案一较方案二多缴税费 85 500 元。所以银行最佳收回抵押、按揭贷款的方式是接受现金归还、不接受房地产等抵押物。 纳税筹划员：

3.1.5　完成任务

（1）金融企业的房地产抵押、按揭贷款，若以抵押物变现收回贷款，抵押物变现的方式不同，会影响到金融企业的营业税税负。

（2）金融企业如自行将抵押物变现收回贷款，不仅仅涉及营业税。

3.1.6　教研交流与探讨

（1）可以作为银行贷款抵押物有哪些？

（2）可以作为银行贷款质押物有哪些？

（3）教学中如何能够让学生较好地掌握贷款抵押物与质押物的区别？

3.2　筹划无形资产抵债中的营业税

3.2.1　任务描述与任务学习目标

（1）任务描述：从营业税负担最低角度，对上海立宏股份有限责任公司以一项无形资产和部分银行存款偿还宏达公司的一笔到期债务进行纳税筹划。

（2）任务学习目标：熟悉不同方式的无形资产抵债对企业营业税及与营业税相关税种的影响状况，能够根据相关税法规定提出备选方案，并能进行各方案的分析与测算，以及编制纳税筹划方案择优说明书等操作。

3.2.2　任务分析

进行无形资产抵债纳税筹划，第一步，分别提出无形资产直接抵债和将无形资产转换为其他方式还债两项纳税筹划方案；第二步，测算无形资产直接抵债纳税筹划方案的应纳税额；测算无形资产转换为其他方式还债的纳税筹划方案的应纳税额；第三步，比较两项纳税筹划方案，择优确定无形资产还债的方式。

3.2.3 相关知识

（1）根据营业税的相关法规、规章的规定，从2003年1月1日起，以无形资产投资入股，参与接受投资方的利润分配，共担风险的行为不征收营业税，在投资后转让其股权也不征营业税。

（2）根据营业税相关法规、规章的规定，以不动产投资入股、参与接受投资方利润分配、共同承担风险的行为，不征营业税。投资后转让股权的，也不征营业税。

（3）根据营业税相关法规、规章的规定，以无形资产、不动产抵债，应视同销售不动产，转让无形资产征收营业税。

3.2.4 技能训练

（1）实训资料：上海立宏股份有限责任公司欠上海宏达有限责任公司价税合计货款351 000元，因无力用全部现金资产偿还，准备以一项账面余额为31万元、公允价值为30万元的商标权及51 000元的银行存款归还，适用城建税率7%。

要求：进行立宏公司营业税的纳税筹划。

（2）编制纳税筹划方案一，见表6－20。

表6－20　　纳税筹划方案一

纳税筹划依据	无形资产抵债方式不同对营业税的影响。直接以商标权归还
涉及的税费的测算及其说明	应纳营业税＝300 000×5%＝15 000（元） 应纳城建税＝15 000×7%＝1 050（元） 应纳教育费附加＝15 000×3%＝450（元） 以上共计应纳税费＝15 000＋1 050＋450＝16 500（元） 根据营业税相关法规的规定，以无形资产抵债视同转让无形资产，应征收营业税。根据《城建税暂行条例》、《教育费附加条例规定》，还需附加征收城建税、教育费附加。 纳税筹划员：

（3）编制纳税筹划方案二，见表6－21。

表6－21　　纳税筹划方案二

纳税筹划依据	先将商标权投资给债权方，然后以转让股权抵债
涉及税费的测算及其说明	转让股权抵债，不需缴纳营业税、城建税、教育费附加。 根据营业税相关法规的规定，以无形资产投资入股、参与接受投资方的利润分配、共担风险的行为不征收营业税，在投资后转让其股权也不征营业税。因此也就不附加征收城建税、教育费附加。 纳税筹划员：

（4）编制纳税筹划方案择优说明书，见表6－22。

表 6-22　　无形资产抵债纳税筹划方案择优说明书

公司财务经理： 根据用无形资产抵债减轻营业税等税费负担的需要，现已完成了两种抵债方式的纳税筹划任务。从完成的各纳税筹划方案结果看，方案一，直接以无形资产抵债，共计应纳税费 16 500 元；方案二，将无形资产先投资给债权方，后转让股权抵债，不需缴纳营业税、城建税、教育费附加，方案一较方案二多缴税费 16 500 元。所以用无形资产最佳的抵债方式是先将无形资产投资给债权方，后转让股权给债权方以抵债。 纳税筹划员：

3.2.5 完成任务

（1）以无形资产直接抵债，视同无形资产销售，因此不仅涉及缴纳营业税，也涉及缴纳其他税种。

（2）先将商标权投资给债权方，再以转让股权抵债的方式，受债权人对该项无形资产需求的制约。

3.2.6 教研交流与探讨

（1）用不动产抵债的纳税筹划原理是否与无形资产抵债的纳税筹划相同？为什么？

（2）用企业的存货资产抵债会涉及哪些税费？是否能像无形资产抵债那样进行纳税筹划？

（3）可从哪几方面引导学生提出有关存货的纳税筹划方案？

3.3 筹划餐饮业中的营业税

3.3.1 任务描述与任务学习目标

（1）任务描述：从营业税等税收负担最低角度，对从事餐饮业的宾馆、星级酒店的营业额进行纳税筹划。

（2）任务学习目标：熟悉不同形式的餐饮业企业及其经营方式不同对营业税计税的影响状况，能够根据相关税法规定提出备选方案，并能进行各方案的分析与测算，以及编制纳税筹划方案择优说明书等操作。

3.3.2 任务分析

筹划餐饮业的纳税，首先，要根据经营方式的不同，提出不同的纳税筹划方案；其次，测算不同经营方式下的纳税负担；最后，比较不同经营方式下的纳税负担，择优确定经营方式。

3.3.3 相关知识

（1）根据现行的《增值税暂行条例》的规定，销售货物属增值税征税范围，小规模增值税纳税人适用 3% 的征收率征收增值税。

（2）根据现行的《营业税暂行条例》的规定，餐饮业属营业税的征税范围。

（3）根据 2009 年 1 月 1 日实施的《营业税暂行条例实施细则》第六条的规定，一项销售行为如果既涉及应税劳务又涉及货物，为混合销售行为，除本细则第七条的规定外，从事货物的生产、批发或零售的企业、企业性单位和个体工商户的混合销售行为，视为销售货物，不缴纳营业税，亦即缴纳增值税；其他单位和个人的混合销售行为视为提供应税劳务，缴纳营业税。

(4) 根据2009年1月1日实施的《营业税暂行条例实施细则》第七条的规定，纳税人的下列混合销售行为，应当分别核算应税劳务的营业额和货物的销售额，其应税劳务的营业额缴纳营业税，货物的销售额不缴纳营业税，亦即缴纳增值税；未分别核算的，由主管税务机关核定其应税劳务的营业额，亦即货物的销售额也是由主管税务机关核定。

① 提供建筑业劳务的同时销售自产货物的行为。

② 财政部、国家税务总局规定的其他情形。

(5) 根据《营业税暂行条例》及其实施细则的规定，餐饮业的营业额为向顾客收取的全部价款和价外费用全额为营业额，作为计税依据。

3.3.4 技能训练

(1) 实训资料：某二星级专业酒店2009年12月份餐饮服务收入100万元，其中，烟、酒、饮料收入为10万元。城建税率适用7%。酒店该如何就其收入进行营业税的纳税筹划？

(2) 编制纳税筹划方案一，见表6-23。

表6-23　　纳税筹划方案一

纳税筹划依据	经营方式不同对营业税的影响：混合销售经营方式，即提供餐饮服务的同时销售烟、酒等货物。
涉及税费的测算及说明	营业额=(900 000+100 000)=1 000 000（元） 应纳营业税=1 000 000×5%=50 000（元） 应纳城建税=50 000×7%=3 500（元） 应纳教育费附加=50 000×3%=1 500（元） 以上共计应纳税费55 000元。 根据《营业税暂行条例》的规定，饮食业以向顾客收取的全部价款和价外费用为营业额计算营业税。根据城建税、教育费附加条例的规定，还需附加征收城建税、教育费附加，共计应纳税费55 000元。 纳税筹划员：

(3) 编制纳税筹划方案二，见表6-24。

表6-24　　纳税筹划方案二

纳税筹划依据	兼营销售经营方式，即将货物的烟、酒等设置经营部且领取营业执照，作为单独核算的小规模纳税人。
涉及税费的测算及说明	营业额=900 000（元） 应纳营业税=900 000×5%=45 000（元） 货物销售额=100 000÷(1+3%)=97 087.38（元） 应纳增值税=97 087.38×3%=2 912.62（元） 应纳城建税=(45 000+2 912.62)×7%=3 353.88（元） 应纳教育费附加=(45 000+2 912.62)×3%=1 437.39（元） 以上共计应纳税费52 703.89元。 根据《营业税暂行条例》的规定，兼营行为应分别核算，分别征收增值税、营业税，根据城建税条例、教育费附加条例，还需附加征收城建税、教育费附加，共计应纳税费52 703.89元。 纳税筹划员：

（4）编制纳税筹划方案择优说明书，见表6－25。

表6－25　　餐饮业纳税筹划方案择优说明书

企业财务经理： 根据餐饮业减轻营业税税收负担的需要，现已完成了两种经营方式的纳税筹划任务。从已完成的各纳税筹划方案结果看，方案一，混合销售经营方式，应纳营业税、城建税、教育费附加共计55 000元；方案二，兼营销售经营方式，应纳增值税、营业税、城建税、教育费附加，共计52 703.89元，方案一较方案二多缴税费2 296.11元。所以，餐饮业的最佳经营方式为兼营销售方式，且销售货物应按小规模纳税人计征增值税。 纳税筹划员：

3.3.5　完成任务

（1）混合销售经营方式通常会导致纳税人税负的提高，因为，混合销售都是按从高税率原则纳税。

（2）对兼营行为是否分别核算，有时还要结合其他因素考虑。

3.3.6　教研交流与探讨

（1）娱乐业是否能用餐饮业一样的方法进行纳税筹划？

（2）餐饮业、娱乐业纳税筹划减轻税收负担的目标是如何实现的？

（3）怎样才能让学生掌握更多的餐饮业、娱乐业营业税纳税筹划的途径？

3.4　筹划企业出租、出包中的营业税

3.4.1　任务描述与任务学习目标

（1）任务描述：从营业税等税收负担最低角度，对企业资产出租、出包收入进行纳税筹划。

（2）任务学习目标：熟悉企业出租、出包形式与性质及其对营业税计税的影响，能够根据相关税法规定提出备选方案，并能进行各方案的分析与测算，以及编制纳税筹划方案择优说明书等操作。

3.4.2　任务分析

要完成企业出租、出包的纳税筹划，一要根据出租、出包企业是否改变性质，提出不同的纳税筹划方案；二要进行各纳税筹划方案纳税负担的测算；三要比较各纳税筹划方案的税收负担，择优确定是否改变企业的性质。

3.4.3　相关知识

（1）根据现行的《营业税暂行条例》及实施细则规定，服务业属营业税的征税范围。服务业包括代理业、旅店业、饮食业、旅游业、仓储业、租赁业（不包括融资租赁）广告业、其他服务业。

（2）根据营业税相关法规的规定：

1）双方签订承包、租赁合同，将企业或企业部分资产出包、租赁，出包、出租者向承包、承租方收取的承包费、租赁费，按“服务业”税目征收营业税。

2）出包、出租方收取的承包费凡同时符合以下三个条件的属企业内部分配行为，不征收营业税：

① 承包、承租方以出包、出租方名义对外经营，由出包、出租方承担相关的法律责任；

② 承包、承租方的经营收支全部纳入出包、出租方的财务会计核算；

③ 出包、出租方与承包、承租方的利益分配是以出包方的利润为基础。

3.4.4 技能训练

（1）实训资料：上海立宏股份有限责任公司出包给王强经营，公司可以改变性质，也可以不改变公司的性质，拟从营业税等税收负担最低角度进行纳税筹划，全年应收取承包费100万元。

（2）编制纳税筹划方案一，见表6－26。

表6－26　　纳税筹划方案一

纳税筹划依据	公司性质是否改变对营业税的影响。承包人改变企业性质，进行个体工商户登记，以个体工商户名义对外经营
涉及税收、税额的测算及其说明	以收取承包费100万元为营业额 应纳营业税＝1 000 000×5%＝50 000（元） 应纳城建税＝50 000×7%＝3 500（元） 应纳教育费附加＝50 000×3%＝1 500（元） 以上共计应纳税费＝55 000（元） 根据营业税相关法规规定，承包人改变企业性质，出包方收取的承包费不属于企业内部分配行为，应按服务业中的租赁业项目征收营业税。根据《城建税暂行条例》、《教育费附加条例规定》，还需附加征收城建税、教育费附加，共计应纳税费为55 000元。 纳税筹划员：

（3）编制纳税筹划方案二，见表6－27。

表6－27　　纳税筹划方案二

纳税筹划依据	承包人不改变企业性质，以出包方的名义对外经营、承担法律责任、财务核算、利润分配
涉及税费、税额的测算及其说明	收取承包费100万元，不征收营业税。 根据营业税相关法规规定，出包方收取的承包费凡同时符合以下三个条件的，属于企业内部分配行为，不征收营业税： （1）承包、承租方以出包、出租方名义对外经营，由出包、出租方承担相关的法律责任； （2）承包、承租方的经营收支全部纳入出包、出租方的财务会计核算； （3）出包、出租方与承包、承租方的利益分配是以出包方的利润为基础。 纳税筹划员：

（4）编制纳税筹划方案择优说明书，见表6－28。

表 6－28　　企业出租、出包的纳税筹划方案择优说明书

公司财务经理： 根据企业出租、出包减轻营业税等税费负担的需要，现已完成了两种企业出租、出包的纳税筹划任务。从完成的各纳税筹划方案结果看，方案一，承包人改变企业性质，进行个体工商户的工商登记，以个体工商户名义对外经营，并承担法律责任，财务收支未纳入出包方的财务核算，只需向公司缴纳承包、承租费，公司收取后应纳的营业税等税费 55 000 元。方案二，承包人不改变企业性质，以出租、出包方公司的名义对外经营，由公司承担法律责任，财务收支纳入公司财务核算，并以出包方的利润为基础进行利润分配，公司收取的承包费属企业内部分配行为，不征收营业税及其他税费。方案一较方案二多缴税费 55 000 元，所以公司出租、出包企业给他人经营时，应以不改变公司性质且符合法定三条件为最佳的出租、出包方式。 纳税筹划员：

3.4.5　完成任务

（1）企业出租、出包中是否发生性质的改变，是影响出租、出包方出租、出包收入应纳营业税税负的主要因素。

（2）纳税筹划实际上就是对某一纳税事项作出多种不同条件下纳税税负的分析，并通过比较，选择出对纳税人最有利且不违犯税收法律法规方案的分析过程。

3.4.6　教研交流和探讨

（1）租赁的方式有哪几种？经营租赁业务可能涉及哪些税费？

（2）融资租赁业务可能涉及哪些税费？

（3）采取什么样的教学方式、方法能使学生全面、扎实的掌握营业税纳税筹划？

任务 4　筹划消费税纳税

4.1　任务描述与任务学习目标

（1）任务描述：在遵守相关法律规范的框架内，为应纳消费税企业单位进行消费税纳税筹划，减轻企业的税负，提高企业持续发展能力。

（2）任务学习目标：知道消费税课税对象及正确确认消费税纳税人，熟悉消费税筹划途径，能够根据相关税法规定提出备选方案，并能进行各方案的分析与测算，以及编制纳税筹划方案择优说明书等操作。

4.2　任务分析

要完成应纳消费税企业有关消费税的筹划，我们应找到实现企业消费税税负降低的途径，应该从有可能影响企业消费税税负的销售方式、纳税环节和税率选择等几个方面进行探究。

4.3 相关知识

（1）铂金首饰是在生产环节征收消费税的，消费税税率为10%；金基首饰是在零售环节征收消费税，消费税税率为5%。

增值税现行税法规定，个人销售货物的起征点为月销售额2 000～5 000元，提供应税劳务的起征点为月销售额1 500～3 000元，按次纳税的起征点为每次（日）销售额150～200元，各地根据实际情况，在上述幅度内确定具体的起征点。

如果某省确定的起征点为月销售额2 500元，则个人销售货物每月低于2 500元的，就不需要缴纳增值税；如果超过2 500元，就要就全部销售额缴纳增值税。此时，纳税人就可以进行简单筹划：按4%税率计算，纳税人月销售额在2 500～2 600元时，其获得的收入还不如销售额在2 499元时多。

委托加工的应税消费品收回后直接出售的，不再征收消费税。

（2）消费税税法规定，纳税人通过自设非独立核算门市部销售的自产应税消费品，应当按照门市部对外销售额或者销售数量计算征收消费税。消费税税法对独立核算的门市部则没有限制。我们知道，消费税的纳税行为发生在生产领域（包括生产、委托加工和进口），而不是在流通领域或终极消费环节（金银首饰、钻石及钻石饰品除外），因此关联企业中生产（委托加工、进口应税消费品）的企业，在零售等特殊情况下，如果以较低但不违反公平交易的销售价格，将应税消费品销售给其独立核算的销售部门，则可以降低销售额，从而减少应纳消费税税额。而独立核算的销售部门，由于处在销售环节，只缴纳增值税，不缴纳消费税。

（3）现行消费税税法规定，凡是随同销售收取的价外费用，无论其会计制度如何核算，均应当并入销售额计算应纳税额。值得注意的是，对增值税一般纳税人向购买方收取的价外费用，应视为含增值税的收入，在征税时应当换算为不含税收入再并入销售额。

（4）我国现行消费税税法根据制酒工艺的不同，在“酒和酒精”这一税目下分别设置了粮食白酒、薯类白酒，黄酒、啤酒、其他酒和酒精等6个子目，分别适用不同的税率。具体来说，粮食白酒和薯类白酒采用定额税率和比例税率，其中，粮食白酒、薯类白酒的定额税率为每斤（500克）0.5元，比例税率为20%；其他酒采用比例税率，税率为10%；酒精税率为5%；黄酒、啤酒采用定额税率，黄酒税额为240元/吨，啤酒税额为220元/吨（出厂价格在3 000元以下的）、250元/吨（出厂价格在3 000元以上的）。

（5）消费税税率规定：化妆品为30%，护肤护发品为17%。

4.4 技能训练

4.4.1 筹划首饰行业消费税纳税

（1）实训资料：鑫鑫佳饰公司生产加工铂金首饰、金基首饰。公司2010年预计铂金首饰的年产量为10万千克，市场价格为178元/克；开发新型铂金与黄金组合项链5 000千克，市场价格为142元/克。

要求：从销售方式、税率选择方面提出纳税筹划方案。

（2）编制铂金首饰纳税筹划方案，见表6－29。

表 6 - 29　　铂金首饰纳税筹划方案

纳税筹划依据	铂金首饰的征税是在由生产领域进入流通领域环节时进行的，税率为 10%；在流通领域再销售时不再计征消费税。
筹划分析与涉及税费、税额的测算	鑫鑫佳饰公司只有低价销售才能降低税负，而低价销售会降低企业的收益。既减轻税负，又不会使公司总体收益受损的途径是：通过成立独立核算的下属子公司——首饰销售公司，以正常范围内的低价（微利）将铂金首饰转让至首饰销售公司，使计征消费税的税基缩小，从而达到减轻税负的目的。首饰销售公司按正常的市场价格实施对外销售，鑫鑫佳饰公司低价转让至首饰销售公司的损失，将以子公司上缴利润的方式转回，最终获得税负筹划的益处。 铂金首饰的市场价格为 178 元/克，假设鑫鑫佳饰公司供应给首饰销售公司的批发价为 158 元/克，低于市场价格 20 元/克，其增设销售环节的结果是消费税的计税依据减少了 20 元/克。因此，鑫鑫佳饰公司每克铂金首饰可取得减少消费税 2 元/克的节税效果，节税总额可达到 2 亿元。 结论：设立首饰销售公司，采取转让定价方式，缩小消费税税基。 纳税筹划员：

（2）编制铂金与黄金组合项链纳税筹划方案，见表 6 - 30。

表 6 - 30　　铂金与黄金组合项链纳税筹划方案

纳税筹划依据	铂金首饰与黄金首饰存在征税环节的差别，铂金首饰税率（10%）与黄金首饰税率（5%）存在差别。
筹划分析说明与涉及税费、税额的测算	（1）鑫鑫佳饰公司开发的新型铂金与黄金组合项链，既可以认为是金基首饰，也可以被认为是铂金首饰。鑫鑫佳饰公司在进行纳税鉴定时，应积极主动选择在零售环节进行纳税申报，避开铂金首饰 10% 的高税率，争取 5% 的低税率。 （2）铂金与黄金组合项链如被认定为按铂金首饰计税，则可按上一方案（见表 6 - 29）进一步进行纳税筹划。如鑫鑫佳饰公司成立独立核算的下属首饰销售公司，供应给首饰销售公司铂金与黄金组合项链的批发价为 132 元/克，低于市场价格 10 元/克，其增设销售环节的结果是消费税的计税依据减少了 10 元/克。因此，鑫鑫佳饰公司每克铂金首饰可取得减少消费税 1 元的节税效果，节税总额可达到 500 万元。 （3）铂金与黄金组合项链如能被认定为按金基首饰计税，在成立独立核算下属首饰销售公司基础上，则组合项链的纳税额由 14.2 元/克降为 6.6 元/克，将节税 3 800 万元。 结论：利用税收规定的差别，避开高税率，选择低税率。 纳税筹划员：

4.4.2 酿酒行业消费税纳税筹划

（1）实训资料：三涧泉酿酒厂 2010 年有一笔订单业务为生产 100 吨粮食白酒，合同议定销售价格 1 000 万元。如将该订单 250 万元的原料，委托另一酒厂生产，收回成品后直接销售，协议加工费预计为 220 万元，与本厂加工成本基本相同。2009 年该厂对爽爽牌啤酒的生产工艺进行了改进，出厂价格为 3 000 元/吨。2010 年三涧泉酿酒厂考虑到在啤酒质量得到了提高的条件下，准备通过降价提高市场占有率。

要求：对三涧泉酿酒厂的订单，从纳税筹划角度进行自产还是委托生产方式的选择，以及啤酒降价空间的分析。

（2）分析自产方式下完成订单的纳税状况，见表6－31。

表6－31　自产方式下完成订单纳税状况分析

纳税分析依据	订单产量100吨粮食白酒，销售价格1 000万元。自产白酒消费税税率：从价20%；从量：粮食白酒、薯类白酒的定额税率为0.5元/斤。
筹划分析说明与涉及税费、税额的测算	应纳消费税为：1 000×20%＋10×2×0.5＝210（万元） 纳税筹划员：

（3）分析委托加工收回后直接销售的纳税状况，见表6－32。

表6－32　委托加工收回后直接销售纳税状况分析

纳税分析依据	《消费税暂行条例》规定："委托加工的应税消费品由受托方在向委托方交货时代收代缴税款。"《消费税暂行条例实施细则》规定："委托加工的应税消费品收回后直接出售的，不再征收消费税。"
分析说明与涉及税费、税额的测算	将酿酒原料交给另一酒厂的委托协议加工费为220万元，产品运回后以合同协议价格直接销售。当三涧泉酿酒厂收回委托加工产品时，向乙厂支付加工费，同时支付由其代扣代缴的消费税。 应纳消费税为：（250＋220）÷（1－20%）×20%＋10×2×0.5＝127.5（万元） 纳税筹划员：

（4）自产与委托生产方式选择的比较与结论，见表6－33。

表6－33　自产与委托生产方式选择的比较与结论

分析依据	自产纳税状况分析与委托加工收回后直接销售纳税状况分析
筹划方案说明	在原料相同，三涧泉酿酒厂发生加工成本与委托另一酒厂的加工费相同的条件下，自产方式下完成订单的应纳消费税为210万元，而委托加工收回后直接销售的应纳消费税为127.5万元。由此，我们可以看出以委托加工生产方式完成订单可以节税82.5万元。 结论：应采取委托加工生产方式来完成生产100吨粮食白酒的订单业务。 纳税筹划员：

（5）从纳税筹划角度进行啤酒降价空间的分析，见表6－34。

表6－34　　纳税筹划角度的啤酒降价空间分析

分析出发点	消费税税率变动临界点对税负的影响
分析依据	税法规定，啤酒消费税实行从量课税制度，实行差别定额税率，啤酒出厂价格在3 000元/吨（含3 000元，不含增值税）以上的，单位税额为250元/吨；在3 000元/吨以下的，单位税额为220元/吨。
分析过程与说明	（1）定价3 000元/吨时：需缴纳250元/吨消费税，税后收入为2 750元/吨； （2）定价小于3 000元/吨时，如为2 999元/吨，只需缴纳220元/吨消费税，则税后收入为2 770元/吨，由此继续测算，可知降价至2 970元/吨时，企业的税后收入均能大于等于未降价前2 750元/吨的税后收入。 （3）由上述分析可知：当啤酒定价在小于3 000元/吨而大于2 970元/吨时，企业不仅不会因降价而产生损失，反而会增加收益，因此，啤酒2 750～3 000元/吨之间就是企业降价后的定价区间，降价幅度最高可达30元/吨。 （4）企业之所以能有不影响收益减少的降价30元/吨的空间，原因就在于啤酒消费税税率变动临界点的影响，使企业因降价产生的损失，由税率降低而产生的收益（减少的税负）进行了补偿。 （5）当企业啤酒定价小于2 970元/吨时，由税率降低而产生的收益（减少的税负）不能完全补偿降价损失，将会影响每吨税后收入小于降价前的税后收入。 结论：啤酒消费税税率变动的临界点，在不影响企业收益减少的前提下，为企业啤酒降价提供了最大30元/吨的空间。 纳税筹划员：

所谓税收临界点，就是税法中规定的一些标准包括一定的比例和数额。当销售额（营业额）或应纳税所得额或费用支出超过一定标准时，就应该依法纳税或按更高的税率纳税，从而使纳税人的税负大幅度上升。

4.4.3　改变销售包装与包装物核算方式的消费税筹划

（1）实训资料：连华税务师事务所收到两起消费税纳税咨询事项。

1）制美日用化工厂为提高产品知名度，3月份准备进行本厂产品促销活动，计划组装1 000套由化妆品、护肤护发品、化妆工具及小工艺品等组成的成套消费品。每套消费品由下列产品组成：化妆品包括：一瓶香水30元、一瓶指甲油20元、一支口红30元；护肤护发品包括：一瓶浴液45元、一瓶摩丝10元、一块香皂5元。化妆工具及小工艺品10元、塑料包装盒5元。所述价格均不含税，该如何进行消费税筹划？

2）雄路轮胎公司生产经营各种型号的汽车轮胎，重型载重车轮胎月均销售量1 000只，每只价格6 000元，其中包含包装物价值400元，销售利润率为12%。因轮胎市场竞争日趋激烈，以后不得不降价销售，问：可否从消费税纳税方面进行筹划？连华税务师事务所经询问得知：包装物可重复利用，每只包装物成本为340元（其材料的进项税假设为0），使用周期可达20个月，如出借，每只包装物最低可收取押金600元，包装物数量有60件就可满足周转使用的需要；轮胎降价后，预计将促进月销售量提高8%。

（2）连华税务师事务所对制美日用化工厂消费税纳税的筹划，见表6－35。

表6－35 制美日用化工厂成套产品销售消费税纳税筹划

筹划依据	消费税税法规定：护肤品和小工艺品的消费税税率为17%，化妆品的税率为30%。应税消费品与非应税消费品，以及适用税率不同的应税消费品组成成套消费品销售的，应根据销售金额按应税消费品的最高税率纳税。
分析过程与说明	（1）制美日用化工厂将成套消费品包装后，一并销售给商家时，制美日用化工厂每套消费品应纳消费税为： 应纳消费税＝（30＋20＋30＋45＋10＋5＋10＋5）×30%＝46.5（元）。 （2）制美日用化工厂将组成成套消费品的产品，分类销售给商家，再由商家包装组成成套消费品后对外销售（制美日用化工厂承担相应的包装费用）。此时制美日用化工厂每套消费品应纳消费税为： 应纳消费税为＝（30＋20＋30）×30%＋（45＋10＋5）×17%＝34.2（元）。 （3）由以上分析可知，制美日用化工厂先分类销售后再包装销售与成套包装一并销售，每套化妆品消费税纳税额可降低12.3元，销售1 000套，可减少消费税纳税总额1.23万元。 结论：通过改变销售方式与包装环节，可以实现合理合法的消费税筹划。 纳税筹划员：

（3）连华税务师事务所对雄路轮胎公司生产经营汽车轮胎消费税的纳税筹划，见表6－36。

4.5 完成任务

（1）通过啤酒的纳税筹划，应该理解到纳税筹划的益处不仅表现在企业税负的减少上，也表现在其他方面。

（2）与税收临界点相关的还有税收起征点。起征点是税法明确规定的当应税对象未达到一定标准时免予纳税的数额或标准，当超过该标准或数额时，纳税人就需要就全部应税对象的数额纳税。这种规定对一些小型企业或个人纳税有很大的影响。

（3）轮胎消费税纳税的筹划，说明企业进行纳税筹划是要付代价的，因此进行纳税筹划时要注意为减少税负而发生的代价与减少的税负之间的全面权衡。

4.6 教研交流与探讨：

（1）在消费税纳税筹划技能训练中，介绍了哪些消费税筹划的途径与方法？

（2）消费税纳税筹划的教学难点是什么？

（3）在教学中如何让学生掌握好消费税纳税筹划技能训练的内容？

表 6-36 雄路轮胎公司消费税纳税筹划

筹划依据	消费税税法规定：①应税消费品连同包装物出售的，无论是否单独作价，均应该并入销售额中计算消费税；②包装物租金属于价外费用。所谓价外费用是指价外向购买方收取的手续费、包装费，包装物租金、运输装卸费、代收款项、代垫款项以及其他各种性质的价外费用。但是不包括符合以下条件的代垫运费，一是承运者的运输发票开具给购货方的，二是纳税人将该款项发票转交给购货方的；③包装物押金不并入销售额计税。但逾期包装物押金应当按照所包装货物的适用税率计算应纳税额。"逾期"一般以一年为限。在将包装物押金并入销售额征税时，需要先将该押金换算为不含增值税的价格，再并入销售额征税。
分析过程与说明	（1）重型载重车轮胎连同包装物一同销售时的月均应纳消费税税额为： 应纳消费税 =2 000×1 000×10% =200 000（元）。 （2）重型载重车轮胎包装物单独核算或采用出租方式核算，因消费税税法的规定使企业的消费税税负与连同包装物一同销售的消费税税负总体相同，不会产生纳税筹划收益。 （3）重型载重车轮胎包装物由出售改为出借纳税筹划分析 1）较高的出借包装物押金能够保证出借包装物的收回。 2）包装物由出售改为出借，影响减少的销售额为： 一件影响减少的销售额 =400×（1+17%）=468（元） 1 000 件影响减少的销售额 =468×1 000 =468 000（元） 3）包装物由出售改为出借，影响减少的纳税支出、销售成本额为： 一件影响的消费税税额 =400×10% =40（元） 一件影响的增值税税额 =400×17% =68（元） 一件影响的城建税与教育附加费 =（40+68）×（7%+3%）=10.8（元） 一件影响的纳税（费）总额为 118.8（元），1 000 件影响的纳税（费）总额则为 118 800 元。 一件影响减少销售成本 340 元。 由以上可计算出：一件影响减少的成本、支出总额为 458.8 元。1 000 件影响减少的成本、支出总额为 458 800 元。 4）包装物由出售改为出借，销售环节产生的净损失为： 销售环节每件产生的净损失 =468 -458.8 =9.2（元） 1 000 件影响产生的净损失总额为：9 200 元。 5）包装物由出售改为出借，影响企业每月增加的销售费用： 一件影响增加的月销售费用 =340÷20 =17（元） 60 件影响增加的月销售费用总额 =17×60 =1 020（元） 6）包装物由出售改为出借，每月影响企业损失的总额： 月损失总额 =9 200 +1 020 =10 220（元） 7）包装物由出售改为出借，降低了轮胎售价，促进销售量增加，由此而增加的净利润为： 销售量变动影响增加的净利润 =1 000×8% ×6 000×12% =57 600（元） 8）包装物由出售改为出借，每月影响企业的净损益额： 净损益额 =57 600 -10 220 =47 380（元） 结论：由以上分析可知，由于押金不并入销售额计算消费税额，所以当企业包装物由出售改为出借后，可促进企业销售量与净收益的提高，其中，包装物由出售改为出借后，纳税减少为企业的贡献是 118 800 元。 纳税筹划员：

任务5 筹划企业所得税纳税

因企业应纳所得税是以企业应纳税所得额为计税依据而计算的，所以，在所得税税率一定的条件下，企业应纳所得税额就取决于企业的应纳税所得额的多少。又由于企业的应税所得额是企业应税收入扣除税法允许扣除的成本与费用后形成的，所以，这就决定了进行企业所得税纳税筹划，就要从有关企业收入类和成本费用类两大方面的具体项目上去思考企业所得税纳税筹划的途径与方式、方法等。

5.1 筹划债权性投资中的所得税纳税

5.1.1 任务描述与任务学习目标

（1）任务描述：上海立宏股份责任有限公司准备将有3年闲置期限的10万元资金用于债权性投资，以获得利息收入，拟从所得税负担最低角度进行纳税筹划。

（2）任务学习目标：熟悉债权性投资的不同方式，能够根据相关税法规定提出备选方案，并能进行各方案的分析与测算，以及编制纳税筹划方案择优说明书等操作。

5.1.2 任务分析

筹划债权性投资的纳税要进行三个方面的分析：一是分析市场可能存在的不同投资环境；二是分析不同投资市场环境下债权性投资的收益；三是分析比较不同投资市场环境下债权性投资的税后收益，择优确定债权性投资方向。

5.1.3 相关知识

（1）根据《企业所得税法》的第二十六条和《企业所得税法实施条例》第八十二条的规定，企业持有国务院、财政部发行的国债取得的利息收入为免税收入，免征企业所得税。其他各种债权性投资的利息收入均不得免征企业所得税。

（2）企业银行存款利息收入包括定期存款、活期存款的利息收入，购买公司债券的利息收入，让渡资产使用权收入包括把资金借给他人使用的利息收入，应计入收入总额和应纳税所得，计征企业所得税。

（3）根据《营业税暂行条例》的规定，出借给其他企业的借款业务属金融业的营业税征税范围，其利息收入应征收营业税；根据《城市维护建设税暂行条例》和《教育费附加条例》的规定，缴纳营业税的纳税人，还需附加征收城市维护建设税和教育费附加；根据《企业所得税法》的规定，出借给其他企业的借款利息收入应计入应纳税所得额，但同时缴纳的营业税、城市维护建设税、教育附加允许税前扣除。

5.1.4 技能训练

（1）实训资料：上海立宏股份有限责任公司当前的债权性投资的市场环境为：银行3年定期存款，年利率6%；期限3年的国库券，年利率6%；甲公司发行的期限3年的债券，年利率6%；借给乙公司，期限3年，年利率6%。该如何进行债权性投资收益最大化的纳税筹划？

（2）编制纳税筹划方案一，见表6-37。

表6-37　纳税筹划方案一

债权投资方向	将闲置的10万元资金存入银行的定期存款
债权投资收益测算及说明	年利息收入=100 000×6%×1=6 000（元） 利息收入应交企业所得税额=6 000×25%=1 500（元） 税后的利息收入=6 000-1 500=4 500（元） 按《企业所得税法》的规定，银行存款利息收入应计入当期应纳税所得额，所以税后利息收入4 500元才能形成企业的净收益。 纳税筹划员：

（3）编制纳税筹划方案二，见表6-38。

表6-38　纳税筹划方案二

债权投资方向	将闲置的10万元资金，购买国债
债权投资收益测算及说明	年利息收入=100 000×6%×1=6 000（元） 按企业所得税法规定，国债利息收入为免税收入，不计入当期应纳税所得额，所以6 000元利息收入直接形成企业净收益。 纳税筹划员：

（4）编制纳税筹划方案三，见表6-39。

表6-39　纳税筹划方案三

债权投资方向	将闲置的10万元资金，购买甲公司债券
债权投资收益测算及说明	年利息收入=100 000×6%×1=6 000（元） 利息收入应缴企业所得税额=6 000×25%=1 500（元） 税后利息收入=6 000-1 500=4 500（元） 按《企业所得税法》的规定，购买公司债券利息收入应计入当期应纳税所得额，所以税后利息收入4 500元才能形成企业净收益。 纳税筹划员：

（5）编制纳税筹划方案四，见表6-40。

表 6－40　　纳税筹划方案四

债权投资方向	将闲置的100万资金，借给乙公司
债权投资收益测算及说明	年利息收入＝100 000×6%×1＝6 000（元） 利息收入应缴纳的各种税费如下： 应交营业税额＝6 000×5%＝300（元） 应交城建税额＝300×7%＝21（元）（城建税率按7%计） 应交教育费附加＝300×3%＝9（元） 应交企业所得税额＝（6 000－300－21－9）×25%＝1 417.5（元） 税后的利息收入＝6 000－300－21－9－1 417.5＝4 252.5（元） 根据《营业税暂行条例》的规定，出借给其他企业的借款利息收入属金融业营业税征税范围，应纳营业税；根据《城建税暂行条例》、《教育费附加暂行规定》的规定缴纳营业税的纳税人还需缴纳城建税、教育费附加；根据企业所得税法规定出借给其他企业的利息收入应计入应纳税所得额，但同时缴纳的营业税、城建税、教育费附加允许税前扣除，所以税后利息收入4 252.5元才能形成企业净收益。 纳税筹划员：

（6）编制纳税筹划方案择优说明书，见表6－41。

表 6－41　　纳税筹划方案择优说明书

公司财务经理： 根据公司资金闲置及债权投资的需要，现已完成了四个方向债权性投资的纳税筹划任务。从完成的各纳税筹划方案结果看，方案二，购买国债取得的税后利息收入6 000元最大，且风险最小。其次是方案一和方案三，在银行存定期存款和购买公司的债券，税后利息收入均是4 500元，银行定期存款的风险较购买公司债券小，但公司债券变化灵活性高于银行定期存款。再次是方案四，借给乙公司，税后利息收入最少为4 252.5元，且风险最大。所以，上海立宏股份有限责任公司的闲置资金最佳的债权性投资方式是购买国家发行的债券。 纳税筹划员：

5.1.5 完成任务

（1）债权投资纳税筹划方案基本内容解析。债权性投资纳税筹划方案中应包括的基本内容有：影响的利息收入、所得税额、税后的利息收入和必要的说明。

（2）在进行债权性投资纳税筹划中，可供选择的债权性投资方向越多，相应的筹划方案就越多；影响投资收益的因素越多，纳税筹划分析就越复杂。在纳税筹划中，凡是影响投资收益的各个因素要尽可能考虑到并包含到分析当中来。

5.1.6 教研交流与探讨

（1）各种形式债权性投资的利息收入，有关税法是如何规定的？

（2）债权性投资中的所得税纳税筹划方案择优的标准是什么？

（3）如何能够更好地让学生把握住债权投资的多选择性与影响因素的多样性？

5.2 筹划特定投资项目中的所得税纳税

5.2.1 任务描述与任务学习目标

（1）任务描述：上海立宏股份有限责任公司准备将闲置的100万元资金投资于饲养业，以获得投资收益，拟从企业所得税负担最低角度进行纳税筹划。

（2）任务学习目标：知道企业可能存在的不同投资方向，能够根据企业不同的投资方向和相关税法规定提出备选方案，并能进行各方案的分析与测算，以及编制纳税筹划方案择优说明书等操作。

5.2.2 任务分析

企业特定项目投资的所得税纳税筹划，其基本要求是：掌握特定投资项目可能存在哪些投资方向，根据不同的投资方向提出不同的投资方案；依据一定的经济指标和所得税有关规定，测算各投资方案的税后收益；以税后收益最大者为最佳方案并确定项目投资方向。

5.2.3 相关知识

（1）企业所得税税率一般为25%，但税法同时对企业的某些收入所得给予税收优惠政策。

（2）《企业所得税法》规定，从事牲畜，家禽的饲养的项目所得免征企业所得税。

（3）《企业所得税法》规定，从事海水养殖、内陆养殖的项目所得减半征收企业所得税。

5.2.4 技能训练

（1）实训资料：上海立宏股份有限责任公司当前特定项目投资的市场环境：从事家禽饲养预计每年的会计利润总额即应纳税所得额为20万元；从事渔业，预计每年的会计利润总额即应纳税所得额为28万元。

（2）编制纳税筹划方案一，见表6－42。

表6－42　纳税筹划方案一

特定项目投资方向	将闲置的100万元资金，投资于家禽的饲养
特定项目投资收益测算及说明	年应纳税所得额＝200 000（元） 应交企业所得税额＝0（元） 税后净利＝200 000－0＝200 000（元） 按《企业所得税法》规定，从事牲畜，家禽的饲养的项目所得免征企业所得税，所以从事家禽的饲养的税后净收益为20万元。 纳税筹划员：

（3）编制纳税筹划方案二，见表6－43。

表 6 - 43　　纳税筹划方案二

特定项目投资方向	将闲置的 100 万元资金，投资于鱼的饲养
特定项目投资收益测算及说明	年应纳税所得额 = 200 000（元） 应交企业所得税额 = 280 000 × 25% ÷ 2 = 35 000（元） 税后净利 = 280 000 - 35 000 = 245 000（元） 按企业所得税法规定，从事海水养殖、内陆养殖的项目所得减半征收企业所得税，所以从事渔业养殖的税后净收益为 245 000 元。 纳税筹划员：

（4）编制特定项目投资纳税筹划方案择优说明书，见表 6 - 44。

表 6 - 44　　特定项目投资纳税筹划方案择优说明书

公司财务经理： 从完成的各纳税筹划方案结果看：方案一，从事家禽的饲养为免税项目，应纳所得税额为 0，取得的税后净收益为 20 万元。方案二，从事渔业养殖为减半征税项目，应纳所得税额为 35 000 元，虽然比方案一缴纳了更多的所得税，但同时取得的税后净收益 245 000 元，比方案一增加了 45 000 元，这不仅更有利于公司收益的增长，而且，在投资额相同的条件下，也提高了公司的资金利润率。所以上海立宏股份有限责任公司的闲置资金应投资于渔业养殖。 纳税筹划员：

5.2.5　完成任务

（1）特定项目投资纳税筹划方案基本内容解析。特定项目投资纳税筹划方案中应包括的基本内容有：特定的投资项目，所得税额、税后净利和必要的说明。

（2）特定项目投资纳税筹划不能仅为了少纳税而牺牲更大的经济利益。

5.2.6　教研交流与探讨

（1）只要立宏公司从事渔业养殖应纳税所得额比从事家禽饲养的应纳税所得额多，就应选择从事渔业养殖，这一认识是否正确？

（2）企业所得税法中哪些特定项目的投资所得减半征企业所得税？

（3）如何引导学生去把握立宏公司从事渔业养殖应纳税所得额的最低数量界限？

5.3　筹划小型企业所得税纳税

5.3.1　任务描述与任务学习目标

（1）任务描述：上海倍田信有限责任公司介于小型企业和非小型企业之间，为其进行企业所得税总体纳税筹划。

（2）任务学习目标：知道于小型企业与非小型企业区别及对所得税纳税的影响，能够根据企业现实状况和相关税法规定提出备选方案，并能进行各方案的分析与测算，以及编制纳税筹划方案择优说明书等操作。

5.3.2 任务分析

筹划上海倍田信有限责任公司所得税纳税，首先，要对该企业是否符合小型企业的标准进行评估，其次，提出作为小型企业和非小型企业的纳税筹划方案；再次，测算每一方案不同情况下的纳税负担；最后，权衡相关利益的轻重，提出合理化建议。

5.3.3 相关知识

（1）根据《企业所得税法》第二十八条的规定，符合条件的小型微利企业减按 20% 的税率征收企业所得税。

（2）根据《企业所得税法的实施条例》第九十二条的规定，符合条件的小型微利企业是指从事国家非限制和禁止行业并符合下列条件的企业：①工业企业，年度应纳税所得额不超过 30 万元，从业人数不超过 100 人，资产总额不超过 3 000 万元。②其他企业，年度应纳税所得额不超过 30 万元，从业人数不超过 80 人，资产总额不超过 1 000 万元。

5.3.4 技能训练

（1）实训资料：上海倍田信有限责任公司是一家小型的工业企业，从业人数 80 人，资产总额 2 800 万元，2009 年 1—11 月已实现应纳税所得额为 28 万元，预计 12 月份可实现应纳税所得额（产品销售利润）为 4 万元。

要求：为上海倍田信有限责任公司进行所得税纳税筹划。

（2）编制纳税筹划方案，见表 6－45、表 6－46。

表 6－45　　纳税筹划方案一

纳税筹划方向	将与 12 月份预计可实现 4 万元产品销售利润的产品销售，改为分期收款销售，使本年实现的应纳税所得额不超过 30 万元。当应纳税所得额不超过 30 万元时：
纳税筹划方案的收益测算及说明	企业应纳所得税额 = 300 000 × 20% = 60 000（元） 按企业所得税法规定，从业人数不超过 100 人，资产总额不超过 3 000 万元，年度应纳税所得额不超过 30 万元的小型微利工业企业，减按 20% 的税率征收企业所得税，通过合理递延收入的方法，缩小应纳税所得额使其符合小型微利企业的法定条件，享受减征企业所得税的优惠。 纳税筹划员：

表 6－46　　纳税筹划方案二

纳税筹划方向	如不采用分期收款销售，也可增加当年的新技术、新产品、新工艺的研发费用 15 000 元，此时：
纳税筹划方案的收益测算及说明	应纳税所得额 = 320 000 － 15 000 － 15 000 × 50% = 297 500（元） 企业应纳所得税 = 297 500 × 20% = 59 500（元） 通过三新产品研发费用的加计扣除政策的方法来合理地增加费用扣除金额，缩小应纳税所得额，使其符合小型微利企业的法定条件，享受减征企业所得税的优惠。 纳税筹划员：

（3）编制纳税筹划择优说明书，见表6－47。

表6－47　纳税筹划方案择优说明书

公司财务经理： 根据公司减轻所得税负担的需要，现已完成小型企业所得税的纳税筹划任务。从完成的纳税筹划方案结果看，纳税筹划前应纳企业所得税为8万元，纳税筹划方案一应纳企业所得税为6万元，少纳企业所得税2万元，纳税筹划方案二应纳企业所得税为59 500元，少纳企业所得税20 500元。减少的主要原因是从不能享受小型微利企业减征所得税优惠，经纳税筹划后变成能享受小型微利企业减征所得税的优惠。所以，公司应尽量合理地减少企业年度应纳税所得额，使之达到小型微利企业的法定标准，享受减征所得税的优惠。但纳税筹划方案二较方案一更少缴纳企业所得税，原因是还享受了三新研发费用加计扣除的税收优惠所至，所以公司应选择方案二进行纳税筹划。该方案不仅有利于公司所得税纳税负担的减轻，也有利于公司产品销售规模的扩大和公司生产技术的提高。 纳税筹划员：

5.3.5　完成任务

在《企业所得税》税法中，不仅规定了企业所得税的纳税义务与责任，同时也为扶持企业的发展、均衡企业的税负等制定了许多税收优惠政策，合法地享受这些税收优惠政策，应该是进行纳税筹划的首要选项。

5.3.6　教研交流与探讨

（1）企业所得税中的税收优惠政策是怎样分类的？

（2）根据企业所得税中的税收优惠政策进行纳税筹划有什么特点？

（3）在教学中如何使学生能掌握较多的所得税税收优惠政策？

任务6　筹划个人所得税纳税

个人独资企业、合伙企业、个体工商户及其他个人的个人所得税纳税筹划是指在现行的《个人所得税法》和《个人所得税法实施条例》等个人所得税的法律、法规、规章的允许范围内，或至少在法律，法规不禁止的范围内，通过对个人独资企业、合伙企业、个体工商户及其他个人的生产经营活动作一些调整和安排，最大限度地减轻个人独资企业、合伙企业、个体工商户及其他个人的个人所得税的税收负担的行为。

6.1　筹划个人股权投资收益纳税

6.1.1　任务描述与任务学习目标

（1）任务描述：为居民张强个人进行股权投资收益纳税筹划。

（2）任务学习目标：知道居民个人可能存在哪些股权性投资方向，能够根据不同投资方向和相关税法规定提出备选方案，并能进行各方案的分析与测算，以及编制纳税筹划方案择优说明书等操作。

6.1.2 任务分析

筹划张强个人股权投资的纳税，一要分析其股权性投资的可能方向，提出不同投资方向的股权投资方案；二要分析测算不同投资方案的税后收益，并提出正确的建议。

6.1.3 相关知识

（1）根据《个人所得税法》第二条的规定，利息、股息，红利所得等个人所得应纳个人所得税；第三条规定利息、股息、红利所得、偶然所得、财产租赁、转让所得等适用比例税率20%。

（2）根据《财政部 国家税务总局关于股息、红利、个人所得税有关政策的通知》（财税［2005］102号）的规定，对个人投资者从上市公司取得的股息、红利所得，暂减按50%计入应纳税所得额，依照现行税法规定计征个人所得税。

6.1.4 技能训练

（1）实训资料：居民张强个人有10万元的闲置资金，准备投资于上市公司或非上市公司，以获取持有的股权性投资收益，预计分得的股利均为5 000元。要求从税负最小，而投资收益最大的角度，为其进行投资于上市公司还是非上市公司的选择。

（2）编制纳税筹划方案，见表6－48、表6－49。

表6－48 纳税筹划方案一

股权投资方向	投资于上市公司（即购买上市公司的股票）
股权投资收益的测算及说明	股利所得＝5 000（元） 应纳税所得额＝5 000×50%＝2 500（元） 应纳个人所得税额＝2 500×20%＝500（元） 税后股利所得＝5 000－500＝4 500（元） 根据个人所得税相关法规的规定，对个人投资者从上市公司取得的股息、红利所得，暂减按50%计入应纳税所得额计征个人所得税。所以税后股利所得4 500元为张强的投资净收益。 纳税筹划员：

表6－49 纳税筹划方案二

股权投资方向	投资于非上市公司（即购买非市公司的股票）
股权投资收益的测算及说明	股利所得＝5 000（元） 应纳税所得额＝5 000（元） 应纳个人所得税额＝5 000×20%＝1 000（元） 税后股利所得＝5 000－1 000＝4 000（元） 根据个人所得税相关法规的规定，对个人投资者从非上市公司取得的股息、红利所得，按全部计入应纳税所得额计征个人所得税。所以税后股利所得4 000元为张强的投资净收益。 纳税筹划员：

（3）编制纳税筹划方案择优说明书，见表6－50。

表 6－50　　股权投资方向筹划方案择优说明书

张强： 根据您的股权投资需要，现已完成了两个股权性投资收益纳税筹划方案。从完成的各纳税筹划方案结果看：方案一，投资于上市公司取得的税后股利所得 4 500 元；方案二，投资于非上市公司取得的税后股利所得 4 000 元，方案一较方案二多了 500 元。所以您的闲置资金最佳股权投资方向是：投资于上市公司的股票。 纳税筹划员：

6.1.5　完成任务：

股票投资方向纳税筹划方案基本内容解析：股票投资方向纳税筹划方案中应包括的基本内容有股利所得、应纳税所得额、个人所得税额、税后股利所得和必要的说明。

6.1.6　教研交流与探讨

（1）企业进行股权投资取得的股息、红利等权益性投资收益与个人进行股权投资取得的股息、红利所得在征收所得税方面有何不同?

（2）个人取得的现金股利、股票股利、财产股利是否应征收个人所得税？

（3）采用什么样比较恰当的教学方式、方法来完成第一个问题的比较？

6.2　筹划稿费所得纳税

6.2.1　任务描述与任务学习目标

（1）任务描述：为张浩个人的稿费收入进行纳税筹划。

（2）任务学习目标：熟悉个人与向其支付稿酬单位的关系类型，能够根据不同关系和不同稿费收入水平提出备选方案，并能进行各方案的分析与测算，以及编制纳税筹划方案择优说明书等操作。

6.2.2　任务分析

筹划张浩个人稿费收入所得的纳税，在了解其稿费收入水平与相关状况的基础上，根据作者与支付稿酬单位的关系不同，提出不同稿费所得的纳税筹划方案；再进一步分析各纳税筹划方案的收益与税负水平，通过比较分析各纳税筹划方案的优劣，提出供张浩个人进行决策的建议。

6.2.3　相关知识

（1）根据现行《个人所得税法》第二条的规定，工资、薪金所得、稿酬所得应纳个人所得税。第三条规定，稿酬所得，适用比例税率为 20%，按应纳税额减征 30%；工资、薪金所得，适用九级超额累进税率，税率为 5%～45%。

（2）根据《国家税务总局关于个人所得税若干业务问题的批复》（国税函［2002］146 号文件）的规定，任职、受雇于报刊、杂志等单位的记者、编辑等专业人员，因在本单位的报刊、杂志上发表的作品取得的所得，属于因任职受雇而取得的所得，应与其当月工资收入合并，按工资、薪金所得征收个人所得税，其他非任职、受雇的专业人员或业余人员则按稿酬所得征收个人所得税。

（3）当按工资、薪金所得项目征收的个人所得税与按稿酬所得征收个人所得税相等时的稿费收入为两项目平衡点。当稿费收入小于平衡点时，稿费收入按工资、薪金所得项目征收个人所得税的负担轻。当稿费收入大于平衡点时，稿费收入按稿酬所得项目征收个人所得税的负担轻，究其原因是稿酬所得的税率为始终不变的比例税率20%，还减征个人所得税30%，而工资，薪金所得适用的是九级的超额累进率5%～45%，还不能减征个人所得税。

6.2.4 技能训练

（1）实训资料：张浩是一名写作业余爱好者，经常在各报刊，杂志上投稿并发表文章，以获得稿费收入，假设他每月稿费所得分别为3 000元、8 807元、20 000元。

要求：为其进行个人所得税纳税筹划。

（2）编制稿酬所得纳税筹划方案。

1）当每月稿酬所得为3 000元时，纳税筹划方案如下，见表6－51、表6－52。

表6－51　　　　纳税筹划方案一

与报社关系	任职、受雇于报社
稿酬所得收益的测算及说明	应纳个人所得税＝(3 000－2 000)×10%－25＝75（元） 税后净收益＝3 000－75＝2 925（元） 根据个人所得税相关法规的规定，任职、受雇于报社、杂志社的记者、编辑等专业人员，在本单位的报刊、杂志上发表作品取得的稿酬所得按工资、薪金所得项目征收个人所得税。所以，张浩的税后净收益为2 925元。

表6－52　　　　纳税筹划方案二

与报社关系	不任职、受雇于报社
稿酬所得收益的测算及说明	应纳个人所得税＝(3 000－800)×20%×(1－30%)＝308（元） 税后净收益＝3 000－308＝2 692（元） 按个人所得税相关法规的规定，非任职、受雇于报社、杂志社等单位的专业人员或业余人员因在报刊、杂志上发表作品取得的所得，按稿酬所得征收个人所得税。所以，张浩的税后净收益为2 692元。

2）当每月稿酬所得为8 807元时，纳税筹划方案如下，见表6－53、表6－54。

表 6－53 纳税筹划方案三

与报社关系	任职、受雇于报社
稿酬所得收益的测算及说明	应纳个人所得税＝(8 807－2 000)×20%－375＝986.4（元） 税后净收益＝8 807－986.4＝7 820.60（元） 根据个人所得税相关法规的规定，任职、受雇于报社、杂志社的记者、编辑等专业人员，在本单位的报刊、杂志上发表作品取得的稿酬所得按工资、薪金所得项目征收个人所得税。所以，张浩的税后净收益为 7 820.60 元。

表 6－54 纳税筹划方案四

与报社关系	不任职、受雇于报社
稿酬所得收益的测算及说明	应纳个人所得税＝8 807×(1－20%)×20%×(1－30%)＝986.40（元） 税后净收益＝8 807－986.40＝7 820.60（元） 按个人所得税相关法规的规定，非任职、受雇于报社、杂志社等单位的专业人员或业余人员因在报刊、杂志上发表作品取得的所得，按稿酬所得征收个人所得税。所以，张浩的税后的净收益为 7 820.60 元。

3）当每月稿酬所得为 2 万元时，纳税筹划方案，见表 6－55、表 6－56。

表 6－55 纳税筹划方案五

与报社关系	任职、受雇于报社
稿酬所得收益的测算及说明	应纳个人所得税＝(20 000－2000)×20%－375＝3 225（元） 税后净收益＝20 000－3225＝16 775（元） 根据个人所得税相关法规的规定，任职、受雇于报社、杂志社的记者、编辑等专业人员，在本单位的报刊、杂志上发表作品取得的稿酬所得按工资、薪金所得项目征收个人所得税。所以，张浩的税后净收益为 16 775 元。

表 6－56 纳税筹划方案六

与报社关系	不任职、受雇于报社
稿酬所得收益的测算及说明	应纳个人所得税＝20 000×(1－20%)×20%×(1－30%)＝2 240（元） 税后净收益＝20 000－2 240＝17 760（元） 按个人所得税相关法规的规定，非任职、受雇于报社、杂志社等单位的专业人员或业余人员因在报刊、杂志上发表作品取得的所得，按稿酬所得征收个人所得税。所以，张浩税后净收益为 17 760 元。

（3）编制纳税筹划方案择优说明书，见表 6－57。

表 6－57　　稿酬所得纳税筹划方案择优说明书

张浩： 根据减轻稿酬所得税负担的需要，现已完成小于、等于、大于稿酬所得与工资、薪金所得税负平衡点三种情形的纳税筹划方案筹划。从完成的各种情形纳税筹划方案的结果看，方案一较方案二少纳个人所得税 223 元，应与杂志社建立任职、受雇的关系。当稿酬所得等于 8 807 元时，正好达到了一个税负平衡点，稿酬所得按工资、薪金所得项目和按稿酬所得项目征收个人所得税的负担相同，此时与报社、杂志社建立或不建立任职、受雇的关系均可；方案六较方案五少纳个人所得税 985 元，所以，不应与报社、杂志社建立任职、受雇的关系。 纳税筹划员：

6.2.5　完成任务

（1）上述稿酬所得纳税筹划，是以任职、不任职的收入相同为条件来进行个人与支付稿酬的单位是否建立任职关系的选择，稿酬所得纳税筹划方案择优说明（见表 6－57）中的选择，也是以此为特定条件下的选择。

（2）需要注意的是稿酬所得纳税筹划中，还存在任职、不任职收入不同条件下的选择。

6.2.6　教研交流与探讨

（1）如果受雇于报社、任职，每月稿酬所得为 3 000 元；如果受雇于报社，但不任职每月稿酬所得为 3 500 元，问从纳税筹划角度张浩在任职、不任职上该如何选择？

（2）如果受雇于报社、任职，每月稿酬所得为 23 000 元；如果受雇于报社，但不任职每月稿酬所得为 21 000 元，请问从纳税筹划角度，张浩在任职、不任职上该如何选择？

（3）如何能让学生从纳税筹划角度，把握任职、不任职选择上的临界点呢？

任务 7　筹划土地增值税纳税

7.1　任务描述与任务学习目标

（1）任务描述：为荷新房地产开发公司和华德房地产开发公司待售商品房进行土地增值税纳税筹划，回复土地增值税纳税筹划的咨询。

（2）任务学习目标：知道土地增值税课税对象与相应的纳税人，熟悉土地增值税筹划途径与方法，能够根据根据相关税法规定提出备选方案，并能进行各方案的分析与测算，以及编制纳税筹划方案择优说明书等操作。

7.2　任务分析

（1）测算商品房销售低税率价格；

（2）测算商品房的销售税金及附加；

（3）测算商品房计征土地增值税的全部允许扣除金额；

（4）了解土地增值税起征点的规定；

（5）了解普通住宅和豪华住宅不分开核算对计征土地增值税的影响；

（6）提出土地增值税纳税筹划方案和答复土地增值税纳税筹划的咨询。

7.3 相关知识

（1）2006年12月28日国家税务总局发布的《关于房地产开发企业土地增值税清算管理有关问题的通知》中明确规定：从2007年2月1日起，房地产企业上地增值税的缴纳将由先前的“预征制”转为“清算制”。

（2）从2006年3月2日起，个人或单位购买的住宅房屋要缴纳土地增值税。使用年限不够3年的要全额征收土地增值税。3～5年的减半征收土地增值税。5年以上的免征土地增值税。自2008年11月1日起，对个人销售住房暂免征收土地增值税。

（3）《国家税务总局关于房地产开发企业土地增值税清算管理有关问题的通知》规定，房地产开发企业有下列情形之一的，税务机关可以参照与其开发规模和收入水平相近的当地企业的土地增值税税负情况，按不低于预征率的征收率核定征收土地增值税：①依照法律、行政法规的规定应当设置但未设置账簿的；②擅自销毁账簿或者拒不提供纳税资料的；③虽设置账簿，但账目混乱或者成本资料、收入凭证、费用凭证残缺不全，难以确定转让收入或扣除项目金额的；④符合土地增值税清算条件，未按照规定的期限办理清算手续，经税务机关责令限期清算，逾期仍不清算的；⑤申报的计税依据明显偏低，又无正当理由的。

（4）土地增值税的税率表，见表6－58。

表6－58　　土地增值税税率表

级数项目	增值税与扣除金额的比率	税率（%）	速算扣除系数（%）
1	不超过50%的部分	30	0
2	超过50%～100%的部分	40	5
3	超过100%～200%的部分	50	15
4	超过200%的部分	60	35

7.4 技能训练

7.4.1 利用起征点与核算方式的选择，对土地增值税进行纳税筹划

（1）实训资料：2010年9月，荷新房地产开发公司建成一批商品房待售，除销售税金及附加外的全部允许扣除项目的金额为100万元。2011年预计商品房销售收入为15 000万元，其中普通住宅的销售额为10 000万元，豪华住宅的销售额为5 000万元。税法规定的可扣除项目金额为11 000万元，其中普通住宅的可扣除项目金确为8 000万元，豪华住宅的可扣除项目金额为3 000万元。要求对荷新房地产开发公司的土地增值税进行纳税筹划。

（2）关于2010年9月，待售商品房土地增值税的筹划方案，见表6－59。

表 6－59　　荷新房地产开发公司 2010 年 9 月份待售商品房土地增值税纳税筹划

筹划依据	土地增值税税法规定：纳税人就建造普通标准住宅出售，增值额未超过扣除项目金额的 20% 时，免征土地增值税；增值额超过扣除项目金额 20% 的，应就其全部增值额按规定计税。
分析过程与说明	按上述原则，荷新房地产开发公司建造出售的住宅，应考虑增值额增加带来的效益和放弃起征点的优惠而增加的税收负担间的关系，避免增值率稍高于起征点而多纳税款的出现。可具体测算如下： （1）设该批商品房销售价格为 X 元，则： 该批商品房的销售税金及附加 = X × 5% ×（1 + 7% + 3%）= X × 5.5% 式中：5% 为营业税；7% 为城建税；3% 为教育费附加 （2）该批商品房计征土地增值税的全部允许扣除金额为： 全部允许扣除金额为 = 100 + X × 5.5 （3）根据有关起征点的规定，设荷新房地产开发公司 2010 年 9 月份待售商品房土地增值率为 20%，即销售价格为其成本的 120%，则该批商品房享受起征点以下税收优惠的销售价格，不得高于：X = 120% ×（100 + X × 5.5%） （4）根据上式解得：该批商品房的最高售价为 128.48 万元以下，允许扣除项目金额为 107.07 万元（100 + 5.5% × 128.48）时，企业可享受起征点以下的税收优惠。 结论：由于资料的局限性，利用起征点对荷新房地产开发公司 2010 年 9 月份待售商品房土地增值税进行纳税筹划，也可以达到合理减轻税负的目的，如果所测算的销售价格，能够使企业达到目标利润率，则荷新房地产开发公司在该批商品房上能获得最大的税负筹划收益。 纳税筹划员：

（3）关于 2011 年荷新房地产开发公司住宅营销中的土地增值税筹划，见表 6－60。

表 6－60　　荷新房地产开发公司 2011 年住宅营销土地增值税筹划方案

筹划依据	土地增值税超额累进税率、普通住宅和豪华住宅企业会计核算的自主性
分析过程与说明	（1）普通住宅和豪华住宅不分开核算时： 全部住宅增值率 =（15 000 － 11 000）÷ 11 000 × 100% = 36.36% 当全部住宅增值率为 36.36% 时，查《土地增值税税率表》可知，适用 30% 的土地增值税税率。则： 应纳土地增值税税额 =（15 000 － 11 000）× 30% = 1 200（万元） （2）普通住宅和豪华住宅分开核算时： 1）普通住宅增值率 =（10 000 － 8 000）/8 000 = 25% 当普通住宅增值率为 25% 时，查《土地增值税税率表》可知，适用 30% 的土地增值税税率。则： 普通住宅应纳土地增值税税额 =（10 000 － 8 000）× 30% = 600（万元） 2）豪华住宅增值率 =（5 000 － 3 000）/3 000 = 67% 当豪华住宅增值率为 67% 时，查《土地增值税税率表》可知，适用 40% 的土地增值税税率。则： 豪华住宅应纳土地增值税税额 =（5 000 － 3 000）× 40% － 3 000 × 5% = 650（万元） 3）普通住宅和豪华住宅应纳土地增值税合计为 1 250 万元。 （3）由以上分析可看出：普通住宅和豪华住宅分开核算比不分开核算多发生应纳土地增值税 50 万元。 结论：荷新房地产开发公司 2011 年住宅营销中，普通住宅和豪华住宅不分开核算将获得少纳 50 万元土地增值税的收益。 纳税筹划员：

《土地增值税暂行条例实施细则》第八条规定："土地增值税以纳税人房地产成本核算的最基本的核算项目或核算对象为单位计算"，根据不同情况对多项开发项目选择分开或合并成本项目进行核算，可降低土地增值税。

7.4.2 利用代收费用计价等对土地增值税进行纳税筹划

（1）实训资料：税务代理员李梓欣收到华德房地产开发公司财务部税务筹划咨询书，基本内容如下：

1）该公司将要出售商品房，售价为 3 000 万元，按当地市政府的要求，在售房时要代收 200 万元的各项费用。公司在开发该商品房时支出构成为：支付土地出让金 200 万元、房地产开发成本为 600 万元、其他允许税前扣除的项目合计 200 万元。问该怎样进行本次商品房销售的土地增值税纳税筹划？

2）如何利用扣除项目对土地增值税进行纳税筹划？

3）如何从土地增值额方面进行土地增值税纳税筹划？

（2）关于华德房地产开发公司税务筹划咨询书的回复。

1）华德房地产开发公司出售商品房的纳税筹划，见表 6－61。

表 6－61　　华德房地产开发公司出售商品房纳税筹划方案

筹划依据	财政部、国家税务总局发布的《关于土地增值税一些具体问题规定的通知》（财税字［1995］第 48 号）第六条规定："对于按县级及县级以上人民政府要求房地产开发企业在售房时代收的各项费用，如果代收费用是计入房价中向购买方一并收取的，可作为转让房地产所取得的收入计税，在计算扣除项目金额时，可予以扣除，但不允许作为加计 20% 扣除的基数；如果代收费用未计入房价中，而是在房价之外单独收取的，可以不作为转让房地产的收入，在计算增值额时也不允许扣除代收费用。"
分析过程与说明	（1）公司将代收费用并入房价一并收取，则： 土地增值税允许扣除金额＝200＋600＋200＋（200＋600）×20%＋200＝1 360（万元） 土地增值额＝3 000＋200－1 360＝1 840（万元） 土地增值率＝1 840÷1 360＝135.29% 应缴纳的土地增值税＝1 840×50%－1 360×15%＝716（万元） （2）公司不将代收费用并入房价，而是单独收取，则： 土地增值税允许扣除的金额＝200＋600＋200＋（200＋600）×20%＝1 160（万元） 土地增值额＝3 000－1 160＝1 840（万元） 土地增值率＝1 840÷160＝158.62% 应缴纳的土地增值税＝1 840×50%－1 160×15%＝746（万元） 结论：显然，该公司无论代收费用的方式如何，其销售该商品房地增值额均为 1 840 万元，但是公司将代收费用并入房价一并收取，会使得可扣除项目增加 200 万元，从而将使华德房地产开发公司少发生土地增值税税额 30 万元。 纳税筹划员：

2）关于华德房地产开发公司另外两个纳税筹划问题的答复，见表6－62。

表6－62　　关于土地增值税纳税筹划问题的答复

华德房地产开发公司财务部： 依法纳税是每一企业对国家应尽的职责和义务，应积极主动并严格地遵守和执行国家有关税收政策和税法。企业为减轻税负进行的纳税筹划，应在国家税收制度约束的范围内进行，不能构成对国家法律、法规的触犯。对于贵公司另外的纳税筹划问题答复如下： （1）根据扣除项目对土地增值税进行纳税筹划，可以从以下两方面进行： 1）利用利息费用及有关费用进行纳税筹划。土地增值税税法规定，房地产开发中作为财务费用的利息支出有两种列支方法：一是在商业银行同类同期贷款利息范围内据实扣除，同时对其他房地产开发费用按取得土地使用权所支付的金额和房地产开发成本之和（以下简称“合计数”）的5%计算扣除；二是对不能按转让房地产项目计算分摊利息支出或不能提供金融机构证明的，可按上述“合计数”的10%计算扣除包括利息在内的全部费用支出。在实务中，两种方计算的“房地产开发费用”必然存在差异。如果企业进行筹划，就要选择其中扣除利息较高者对应的方法，即如果允许“据实扣除，的利息费用较高，应选择第一种方法，单独计算利息支出，否则按合计数”的10%扣除全部费用。 2）利用加计扣除进行纳税筹划。土地增值税税法规定，对从事房地产开发的企业，可按“合计数”的20%加计扣除项目金额，其他企业从事房地产开发的，不享受此项费用扣除。因此，当非房地产开发企业欲进入房地产业时，不宜作为其非主营项目，而应考虑重新设立一独立核算的、专门从事房地产开发和交易的关联企业。 （2）土地增值税增值额纳税筹划问题。控制土地增值税税负的关键是控制土地增值额，土地增值额等于房地产销售收入减去计征土地增值税时允许扣除项目的金额。 《土地增值税暂行条例实施细则》规定扣除项目金额包括：取得土地使用权所支付的金额、房地产开发成本、按前两项10%计算的房地产开发费用、与转让房地产有关的税金及财政部规定的加计20%扣除数，前两项合并称为“建造成本”。因此，对土地增值税增值额进行纳税筹划，可以从以下三方面进行： 1）适度加大建造成本。适当加大公共配套设施的投入，如改善住房周边环境、提高装修档次等。企业加大了建造成本就等于加大了可扣除项目金额，降低了土地增值率。这不仅有利于降低税负，也有利于提高产品的竞争能力。但需要注意的是，这也会增加企业的成本与消费者的负担，要控制在企业自身的承受力与市场接受的范围内。 2）合法合理的进行费用移位。房地产企业的会计制度对“管理费用”、“营业费用，“财务费用”（以下称“三项费用”）和工程项目的“开发间接费”并无严格的界定。在实际业务中，开发项目的行政管理、技术支持、后勤保证等也无法与总部截然分开，有些费用的列支介于“三项费用”与“开发间接费”间。税法对三项费用的税前扣除标准笼统规定为10%，这就为税务筹划提供了空间。例如，把即可在“三项费用”中列支，也可在开发间接费列支的费用，计入到开发间接费中以影响增值率降低。 3）合法合理的进行利息处理。公司为建造开发产品，往往需要借入大量资金，因而也会发生大量的借款费用。对于借款费用，属于完工前发生的，应配比计入成本对象；属于成本对象完工后发生的，在征得税务机关同意后，计入开发项目的“开发间接费”中，加大扣除项目金额，以降低增值额和增值率。 提请贵公司注意的是，不能利用纳税筹划达到偷、逃、漏税等目的，主观故意的偷、逃、漏税等是违犯税收制度等的违法行为。 税务代理员：

7.5　完成任务

（1）土地增值率稍高于土地增值税起征点将大幅度增加企业土地增值税的税负，因此，利用起征点对荷新房地产开发公司待售商品房土地增值税进行纳税筹划，是一个较为合理的首选的途径。

（2）普通住宅和豪华住宅所影响的土地增值程度不同，但土地增值税税法中没有要求两者分别核算与计税，因此，企业在纳税计算时普通住宅和豪华住宅不进行划分，以获得纳税筹划效益。

（3）进行土地增值税纳税筹划的途径与方法有很多，但前提是不能触犯国家法律、法规。

7.6 教研交流与探讨

（1）土地增值税税率有什么特点?

（2）根据扣除项目、土地增值额进行土地增值税的纳税筹划方法有哪些?

（3）请再列举一些土地增值税的其他筹划案例。

任务8　筹划印花税纳税

8.1 任务描述与任务学习目标

（1）任务描述：为企业进行印花税的纳税筹划。

（2）任务学习目标：知道印花税课税对象与相应的纳税人，熟悉印花税筹划途径与方法，能够根据相关税法规定提出备选方案，并能进行各方案的分析与测算，以及编制纳税筹划方案择优说明书等操作。

8.2 任务分析

（1）掌握印花税缴纳的方式、方法；

（2）掌握印花税计税的范围与基本税率；

（3）提出印花税筹划依据与建议。

8.3 相关知识

在许多企业财务人员的眼里，印花税是极不起眼的小税种，因而常常忽视了节税。然而，企业在生产经营中总是频繁地订立各种各样的合同，且有些合同金额巨大，因而印花税的筹划不仅是必要的，而且是重要的。

由于印花税税率较小，印花税筹划的关键集中在计税依据的确定上，掌握以下几点将有利于财务人员准确地计算印花税，避免多纳税：

（1）根据《印花税暂行条例》第七条的规定，应纳税凭证应当于书立或者领受时贴花。即企业在书立合同之时，其纳税义务便已经发生，应该根据税法规定缴纳应纳税额。

（2）我国印花税税法，对加工承揽合同的计税依据有如下规定：

1）加工承揽合同的计税依据为加工或承揽收入。如有受委托方提供原材料金额的，不并入计税依据，但受托方提供辅助材料的金额，则应并入计税金额。

2）加工承揽合同规定由受托方提供原材料的，若合同中分别记载加工费金额和原材料金额，应分别计税：加工费金额按加工承揽合同运用0.5‰税率计税，原材料金额按购销合同适用0.3‰税率计税，并按两项税额相加的金额贴花；若合同中未分别记载两项金额，而只有混汇的总金额，则从高适用税率，应按全部金额依照加工承揽合同，适用0.5‰税率计税贴花。

8.4 技能训练

（1）实训资料：连华税务师事务所受德立蒙贸易有限公司委托，对其上年印花税纳税情况进行纳税检查，并要求其提出相应的印花税纳税筹划办法。连华税务师事务所在检查过程中，记载了德立蒙贸易有限公司有关印花税纳税的事项，及有关各记载事项的调查情况，其中部分记载事项如下：

1）事项一：存有5万元备用的印花税税票。调查记录：公司拥有大型仓储基地，频繁发生短期仓储保管合同的书立，月均需要的票花4万元以上，并且单份合同的贴花额在500元以上的比重占60%以上。

2）事项二：与能捷力装卸公司签订一租入装卸设备的租赁合同，租金每年为1 000万元，已按租金完税（1 000×1‰=1万元）。调查记录：租赁设备较多，设备本身比较昂贵。

3）事项三：发现已完税24 000元，但未执行的37份贸易合同。调查记录：有35份是因市场形势的变化，双方协议解除，其中70%以上是约定合同签订日后有1个月以上的时间不需执行的合同。有两份执行了3个月，因对方违约而不再执行。

4）事项四：与飞腾化工厂签订有大量化工品加工承揽合同，发生的印花税额较多，签订的合同且执行得很好，加工承揽合同基本内容是，由公司提供主要材料与辅助材料以生产某种化工制品。调查记录：飞腾化工厂是一国有制企业，经济效益好，信誉高，与公司有长期合作关系。

5）事项五：发现多份公司作为第三方参与，完税金额累计达3万多元，但与公司并无实质性经济关系的合同。调查记录：公司是为协调另外两方的贸易，作为中间人与见证人参与了合同的书立。

6）事项六：与市皆通广告公司签定一份广告位置租赁合同，已按财产租赁合同完税。调查记录：约定由广告公司提供广告位置并由广告公司制作公司广告宣传图等。

7）事项七：与端瑞仓储公司签定商品保管专利技术使用权转让合同，并为其提供一年的技术支持服务，已按专利技术使用权转让合同完税。调查记录：合同中没有明确区分技术使用权与技术支持服务的收费。

要求：针对上述事项为德立蒙贸易有限公司提出相应的纳税筹划方案。

（2）编制德立蒙贸易有限公司印花税纳税筹划方案，见表6-63。

表 6-63　　德立蒙贸易有限公司印花税纳税筹划方案

有关德立蒙贸易有限公司印花税纳税过程中所发生的部分事项，从印花税税制要求来看，公司可在遵守有关税收条例的前提下，进行合理的纳税筹划，以减轻公司的税负。具体筹划建议如下：

（1）事项一。

筹划依据是：在印花税的申报与缴纳中，有汇贴或汇缴办法的规定。

筹划建议是：减少备用印花税税票，简化纳税手续。对于比重占80%以上，并且单份合同的贴花额在500元以上凭证的印花税缴纳，向税务机关申请实行汇贴或汇缴纳税办法。

（2）事项二。

筹划依据：印花税申报与缴纳中规定：财产租赁合同只规定了月（天）租金标准而无租赁期限的，可在签订合同时先按定额5元贴花，以后结算时再按实际结算金额计税，补贴印花。

筹划建议：缓定交易金额，缓缴印花税税款，以达到获得这部分缓缴税款的货币时间价值，也有利于公司资金的周转。如果两企业在签订合同时仅规定每天的租金数，而不具体确定租赁合同的执行时限，则根据上述规定，两企业只需各自先缴纳5元钱的印花税，余下部分等到最终结算时才缴纳，从而获得了这部分缓缴税款的货币时间价值，但该方法受双方诚信度与信誉度的制约。

（3）事项三。

筹划依据：在印花税的申报与缴纳中，只要有签订应税合同的行为发生，双方或多方经济当事人的纳税义务便已产生，应该计算应纳税额并贴花。已履行并贴花的合同，所载金额与合同履行后实际结算金额不一致的，只要双方未修改合同金额，一般不再办理完税手续。

筹划建议：书立应税合同的双方应保守预测交易金额，或达成金额暂不确定的或达成其他非应税的合同，以此减少或避开合同没有完全或根本没有履行而发生的不必要的税款支出。根据税法，无论合同是否兑现或是否按期兑现，均应贴花。因而，在合同设计时，双方当事人应充分考虑到以后经济交往中可能会遇到的种种情况，根据这些可能情况，确定比较合理、比较保守的金额。也可以采用金额暂不确定合同，等到合同最终实现后，根据实际结算情况再补贴印花。

（4）事项四。

筹划依据：加工承揽合同印花税的计税依据是合同所载的金额，加工承揽合同印花税，由订立合同的双方或多方当事人，按各自的合同分别同等金额缴纳。

筹划建议：因为飞腾化工厂是一国有制企业，经济效益好，信誉高，与公司有长期合作关系，所以，公司订立加工承揽合同时，辅助材料可不进入应税合同，通过非应税合同协商处理，压缩加工承揽合同的表面金额。不签加工承揽合同当然更能节省税款，但有发生经济纠纷的隐患。

（5）事项五。

筹划依据：印花税相关法规规定：对于应税凭证，凡是由两方或两方以上当事人共同书立的，其当事人各方都是印花税的纳税人。

筹划建议：公司作为第三方参与与公司并无实质性经济关系合同的订立，使公司发生了不必要的税款支出，也没有从另外两方获得相应的补偿，因此，公司今后应尽量避免参与此类合同的书立。

（6）事项六。

筹划依据：印花税税法规定：加工承揽合同印花税税率为0.05%，财产租赁合同印花税税率为0.1%。

筹划建议：与市皆通广告公司的广告位置租赁合同，实际上含了广告位置财产租赁和广告制做两项内容，由于财产租赁合同印花税税率高于加工承揽合同印花税税率，因此，公司今后应与市皆通广告公司分别书立广告位置财产租赁合同和加工承揽广告制做合同。

（7）事项七。

筹划依据：印花税税法规定：技术服务合同印花税税率为0.03%，专利使用权转让合同印花税税率为0.05%。

筹划建议：与端瑞仓储公司签定商品保管专利技术使用权转让合同，实际上含了专利技术使用权转让与技术支持服务两项内容，因此，公司今后再发生此类业务时应分别书立专利技术使用权转让合同与技术支持服务合同，以避免不必要的增加公司的税负。

连华税务师事务所

税务代理员：

8.5 完成任务

提交的德立蒙贸易有限公司印花税纳税筹划方案，应包括有关纳税筹划的事项、纳税筹划的依据、纳税筹划的建议三项基本内容，其中有关纳税筹划的事项也可单独列报，但要作为纳税筹划方案的附件一并交付委托人。

8.6 教研交流与探讨

（1）振兴铝合金门窗厂与安居建筑安装企业签立了一份加工承揽合同，合同规定：

1）振兴铝合金门窗厂受安居建筑安装公司委托，负责加工总价值50万元的铝合金门窗，加工所需原材料由铝合金门窗厂提供。振兴铝合金门窗厂共收取加工费及原材料费30万元。

2）振兴铝合金门窗厂提供零配件，价值5万元。试对该企业应缴纳的印花税进行筹划。

（2）了解世界各国对印花税的征收。

（3）请列举一些印花税的其他筹划案例。

主要参考文献

1. 姜雅净、李艳：《税务代理理论与实务》，上海财经大学出版社 2007 年版。

2. 杨博：《纳税模拟》，中国人民大学出版社 2004 年版。

3. 安仲文、蒙丽珍：《纳税会计实务》，东北财经大学出版社 2007 年版。

4. 于久洪：《税务代理实务》，中国人民大学出版社 2004 年版。

5. 邓泽民、赵沛：《职业教育教学设计》，中国铁道出版社 2006 年版。

6. 邓泽民、王宽：《现代四大职教模式》，中国铁道出版社 2006 年版。

7. 中华人民共和国国家税务总局网站政策、法规等文件。

8. 武汉市国家税务局网金税工程，http：//www. whgs. gov. cn/cms/whgs03/0304/02/009. html。

9. 深圳市索泰克信息技术有限公司防伪税控技术服务中心，http：//www. szstc. com。

10. 张家港市国家税务局网金税工程，http：//www. zjggs. gov. cn/bigclass. asp？typeid = 7&bigclassid = 34。

11. 辽宁省国家税务局网网上办税厅，http：//www. ln-n-tax. gov. cn/wsbst/bszn/wssbjj。

12. 北京市国家税务局网纳税申报软件使用说明，http：//www. bjsat. gov. cn。

13. 航天信息股份有限公司一机多票开票子系统培训，www. aero – info. com. cn。